V&R unipress

Beihefte zur Zeitschrift für Geschichtsdidaktik

Band 30

KGD

Corinna Link

Interkulturelle Perspektivität als Potenzial bilingualen Geschichtsunterrichts?

Eine empirische Studie

Mit 66 Abbildungen

V&R unipress

MIX
Papier aus verantwortungsvollen Quellen
FSC® C083411

Bibliografische Information der Deutschen Nationalbibliothek
Die Deutsche Nationalbibliothek verzeichnet diese Publikation in der Deutschen Nationalbibliografie; detaillierte bibliografische Daten sind im Internet über https://dnb.de abrufbar.

Gefördert durch die Konferenz für Geschichtsdidaktik e.V.

Umschlagabbildung: Imperial Federation, map of the world showing the extent of the British Empire in 1886 von Colomb, J. C. R. Quelle: http://maps.bpl.org/id/M8682/; lizenziert unter CC-BY (2.0).
Druck und Bindung: CPI books GmbH, Birkstraße 10, D-25917 Leck
Printed in the EU.

Vandenhoeck & Ruprecht Verlage | www.vandenhoeck-ruprecht-verlage.com

ISSN 2198-5391
ISBN 978-3-8471-1561-8

Inhalt

Der Anhang ist verfügbar unter:
http://www.vandenhoeck-ruprecht-verlage.com/link_perspektivitaet
(unter Downloads)
Passwort: Ho5xVhygE6

Vorwort

Die vorliegende Studie stellt die überarbeitete Fassung meiner Dissertationsschrift »Interkulturelle Perspektivität als Potenzial bilingualen Geschichtsunterrichts? Eine empirische Studie« dar, die an der Georg-August-Universität Göttingen angenommen wurde.

Mein besonderer Dank gilt Herrn Prof. Dr. Michael Sauer für seine sehr gute Betreuung. Mit seiner strukturierten und pragmatischen Art hat er maßgeblich zum Erfolg der Arbeit beigetragen. Seine reiche Erfahrung im geschichtsdidaktischen Forschungsfeld sicherte die Konzeption einer Studie, die sowohl grundlegende Fragen der Geschichtsdidaktik als auch aktuelle Forschungsdesiderata adressiert. Danke für die anregenden und netten Jahre.

Herzlich bedanken möchte ich mich auch bei Frau Prof. Dr. Carola Surkamp. Ihr offener Blick auf fächerverbindende Forschungsansätze und ihre Einladungen, meine Überlegungen auch im englischdidaktischen Forschungskontext zu präsentieren und zu prüfen, halfen mir sehr, die Arbeit in zwei Disziplinen zu verankern.

Ich bedanke mich auch bei den vielen engagierten Lehrpersonen und Schulleitungen, die die umfangreiche Datengewinnung in ihren Schulen ermöglichten und bei meinen Kolleginnen Inga, Lisa, Nikola, Friederike und Katharina aus der Geschichts- und aus der Englischdidaktik für den stetigen wissenschaftlichen Austausch und die schöne gemeinsame Zeit.

Für die Unterstützung bei der Schulbuchanalyse, der Fragebogenerhebung, der Datenerfassung und -analyse und für das Gegenlesen der Arbeit bedanke ich mich bei Mareike Gräbeldinger, Joshua Driesen, Fabian Bockhop, Christian Aschenbrenner, Melina Schuster, Lennart Lohse und Chiara Stelling.

Für gute Abwechslung möchte ich mich bei meinen Freunden Jakub, Richi, Lukas, Gesche, Morine, Flo, Robert und bei meiner Mitbewohnerin Nina bedanken. Ihr habt meine letzten Jahre geprägt und auf die eine oder andere Art sind unsere gemeinsamen Erlebnisse auch in diese Arbeit eingeflossen.

Schließlich danke ich meiner Familie für ihren steten Rückhalt; meinem Vater für die vielen bereichernden Gespräche, die die Gedanken gebündelt haben, meiner Mutter für die erfahrene Hilfe bei allen (schul-)praktischen Fragen.

Jonas danke ich von Herzen für alles.

1 Einleitung: Die aktuelle Relevanz bilingualen Geschichtsunterrichts

Der bilinguale Unterricht kann in Deutschland bereits auf eine lange Tradition zurückblicken. Das gilt für unterschiedliche Sachgebiete in unterschiedlichem Maße. Geschichte aber tritt seit Beginn dieser Unterrichtsform als ein besonders prominentes Fach hervor: Seit mehr als 60 Jahren wird Geschichte in Deutschland bilingual unterrichtet.

Dabei handelt es sich längst nicht mehr – wie anfangs – um ein Nischenangebot für besonders leistungsstarke Schülerinnen und Schüler[1]. Schon 2013 boten etwa 40 % der niedersächsischen Gymnasien und Gesamtschulen einen bilingualen Zweig an, und die Kultusministerkonferenz plant, das Angebot schulformübergreifend auszuweiten.[2] Zudem gibt es an vielen Schulen bilinguale Module, d. h. sequenzielle Unterrichtsphasen in einem Sachfach, die unter Verwendung einer zweiten Sprache stattfinden. Solche Module können individuell durch die Lehrkraft angesetzt werden und sind so niedrigschwelliger als der schulstrukturell organisierte Unterricht. Wegen dieser Diversifizierung bilingualer Modelle ist eine zuverlässige Zählung schwierig.[3] Der Trend nimmt jedoch kontinuierlich zu.

Das spiegelt sich auch in der Lehrkräfteausbildung wider. Das reguläre Lehramtsstudium kann inzwischen vielerorts um einschlägige Zusatzstudien

---

1 Die vorliegende Studie bemüht sich im Folgenden durch neutrale Formulierungen und den Gebrauch des Gendersterns um eine gendergerechte Sprache. Im Falle von Abkürzungen wird auf ihn indessen verzichtet.

2 *Kultusministerkonferenz* (Hg.): Konzepte für den bilingualen Unterricht – Erfahrungsbericht und Vorschläge zur Weiterentwicklung. 2013, S. 5 f. Online unter URL: <https://www.kmk.org/fileadmin/Dateien/veroeffentlichungen_beschluesse/2013/201_10_17-Konzepte-bilingualer-Unterricht.pdf> (Zugriff am 24. 03. 2023); *Stephan Breidbach:* Geschichte und Entstehung des Bilingualen Unterrichts in Deutschland. Bilingualer Unterricht und Gesellschaftspolitik. In: *Wolfgang Hallet/Frank Königs* (Hrsg.): Handbuch Bilingualer Unterricht. Content and Language Integrated Learning. Seelze 2013, S. 11–17.

3 2017 schätzte Wolfgang Hallet, dass es deutschlandweit 700 Schulen mit bilingualem Zweig geben dürfte. *Wolfgang Hallet:* Bilingualer Unterricht. In: *Carola Surkamp* (Hg.): Metzler Lexikon Fremdsprachendidaktik. Ansätze – Methoden – Grundbegriffe. Stuttgart 2017, S. 29–32, hier S. 29.

ergänzt werden, die etwa im Zuge der bundesweiten Förderung »Qualitätsoffensive Lehrerbildung« eingerichtet wurden.[4] Auch im Referendariat kommt der bilingualen Zusatzqualifikation ein besonderer Stellenwert zu. In Niedersachsen können Referendar*innen sich derzeit an 88 % der Ausbildungsseminare eine bilinguale Unterrichtskompetenz zertifizieren lassen.[5] Und auch in der dritten Ausbildungsphase bieten die Fort- und Weiterbildungsportale den Lehrkräften vermehrt Angebote in diesem Bereich.[6]

Bezugssprache war, im Anschluss an die Elysée-Verträge, zunächst das Französische.[7] Durch diesen Spracheinsatz sollte ein Verständnis des ehemaligen »Erzfeindes«, »des Anderen« angelegt und so die deutsch-französische Verständigung vertieft werden. Bei der Entwicklung und Einführung dieser Unterrichtsform stand also ganz wesentlich die interkulturelle Annäherung als Maßnahmenziel vor Augen. In dieser Tradition steht der deutsch-französische Unterricht noch heute; er ist deshalb »verbunden mit einem Schwerpunkt in den gesellschaftsbezogenen Fächern und der didaktischen Favorisierung einer tatsächlich zweisprachigen Unterrichtspraxis«[8].

Mit der Gründung der Europäischen Union entwickelte sich der bilinguale Unterricht im Zeichen der politischen Einigung Europas weiter:[9] Seit den 1990ern ist das Englische die gängigste Bezugssprache.[10] Der Fremdspracheneinsatz wird seither mit der Rolle des Englischen als *lingua franca* begründet. Die Schüler*innen sollen befähigt werden, an den multikulturellen Gesellschaften, die ihre Lebenswelt prägen, zu partizipieren. Das setze »einen gewissen Grad an kommunikativer Kompetenz in mehreren Sprachen« voraus.[11] Bei der Weiterentwicklung und Verbreiterung des bilingualen Angebots steht damit als Ziel v.a.

4 Z. B. *Georg-August-Universität Göttingen* (Hg.): Schlözer-Programm-Lehrerbildung. Online unter URL: <https://www.uni-goettingen.de/de/document/download/95cb0206c23ff53ec212663807f8e4ec.pdf/Konzeptpapier%20Zertifikat%20Bilinguales%20Unterrichten%20final.pdf> (Zugriff am 24.03.2023).

5 *Niedersächsisches Landesinstitut für schulische Qualitätsentwicklung* (Hg.): Zusatzqualifikationen an den Studienseminaren für das Lehramt an Gymnasien. 2020. Online unter URL: <https://www.mk.niedersachsen.de/download/79520/Zusatzqualifikationen_an_den_Studienseminaren_fuer_das_Lehramt_an_Gymnasien.pdf> (Zugriff am 24.03.2023).

6 Vgl. z. B. Liste der angebotenen Fortbildungen, etwa unter: *Niedersächsisches Landesinstitut für schulische Qualitätsentwicklung* (Hg.). Online unter URL: <https://vedab.de/veran_suche.php?such=digitale_angebote%20%20medienberatung_online%20%20digitales_angebot%20%20digitales_sommerangebot&veranstalter=&sachgebiet=&schulform=> (Zugriff am 24.03.2023).

7 *Breidbach:* Entstehung. 2013, S. 12.

8 Ebd.

9 Ebd., S. 13.

10 Ebd; *Hallet:* Ansätze. 2017, S. 29.

11 *Niedersächsisches Landesinstitut für schulische Qualitätsentwicklung* (Hg.): Bilingualer Unterricht. Online unter URL: <https://www.nibis.de/bilingualer-unterricht_617> (Zugriff am 24.03.2023).

ein (englisches) Sprachlernen in den gesellschaftsbezogenen Fächern vor Augen.[12]

Neben dem Englischen (und Französischen) werden immer wieder auch andere Fremdsprachen im bilingualen Unterricht eingesetzt,[13] wobei dieser Einsatz durch verschiedene Begründungszusammenhänge und Zielvorstellungen flankiert wird: Spanisch empfiehlt sich, weil es als Schulfach verbreitet ist; Italienisch, Chinesisch und Türkisch erlauben eine außergewöhnliche Schulprofilbildung; Polnisch, Dänisch und Sorbisch werden eingesetzt, um regionale Verständigung zu sichern und eine gemeinsame Identitätsbildung zu verfolgen.

Hier zeigt sich, dass der bilinguale Geschichtsunterricht auch heute nicht allein aufgrund sprachpraktischer und schulprofilbildender Überlegungen angeboten wird, sondern immer wieder eingesetzt wird, um die Grundlage eines vergleichbaren Verständnisses von einer geteilten Vergangenheit zu schaffen und auf diesem Wege kulturelle Identitäten einander anzunähern und so interkulturelle Verständigung zu ermöglichen. Diese Theoriebildung steht also erkennbar in der Tradition historischer Sinnbildung.[14] Damit gehen diese theoretischen Grundannahmen deutlich über die Konzeptionalisierung eines Unterrichts hinaus, der den bilingualen Spracheinsatz vornehmlich als Maßnahme zur Ausbildung der *lingua franca* versteht und deswegen keine besondere Affinität zu irgendeinem Sachfach aufweist:[15] Grundsätzlich kommt der Geschichte hier genau dieselbe Rolle zu wie etwa dem Fach Erdkunde oder Biologie. Dennoch bestimmt diese Zielsetzung das Verständnis und die Ausgestaltung des bilingualen Unterrichts heute weithin.

Daher nimmt es nicht wunder, dass der bilinguale Geschichtsunterricht in seiner heutigen Form sich einer breiten Unterstützung erfreut, wenn er von der Warte der Sprachfächer in den Blick genommen wird.[16] Von der Warte der

---

12 *Wolfgang Hallet:* Bilingualer Unterricht. In: *Carola Surkamp* (Hg.): Metzler Lexikon Fremdsprachendidaktik. Stuttgart 2010, S. 23–26, hier S. 23–25. *Breidbach:* Entstehung. 2013, S. 13.

13 Vgl. *Eurydice* (Hg.): Content and Language Integrated Learning (CLIL) at School in Europe. 2006, S. 18. Online unter URL: <https://www.indire.it/lucabas/lkmw_file/eurydice/CLIL_EN.pdf> (Zugriff am 24.03.2023). Englisch und Französisch sind die häufigsten Bezugssprachen.

14 Z.B. *Johannes Meyer-Hamme:* Historische Identitäten in einer kulturell heterogenen Gesellschaft. In: *Michele Barricelli/Martin Lücke* (Hrsg.): Handbuch Praxis des Geschichtsunterrichts. Schwalbach/Ts. 2012, S. 89–97.

15 Vgl. *Breidbach:* Entstehung. 2013, S. 13: »Der Sprachenutilitarismus der 1990er Jahre schlug sich allerdings nicht wesentlich im Fächerkanon des Bilingualen Unterrichts nieder, in dem weiterhin hauptsächlich die gesellschaftsbezogenen Fächer dominieren.«

16 Derart ist die Unterstützung etwa durch das *Niedersächsische Landesinstitut für schulische Qualitätsentwicklung:* Bilingualer Unterricht; *Wolfgang Hallet:* Zwischen Bildungsstandards und Mehrsprachigkeit. Kompetenzerwerb im Bilingualen Unterricht. In: *Petra Bosenius*

historischen Bildung aus betrachtet, wird er in dieser Form dagegen eher kritisch gesehen.[17] Fachdidaktische Ziele, so heißt es, würden »trivialisiert« und »nur selten wahrgenommen« – »wenn überhaupt«[18].

Was aber, so muss man also fragen, sind denn die geschichtsdidaktischen Ziele? Wo genau liegt das fachliche Potenzial, das (womöglich allein) ein bilingualer Geschichtsunterricht aufweisen kann?

Diesen Fragen geht die vorliegende Arbeit zunächst theoretisch-konzeptionell und unter Berücksichtigung der einschlägigen Literatur in Kap. 2 nach. Sie arbeitet heraus, dass dem bilingualen Geschichtsunterricht das historische Prinzip der sprachlich induzierten interkulturellen Perspektivität in besonderem Maße innewohnt. Die im Geschichtsunterricht in der Schulsprache grundsätzlich bearbeiteten historischen und aktuellen Perspektiven können im bilingualen Unterricht durch die entsprechend in einer zweiten Sprache formulierten Perspektiven auf dasselbe historische Ereignis ergänzt werden.[19] Bilingualer Geschichtsunterricht eignet sich deshalb sowohl für die Untersuchung interkultureller Multiperspektivität als auch (und vor allem) für die interkultureller Kontroversität.[20] Die vorliegende Arbeit stellt die interkulturelle Kontroversität als spezifische Form der Perspektivität im bilingualen Geschichtsunterrichts heraus (vgl. Kap. 2.3.3) und setzt damit einen neuen konzeptionellen und geschichtsdidaktisch begründeten Schwerpunkt, der hier zum ersten Mal zum Gegenstand empirischer Untersuchungen gemacht wird.

(Hg.): Der bilinguale Unterricht Englisch aus der Sicht der Fachdidaktiken. Trier 2007, S. 17–35.

17 Z. B. *Wolfgang Hasberg:* Bilingualer Geschichtsunterricht und historisches Lernen. Möglichkeiten und Grenzen. In: Internationale Schulbuchforschung 26, 2004, H. 2, S. 119–139; *Wolfgang Hasberg:* Historisches lernen – bilingual? Vorgaben für den englischsprachigen Geschichtsunterricht kritisch gelesen. In: *Petra Bosenius* (Hg.): Der bilinguale Unterricht Englisch aus der Sicht der Fachdidaktiken. Trier 2007, S. 37–63. *Michael Maset:* Bilingualer Geschichtsunterricht. Didaktik und Praxis. Stuttgart 2015, S. 9, 19.

18 *Maset:* Praxis. 2015, S. 19. Aus diesen Haltungen ergibt sich auch das sehr unterschiedlich ausgeprägte Forschungsinteresse, das in der Fremdsprachendidaktik klar überwiegt. Vgl.: *Michael Sauer:* Geschichtsdidaktische Forschung. In: *Stefan Haas* (Hg.): Handbuch Methoden der Geschichtswissenschaft. Wiesbaden 2022, S. 1–18, hier S. 15.

19 Vgl. *Manfred Wildhage/Edgar Otten* (Hrsg.): Praxis des bilingualen Unterrichts. Berlin 2009, S. 21.

20 Zugrunde liegt die Dreiteilung der Perspektivität in Multiperspektivität, Kontroversität und Pluralität nach *Klaus Bergmann:* Multiperspektivität. In: *Ulrich Mayer/Hans-Jürgen Pandel/ Gerhard Schneider* (Hrsg.): Handbuch Methoden im Geschichtsunterricht. Schwalbach/ Ts. 2004, S. 65–77, hier S. 66.

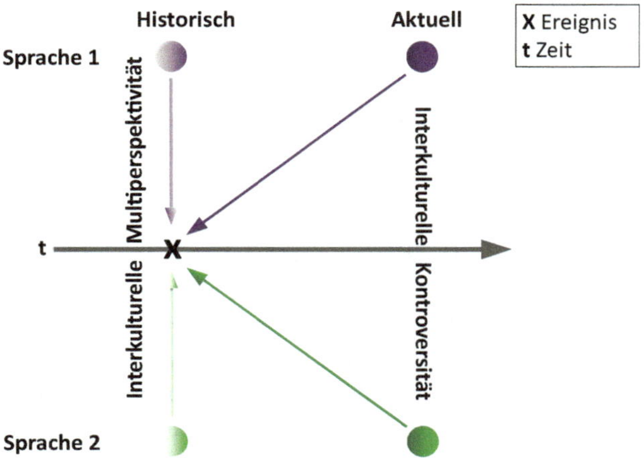

Abbildung 1: Interkulturelle Perspektivität im bilingualen Geschichtsunterricht. Die vorliegende Arbeit konzentriert sich auf die interkulturelle Kontroversität.[21]

Interkulturelle Kontroversität kann als ein *Prinzip* bilingualen historischen Lernens verstanden werden. Es handelt sich also nicht um eine zu vermittelnde *Sache*. Allerdings erlaubt dieser Zugriff auch die Erweiterung des thematisch sinnvoll Behandelbaren. Wenn nämlich geschichtsdidaktisch nicht unmittelbar einleuchtet, warum etwa der »Merkantilismus« in einer anderen als der Schulsprache unterrichtet werden sollte, so wird das doch plausibel, wenn es gilt, sprachlich-kulturell unterschiedliche aktuelle Darstellungen dieses historischen Konzepts zu erfassen. Anders als eine rein thematische Ausrichtung ermöglicht es ein solch prinzipieller Zugriff also, dem bilingualen Geschichtsunterricht ein eigenes, geschichtsdidaktisch fundiertes Profil zu geben. Theoretisch gewährt ein an diesem Prinzip ausgerichteter Unterricht also potenziell auch fachliche Chancen.

Die vorliegende Arbeit geht der Frage nach, ob diese Chancen im heutigen bilingualen Unterricht tatsächlich genutzt werden. Diesen konzeptionellen Anspruch legt Kap. 2 dar. Vor diesem theoretischen Hintergrund untersucht die Studie, ob bilingual unterrichtete Schüler*innen kulturelle Perspektiven stärker wahrnehmen, bewusster zwischen ihnen differenzieren und zwei Perspektiven erfolgreicher koordinieren als allein deutschsprachig unterrichtete. Kap. 3 bietet eine Beschreibung des für diesen Vergleich entwickelten zweischrittigen Studiendesigns.

Den ersten der beiden genannten Schritte vollzieht Kap. 4. Es zeigt die sprachlich im Deutschen und im Englischen verfasste Perspektive auf das Thema

21 *Corinna Link:* Interkulturelle Perspektivität als Spezifikum historischer Bildung. In: Geschichte lernen 197, 2020, S. 2–7, hier S. 5.

»Imperialismus« anhand einer Schulbuchanalyse auf. Die Wahl des Themas bietet sich aus drei Gründen an: Zum Ersten gehen konzeptionelle Überlegungen zum bilingualen Unterricht davon aus, dass der spezifische Wert dieser Unterrichtsform dann ausgeschöpft wird, wenn Inhalte behandelt werden, die in der »eigen-« und in der »zielsprachlichen Kultur« relevant sind.[22] Für den Geschichtsunterricht biete sich deshalb die Behandlung geteilter historischer Erfahrungen an, und zwar insbesondere dann, wenn unterschiedliche Perspektiven hierauf einen Vergleich verschiedener Sichtweisen ermöglichen. Dass es deutliche Unterschiede gibt in der Erinnerung an die geteilte imperiale Vergangenheit, dass sie also in der deutschen Wahrnehmung vom »Imperialismus« in wesentlichen Punkten anders erinnert wird als in der britischen Rezeption des »Empires« – das ist (auch vor dem Hintergrund der einschlägigen Forschungsliteratur) zu erwarten.[23] Eben hierin liegt der zweite Grund für die Wahl des Themas. Und zum Dritten spielen schul- und erhebungspraktische Überlegungen eine Rolle, denn »der Imperialismus« wird in Deutschland und England in vergleichbaren Jahrgangsstufen behandelt. Er findet sich in den Schulbüchern der Jahrgänge acht und neun. Damit führt die Themenwahl zu einer vergleichbaren Analysegrundlage.

Auf dieser Grundlage werden sechs deutsche und sechs englische Schulbücher zur Ermittlung kultureller Referenzkonzepte herangezogen. Die Analyse der Darstellungstexte erfolgt unter Anwendung des *Concept Mapping*-Verfahrens, das im Rahmen der vorliegenden Arbeit eigens als Analysemethode zur Eruierung textimmanenter Deutungsmuster fortentwickelt wurde. So werden Gemeinsamkeiten und Unterschiede zwischen den kulturellen Referenzkonzepten erhoben. Diese Unterschiede werden in Form sogenannter »neuralgischer Teilkonzepte« zur Grundlage für die anschließende Fragebogenstudie gemacht. Die Arbeit setzt die Methode des *Concept Mapping* also zum einen zur Eruierung

22 *Wolfgang Hallet:* The Bilingual Triangle. Überlegungen zu einer Didaktik des bilingualen Sachfachunterrichts. In: Praxis des Neusprachlichen Unterrichts 45, 1998, H. 2, S. 115–125, hier S. 119; *Wildhage:* Praxis. 2003, S. 84.

23 Verschiedene Studien konnten bereits typische »deutsche« und »britische« Deutungsmuster zu vergleichbaren historisch geteilten Erfahrungen erarbeiten. Zur Industrialisierung, die in Bezug auf Großbritanniens Vorreiterrolle vergleichbar erscheint, vgl. z.B. *Susanne Grindel/ Simone Lässig:* Unternehmer und Staat in Europäischen Schulbüchern. Deutschland, England und Schweden im Vergleich. Braunschweig 2007. Zum Ersten Weltkrieg, der als deutsch-englische Konfliktgeschichte verstanden werden kann vgl. *André Keil:* Der Erste Weltkrieg in der britischen Erinnerungskultur. In: *Monika Fenn/Christiane Kuller* (Hrsg.): Auf dem Weg zu einer transnationalen Erinnerungskultur? Schwalbach 2016, S. 97–117. Und punktuell auch schon zum Kolonialismus vgl. *Grindel, Susanne:* The End of Empire. Colonial Heritage and the Politics of Memory in Britain. In: Journal of Educational Media, Memory and Society 5, 2013, H. 1, S. 33–49; *Susanne Grindel:* Kolonialismus im Schulbuch als Übersetzungsproblem. Deutsche, französische und englische Geschichtslehrwerke im Vergleich. In: Geschichte und Gesellschaft 38, 2012, H. 2, S. 272–303.

kultureller Deutungsmuster aus Texten (vgl. Kap. 4), zum anderen zur Erhebung von Schüler*innen-Vorstellungen im Fragebogen ein (vgl. Kap. 5). Es soll schon an dieser Stelle betont werden, dass die vorliegende Arbeit nicht untersucht, mit welchem Material der Geschichtsunterricht durchgeführt wird. Sie geht auch nicht von der Annahme aus, dass diese Schulbücher im Unterricht eingesetzt wurden. Die Analyse der Schulbücher dient lediglich der Eruierung eines im deutschen und eines im englischen Rahmen konstruierten Imperialismuskonzepts.

In einem zweiten Schritt erfasst die vorliegende Arbeit (in Kap. 6) mit einer an 19 niedersächsischen Gymnasien und Gesamtschulen durchgeführten Erhebung den Umgang von 787 Acht- und Neuntklässler*innen mit interkultureller Kontroversität. Sie erhebt vergleichend die Konzeptwahrnehmung, -differenzierung und -koordination bilingual, monolingual und regulär unterrichteter Schüler*innen.

Abschließend wird die vorliegende Untersuchung zu einem überraschenden Ergebnis führen: Die bilingual unterrichteten Schüler*innen der Stichprobe, so wird sich herausstellen, verfügen offenbar keineswegs in einem höheren Grade über das im englischsprachigen Rahmen konstruierte Imperialismuskonzept als die deutschsprachig unterrichteten. Dagegen zeigt sich, dass das im deutschen Schulbuchkontext konstruierte Imperialismuskonzept durch einen bilingualen Geschichtsunterricht vertieft angelegt wird. Dieser Befund wird (in Kap. 7) zur Grundlage für weitergehende Überlegungen zu machen sein.

Der Aufbau der Arbeit lässt sich in Abbildung 2 veranschaulichen.

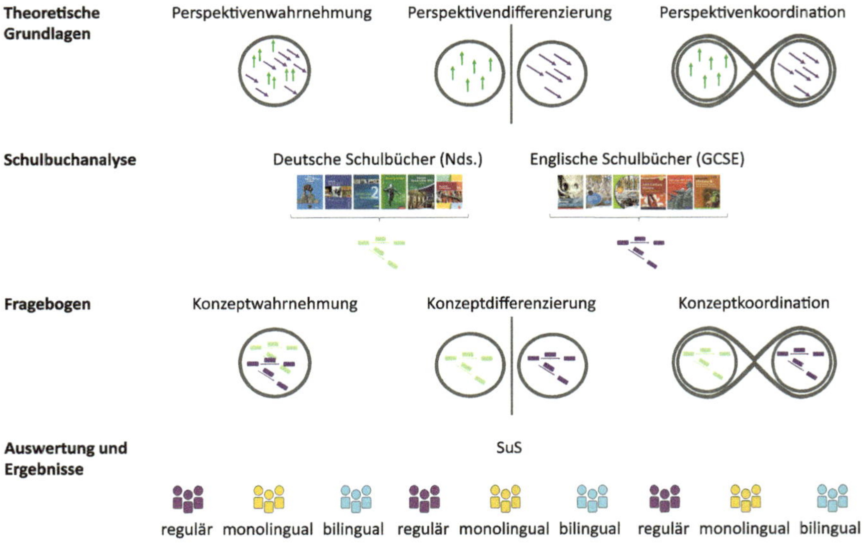

Abbildung 2: Der Aufbau der vorliegenden Arbeit.

2 Stand der Forschung: Bilingualer Geschichtsunterricht in Praxis, Theorie und Empirie

Im Folgenden wird der bilinguale Unterricht anhand der ihn im wissenschaftlichen Diskurs kennzeichnenden theoretischen Überlegungen vorgestellt. Relevant sind hier insbesondere die Ausprägungsformen (vgl. Kap. 2.1) und die daran geknüpften, mit dieser Unterrichtsform verbundenen Zielvorstellungen aus fremdsprachen- und geschichtsdidaktischer Perspektive (vgl. Kap. 2.2.1 und 2.2.2). Die empirischen Erkenntnisse, die diese theoretischen Überlegungen prüfen, werden im Anschluss an die theoretischen Überlegungen in Bezug auf diese Ziele referiert und stellen den aktuellen Stand der Forschung dar (vgl. Kap. 2.3.1 und 0).

Aus den theoretischen Überlegungen ergibt sich das Forschungsinteresse der vorliegenden Arbeit: die Frage nach einem möglicherweise bewussteren Umgang der Lernenden mit Perspektivität durch bilingualen Geschichtsunterricht. Ein solcher Umgang könnte sich, wie im Folgenden ausführlich dargelegt wird, in einer profunden Wahrnehmung, bewussten Differenzierung und reflektierten Koordination verschiedener Perspektiven zeigen. Der Blick auf den Stand der Forschung wird zeigen, dass eine befriedigende empirische Antwort auf diese Frage noch aussteht (Kap. 2.3.3); er betont damit die Relevanz der im Folgenden durchgeführten vergleichenden Studie (vgl. Kap. 6).

2.1 Formen bilingualen Geschichtsunterrichts

Bilingualer Unterricht ist Unterricht in einem Sachfach in oder mit einer Fremdsprache. Als »Sachfach« gelten bei dieser Definition alle nicht-sprachlichen Fächer.[24] Der Einsatz der Fremdsprache variiert je nachdem, welche Ziele dem Unterricht vorrangig zugeschrieben werden. Das Typenmodell von Bärbel

24 In der vorliegenden Arbeit also stets das Fach Geschichte. Als Fremdsprache (oder L2) bezieht sich die Arbeit auf das Englische, die Schulsprache (oder L1) ist hier das Deutsche.

Diehr erfasst das sprachliche Verhältnis von Schul- und Fremdsprache anhand dreier Ausgestaltungsformen (vgl. Abbildung 3).[25]

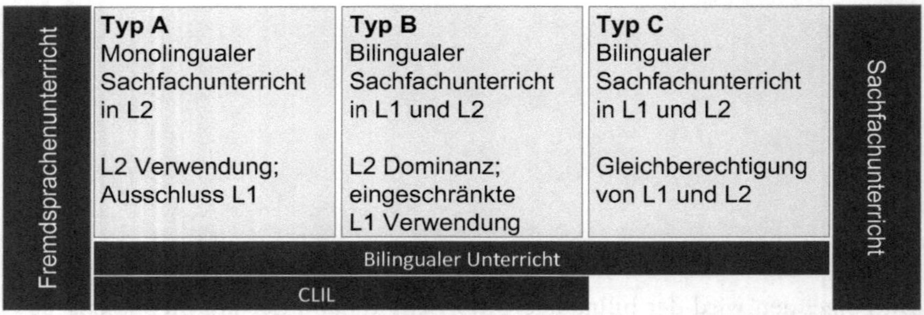

Abbildung 3: Verschiedene Ausgestaltungsformen Bilingualen Unterrichts (L1 = Schulsprache, L2 = Fremdsprache).

Diehr verortet bilingualen Unterricht zwischen dem monolingual in der Fremdsprache stattfindenden Fremdsprachenunterricht und dem monolingual in der Schulsprache durchgeführten Sachfachunterricht. Das Verhältnis von Fremd- und Schulsprache im bilingualen Unterricht selbst erfasst Diehr in drei Typen: Bei Typ A wird ausschließlich die Fremdsprache verwendet. Typ B erfordert den zusätzlichen Einsatz der Schulsprache, wenn auch in geringeren Teilen als den der Fremdsprache. Im Unterricht nach Typ C werden Fremd- und Schulsprache gleichberechtigt eingesetzt.

Diehrs Modell bietet die Grundlage dafür, das Verständnis von bilingualem Unterricht in ein Verhältnis zu dem von *Content and Language Integrated Learning* (*CLIL*)[26] zu setzen. Damit eignet es sich, um dem immer wieder anzutreffenden Missverständnis entgegenzutreten, dass der im Deutschen verwendete Begriff »bilingualer Unterricht« und das im europäischen Schulkontext übliche *CLIL* als Synonyme verwendet werden könnten. Tatsächlich nämlich dominiert der Einsatz der Fremdsprache im *CLIL*-Kontext eindeutig; die Schulsprache tritt hier zurück. Einen *CLIL*-Unterricht nach Diehrs Typ C gibt es also nicht. Damit umfasst der »bilinguale Unterricht« ein breiteres Spektrum an sprachlichen Ausgestaltungsformen. Im eigentlichen Wortsinn erscheint gar

25 *Bärbel Diehr:* What's in a name? Terminologische, typologische und programmatische Überlegungen zum Verhältnis von Sprachen im Bilingualen Unterricht. In: *Dies./Lars Schmelter* (Hrsg.): Bilingualen Unterricht weiterdenken. Programme, Positionen, Perspektiven. Frankfurt a. M. 2012, S. 17–36, hier S. 23–27.

26 z. B. *Do Coyle/Philip Hood/David Marsh:* CLIL. Content and Language Integrated Learning. Cambridge 2010.

Diehrs Typ C als die reinste Form bilingualen Unterrichts – also genau der Typ, den *CLIL* nicht kennt.[27]

Ob nach Typ A, B oder C unterrichtet wird, hängt von den Zielvorstellungen ab, die an diese Unterrichtsform geknüpft sind. Sie unterscheiden sich je nach Standpunkt deutlich. Das Kerncurriculum ist in Bezug auf den Einsatz der L2 in Verbindung mit den zu verfolgenden Zielen offen formuliert.[28] Eltern, viele Schüler*innen und die meisten Schulleitungen erhoffen sich in der Regel vor allem ein den Englischunterricht ergänzendes Sprachlernen.[29] Ein darauf zielender Unterricht erfolgt tendenziell nach Typ A oder B. Die sogenannten ›Sachfächer‹ sehen im bilingualen Unterricht dagegen in Teilen die Chance, Inhalte des eigenen Faches zu erweitern oder zu vertiefen. In Geschichte besteht eine solche Erweiterungsmöglichkeit z. B. in der Hinzunahme bzw. Schärfung einer (weiteren) sprachlich-kulturell akzentuierten Perspektive auf die Vergangenheit (vgl. Kap. 2.2.2.3). Auch das niedersächsische Kerncurriculum legt dieses Ziel nahe, wenn es mit Blick auf den bilingualen Geschichtsunterricht feststellt: »Durch die Beschäftigung mit authentischen fremdsprachigen Materialien vermittelt der fremdsprachig erteilte Geschichtsunterricht eine vertiefte interkulturelle Kompetenz (Perspektivität).«[30] Dieses Ziel zu verfolgen, bedeutet tendenziell, nach Typ C zu unterrichten. Für die vorliegende Arbeit scheint eben dieser Typ bilingualen Unterrichts damit relevant. Er entspricht in besonderer Weise den im Folgenden dargelegten theoretischen Überlegungen zu einem Zusammenhang von Sprache und Denken und den sich daraus ergebenden geschichtsdidaktischen Zielen (vgl. Kap. 2.2.2). Aus praktischen Gründen wie aus

---

27 *Bärbel Diehr/Lars Schmelter:* Methoden zur Förderung fachbezogener Sprachkompetenzen im bilingualen Unterricht. In: *Wolfgang Hallet/Frank Königs/Hélène Martinez* (Hrsg.): Handbuch Methoden im Fremdsprachenunterricht. Hannover 2020, S. 56–58, hier S. 56. – Weite Verbreitung hat auch der Begriff der »Immersion« gefunden. Er bezeichnet den Sachverhalt, dass auf Schulebene mehr als 50 % der Fächer in der Fremdsprache unterrichtet werden (*Petra Burmeister:* Die Immersionsmethode. In: *Wolfgang Hallet/Frank Königs/Hélène Martinez* (Hrsg.): Handbuch Methoden im Fremdsprachenunterricht. Hannover 2020, S. 58–60, hier S. 58.). Bezogen auf die Frage der vorliegenden Studie trägt dieser Ansatz jedoch nicht.

28 Im niedersächsischen Kerncurriculum heißt es etwa für den bilingualen Geschichtsunterricht in der Sekundarstufe I: »Die Gestaltung des *fremdsprachig* erteilten Geschichtsunterrichts basiert auf den didaktischen und methodischen Prinzipien des Geschichtsunterrichts sowie den spezifischen Bedingungen des bilingualen Unterrichts. Das Lernen der Fremdsprache ist den fachlichen Aspekten des Geschichtsunterrichts nachgeordnet. Um die Durchlässigkeit zwischen fremdsprachig und muttersprachlich erteiltem Geschichtsunterricht zu gewährleisten, ist darauf zu achten, dass die Fachterminologie sowohl in der Zielsprache als auch in der Muttersprache gelernt wird.« *Kultusministerkonferenz* (Hg.): Kerncurriculum für das Gymnasium Schuljahrgänge 5–10. Geschichte. Hannover 2015, S. 26.

29 Sehr deutlich wird das etwa in der Bewerbung dieser Unterrichtsform auf den Schulhomepages.

30 *Kulturministerkonferenz:* KC Ge. 2015, S. 26.

Gründen der Vollständigkeit wurden in der vorliegenden Studie auch die beiden anderen Typen mit einbezogen.

2.2 Ziele bilingualen Geschichtsunterrichts

Im Folgenden werden die an den bilingualen Geschichtsunterricht herangetragenen unterschiedlichen Ziele zunächst für die Fremdsprachen-, dann für die Geschichtsdidaktik erörtert. Diese separate Darlegung erscheint in Anbetracht der divergierenden Zielvorstellungen und der sich daraus speisenden unterschiedlichen Einschätzungen und Bewertungen sinnvoll. Deutlich zu beobachten ist nämlich bereits bei der Sichtung der konzeptionellen Literatur einerseits (im Fremdsprachendidaktischen) eine dem Konzept des bilingualen Unterrichts zugetane, andererseits aber (im Geschichtsdidaktischen) eine eher kritische Grundhaltung. Beide Einstellungen gründen in den je fachlichen Zielvorstellungen.

Aus englischdidaktischer Sicht[31] befähigt ein bilingualer Unterricht die Schüler*innen dazu, sich nicht nur in der Schulsprache, sondern auch (oder vor allem) in Englisch als *lingua franca* fachlich angemessen und kulturell kompetent zu verständigen, da sie eine »doppelte Fachliteralität« und somit auch den hierfür relevanten Wortschatz erwerben könnten (vgl. Kap. 2.2.1.1). Sie könnten dann an kognitiv anspruchsvollen und sachlich relevanten Diskursen partizipieren. So würden ›fachspezifische Denkansätze‹ und ›typische Diskurskompetenzen‹ durch die Verwendung einer Fachsprache gefördert (vgl. Kap. 2.2.1.2) und interkulturelles Lernen durch die Begegnung mit praktisch Relevantem initiiert (vgl. Kap. 2.2.1.3).[32] Eine ähnliche Einschätzung findet man in Kerncurricula und auf Schulhomepages, wo sich ebendieser Wunsch nach profunden Englischkenntnissen ebenfalls deutlich niederschlägt.

Aus geschichtsdidaktischer Perspektive wird in inhaltlicher wie in sprachlicher Hinsicht deutliche Kritik am bilingualen Unterricht geübt: Zum einen resultiere aus den fremdsprachlich (zunächst) geringen Mitteln der Schüler*innen die Notwendigkeit, im Unterricht auf Erkenntnisgewinn und Urteilsbildung zu verzichten und rein reproduktive Denkoperationen zu verfolgen. Zum anderen profitiere lediglich die Fremdsprache, während zugleich ein Verlust der Fach-

31 In anderen Fremdsprachendidaktiken herrschen, wie einleitend in Kap. 1 erwähnt, andere Begründungszusammenhänge vor.

32 *Eurydice* (Hg.): Content and Language Integrated Learning (CLIL) at School in Europe. 2006, S. 22. Online unter URL: <https://www.indire.it/lucabas/lkmw_file/eurydice/CLIL_EN.pdf> (Zugriff am 24.03.2023).

sprache im Deutschen drohe.[33] Potenzial für das historische Lernen wird – wenn überhaupt – in der Erweiterung bzw. Verlagerung des inhaltlichen Themenkatalogs (vgl. Kap. 2.2.2.1) und in der Ausbildung einer spezifischen, nämlich einer sprachlich gefassten Perspektivität gesehen (vgl. Kap. 2.2.2.2 und Kap. 2.2.2.3).[34]

Beide Grundhaltungen finden Eingang in die und Ausdruck in den bisher publizierten empirischen Untersuchungen, z. B. in der Hypothesenformulierung. In der vorliegenden Arbeit werden die Erkenntnisse zu den Kompetenzen der Schüler*innen stets unter Rückbezug auf diese vorab gefassten Ziele referiert (vgl. Kap. 2.3).[35] Zuvor jedoch versucht die vorliegende Arbeit, diese Überlegungen und Erkenntnisse als gemeinsame fremdsprachen- und vor allem geschichtsdidaktische Zielsetzung unter dem Stichwort der »interkulturellen Perspektivität« zusammenzuführen (vgl. Kap. 2.2.2.3). Im Hauptteil (Kap. 3–6) dann wird sie sie auf der Grundlage einer umfänglichen, quantitativ angelegten Vergleichsstudie überprüfen.

2.2.1 (Fremd-)sprachendidaktische Ziele

Mit dem L2-Einsatz im bilingualen Unterricht werden verschiedene sprachdidaktische Ziele verbunden. Dabei geht es vornehmlich um die in der Bezugssprache auszubildenden Kompetenzen. Auch schulsprachliche Fähigkeiten und Fertigkeiten werden jedoch zunehmend als Zielvorstellung an den bilingualen

---

33 Exemplarisch dazu *Bettina Alavi:* Begriffsbildung im Geschichtsunterricht. In: *Uwe Uffelmann/Manfred Seidenfuß* (Hrsg.): Verstehen und Vermitteln. Idstein 2004, S. 39–61, hier S. 39; *Wolfgang Hasberg:* Historisches Lernen im bilingualen Geschichtsunterricht (?). In: *Andreas Bonnet/ Stephan Breidbach* (Hrsg.): Didaktiken im Dialog. Konzepte des Lehrens und Wege des Lernens im bilingualen Sachfachunterricht. Frankfurt a. M. 2004, S. 221–236, hier insbes. S. 231 f.; *Maset:* Praxis, 2015, S. 11–14.

34 Zu den erweiterten Inhalten etwa: *Martin Schlutow:* Geschichte bilingual unterrichten. Didaktische Grundlagen und methodische Zugänge. Schwalbach/Ts. 2016, S. 22–24. Ergänzend zur sprachlich gefassten Perspektivität z. B. *Michele Barricelli/Ulrich Schmieder:* Über Nutzen und Nachteil des bilingualen Sachfachunterrichts. Fremdsprachen- und Geschichtsdidaktik im Dialog. In: *Daniela Caspari* (Hg.): Bilingualer Unterricht macht Schule. Beiträge aus der Praxisforschung. Frankfurt a. M. 2009, S. 205–220, hier S. 210; *Hasberg:* Geschichtsunterricht. 2004, S. 231 f.

35 Die vorliegende Arbeit rezipiert Studien, die sich auf die Untersuchung von bilingual unterrichteten Schüler*innen beziehen. Untersuchungen zu Lehrkräften, Analysen von Kerncurricula und Studien zu Vermittlungsmedien und -formaten für den bilingualen Unterricht sind nicht ihr Gegenstand. Dazu vgl. für den Geschichtsunterricht: *Anne Ingrid Kollenrott:* Sichtweisen auf deutsch-englisch bilingualen Geschichtsunterricht. Eine empirische Studie mit Fokus auf interkulturelles Lernen. Frankfurt a. M. 2008; *Elke Müller-Schneck:* Bilingualer Geschichtsunterricht. Theorie, Praxis, Perspektiven. Frankfurt a. M. 2012; *Beate Helbig:* Das bilinguale Sachfach Geschichte. Eine empirische Studie zur Arbeit mit französischsprachigen (Quellen-)Texten. Tübingen 2001; *Christiane Dalton-Puffer:* Discourse in Content and Language Integrated Learning (CLIL) Classrooms. Amsterdam 2007.

Sachfachunterricht herangetragen und sind inzwischen neben der Erforschung fremdsprachlicher Kompetenzen zum Gegenstand einiger Forschungsprojekte geworden.[36]

Für beide Sprachen lassen sich die sprachdidaktischen Zielsetzungen anhand von zwei Aspekten gliedern: Zum einen ist das sprachliche Ausdrucksvermögen in Hinblick auf Wortschatz und Diskurskompetenz relevant (vgl. Kap. 2.2.1.1 und Kap. 2.2.1.2), zum anderen das kulturelle Verständnis (vgl. Kap. 2.2.1.3).

Sowohl für die Beherrschung der Fremdsprache als auch für die der Schulsprache gibt es Zielvorstellungen für bilingual unterrichtete Schüler*innen. Wie im Fremdsprachenunterricht Englisch sollen Schüler*innen im bilingualen Unterricht ihre sprachlichen Kompetenzen verbessern. Anders als im Fremdsprachenunterricht aber steht bei der bilingualen Instruktion verstärkt eine sogenannte »Fachliteralität«[37] bzw. eine »fachliche Diskursfähigkeit«[38] als Ziel vor Augen. Das heißt, dass die Schüler*innen dazu befähigt werden sollen, angemessen an einem etablierten Fachdiskurs teilnehmen zu können – und zwar potenziell in zwei Sprachen.

Die Fachliteralität unterscheidet sich als Konzept durch ihre Betonung der Fachlichkeit von anderen, in Zusammenhang mit der Forschung zum bilingualen Unterricht herangezogenen Zugängen zur Sprachkompetenz. Die Systematik von Jim Cummins etwa, der die Sprachbeherrschung in die zwei Bereiche *Cognitive Academic Language Proficiency* (*CALP*) und *Basic Interpersonal Communicative Skills* (*BICS*) unterteilt,[39] wird in Bezug auf den bilingualen Unterricht häufig angeführt. Es heißt, bilingualer Unterricht unterscheide sich vom Fremdsprachenunterricht, weil hier die Ausbildung von *CALP*, nicht die von *BICS* akzen-

---

36 *Liss Kerstin Sylvén* (Hg.): Investigating Content and Language Integrated Learning. Insights from Swedish High Schools. Bristol 2019. Zur *Language Awareness* über die Sprachen hinweg: *Sylvia Fehling:* Language Awareness und bilingualer Unterricht. Eine komparative Studie. Frankfurt a. M. 2008. Sie testet die allgemeine Fähigkeit deutscher Schüler*innen, grammatikalische Strukturen zu erkennen und Wörter zu bilden neben dem Englischen zusätzlich am Beispiel des Schwedischen, Spanischen und Niederländischen (S. 92 f., 133 f.).

37 *Bärbel Diehr:* Doppelte Fachliteralität im bilingualen Unterricht. Theoretische Modelle für Forschung und Praxis. In: *Dies./Angelika Preisfeld/Lars Schmelter* (Hrsg.): Bilingualen Unterricht weiterentwickeln und erforschen. Frankfurt a. M. 2016, S. 57–84.

38 *Helmut Vollmer:* Bilingualer Sachfachunterricht als Inhalts- und Sprachlernen. In: *Gerhard Bach/Susanne Niemeier* (Hrsg.): Bilingualer Unterricht. Grundlagen, Methoden, Praxis, Perspektiven. Frankfurt a. M. 2010, S. 47–70, hier S. 65; *Helmut Vollmer:* Förderung des Spracherwerbs im bilingualen Sachfachunterricht. In: *Gerhard Bach/Susanne Niemeier* (Hrsg.): Bilingualer Unterricht. Grundlagen, Methoden, Praxis, Perspektiven. Frankfurt a. M. 2010, S. 131–150, hier S. 132.

39 *James Cummins:* The Cognitive Development of Children in Immersion Programs. In: Canadian Modern Language Review 34, 1978, H. 5, S. 855–883; *James Cummins:* Linguistic Interdependence and the Educational Development of Bilingual Children. In: Review of Educational Research 49, 1979, H. 2, S. 222–251.

tuiert werde.[40] Im DaZ-Bereich (»Deutsch als Zweitsprache«) werden vergleichbare Überlegungen als »bildungssprachliche Kompetenzen« gefasst.[41] Beide Zugänge berücksichtigen das Fach insofern, als die Fachsprache zugleich auch Bildungssprache ist. Eben als Fachsprache ist sie aber – wie das für die vorliegende Arbeit präferierte Konzept der Fachliteralität deutlicher macht – wesentlich spezifischer.

Mit der Konzentration auf ein sogenanntes »Sachfach« – gelegentlich heißt es auch »Sachfachliteralität«[42], was die Abgrenzung vom Sprachfach akzentuiert – nähern sich die in der Fremdsprachendidaktik relevanten Fragestellungen potenziell auch geschichtsdidaktischen Zielvorstellungen an.[43] Zwei Aspekte, die eine solche Fachliteralität ausmachen, sind in diesem Zusammenhang auch für eine geschichtsdidaktische Untersuchung relevant: die Ausbildung eines fachlich relevanten Wortschatzes (Kap. 2.2.1.1) und das Wissen um bestimmte fachbezogene Diskurskompetenzen (Kap. 2.2.1.2).

2.2.1.1 Wortschatz

Ein in spezifischer Weise ausgeprägter Wortschatz bilingual unterrichteter Schüler*innen kann ein Hinweis auf eine doppelte (oder zumindest in der L2 aufgebaute) Sachfachliteralität sein. Relevant für das Fach Geschichte ist er damit auch. Manfred Wildhage fasst zusammen: »Der systematische Aufbau von Begriffen bzw. Konzepten ist zentral für den Lernprozess, da ein entsprechendes Inventar der systematisierenden Erfassung und Durchdringung von Geschichte dient.«[44]

Rainer Willenberg definiert Fachwörter 2007 im Zuge der DESI-Studie wie folgt: Sie »bezeichnen einen sehr speziellen, engen Ausschnitt der Welt, den aber meistens sehr genau […]. Hier können wir nicht mehr vermuten, wir sollten die Bedeutung wissen. Das heißt, unsere Anstrengung besteht darin, dieses Wort schon einmal gelernt zu haben, uns daran zu erinnern und auch eine genaue Definition in einem komplizierten, vernetzten Gebiet vortragen zu können.«[45]

40 *Klieme:* Ergebnisse 2008, S. 452–453. *Manfred Wildhage/Edgar Otten* (Hrsg.): Praxis des bilingualen Unterrichts. Berlin 2003, S. 28.

41 *Ingrid Gogolin:* Bilingualität und die Bildungssprache der Schule. In: *Paul Mecheril/Thomas Quehl* (Hrsg.): Die Macht der Sprachen. Englische Perspektiven auf die mehrsprachige Schule. Münster 2006, S. 79–85.

42 *Diehr:* Fachliteralität. 2016, S. 63.

43 So auch Barricelli im Gespräch mit Schmieder: *Barricelli:* Dialog. 2007, S. 218.

44 *Wildhage:* Praxis. 2009, S. 81.

45 *Heiner Willenberg:* Wortschatz. In: *Eckhard Klieme/Bärbel Beck* (Hrsg.): Sprachliche Kompetenzen. Konzepte und Messung. DESI-Studie (Deutsch Englisch Schülerleistungen International). Weinheim 2017, S. 130–139, hier S. 132f.

Diese allgemeine Definition des Wortes »Fachbegriff« muss für Untersuchungen zum Geschichtsunterricht historisch spezifiziert werden. Spezifisch ist im Fach Geschichte, dass nicht unveränderliche historische Begriffe relevant sind, sondern dass die zeitliche Provenienz und der zeitliche Wandel, dem sie unterliegen, betrachtet werden.[46] Daneben lernen Schüler*innen die Verwendung angemessener aktueller Begriffe zur Beschreibung der Vergangenheit. Dafür gibt es in der Geschichtsdidaktik einige Begriffstypologien.[47] Hier soll es genügen, einmal explizit darauf hinzuweisen, dass es historische und aktuelle Begriffe zur Beschreibung historischer Gegebenheiten gibt. Sie alle sind Fachbegriffe des Faches Geschichte. Allein die aktuellen Begriffe (nach Joachim Rohlfes »Deutungsbegriffe«) entsprechen – wenigstens auf zeitlicher Ebene – denen anderer Fächer.[48] Wenn auch nicht vollständig trennscharf[49], so ermög-

46 *Michael Sauer:* Begriffslernen und Begriffsarbeit im Geschichtsunterricht. Frankfurt a. M. 2019, S. 9–13.

47 Die von Joachim Rohlfes entwickelte Systematik etwa kennt fünf Arten von Fachbegriffen: 1) Symbolische Begriffe, 2) Gegenstands- und funktionsbezogene Begriffe, 3) »Begriffe, die komplexe Funktionszusammenhänge bezeichnen«, 4) »Begriffe, die Geschehenszusammenhänge bezeichnen«, 5) Deutungsbegriffe. Vgl. *Joachim Rohlfes:* Geschichte und ihre Didaktik. Göttingen 2005, S. 71 f. Historisch fundiert ist auch die Definition durch *Christoph Hamann/Thomas Krehan:* Wortschatzarbeit im Geschichtsunterricht. In: *Senatsverwaltung für Bildung, Jugend und Wissenschaft* (Hg.): Sprachsensibler Fachunterricht. Handreichung zur Wortschatzarbeit in den Jahrgangsstufen 5–10 unter besonderer Berücksichtigung der Fachsprache. Berlin 2013, S. 171–203, hier 172 f.: »Historische Begriffe a. bezeichnen häufig das eben nicht mehr Beobachtbare, das Vergangene (z. B. Zunft, Patrizier), und sind als solche kognitive Konstruktionen und Oberbegriffe, die z. B. durch die Beschreibung von deren Einzelmerkmalen (in unserem Beispiel: Tätigkeiten, Rechte und Status) konkretisiert und fassbar gemacht werden müssen; b. unterliegen in ihrer Semantik selbst einem zeitlichen Wandel und sind von daher ebenso historisch wie dasjenige, was sie benennen wollen. Die Begriffe König, Adel oder Bürger bezeichnen in unterschiedlichen Epochen Unterschiedliches: Das Amt Königs Otto I. (912–973) unterscheidet sich in seiner Stellung und seinen Funktionen grundlegend von dem des Königs Juan Carlos I. (*1938) von Spanien; c. unterliegen in ihrer Semantik auch kulturellen Unterschieden: Sind zum Beispiel die Königsherrschaften in Japan, Afrika und Europa dasselbe? d. werden je nach Perspektive und (persönlichem, zeitlichem, sozialem…) Standort unterschiedlich definiert, weil sie nicht konkrete Sachverhalte einfach ›abbilden‹, sondern selbst schon Deutungen sind (z. B. Nationalsozialismus, Faschismus, Sozialismus, Imperialismus); e. haben als Oberbegriffe mitunter eine große Reichweite, sind aber in der Abstraktion und Aggregation vieler Einzelmerkmale schwer umfassend mit historisch Konkretem zu untersetzen (z. B. Arbeiterklasse, Dritter Stand, Veto-Politik); f. entstammen nicht selten der Alltagssprache und sind auch von daher einerseits vieldeutig oder werden deswegen andererseits nicht als erklärungsbedürftige Begriffe erkannt (z. B. Herrschaft, Prozess …); g. werden in der Alltagssprache, in der Fachsprache wie auch in der Sprache der Quellen genutzt und können je nach Kontext unterschiedliche Bedeutungen haben (z. B. Revolution); h. können historisch Einmaliges benennen, zugleich aber auch symbolhaft auf größere Zusammenhänge verweisen (z. B. der ›Kreml‹, ›Nine Eleven‹).«

48 Vgl. *Sauer:* Begriffslernen. 2019, S. 8 f.

49 Ebd., S. 9.

licht diese Einteilung doch eine erste Orientierung dazu, was Fachbegriffe im Geschichtsunterricht ausmacht. Diese Differenzierung und das sich aus ihr ergebende Begriffsnetz werden im Rahmen der vorgelegten Studie zu berücksichtigen sein. Die Analyse wirklich relevanter historischer Fachbegriffe für bilingualen Geschichtsunterricht erfolgte nämlich bisher lediglich anhand einzelner Begriffe in exemplarischer[50] und in Bezug auf die Begriffskenntnis der bilingual unterrichteten Schüler*innen sogar in anekdotischer[51] Form. In den übrigen deduktiven Studien wurden *CALP*-Begriffe zugrunde gelegt, von denen einzelne auch als historische Fachbegriffe benannt, nicht aber gesondert ausgewertet wurden.[52]

Für geschichtsdidaktische Fragestellungen ist die Erforschung der potenziell erweiterten Ausbildung der lexikalischen sprachlichen Mittel – in der L1 und der L2 – interessant, wenn man unter Rückgriff auf das in der Linguistik von Charles Ogden und Ivan Richards entwickelte semiotische Dreieck[53] die Konzeptseite (»*thought or reference*«) des Lexems (»*symbol*«) fokussiert.

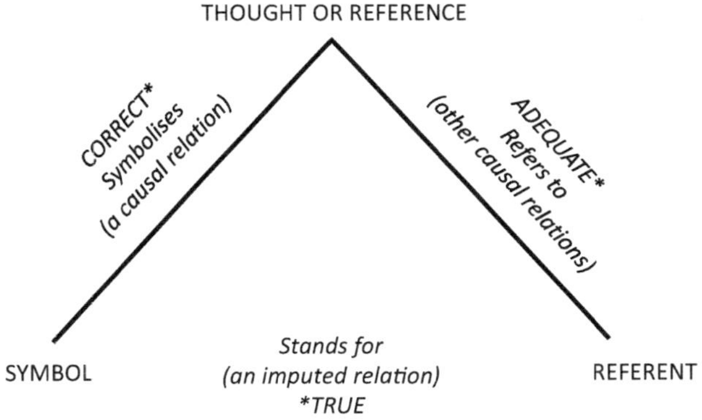

Abbildung 4: Das semiotische Dreieck nach Charles Ogden und Ivor Richards.[54] Exemplarisch wäre »symbol« hier etwa der Begriff »Imperialismus«, »thought or reference« das Konzept und »referent« das historische Ereignis selbst.

50 *Schlutow:* Bilingual. 2016, S. 46–59; *Barricelli:* Dialog. 2009, S. 211f.; *Wildhage:* Praxis. 2003, S. 81.

51 *Alavi:* Begriffsbildung. 2004, S. 39.

52 Susanne Staschen-Dielmann legt ihrer Dissertation z.B. eine von Averil Coxhead und Paul Nation entwickelte »Academic Word List« zugrunde. *Susanne Staschen-Dielmann:* Narrative Kompetenz im bilingualen Geschichtsunterricht. Didaktische Ansätze zur Förderung der schriftlichen Diskursfähigkeit. Frankfurt a. M. 2012, S. 67–70. Induktiv geht Stefanie Lamsfuß-Schenk vor, die aus den mündlichen Schüler*innen-Äußerungen ihrer Untersuchung bestimmte Begriffe als Fachbegriffe definiert: *Stefanie Lamsfuß-Schenk:* Fremdverstehen im bilingualen Geschichtsunterricht. Eine Fallstudie. Band 2. Frankfurt a. M. 2008, S. 210–255.

53 *Charles Ogden/Ivor Richards:* The Meaning of Meaning. A Study of the Influence of Language upon Thought and of the Science of Symbolism. New York 1923, S. 11.

54 Ebd.

Während der »referent« das tatsächlich existierende Phänomen darstellt (etwa das historische Ereignis selbst), handelt es sich bei dem »symbol« (dem Lexem oder Begriff) um dessen sprachliche Benennung, die aber stets nur über den Umweg des »thought or reference« auf das Eigentliche zugreift. In dieser Referenz, in dem Konzept vom Eigentlichen also, liegt das Potenzial, das ein bilingualer Geschichtsunterricht für das historische Lernen aufweisen kann.[55] Denn ein deutscher Begriff für einen referent kann über ein ganz anderes Konzept auf diesen verweisen als ein englischer. Diese Verbindung von Begriff und Konzept modelliert Bärbel Diehr für den bilingualen Bereich:[56] Zunächst definiert sie das Konzept als »mentale Repräsentation eines umfassenden und vielschichtigen, aber in sich geschlossenen und strukturierten Wissensbestandteils«[57]. Im Anschluss daran unterscheidet sie zwischen verschiedenen Arten der konzeptuellen Repräsentation von Lexemen in der L1 und L2.[58]

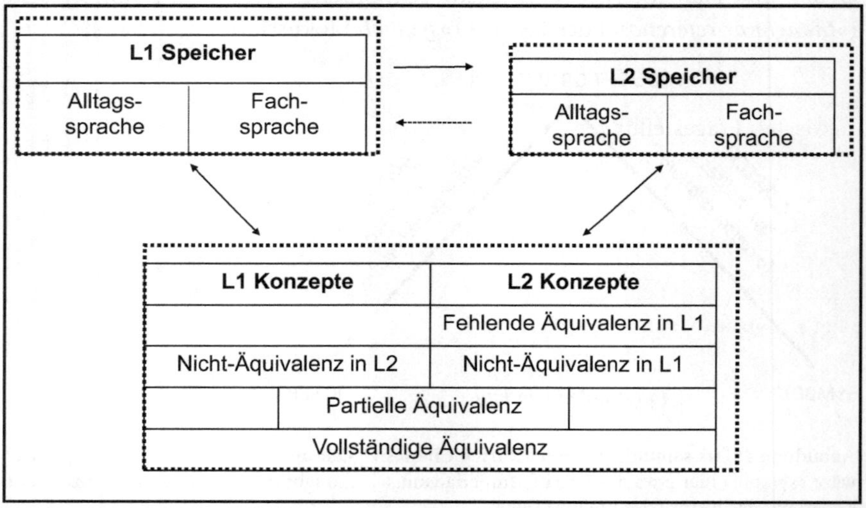

Abbildung 5: Bärbel Diehrs Integrated Dynamic Model des mentalen Lexikons bilingual Unterrichteter.[59]

Das Modell stellt deutlich vor Augen, dass der Zusammenhang zwischen den Lexemen, dem Inhalt der »Speicher« also, und den damit verbundenen Kon-

55 *Carola Gruner:* Entwicklung historischer Begriffs- und Strukturierungskompetenz im bilingualen Geschichtsunterricht. Analysebeispiel aus einer empirischen Studie. In: *Saskia Handro/Bernd Schönemann* (Hrsg.): Geschichte und Sprache. Berlin 2010, S. 93–112, hier S. 102.

56 *Diehr:* Fachliteralität. 2016, S. 71.

57 Ebd., S. 68.

58 Ebd., S. 72f.

59 Ebd., S. 71.

zepten im bilingualen Kontext ein spezifischerer ist als im monolingualen. Diehr zeigt anhand von Beispielen, die i.d.R. aus den Naturwissenschaften stammen und so als relativ klar umrissene Konzepte gelten können, inwiefern die Konzeptbildung und -wahrnehmung bei der Berücksichtigung von zwei Sprachen in besonderer Weise stattfinden muss.[60] Sie kann – insbesondere bei fehlender, nicht oder partieller Äquivalenz – nicht ohne eine Konzeptdifferenzierung zwischen L1 und L2 stattfinden. Für stärker deutungsgeladene Begriffe (wie den in der vorliegenden Studie fokussierten; dazu s. Kap. 3) gilt dies umso mehr. Vor dem hier skizzierten theoretischen Hintergrund untersucht die vorliegende Arbeit die Konzeptwahrnehmung, -differenzierung und -koordination bilingual und deutschsprachig unterrichteter Schüler*innen zu dem Begriff »Imperialismus«.

In der Fremdsprachendidaktik wird angenommen, dass sich Unterschiede zwischen bilingual und deutschsprachig unterrichteten Schüler*innen insbesondere im lexikalischen Bereich niederschlagen dürften.[61] Auf diese lexikalische Kenntnis gerichtete Untersuchungen bilden daher einen zentralen Gegenstand fremdsprachendidaktischer Studien.[62] Zwar kann dies allein für geschichtsdidaktische Fragestellungen, die deutlich stärker auf inhaltlich-konzeptuelle Vorstellungen zielen, noch nicht zufriedenstellen; aber aufgrund der hier ausgeführten Verbindung von Lexem und Konzept könnte man erwarten und wird allgemein angenommen, dass einer durch bilingualen Geschichtsunterricht womöglich ausgebildeten Kenntnis einer Vielfalt an Lexemen auch die Kenntnis einer Vielfalt von Konzepten entspricht.[63]

Aus diesem Grund werden auch für die vorliegende Arbeit die Erkenntnisse zum bilingualen Schüler*innen-Wortschatz berücksichtigt: Kap. 2.3.1 stellt daher die entsprechenden Studien näher vor und reflektiert ihre Bedeutung für die geschichtsdidaktische Ausrichtung der Arbeit vor dem Hintergrund der hier angeführten theoretisch-konzeptionellen Überlegungen.

60 Ebd.: Als Beispiel für eine konzeptuell vollständige Äquivalenz nennt sie die Begriffe *precipitation*/Niederschlag. Partielle Äquivalenz stellt sie für die Begriffe *science*/Wissenschaft fest. Als Beispiel für Nicht-Äquivalenz verweist sie auf *tube*/Tube und als Beispiel für fehlende Äquivalenz auf den Begriff *half term*.

61 Z.B. *Wolfgang Zydatiß:* Deutsch-Englische Züge in Berlin (DEZIBEL). Eine Evaluation des bilingualen Sachfachunterrichts an Gymnasien. Kontext, Kompetenzen, Konsequenzen. Frankfurt a. M. 2007, S. 164.

62 Darauf, dass der Ausbildung der Lexikkenntnisse in zwei Sprachen in jedwedem bilingualen Unterricht besondere Relevanz beigemessen wird, weisen auch Befragungen von Lehrkräften und Schüler*innen hin: Z.B. *Bettina Deutsch:* Mehrsprachigkeit durch bilingualen Unterricht? Analysen und Sichtweisen aus europäischer Bildungspolitik, Fremdsprachendidaktik und Unterrichtspraxis. Frankfurt a. M. 2016, S. 245f.

63 *Schlutow:* Bilingual. 2016, S. 46–59; *Barricelli:* Dialog. 2009, S. 211f.; *Wildhage:* Praxis. 2003, S. 81; *Peter Geiss:* Vom Nutzen und Nachteil des bilingualen Geschichtsunterrichts für das historische Lernen. In: Zeitschrift für Geschichtsdidaktik 8, 2009, S. 25–38, hier S. 26–28.

2.2.1.2 Fachbezogene Diskurskompetenzen

Seitdem sie in die Bildungsstandards für das Abitur aufgenommen wurde, bildet die Diskursfähigkeit ein zentrales Ziel von Fremdsprachenunterricht. Definiert wird sie hier als eine »Verstehens- und Mitteilungsfähigkeit, die inhaltlich zielführend, sprachlich sensibel und differenziert, adressatengerecht und pragmatisch angemessen ist«[64]. Der in den Bildungsstandards anvisierte Adressat ist im Kontext des bilingualen Geschichtsunterrichts ein Vertreter der fremdsprachigen Diskursgemeinschaft, die durch einen gemeinsamen Diskurs geeint wird. Michel Foucault prägte die Vorstellung davon, dass »sich jenseits einzelner Äußerungsakte […] interindividuelle, übergreifende Redezusammenhänge herausbilden […], die eine thematische Kohärenz aufweisen und auf diese Weise das in einer Gesellschaft vorhandene Wissen und vorherrschende politische und ethische Vorstellungen repräsentieren sowie das soziale Zusammenleben und die Herausbildung von Institutionen erzeugen«[65]. Für eine doppelte sachfachrelevante Diskursfähigkeit im bilingualen Geschichtsunterricht müssten Schüler*innen also neben den im deutschen auch die im englischsprachigen Raum etablierten historischen Erzählungen und den Umgang hiermit kennen, um »inhaltlich zielführend, sprachlich sensibel und differenziert, adressatengerecht und pragmatisch angemessen« zu kommunizieren und damit als *intercultural agents*[66] handeln zu können.

Möchte man also untersuchen, ob der bilinguale Unterricht eine doppelte sachfachrelevante Diskursfähigkeit besonders schult, bedarf es zunächst der Identifikation typischer Diskurskompetenzen des Faches Geschichte im Deutschen und im Englischen. Erste empirische Studien aus der Fremdsprachendidaktik haben sich damit beschäftigt. Auf sie wird in Kap. 2.3.2 näher eingegangen.

Konzeptionell ergibt sich aus den Überlegungen zur Diskursfähigkeit eine enge Anknüpfung an die in der Fremdsprachendidaktik seit langem relevanten Ansätze zu einem kulturellen Lernen, die im Zuge der Lernzielvorstellungen für bilingualen Unterricht eine neue, spezifische Ausformung erhalten.

64 *Kultusministerkonferenz* (Hg.): Bildungsstandards für die fortgeführte Fremdsprache (Englisch/Französisch) für die Allgemeine Hochschulreife. 2012, S. 11. Online unter URL: <https://www.kmk.org/fileadmin/veroeffentlichungen_beschluesse/2012/2012_10_18-Bildungsstandards-Fortgef-FS-Abi.pdf> (Zugriff am 24.03.2023).

65 *Wolfgang Hallet:* Diskursfähigkeit. In: *Carola Surkamp* (Hg.): Metzler Lexikon Fremdsprachendidaktik. Ansätze – Methoden – Grundbegriffe. Stuttgart 2017, S. 48.

66 *Britta Freitag-Hild:* Teaching Culture – Intercultural Competence, Transcultural Learning, Global Education. In: *Carola Surkamp/Britta Viebrock* (Hrsg.): Teaching English as a Foreign Language. An Introduction. Stuttgart 2018, S. 159–175, hier S. 164.

2.2.1.3 Kultur – fremdsprachendidaktisch

Neben den Arbeiten, die die linguistischen und diskursiven Kompetenzen ins Zentrum des Forschungsinteresses rücken, gibt es solche, die das Potenzial bilingualen Unterrichts für ein kulturelles Lernen prüfen. Um diesen Gedanken konkreter zu fassen, ist es zunächst nötig, ein Verständnis von »Kultur« grundzulegen, das der aktuellen fremdsprachendidaktischen Debatte gerecht wird. Das bedeutet auch, den Begriff einzugrenzen und dabei die Punkte hervorzuheben, die für den geschichtsdidaktischen Diskurs relevant sind.

Der Kulturbegriff

Zwei Entwicklungen in der Fremdsprachendidaktik zum Kulturbegriff sind für das Verständnis für ein potenziell durch bilingualen Unterricht gefördertes kulturelles Lernen relevant: erstens die Entwicklung von einem *High-C-* zu einem *Low-c-*Verständnis[67] und zweitens die Wandlung von einem essenzialistischen, tendenziell national gefassten Kulturverständnis hin zu einem nicht-essenzialistischen, dynamischen, auf Deutungsmuster teilende Gruppen fokussierenden[68].

Die erste Wandlung ist inhaltlicher Art. Die Frage ist, was im Unterricht unter der Überschrift »Kultur« zu verhandeln ist. Nicht mehr nur Theater, Oper und sogenannte hohe Literatur sollen nunmehr Kultur sein, wie das *High-C-*Verständnis das noch definierte, sondern auch Alltagserscheinungen können im *Low-c-*Ansatz als solche gelten. Zusammengehalten werden sie unter dem Kulturbegriff dadurch, dass sie als Ausdruck einer gemeinsamen Weltwahrnehmung gedeutet werden. Bedeutung und Wissen sind in diesem Kulturverständnis als Eisberg veranschaulicht worden.[69]

---

67 *Laurenz Volkmann:* Fachdidaktik Englisch. Kultur und Sprache. Tübingen 2010, S. 52; *Wolfgang Hallet:* Kulturdidaktik. In: *Carola Surkamp* (Hg.): Metzler Lexikon Fremdsprachendidaktik. Ansätze – Methoden – Grundbegriffe. Stuttgart 2017, S. 180–184, hier S. 181.

68 Umfassend zuletzt: *Carola Surkamp/Britta Freitag-Hild:* »Einführung in das Panel WIE: WIE lässt sich ein aktuelles Verständnis von Kultur methodisch-didaktisch umsetzen?« In: *Lotta König/Birgit Schädlich/Carola Surkamp:* unterricht_kultur_theorie: Kulturelles Lernen im Fremdsprachenunterricht gemeinsam anders denken: Zur Einführung in den Sammelband. In: *Dies.* (Hrsg.): unterricht_kultur_theorie: Kulturelles Lernen im Fremdsprachenunterricht gemeinsam anders denken. Berlin 2022, S. 3–20, hier S. 9f.; *Claus Altmayer:* ›Kulturelle Deutungsmuster‹ als Lerngegenstand. Zur kulturwissenschaftlichen Transformation der ›Landeskunde‹. In: Fremdsprachen lehren und lernen 35, 2006, H. 1, S. 44–59.

69 *Robert Gibson:* Intercultural Business Communication. Berlin 2000, S. 15–18.

Abbildung 6: Kultur als Eisberg. Modell der interkulturellen Didaktik nach Robert Gibson.[70]

Kultur wird hier als ein unspezifischer Begriff behandelt. Das heißt, »Kultur« umfasst alle Vorstellungen, Lebensformen und Werte, die sich im aktuellen Leben in irgendeiner Form ausdrücken. Wie das Eisbergmodell deutlich veranschaulicht, können so untereinander unverbundene Dinge (Trinken, Kleidung, Kunst) nebeneinandergestellt und insofern (indirekt) aufeinander bezogen werden. Das ist möglich, weil sie über die kulturell gebundene Person, mit einer ihr zugeschriebenen kulturell gebundenen Weltwahrnehmung (etc.), in eine Beziehung zueinander gesetzt werden. Fremdsprachendidaktisch ist also weniger die Sache, über die man spricht, relevant und einheitsstiftend als vielmehr der Adressat, an den sich die Äußerung – zu welchem Thema auch immer – richtet. Ihn gilt es zu verstehen, und es gilt, die Kommunikation an seine Weltwahrnehmung anzupassen. Dies soll durch interkulturelles Lernen ermöglicht werden.[71] »Handlungsleitende Werte und Normen sowie Wissensstände und Überzeugungen der Zielsprachenkulturen«[72] sollen in einem interkulturellen Fremdsprachenunterricht also vermittelt werden, weniger aber, um »kulturelles Faktenwissen und landeskundliches Spezialwissen [zu erwerben], sondern vielmehr[, um] Kommunikations- und Verstehensbereitschaft sowie […] die Fähigkeit zur Bedeutungsaushandlung«[73] zu schulen. Explizit formuliert Wolfgang Hallet dieses am Adressaten ausgerichtete Verständnis von Kultur und das damit einhergehende Ziel interkulturellen Lernens: »Damit verliert die fremdsprachige Kultur ihre enge Begrenzung auf einen landeskundlichen Lerngegenstand und wird zu einer kommunikativen und attitudinalen Dimension, die in allen Akten

70 Ebd.

71 Etwa: *Michael Byram:* Teaching and Assessing Intercultural Communicative Competence. Clevedon 1997.

72 *Nünning:* Kultur. 2017, S. 180.

73 *Hallet:* Kulturdidaktik. 2017, S. 181.

fremdsprachiger Kommunikation erforderlich und präsent ist.«[74] Dazu trage der bilinguale Unterricht – so erste Erkenntnisse – besonders bei: »Bilingual teaching contributes specifically to [...] enabling pupils to develop language skills which emphasise effective communication, motivating them to learn languages by using them for real practical purposes.«[75] Dieser Kulturbegriff erscheint also einerseits als umfassend, allgemein gefasst, prononciert unspezifisch, andererseits aber durch den Rückgriff auf den Adressaten in sich sehr geschlossen.

Die zweite Wandlung, der das Kulturverständnis in der Fremdsprachendidaktik zuletzt unterworfen war, ist die vom essenzialistischen Ansatz hin zu einem dynamisch-semiotischen.[76] Während früher eher ein festes Verständnis von tendenziell national gedachten Kulturen vorherrschend war, wird heute i.d.R. auf einen bedeutungs- und wissensorientierten Kulturbegriff zurückgegriffen, der konstruktivistisch geprägt ist. »Demzufolge wird K[ultur] als der von Menschen erzeugte Gesamtkomplex von mentalen Vorstellungen, Denkformen, Empfindungsweisen, Werten und Bedeutungen aufgefasst, der sich in Symbolsystemen (z.B. in Sprache) und sozialen Institutionen (z.B. in der Schule) materialisiert.«[77]

Dieses Verständnis drückt sich auch im oben zitierten Eisbergmodell aus. Im Unterricht thematisierte Erscheinungsformen von Kultur (wie z.B. Trinken, Kleidung, Kunst – oder eben auch Geschichte[78]) sind Ausdruck der mentalen Vorstellungen, die eine Gruppe zu einer Kulturgemeinschaft einen. Damit ist Kultur ein »*set of shared meanings*«[79] und wird diskursiv und in der Interaktion und Aushandlung zwischen Mitgliedern einer Bezugsgruppe hervorgebracht und weitergegeben. Bei Altmayer liest sich dies wie folgt:

> »Wir deuten und schaffen die gemeinsame Welt und Wirklichkeit auf der Basis von Mustern, die wir im Verlauf unserer Sozialisation erlernt haben, die wir in der Regel in Diskursen als allgemein bekannt und selbstverständlich voraussetzen, die aber auch selbst jederzeit zum Gegenstand diskursiver und kontroverser Deutungsprozesse werden können. Soweit es sich bei diesen Mustern um überlieferte, im kulturellen Ge-

74 Ebd.

75 *Eurydice:* CLIL. 2006, S. 22.

76 *König:* ICC. 2023, S. 9f.

77 *Nünning:* Kultur. 2017, S. 180.

78 Geschichte wird hier also lediglich als eine dieser Erscheinungsformen gesehen, die der bilinguale Unterricht, wie Wolfgang Hallet in seinem *bilingual triangle* (vgl. Kap. 2.2.2.1) explizit heraushebt, inhaltlich behandeln solle. »Das bilinguale Lernen versetzt die Schülerinnen und Schüler in die Lage [...] über ihre eigenen Erfahrungen, ihre eigene Lebenswelt und ihren eigenen Kulturraum, z.B. Geographie, Geschichte, Wirtschaft, Gesellschaft, Kunst etc. (Zielfeld I), [...] zu kommunizieren.« *Wolfgang Hallet:* The Bilingual Triangle. Überlegungen zu einer Didaktik des bilingualen Sachfachunterrichts. In: Praxis des Neusprachlichen Unterrichts 45, 1998, H. 2, S. 115–125, hier S. 119.

79 *Stuart Hall:* Representation. Cultural Representations and Signifying Practices. London 1997, S. 2.

dächtnis einer Gruppe gespeicherte und abrufbare Muster von einer gewissen Stabilität handelt, spreche ich von ›kulturellen Deutungsmustern‹, und den Bestand an ›kulturellen Deutungsmustern‹, der einer Gruppe als gemeinsamer Wissensvorrat für die gemeinsame diskursive Wirklichkeitsdeutung zur Verfügung steht, nenne ich die ›Kultur‹ dieser Gruppe.«[80]

Aus diesem heutigen Begriffsverständnis von Kultur erwächst dasselbe fremdsprachendidaktische Ziel für den Englisch- wie für den bilingualen Unterricht überhaupt: kulturelles Lernen so zu gestalten, dass die Schüler*innen möglichst umfangreich mit den Ausdrucksformen fremder Kulturen bekannt gemacht werden, damit sie Rückschlüsse auf die diesen zugrunde liegenden Wertvorstellungen ziehen können. Beziehen sie die so erworbene Kenntnis kulturell fremder Wertvorstellungen dann zurück auf die eigen-kulturellen und hinterfragen diese, findet interkulturelles Lernen statt. Interkulturell wird es durch die Reflexion der eigenen kulturellen Deutungsmuster im Spiegel der fremden.[81]

Zwei Kulturen können auf drei Arten aufeinander bezogen werden: kognitiv, affektiv-attitudinal-emotional und anhand einer Handlungsdimension, sei es einer pragmatischen oder einer konativen.[82] Anknüpfungspunkte zu den Zielen der Geschichtsdidaktik ergeben sich insbesondere im kognitiven Bereich inter-

80 *Altmayer:* Deutungsmuster. 2006, S. 51. Sachlich ganz entsprechend, aber in anderer Terminologie *Hallet:* Diskursfähigkeit. 2017, S. 48, dessen »Diskurs« eng mit Altmayers »Kultur« verknüpft zu sein scheint. Entsprechend untersucht wird dann die »Diskurskompetenz« bilingual unterrichteter Schüler*innen (*Zydatiß:* DEZIBEL. 2007, S. 273–276), oder die »Diskursfunktionen« (vgl. *Christiane Dalton-Puffer:* Diskursfunktionen und generische Ansätze. In: *Wolfgang Hallet/Frank Königs* (Hrsg.): Handbuch Bilingualer Unterricht. Content and Language Integrated Learning. Seelze 2013, S. 138–145.), die Altmayers »Deutungsmustern« ähneln. Entsprechende Überlegungen finden sich unter dem Begriff der »symbolic competence« auch bei *Claire Kramsch:* From Communicative Competence to Symbolic Competence. In: The Modern Language Journal 90, 2010, H. 2, S. 249–252.

81 Diese Selbstreflexion stellt im Normalfall ein zentrales Ziel des interkulturellen Lernens im Fremdsprachenunterricht dar (vgl. z.B. *Daniel Reimann:* Methoden des interkulturellen Fremdsprachenlernens. In: *Wolfgang Hallet/Frank Königs/Hélène Martinez* (Hrsg.): Handbuch Methoden im Fremdsprachenunterricht. Hannover 2020, S. 37–41, hier S. 39f.). Ganz unabhängig davon kann auch der kontrastierende Bezug zweier fremder Kulturen aufeinander als interkulturelles Lernen bezeichnet werden (vgl. ausführlicher Kap. 2.2.2.3). Einen Überblick zum interkulturellen Lernen (*Lothar Bredella:* Interkulturelles Lernen. In: *Carola Surkamp* (Hg.): Metzler Lexikon Fremdsprachendidaktik. Ansätze – Methoden – Grundbegriffe. Stuttgart 2017, S. 149–152.) und zur interkulturellen kommunikativen Kompetenz (Byram: ICC. 1997.) bietet *Freitag-Hild:* Culture. 2018, S. 164–166. Das transkulturelle Lernen zielt demgegenüber auf Phänomene kulturübergreifender Ähnlichkeit oder Gleichheit. Vertiefend zu diesem Ansatz *König:* Kultur. 2023, S. 9f.; *Wolfgang Hallet:* Kulturelles Lernen im Fremdsprachenunterricht. In: *Lotta König/Birgit Schädlich/Carola Surkamp* (Hrsg): unterricht_kultur_theorie: Kulturelles Lernen im Fremdsprachenunterricht gemeinsam anders denken. Berlin 2022, S. 41–56. Zusammenfassend auch *Freitag-Hild:* Culture. 2018, S. 166–169.

82 *Reimann:* Methoden. 2020, S. 38.

kulturellen Lernens. Für einen kognitiven Bezug müssen »intercultural speaker« nach Michael Byram unter anderem über »knowledge of social groups and their products and practices in one's own and in one's interlocutor's country, and of the general processes of societal and individual interaction« verfügen.[83] Methodisch können sie diese Kenntnis erlangen, indem sie Texte aus einem kulturellen Diskurs lesen und ihn sich so erschließen.[84] Dafür müssen sie »in die Lage versetzt werden, die in Texte implizit eingehenden und von Texten als selbstverständlich verfügbar vorausgesetzten kulturellen Deutungsmuster als solche zu identifizieren«.[85] Mit dem Begriff der »kulturellen Deutungsmuster« und der methodischen Orientierung an Texten ergeben sich Verknüpfungen zwischen der rein fremdsprachendidaktischen Diskussion und der geschichtsdidaktischen.[86]

2.2.2 Geschichtsdidaktische Ziele

Fachdidaktische Ziele, so Michael Maset, werden im bilingualen Geschichtsunterricht »trivialisiert« und »nur selten wahrgenommen«, – »wenn überhaupt«.[87] Was aber, so lässt sich andersherum fragen, sind die geschichtsdidaktischen Ziele, was ist das fachliche Potenzial, das (womöglich spezifisch) bilingualer Geschichtsunterricht aufweisen kann?

Konzeptionell knüpft die Geschichtsdidaktik an das Verständnis des kulturellen Lernens aus der Fremdsprachendidaktik an, wenn sie auf die Thematisierung »neuer« Inhalte fokussiert (vgl. Kap. 2.2.2.1). Hier sieht auch sie Potenziale dieser Unterrichtsform. Ein zweites fachliches Potenzial erkennen Historiker in einer Dimension, die ebenfalls »kulturelles Lernen« genannt werden kann, die sich aber von dem oben beschriebenen deutlich unterscheidet, weil Geschichte in diesem Ansatz nicht ein möglicher Ausdruck von Kultur ist, sondern Kultur sich als Geschichtskultur ausdrückt. Bilingualer Geschichtsunterricht, so die Hoffnung, könnte dazu beitragen, einen kompetenten Umgang mit diversen Geschichtskulturen zu schulen (vgl. Kap. 2.2.2.2).

83 *Byram:* ICC. 1997, S. 51.

84 *Freitag-Hild:* Culture. 2018, S. 162.

85 *Claus Altmayer:* Kultur als Hypertext. Zu Theorie und Praxis der Kulturwissenschaft im Fach Deutsch als Fremdsprache. München 2004, S. 459.

86 Vgl. dazu Kap. 2.2.2.2.

87 *Maset:* Praxis. 2015, S. 18.

2.2.2.1 Inhalte

Die enge Verzahnung von sprachdidaktischen Vorstellungen und daran anknüpfenden fachdidaktischen Ausdifferenzierungen wird besonders deutlich, wenn man die geschichtsdidaktische Entwicklung des von Wolfgang Hallet für alle »Sachfächer« entwickelten *bilingual triangle* nachverfolgt.[88] Er versucht, den bilingualen Unterricht durch Inhalte, die förderlich für ein Verstehen der fremden wie der eigenen Kultur sein könnten, zu akzentuieren (vgl. Abbildung 7A). Neben den Erscheinungsformen der eigenen Kultur[89] sollten auch zielsprachliche Kulturen und kulturübergreifende Erscheinungsformen[90] zum Thema im bilingualen Unterricht werden. Diese beiden letztgenannten Themenfelder seien die Bereicherung, die ein Fachunterricht durch die Hinzunahme einer zweiten Sprache erfahren könne.

Für ein kulturelles Lernen im bilingualen Geschichtsunterricht bedeutet das, dass es erweitert werden könnte, indem »Geschichte« (neben Kleidung, Essen, Kunst, vgl. Kap. 2.2.1.3) als eine solche Erscheinungsform begriffen und zum Vermittlungsgegenstand wird. Unter Rückgriff auf das von Wolfgang Hallet für alle Sachfächer entworfene *bilingual triangle* spezifiziert Manfred Wildhage[91] diese Akzentuierung für den Geschichtsunterricht entsprechend (vgl. Abbildung 7B).

In modellhafter Analogie zeigt Wildhage besonders geeignete Themenfelder für ein so verstandenes interkulturelles Lernen im bilingualen Geschichtsunterricht auf. Historische Ereignisse aus der Kultur der Schulsprache (Feld 1), der der Bezugssprache (Feld 2) und globaler Art (Feld 3) seien geeignete Unterrichtsinhalte (vgl. Abbildung 7B). So könne gar »ein eigenständiges *inhaltliches* Profil«[92] bilingualen Geschichtsunterrichts ausgeformt werden.[93] Zu Recht kritisiert Martin Schlutow, dass eine solche thematische Setzung epochal neuere Geschichte und analytisch Politik- und Herrschaftsgeschichte bevorzuge.[94] Die Passfähigkeit von Modell und den üblichen Themen der Geschichtscurricula sei entsprechend gering.

---

88 *Hallet:* Triangle. 1998, S. 119.

89 Das Nebeneinander von »Erfahrungswelt, Lebenswelt, Kultur und Gesellschaft« irritiert zunächst, kann aber m. E. vor dem Hintergrund des oben vorgestellten Eisbergmodells einfach unter dem Begriff »Kultur« zusammengefasst werden.

90 Auch hier verwende ich für eine kohärente Darstellung den Begriff »Kultur« statt »Phänomene und Sachverhalte«, die m. E. in diesem Zusammenhang Synonyme für kulturelle Erscheinungsformen nach dem Eisbergmodell sind.

91 *Wildhage:* Praxis, S. 84.

92 Ebd. Hervorhebung durch CL.

93 Ähnliche Überlegungen für ein interkulturelles Lernen im Geschichtsunterricht auch in: *Bodo von Borries:* Interkulturalität beim historisch-politischen Lernen. In: Andreas Körber (Hg.): Interkulturelles Geschichtslernen. Geschichtsunterricht unter den Bedingungen von Einwanderung und Globalisierung. Münster 2001. S. 73–96.

94 *Schlutow:* Bilingual. 2016, S. 24.

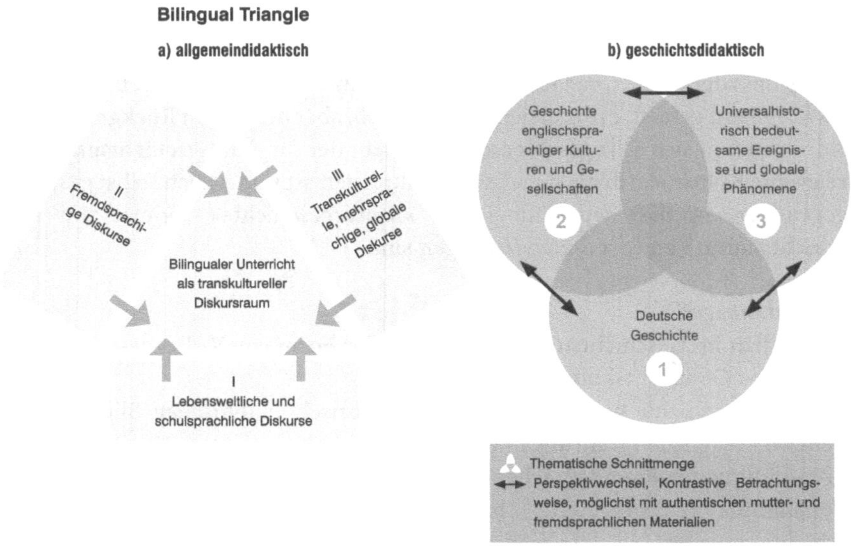

Abbildung 7: A) Für den bilingualen Unterricht besonders geeignete Themenfelder hat Wolfgang Hallet im »bilingual triangle« identifiziert. B) Für den bilingualen Geschichtsunterricht sind sie in Manfred Wildhages Modell spezifiziert und um den Perspektivwechsel ergänzt.[95]

Wildhage ergänzt das *bilingual triangle* zudem – und das macht es eigentlich interessant – um den spezifisch historischen Perspektivwechsel (vgl. Pfeile in Abbildung 7B). So wird etwa »die deutsche Geschichte« aus der Warte der »Geschichte englischsprachiger Kulturen und Gesellschaften« heraus betrachtet – und andersherum. Hier weist das Modell über die ursprünglich thematische Ausrichtung, bei der Geschichte lediglich eine von vielen möglichen Realisierungsformen von Kultur darstellt, hinaus. Wildhage integriert die Multiperspektivität als ein Prinzip historischen Denkens. Anders als eine rein thematische Ausrichtung ermöglicht ein solch prinzipieller Zugriff es tatsächlich, dem bilingualen Geschichtsunterricht ein eigenes, geschichtsdidaktisch fundiertes Profil zu geben. Profilbildend wirkt dabei die »interkulturelle Perspektivität«.

2.2.2.2 Kultur – geschichtsdidaktisch

Interkulturelle Perspektivität als konzeptioneller Anspruch an bilingualen Geschichtsunterricht – das ist der Gegenstand der vorliegenden Arbeit. Daher wird interkulturelle Perspektivität zunächst einmal geschichtsdidaktisch definiert. Dabei finden die bisher rezipierten fremdsprachendidaktischen Konzeptionen

95 Abbildungen aus: *Corinna Link:* Interkulturelle Perspektivität als Spezifikum historischer Bildung. In: Geschichte lernen 197, 2020, S. 2–7, hier S. 4.

zum Kulturverständnis zum Teil Eingang in diese Definition, zum Teil grenzen sich die folgenden Ausführungen explizit von ihnen ab. Der Grund dafür liegt darin, dass der fremdsprachendidaktische Kulturbegriff als umfassend erscheint, als allgemein gefasst, prononciert unspezifisch, aber durch den Rückgriff auf den Adressaten in sich sehr geschlossen. Ihm steht der für den Geschichtsunterricht relevante Kulturbegriff als spezifisch, konkret gefasst und in sich selbst gespalten gegenüber, so dass wir einmal von »Kulturgeschichte«, einmal von »Geschichtskultur« zu sprechen gezwungen sind.

Der Kulturbegriff

Kultur tritt im Geschichtsunterricht also in der Form von Kulturgeschichte und in der von Geschichtskultur auf.[96]

Kulturgeschichte bedeutet heute, den historisch-analytischen Blick auf tendenziell alltägliche Erfahrungen der Vergangenheit zu richten. Vergleichbar zur Entwicklung der Fremdsprachendidaktik von einem *High-C-* zu einem *Low-c-*Verständnis (vgl. Kap. 2.2.1.3), hat sich das inhaltliche Interesse der Kulturgeschichte erweitert, so dass eine ursprüngliche Fokussierung auf (sogenannte) hochkulturelle Produkte und Ausdrucksformen um die Betrachtung alltagskultureller Phänomene erweitert wurde.[97] Familie, Brauchtum, Kunst, Essen und Sprache sind mögliche Themen.[98] Betrachtet werden diese Aspekte heute als »symbolische Formen vergangenen Lebens, also die Sinnstiftungen und Deutungsmuster der Menschen«[99]. Damit rückt die Betrachtung von historischer Kultur nah an das oben erläuterte fremdsprachendidaktische Verständnis heran[100]: Erscheinungsformen im Alltag machen Kultur aus bzw. geben Rückschlüsse auf die sie ausmachenden unterliegenden Deutungsmuster. Selbst der

96 Die Begriffe sind in der Geschichtsdidaktik nicht konsensual definiert. Die für das Jahr 2022 geplante KGD-Tagung wird sich deshalb unter dem Titel »Geschichtsbewusstsein, Geschichtskultur, Public History – ein spannendes Verhältnis« näher damit auseinandersetzen. Zur bisherigen Definition und Abgrenzung der Geschichtskultur von den Begriffen »Erinnerungsgeschichte« und von »Public History« vgl. Christoph Cornelißen: Was heißt Erinnerungskultur? Begriff – Methoden – Perspektiven. In: Geschichte in Wissenschaft und Unterricht 54, 2003, H. 10, S. 548–563. *Marko Demantowsky:* What is Public History. In: *Ders.* (Hg.): Public History and School. International Perspectives. München 2019, S. 3–37.

97 *Ute Daniel:* Kompendium Kulturgeschichte. Theorien, Praxis, Schlüsselwörter. Frankfurt 2006. S. 195–219.

98 Genauer z. B. *Peter Burke:* Was ist Kulturgeschichte? Frankfurt 2005.

99 *Daniel:* Kulturgeschichte. 2006, S. 299. Für einen Überblick über die Entwicklung kultureller Betrachtungen vgl. *Doris Bachmann-Medick:* Cultural Turns. Neuorientierungen in den Kulturwissenschaften. Hamburg 2020.

100 Dazu passt auch, dass die Kulturgeschichte häufig in der Form der »Cultural Studies« betrieben wurde und sich explizit dadurch definiert, dass sie die Hochkultur zugunsten allgemeinerer Erfahrungen vernachlässigt. Auch in dieser Kontextualisierung zeigt sich die fremdsprachendidaktische Wandlung vom *High-C-* zum *Low-c-*Ansatz (vgl. Kap. 2.2.1.3). Vgl. *Burke:* Kulturgeschichte, S. 149.

Umgang mit Geschichte kann als Teil von Kulturgeschichte betrachtet werden: dann nämlich, wenn der Blick auf die Frage gerichtet wird, wie die jeweils betrachtete Epoche ihrerseits mit Geschichte umging. »Sie [sc. diese spezifische Form von Kulturgeschichte] untersucht beispielsweise die Rezeption der Antike in der Französischen Revolution. [...] [Damit ist sie eine] hochspezialisierte Sektoraldisziplin der Geschichtswissenschaft, eine spezielle Variante der Kulturgeschichte, die die Rezeption von Geschichte in einer vergangenen Gesellschaft untersucht«[101] – ein Phänomen, das Bernd Schönemann mit dem Begriff »Geschichtskultur« bezeichnet sehen will.

So verstanden unterscheidet sich dann lediglich die zeitliche Verortung der Zielkultur zwischen der Kulturgeschichte im Geschichts- und der Kulturbetrachtung im Englischunterricht: Während der Englischunterricht sich i. d. R. auf ein kulturell (anderes) Jetzt bezieht, fokussiert der kulturgeschichtlich orientierte Geschichtsunterricht ein kulturell (anderes) Vergangenes. Der eigene Standort jedoch ist in Bezug auf diesen zeitlichen Horizont in beiden Orientierungen gleich: Die Kultur, aus der heraus betrachtet wird, ist die jeweils aktuelle, das jeweilige Hier und Jetzt.

Abweichend von Schönemanns Definition, nach der der Begriff »Geschichtskultur« auch den in der Vergangenheit angesiedelten Umgang mit der Geschichte abdeckt, bezeichnet dieser Ausdruck gemeinhin den jeweils gegenwärtigen. Geschichtskultur bezeichnet dann, wie Hans-Jürgen Pandel es ausdrückt, »den *gegenwärtigen* [...] Umgang mit Geschichte [...,] nicht den in vergangenen Zeiten.«[102] Legt man dieses engere Verständnis von Geschichtskultur zugrunde, erweist sich auch die Blickrichtung als gleich, die der Englisch- und der Geschichtsunterrichts auf ihr Sujet einnehmen: Beide blicken von einem jeweiligen Jetzt auf ein jeweiliges Jetzt. Damit bietet die geschichtskulturelle Herangehens-

101 Pandel merkt hierzu kritisch an, dass solche Überlegungen selten in relevante Themen für Unterricht münden könnten (*Hans-Jürgen Pandel:* Geschichtskultur. In: *Michele Barricelli/Martin Lücke* (Hrsg.): Handbuch Praxis des Geschichtsunterrichts. Schwalbach/Ts. 2012, S. 147–159, hier S. 148). Damit distanziert er sich von den Überlegungen Schönemanns, der die Historisierbarkeit der Geschichtskultur betont (*Bernd Schönemann:* Geschichtsdidaktik und Geschichtskultur. In: *Bernd Mütter/Bernd Schönemann/Uwe Uffelmann* (Hrsg.): Geschichtskultur. Theorie – Empirie – Pragmatik. Weinheim 2000, S. 26–58; *Bernd Schönemann:* Geschichtsdidaktik, Geschichtskultur und Geschichtswissenschaft. In: *Hilke Günther-Arndt* (Hg.): Geschichtsdidaktik. Praxishandbuch für die Sekundarstufe 1 und 2. Berlin 2003, S. 11–22.). Pandel hält ebendies für eine Vermischung der Geschichtskultur mit Kulturgeschichte. Vgl. im Übrigen auch *Jörn Rüsen:* Was ist Geschichtskultur? Überlegungen zu einer neuen Art, über Geschichte nachzudenken. In: *Klaus Füßmann/Theodor Grütter/Jörn Rüsen* (Hrsg.): Historische Faszination. Geschichtskultur heute. Köln/Weimar/Wien 1994, S. 3–26; *Jörn Rüsen:* Geschichtskultur (Stichworte zur Geschichtsdidaktik). In: Geschichte in Wissenschaft und Unterricht 46, 1995, H. 9, S. 513–521.

102 Pandel spezifiziert diese Ausführungen – in Abgrenzung von Schönemann – unter der Überschrift »Geschichtswissenschaftskultur«. *Pandel:* Geschichtskultur. 2012, S. 148.

weise also die erforderliche Nähe, derer es bedarf, um eine aus beiden Fachdidaktiken heraus theoretisch begründete Studienanlage zu ermöglichen.

Weitere definitorische Unterschiede, die sich mit der gegenwärtigen Verwendung des Begriffs »Geschichtskultur« verbinden, bleiben zu klären. Teils wurde Geschichtskultur als »Geschichte in der außerschulischen Öffentlichkeit«[103] und »Geschichte in der Alltagswelt«[104] begriffen; damit erscheint sie explizit abgegrenzt von einem schulischen Lernen.[105] Museen und Mahnmale etwa, Film-, Fernseh- und Theaterinszenierungen oder Gedenkveranstaltungen gelten dann als typische Orte und Ereignisse, in denen sich Geschichtskultur manifestiert.[106] Geschichtskulturell relevant werden sie alle, wenn nach den Gründen für diese (aktuelle) Darstellungsform von Geschichte gefragt wird. Dann bezeichnet Geschichtskultur ein Konzept, »das unterschiedliche Bereiche und Formen der historischen Erinnerung«[107] umfasst und v.a. hinterfragt. Schulisches Lernen ist dann nicht Teil von Geschichtskultur. Teils jedoch wird Geschichtskultur heute, nach Pandel »im didaktischen Sinne« gedeutet als »die Verarbeitung von Geschichte [...], die die *Schülerinnen und Schüler* heute umgibt.«[108] Auch Schönemann betont, dass »der institutionellen Dimension [der Geschichtskultur] eine herausgehobene Stellung zu[kommt]« – eine Feststellung, die er *expressis verbis* auf »Schulen, Archive, Museen, Akademien etc.« bezieht.[109] So verstanden, nimmt also auch der Geschichtsunterricht eine zentrale Rolle in der Geschichtskultur ein, die die Schüler*innen erfahren.

An diese Definition von Geschichtskultur schließt die vorliegende Arbeit an, wenn sie Schulbücher auf die Frage hin untersucht, welche Deutungsmuster ihnen in der Verarbeitung von Geschichte unterliegen. Methodisch liegt eine solche Schulbuchanalyse aus drei Gründen nahe: Erstens sind Schulbücher in Form gegossener Ausdruck aktueller Geschichtskultur[110], zweitens sind sie das Leitmedium im Geschichtsunterricht und damit die zentrale Referenz für das Geschichtsverständnis der Schüler*innen[111], und drittens sind die Darstellungstexte im Schulbuch komprimiert verfasst, so dass sich diese Texte besonders

103 *Wilhelm van Kampen/Hans Georg Kirchhoff* (Hrsg.): Geschichte in der Öffentlichkeit. Stuttgart 1979; *Jochen Huhn:* Geschichte in der außerschulischen Öffentlichkeit. In: *Klaus Bergmann* u.a. (Hrsg.): Handbuch der Geschichtsdidaktik. Düsseldorf 1995, S. 717–722.

104 *Rolf Schörken:* Geschichte in der Alltagswelt. Stuttgart 1981.

105 *Pandel:* Geschichtskultur. 2012, S. 150.

106 Ebd.

107 *Heinrich Theodor Grütter:* Aspekte der Geschichtskultur. In: *Klaus Bergmann* u.a. (Hrsg.): Handbuch der Geschichtsdidaktik. Seelze-Velber 1997, S. 601–611, hier S. 601.

108 *Pandel:* Geschichtskultur. 2012, S. 150. Hervorhebung CL.

109 *Schönemann:* Geschichtsdidaktik. 2000, S. 44.

110 Zur Rolle des Schulbuchs: *Michael Sauer:* Geschichte unterrichten. Eine Einführung in die Didaktik und Methodik. Seelze 2015, S. 254; *Bergmann:* Multiperspektivität. 2004, S. 74f.

111 *Rohlfes:* Didaktik. 2005, S. 310.

eignen, Wesentliches der in ihnen enthaltenen historischen Deutung pointiert zu erfassen[112] – eine Erkenntnis, die offenbar auch bei Lernzielformulierungen (auch der Englischdidaktik) leitend war: »Lerner müssen in die Lage versetzt werden, die in Texten implizit eingehenden und von Texten als selbstverständlich verfügbar vorausgesetzten kulturellen Deutungsmuster als solche zu identifizieren […].«[113]). Umso selbstverständlicher erscheint die Verknüpfung von Darstellungstexten im Schulbuch mit dem von Schüler*innen ausgebildeten Geschichtsverständnis, und umso unmittelbarer leuchtet ein, dass die Analyse der Darstellungstexte in Geschichtsschulbüchern Rückschlüsse auf die Geschichtskultur, die die Schüler*innen umgibt, zulässt.

Geschichtskultur in Sprache

Es scheint plausibel, dass bilingualer Unterricht kulturelles Lernen fördern könne, weil die Schüler*innen ihre geschichtskulturellen Vorstellungen, die sie u. a. durch die Lektüre des Schulbuchs erworben haben, durch geschichtskulturelle Deutungen, die in einer zweiten Sprache verfasst sind, erweitern könnten. Voraussetzung dafür wäre es, dass zwei verschiedene Sprachen potenziell auch zwei verschiedene Geschichtskulturen ausdrücken. Zwei Überlegungen sprechen dafür: Zum Ersten können Sprachgemeinschaften Erinnerungsgemeinschaften darstellen, so dass die geschichtskulturellen Deutungsmuster, die sich nach Gruppenzugehörigkeit unterscheiden können, entlang dieser Sprachgrenze differieren.[114] Die englische Erinnerung an die normannische Invasion bzw. die englische Deutung der normannischen Invasion 1066 unterscheidet sich vor eben diesem Hintergrund von der französischen Erzählung der Eroberung Englands.[115] Zum Zweiten liegt der Annahme, dass der Einsatz zweier Sprachen auch zwei Geschichtskulturen vermitteln könne, die konstruktivistische Überlegung zugrunde, dass Sprache und Kultur sich bedingen: Sprache drückt Kultur aus, Kultur formt Sprache.[116] Und wer einen Sachverhalt in einer zweiten Sprache zu behandeln vermag, so die Annahme, kennt potenziell auch eine zweite Geschichtskultur – zumal dann, wenn er einen Geschichtsunterricht genossen hat,

112 *Sauer:* Unterrichten. 2015, S. 255.

113 *Altmayer:* Hypertext. 2004, S. 459.

114 *Altmayer:* Deutungsmuster. 2006, S. 51. *Johannes Meyer-Hamme:* Historische Identitäten in einer kulturell heterogenen Gesellschaft. In: *Michele Barricelli/Martin Lücke* (Hrsg.): Handbuch Praxis des Geschichtsunterrichts. Schwalbach/Ts. 2012, S. 89–97, hier S. 89.

115 *Corinna Link:* »The Battle of Hastings« – zwischen Plünderern und Deserteuren. In: Geschichte lernen 200, 2021, S. 8–13.

116 Ausführlicher z. B. *Uwe Flick:* Konstruktivismus. In: *Ders./Ernst von Kardorff /Ines Steinke* (Hrsg.): Qualitative Forschung. Ein Handbuch. Reinbek 2015, S. 150–164. *Adelheid Hu:* Schulischer Fremdsprachenunterricht und migrationsbedingte Mehrsprachigkeit. Tübingen 2003, S. 54.

in dem eine solche sprachlich und konzeptuell zielgerichtet vermittelt werden konnte.[117]

Michele Barricelli begründet, warum dieser konstruktivistische Ansatz aus der Linguistik für das Fach Geschichte ganz besonders relevant ist:

> »Es gibt nämlich im Fach Geschichte, im Unterschied [zu anderen] Fächern, keine Gegenstände, die auch unabhängig von der Sprache existieren. Eine Wirklichkeit hinter der Sprache mag es einmal gegeben haben, aber sie ist für uns Heutige völlig unerreichbar. Geschichte befasst sich mit Vergangenheit, also mit etwas, das per definitionem nicht mehr da ist, es kann also keinen historischen ›Gegen‹-Stand, kein Objekt mehr geben, an dem man sich stoßen kann. Insofern unterscheidet sich Geschichte überhaupt von allen anderen Fächern. Man kann kein natürliches Ding mit neugierigem Blick anschauen wie im Fach Biologie oder draußen aufsuchen wie die Erdoberfläche im Fach Erdkunde. Eine mittelalterliche Urkunde oder ein barockes Schloss bedeuten für sich genommen zunächst einmal gar nichts. Erst wenn wir anfangen, auf ihrer Grundlage Geschichten zu erzählen, entsteht etwas Historisches. Das Eigentliche der Geschichte besteht dann in der Art und Weise, wie wir uns über Vergangenheit unterhalten. Deswegen kann es ganz und gar nicht unerheblich sein, in welcher Sprache wir uns über die Vergangenheit unterhalten.«[118]

Diese aus der Fremdsprachenlinguistik hergeleiteten Gedanken formulierte Barricelli für die Geschichtsdidaktik bzw., spezifischer, für den bilingualen Geschichtsunterricht. Dabei ist zu beachten, dass diese Gedanken nicht auf die Fremdsprachendidaktik zurückübertragen werden können. Ganz deutlich tritt das vor Augen, wenn man die Zielvorstellungen von Fremdsprachen- und Geschichtsdidaktiker*innen einander gegenüberstellt:

Englischdidaktiker*innen hoffen, dass Schüler*innen im bilingualen Geschichtsunterricht kulturelle Themen lernen, dass sie etwas über die Geschichte (der Zielsprachenländer) lernen und so kulturelle Deutungsmuster der Gegenwart erschließen können.[119] Ihre Hoffnung richtet sich also auf eine thematische Ausrichtung, die (neben vielem anderen auch) die Geschichte zu einem Teil einer (fremden) Kultur macht.[120]

Geschichtsdidaktiker*innen hoffen, dass Schüler*innen im bilingualen Geschichtsunterricht kulturell lernen, indem sie (nicht etwa eine fremde, sondern) dieselbe Geschichte in einer anderen Sprache auf eine andere Art zu betrachten lernen. Hierbei handelt es sich also um eine konzeptionelle Ausrichtung, die

117 Die Vorstellung findet sich etwa in: *Schlutow:* Bilingual. 2016, S. 46–59; *Barricelli:* Dialog. 2009, S. 211 f.; *Wildhage:* Praxis. 2003, S. 81; *Geiss:* Nutzen 2009, S. 26–28. Sie liegt auch dieser empirischen Untersuchung zugrunde: *Franziska Clemen/Michael Sauer:* Förderung von Perspektivendifferenzierung und Perspektivenübernahme? Bilingualer Geschichtsunterricht und historisches Lernen – eine empirische Studie. In: Geschichte in Wissenschaft und Unterricht 58, 2007, H. 12, S. 708–723.

118 *Barricelli:* Dialog. 2009, S. 210.

119 *Hallet:* Triangle. 1998, S. 119.

120 Ebd.

sprachlich gefasste Kultur nicht etwa zu einem Thema, sondern zu einem Blickwinkel der Betrachtung macht.

Obwohl unter dem Aspekt ihrer Verankerung im Hier und Jetzt und ihrer Blickrichtung auf das Hier und Jetzt vergleichbar oder gar gleich, unterscheiden sich die Vorstellungen, mit denen Englischdidaktiker*innen und Geschichtsdidaktiker*innen sich aus kultureller Perspektive dem bilingualen Geschichtsunterricht nähern, also doch fundamental.

2.2.2.3 Perspektivität

»Geschichtskultur besteht wesentlich aus neuen Perspektiven auf Bekanntes.«[121] Perspektiven können auf unterschiedliche Standortbestimmungen zurückgeführt werden. Zeitlichkeit, Geschlecht, soziale Stellung, nationale und sprachliche Aspekte sind Beispiele für solche Standortbestimmungen. Für den bilingualen Geschichtsunterricht ist die Betrachtung sprachlich-kulturell geprägter Perspektiven ausschlaggebend.[122] Was es im Einzelnen heißt, mit diesen spezifischen Perspektiven historisch kompetent umzugehen, muss mit Blick auf die vorliegende Arbeit im Folgenden definiert werden. Dafür ist zunächst eine begriffliche Systematik zum Thema Perspektivität zu erarbeiten.

Perspektivität scheint in Kompetenzmodellen[123], Lehrplänen und fachdidaktischen Überlegungen als zentraler Grundpfeiler von Geschichtsbewusstsein auf. Eine Fülle von Begriffen kennzeichnet den Diskurs und bringt gewisse konzeptuelle Unklarheiten mit sich. Deshalb sollen im Folgenden zunächst Definitionen für die Begriffe zugrunde gelegt werden, die für ein geschichtsdidaktisches Verständnis von Perspektivität besonders relevant scheinen. Anschließend werden sie systematisch aufeinander bezogen und in dieser modellhaften Beziehung zur theoretischen Grundlage der vorliegenden Studie gemacht.

»Perspektivität« etabliert sich im Bezugsfeld von zwei Begriffskategorien: (1) Begriffen, die eine Person in Relation zu Perspektivenvielfalt stellen und (2) Begriffen, die die Art der Perspektiven durch ihre Relation zu verschiedenen definierten Personen klassifizieren. Folgende Begriffe gilt es in diesen Kategorien zu definieren und zu systematisieren:

(1) Perspektivenwahrnehmung, Perspektivendifferenzierung, Perspektivenkoordination, Perspektivenvergleich, Fremdverstehen, Perspektivenwechsel, Perspektivenübernahme
(2) Multiperspektivität, Kontroversität, Pluralität

121 *Pandel:* Geschichtskultur. 2012, S. 158.
122 *Link:* Perspektivität. 2020, S. 4f.
123 *Ulrike Hartmann:* Perspektivenübernahme als Kompetenz historischen Verstehens. Göttingen 2008, S. 15–32.

Perspektivenwahrnehmung, Perspektivendifferenzierung, Perspektivenkoordination

Zwei Arten kennzeichnen die Relation, in der Personen zu Perspektivät stehen. Zum einen kann der Betrachter mit seiner eigenen Person (und Perspektive) selbst in die Situation eingebunden sein, zum anderen kann er als Außenstehender (mindestens) zwei andere Perspektiven betrachten. In beiden Fällen geht der Betrachter mit mehreren Perspektiven um. Perspektivität kann deshalb gefasst werden als das Ergebnis eines Prozesses, in dessen Verlauf verschiedene Perspektiven in ein Verhältnis zueinander gesetzt werden. Dieser prozessuale Umgang mit unterschiedlichen Perspektiven kann in drei aufeinanderfolgende Schritte unterteilt werden: die Perspektivenwahrnehmung, -differenzierung und -koordination.[124] Diese Schritte werden für die vorliegende Arbeit wie folgt definiert:

Perspektivenwahrnehmung heißt zu erkennen, dass es mehr als nur eine Perspektive gibt. Als Perspektivendifferenzierung soll die bewusste Unterscheidung von Perspektiven gelten. Perspektivenkoordination sei der reflektierte Umgang mit unterschiedlichen Perspektiven,[125] das Erkennen der Möglichkeit der Legitimität mehrerer Standpunkte und das damit einhergehende Relativieren einer nur einzigen Perspektive. Ist eine dieser Perspektiven die eigene, kann man für diesen Teilaspekt der Perspektivenkoordination, für das Relativieren der eigenen Perspektive nämlich, auch von »Perspektivenreflexion« sprechen. Sie bezieht sich dann auf die distanzierte Bewertung der eigenen Sichtweise, die durch das Sich-ins-Verhältnis-Setzen zu anderen möglicherweise einer Neubewertung unterzogen werden kann.[126]

---

124 *Carola Surkamp:* Perspektive und Perspektivenwechsel. In: *Dies.* (Hg.): Metzler Lexikon Fremdsprachendidaktik. Ansätze – Methoden – Grundbegriffe. Stuttgart 2017, S. 274–275, hier S. 275; *Ulrike Hartmann:* Perspektivenübernahme als Kompetenz historischen Verstehens. Göttingen 2018, S. 33–43.

125 Lamsfuß-Schenk bezeichnet die Perspektivenkoordination als »Multiperspektivität«. Sie sei die »Interdependenz von Perspektiven anstelle einer kontrastierenden Abgrenzung.« (*Stefanie Lamsfuß-Schenk:* Fremdverstehen im bilingualen Geschichtsunterricht. Eine Fallstudie. Frankfurt a. M. 2008, S. 50.) Zu den hier verwendeten Begriffen Perspektivendifferenzierung und Perspektivenwahrnehmung passen ihre Ausführungen an anderer Stelle (S. 243f.): »Perspektivwechsel [ist die] Wahrnehmung anderer Perspektiven und die bewusstere Differenzierung von ›Eigenem‹ und ›Fremdem‹.« »Perspektivwechsel« setzt sie im Weiteren mit »Fremdverstehen« gleich. Beispielhaft zeigt sich hier zum einen, dass Begriffe, die Perspektivität beschreiben, für Forschungsfragen zum bilingualen Unterricht relevant sind. Zum anderen zeigt sich, dass es nötig ist, diese Begriffe für die eigene Arbeit eindeutig zu definieren, um Missverständnissen zu begegnen, die sich andernfalls aufgrund der vielfachen und unterschiedlichen Begriffsnutzung in verschiedenen, am bilingualen Unterricht interessierten Forschungsdisziplinen ergeben.

126 In der vorliegenden Arbeit wird auf die Verwendung dieses Begriffs der Perspektivenreflexion verzichtet. Zum einen, weil er nur einen spezifischen Aspekt dessen beschreibt, was die Perspektivenkoordination umfasst, zum anderen, weil angenommen werden kann, dass diese Spezifizierung – nämlich die eigene Involviertheit in die betrachtete Situation – in der

Den benannten Erkenntnisschritten wohnt also eine hermeneutische Logik inne, die auch der vorliegenden Studie zugrunde gelegt wurde und die sich mithilfe des Schemas in Abbildung 8 veranschaulichen lässt.[127]

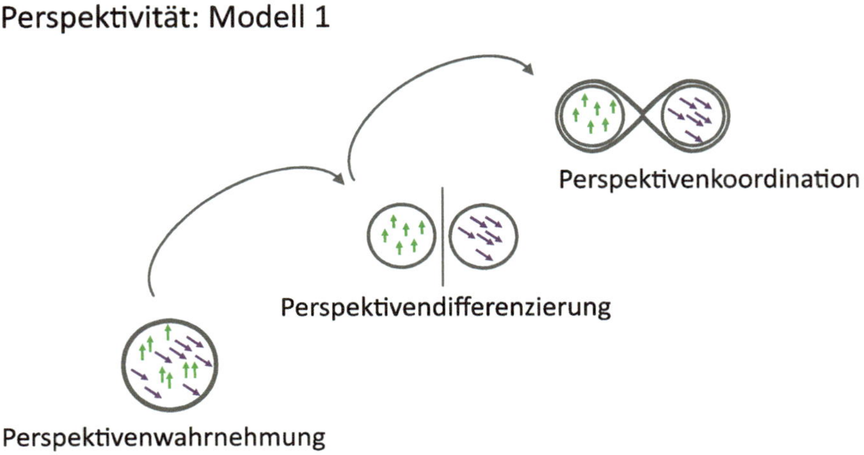

Abbildung 8: Modell zur Perspektivität in drei Erkenntnisschritten.

Diese drei skizzierten Erkenntnisschritte können um kognitive (sowie empathische) Leistungen erweitert werden, die deren Abfolge näher charakterisieren (vgl. Abbildung 9).

Der Perspektivenvergleich findet als hermeneutische Methode der Geschichtswissenschaft grundlegend Anwendung,[128] sei es als Vergleich zwischen

---

vorliegenden Untersuchung nicht gegeben sein muss. Beide im Zentrum der Untersuchung stehenden Perspektiven auf die Vergangenheit sind nicht eigentlich Perspektiven der Schüler*innen als Betrachter*innen des Imperialismus. Stattdessen handelt es sich bei beiden für den bilingualen Unterricht relevanten Darstellungen um den Schüler*innen originär fremde Perspektiven. Sie gilt es zu koordinieren.

127 Die drei Stufen werden in verschiedenen Fachbereichen konzeptionell verwendet und unterschiedlich präzise gefasst. Exemplarisch für die Geschichtsdidaktik: *Michael Sauer:* Historische Perspektivenübernahme. In: Geschichte lernen 139, 2011, S. 12–17. Für die Fremdsprachendidaktik: *Lothar Bredella:* Fremdverstehen und interkulturelles Verstehen. In: *Wolfgang Hallet* (Hg.): Handbuch Fremdsprachendidaktik. Seelze 2013, S. 120–125. Entwicklungs- und bildungspsychologisch: *Friedrich Dorsch/Markus Wirtz/Janina Strohmer* (Hrsg.): Dorsch – Lexikon der Psychologie. Bern 2013, S. 371 f.; *Robert Selman:* Sozialkognitives Verständnis. Ein Weg zu pädagogischer und klinischer Praxis. In: *Dieter Geulen* (Hg.): Perspektivenübernahme und soziales Handeln. Frankfurt 1982, S. 223–256, hier S. 240. Fächerübergreifend: *Ludwig Duncker/Wolfgang Sander/Carola Surkamp* (Hrsg.): Perspektivenvielfalt im Unterricht. Stuttgart 2005.

128 *Markus Drüding/Martin Schlutow:* Vergleich(en) im Geschichtsunterricht. Frankfurt a. M. 2019; *Michael Riekenberg:* Der Vergleich. In: *Ulrich Mayer/Hans-Jürgen Pandel/Gerhard*

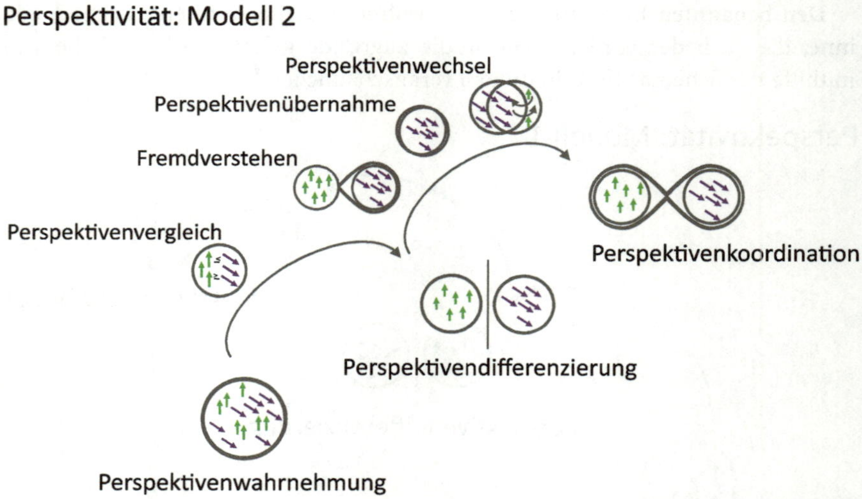

Abbildung 9: Modell zur Perspektivität in drei Erkenntnisschritten, ergänzt um kognitive Leistungen, die deren Abfolge genauer charakterisieren.

der eigenen und einer fremden, sei es als Vergleich zwischen zwei fremden Perspektiven. In der didaktischen Literatur zum bilingualen Geschichtsunterricht ist er indessen allgemein verbreitet als Vergleich zwischen der eigenen (etwa »der deutschen«) und einer fremden (etwa »der englischen«) Sicht.[129] In dieser Gestalt liegt er auch der vorliegenden Studie zugrunde. Grundsätzlich lässt sich hier ein strukturelles Problem der Anlage bilingualen Geschichtsunterrichts und damit der ihn behandelnden Forschung ausmachen: Die diese Unterrichtsform in spezifischer Weise ausmachenden Perspektiven können essenzialisierend wirken. M.a.W.: Ein bilingualer Unterricht, der »das Deutsche« und »das Englische« gegenüberstellt, läuft Gefahr, dichotome und stereotype, nationale Kulturkategorien zu schaffen oder zu perpetuieren; und dasselbe gilt, wie gesagt, für jede ihn untersuchende Forschung.[130] Die vorliegende Arbeit trägt dem Rechnung, indem sie den fluiden Konstruktcharakter der im bilingualen Unterricht wesentlichen sprachlich-kulturell gefassten Konzepte anhand der *Concept Maps* aufzeigt. Dass hier nichts »festgeschrieben« ist, sondern dass Deutungsmuster

---

Schneider (Hrsg.): Handbuch Methoden im Geschichtsunterricht. Schwalbach/Ts. 2004, S. 269–285, hier S. 274.

129 *Barricelli:* Dialog. 2009, S. 209; *Hasberg:* Geschichtsunterricht. 2004, S. 231: »kulturelles Gedächtnis der Herkunftsgesellschaft«. *Lamsfuß-Schenk:* Fremdverstehen, S. 253f. Inwiefern »die deutsche« Sicht freilich die der bilingual unterrichteten Schüler*innen sein sollte, bleibt zu diskutieren (vgl. Anm. 126).

130 *Maset:* Praxis. 2015, S. 19; *Hasberg:* Geschichtsunterricht. 2004, S. 231f.; *Lamsfuß-Schenk:* Fremdverstehen, S. 46f.

wandelbar, stärker oder weniger stark ausgeprägt, in Teilen deckungsgleich und in Teilen verschieden sein können, macht diese Methode sehr deutlich (vgl. Kap. 4.2.2.2).

Wesentlich komplexer als der Vergleich stellt sich der Übergang von der Perspektivendifferenzierung zu ihrer Koordination dar. Ihn kann man als Dreischritt aus Fremdverstehen[131], Perspektivenübernahme und Perspektivenwechsel[132] begreifen.

Fremdverstehen bedeutet zunächst einmal, die *Situationen*, in denen andere Personen auf eine bestimmte Art und Weise handeln, und damit die fremden Wirkungszusammenhänge zu verstehen. Er stammt ursprünglich aus der Fremdsprachendidaktik[133] und beinhaltet schon im tautologischen Wortsinn (anders als der Perspektivenvergleich) stets den Bezug auf die eigene Perspektive, die in Relation zu einer fokussierten anderen, »fremden« steht. So verstanden, stellt sich

> »Fremdverstehen [...] dar als Versuch, die Fremdkultur aus sich selbst heraus zu verstehen und dabei den Bezug auf die eigene Kultur so weit wie möglich auszublenden. [...] Zugleich ist das Fremdverstehen ein Bemühen darum, die fremde Kultur nicht interpretierend oder bewertend zu begreifen. Wenn dies geschieht, dann nach den Maßstäben, welche diese Kultur selbst liefert, und eben nicht bezogen auf die eigenen kulturellen Normen und Standards.«[134]

---

131 Volkmann beschreibt »Fremdverstehen« als einen »Dreierschritt von Perspektivenwechsel, Perspektivenübernahme und Perspektivenkoordination« (*Volkmann:* Kultur. 2010, S. 101). Er ordnet die Begriffe also andersherum an und erhebt das Fremdverstehen zum Lernziel, das im hier vorgeschlagenen Modell Bedingung für das Lernziel der Perspektivenkoordination ist. Hier stellt sich die Frage, ob erst eine zweite Perspektive übernommen werden muss, um dann zwischen zwei Perspektiven wechseln zu können, oder ob erst der Wechsel und dann die Übernahme erfolgt. Für die vorliegende Arbeit ist sie aber nicht relevant.

132 Lamsfuß-Schenk subsumiert die Wahrnehmung und Differenzierung von Perspektiven unter dem Begriff »Perspektivenwechsel«. *Lamsfuß-Schenk:* Fremdverstehen. 2008, S. 253. Wie bei Kollenrott und Andreas Körber ist er damit Voraussetzung der Perspektivenkoordination. *Kollenrott:* Sichtweisen. 2008, S. 48; *Andreas Körber:* Fremdverstehen und Perspektivität im Geschichtsunterricht. Hamburg 2012. Online unter URL: <https://www.pedocs.de/volltexte/2012/5849/pdf/Koerber_2012_Fremdverstehen_und_Perspektivitaet_D_A.pdf> (Zugriff am 24.03.2023).

133 *Lothar Bredella* (Hg.): Wie ist Fremdverstehen lehr- und lernbar? Vorträge aus dem Graduiertenkolleg »Didaktik des Fremdverstehens«. Tübingen 2000.

134 *Volkmann:* Kultur. 2010, S. 101. Er bezieht sich auf Bredella, der wiederum unter Engführung auf das Interkulturelle Lernen formuliert: »Intercultural understanding then implies that we become aware of the underlying value system of the foreign culture and learn to understand why the people in the foreign culture act as they do. This further implies that we resist the tendency to perceive and interpret the opinions and behaviour of other people by using our own cultural frame or reference.« *Lothar Bredella:* Intercultural Understanding – A Threatening or a Liberating Experience. In: *Michael Legutke* (Hg.): American Studies in the Language Classroom: Intercultural Learning and Taskbased Approaches. Fuldatal/Gießen 1986, S. 5–15, hier S. 5.

Geprägt wurde dieser Begriff ursprünglich durch das fremdsprachendidaktische Gießener Graduiertenkolleg, dem es wichtig war, zu betonen, »dass wir etwas nicht im eigenen, sondern im fremden Kontext verstehen«[135]. Es müsse also zunächst und als Bedingung »eine andere Perspektive«[136] eingenommen werden (XIII).

Wesentlich komplexer und eher am Ergebnis orientiert definiert die Geschichtsdidaktikerin Bettina Alavi Fremdverstehen als einen geistigen Prozess, »in dem das Neue (Fremde, Befremdliche, vom Eigenen Abweichende) soweit wie möglich in den Zusammenhang mit Bekanntem gebracht und dieses gleichzeitig erweitert wird. Fremdes wird ›verstanden‹, wenn man *persönliche Bezüge* zu sich selber herstellen, d. h. *Gemeinsamkeiten und Unterschiede* erkennen kann.«[137] Ihr folgen Petra Beetz, Gabriele Blell und Dagmar Klose, die das »Verstehen des/der Fremden«, also der fremden Person, als Folge einer »behutsamen kognitiv (affektiven) hermeneutischen Annäherung an den Anderen« sehen wollen.[138] Dass es in diesem geschichtsdidaktischen Sinne gerade nicht primär um die Her(aus)stellung von Gleichartigkeiten zwischen dem Fremden und dem Eigenen geht, betont Bodo von Borries in seiner quantitativen europäischen Studie zum Fremdverstehen von Schüler*innen im Kontext historischen Lernens. Die festgestellten Bemühungen der Schüler*innen, Differenzen (in diesem Fall zwischen der gegenwärtigen und der vergangenen Kultur) einzuebnen, werden explizit als ahistorische Denkweise gewertet.[139]

In enger Anknüpfung hieran bedeutet Perspektivenübernahme, die Perspektive fremder *Personen* in ihrer Situation (probehalber) einzunehmen.[140] Auch hier ist der Bezug zur eigenen Perspektive begriffsinhärent. Ob nun zuerst ein (situatives) Fremdverstehen erfolgen muss[141] oder die (persönliche) Per-

---

135 *Bredella:* Didaktik. 2000, S. XII.

136 Ebd., S. XIII.

137 *Bettina Alavi:* Geschichtsunterricht in der multiethnischen Gesellschaft. Eine fachdidaktische Studie zur Modifikation des Geschichtsunterrichts aufgrund migrationsbedingter Veränderungen. Frankfurt a. M. 1998, S. 87.

138 *Petra Beetz/Gabriele Blell/Dagmar Klose:* Den Anderen ein Stück näher: Fremdverstehen in bilingualen Lehr- und Lernkontexten Geschichte – Englisch. In: *Gabriele Blell/Rita Kupetz* (Hrsg.): Bilingualer Sachfachunterricht und Lehrerausbildung für den bilingualen Unterricht. Frankfurt 2005, S. 15–50, hier S. 22.

139 *Bodo von Borries:* Jugend und Geschichte. Ein europäischer Kulturvergleich aus deutscher Sicht. Wiesbaden 1999, S. 389. Vgl. auch *Beetz:* Fremdverstehen. 2005, S. 16.

140 Konzeptionell: *Sauer:* Perspektivenübernahme. 2011; *Kristina Lange:* Wie ist es in den Schuhen eines anderen zu gehen? Perspektivenübernahme und Fremdverstehen im Geschichtsunterricht – Ein lernpsychologischer Ansatz. In: Zeitschrift für Geschichtsdidaktik 10, 2011, S. 92–104. Konkrete Kriterien für Perspektivenübernahme z. B. in: *Markus Bernhardt:* Wer isst schon Menschenfleisch? – Pfui Teufel! In: Geschichte lernen, 2011, H. 139, S. 40–45.

141 vgl. *Alavi:* Multiethnisch. 1998, S. 87; *Beetz:* Fremdverstehen. 2005, S. 22.

spektivenübernahme dem Fremdverstehen vorgeschaltet sein kann, erscheint unklar[142], ist aber womöglich auch zweitrangig und für die vorliegende Studie jedenfalls nicht relevant.

Die Perspektivenübernahme kann definiert werden als »Fähigkeit, den Standpunkt einer anderen Person, der sich vom eigenen unterscheiden kann, bewusst einzunehmen, ohne den eigenen zu verlieren.«[143] In der Bewusstheit liegt der Unterschied dieser kognitiv gedachten Perspektivenübernahme zu dem im englischen Sprachraum verbreiteten Konzept der »Empathie«.[144]

Perspektivenwechsel bedeutet, zwischen verschiedenen Perspektiven wählen und diese einnehmen (oder begründet zurückweisen) zu können.[145] Eine dieser Perspektiven kann die eigene sein, ein Wechsel zwischen zwei fremden Perspektiven ist jedoch grundsätzlich ebenfalls möglich. Anders als bei der Perspektivenübernahme verfügt der Lernende hier also schon über die Kenntnis verschiedener Perspektiven. Lernende können sich dabei bewusst für oder auch gegen die Einnahme einer anderen Perspektive entscheiden. Der Wechsel bedeutet also die bewusste zeitweilige Aufgabe einer Perspektive zugunsten einer anderen. Dieser Wechsel ist also nicht ein einmaliger, irreversibler Vorgang, sondern ein stets von neuem und zwischen den Perspektiven changierender, wiederholbarer Prozess.

---

142 Sauer schreibt zu seiner begrifflichen Definition von »Perspektivenübernahme« etwa: »Voraussetzung für Fremdverstehen ist, sich für das historisch Andere tatsächlich zu öffnen, Situationen und Verhaltensweisen für sich gedanklich zu erproben, versuchsweise die Perspektive des Fremden zu übernehmen.« *Sauer:* Unterrichten. 2015, S. 76. Vergleichbar auch *Körber:* Fremdverstehen. 2012, S. 4.

143 *Dorsch:* Psychologie. 2013, S. 1181.

144 *Frank Baring:* Empathie und historisches Lernen: eine Untersuchung zur theoretischen Begründung und Ausformung in Schulgeschichtsbüchern. Frankfurt a. M. 2011; *Baring, Frank:* Internationale geschichtsdidaktische Perspektiven. Multiperspektivität, Empathie und Perspektivenübernahme in den USA und Großbritannien. In: *Handro, Saskia/Schönemann, Bernd* (Hrsg.): Geschichtsdidaktische Lehrplanforschung. Methoden – Analysen – Perspektiven. Münster 2004, S. 187–214. *Klaus Bergmann:* Multiperspektivität. In: *Ulrich Mayer/Hans-Jürgen Pandel/Gerhard Schneider* (Hrsg.): Handbuch Methoden im Geschichtsunterricht. Schwalbach/Ts. 2004, S. 65–77, hier S. 65. Beobachtungen zur Verbindung und Trennung dieser kognitiven und affektiven Dimensionen in praktischer Hinsicht: *Carola Surkamp:* ›It's not our opinion, it's the opinion of our roles‹ – Fremdverstehen Revisited or: Where Foreign Language Education and Narratology can Meet. In: *Astrid Erll/Roy Sommer* (Hrsg.): Narrative in Culture. Berlin 2019, S. 129–147.

145 Kollenrott beschreibt die Begriffe »Fremdverstehen«, »Perspektivenübernahme« und »Perspektivenwechsel« u.a. auf der Grundlage der Auswertung von Schüler*innen-Texten und bemüht sich auf dieser Grundlage um eine empirisch fundierte konzeptionelle Definition. *Anne Ingrid Kollenrott:* Zur Frage der Perspektivik beim interkulturellen Lernen im bilingualen Geschichtsunterricht. In: *Gabriele Blell/Rita Kupetz* (Hrsg.): Bilingualer Sachfachunterricht und Lehrerausbildung für den bilingualen Unterricht. Frankfurt 2005, S. 51–64.

Alle diese Begriffe, die die Perspektivität in Bezug zur Person setzen, treten in der Geschichtsdidaktik – und wie gezeigt auch in der Englischdidaktik – regelmäßig auf. Für die vorliegende Arbeit sind insbesondere die Begriffe der Perspektivenwahrnehmung, -differenzierung und -koordination von Interesse; und zwar in Bezug auf eine bestimmte Art der Perspektivenvielfalt, die sich in der von Klaus Bergmann gefassten, geschichtsdidaktisch orientierten Systematik in den Begriffen »Multiperspektivität, Kontroversität und Pluralität« niederschlägt. Eine solche geschichtsdidaktische Explikation ist notwendig, um sie gegenüber den konzeptuellen Vorstellungen anderer Didaktiken zu denselben Begriffen abzugrenzen.

Multiperspektivität, Kontroversität, Pluralität

Multiperspektivität meint nach Bergmann »die unterschiedlichen Positionen und Perspektiven der an einem historischen Geschehen Beteiligten und von ihm Betroffenen sowie die daraus hervorgehenden Primärzeugnisse«.[146] Er reduziert die Multiperspektivität also heuristisch praktikabel auf die Verschiedenheit, die sich aus in der Vergangenheit unterschiedlichen Perspektivierungen ergibt und die durch Quellen auf uns kommt.

In anderen Fachdiskursen dagegen wird Multiperspektivität anders definiert. Hier erscheint sie als allgemeindidaktisches Prinzip, losgelöst von irgendwelchen fachspezifischen Differenzierungen (wie in der Geschichte zwischen Quelle und Darstellung).[147] Gemein ist diesen Überlegungen, dass es stets um eine variantenreiche Perspektivität im Hier und Jetzt (als Standpunkt des Betrachters[148]) geht. Eine spezifische Bezeichnung aus geschichtsdidaktischer Sicht für eben diese zeitgleiche heutige Perspektivität fehlt.[149] Bei fächerübergreifenden Überlegungen zur Perspektivität kommt es deshalb in diesem Punkt häufig zu Missverständnissen.[150] Die Schulcurricula für den bilingualen Geschichtsunterricht in Niedersachsen setzten z. B. interkulturelle Kompetenz mit Perspektivität gleich.[151] Diese Verkürzung und für den Geschichtsunterricht problematische Fokussierung auf heutige (und zudem noch kulturell kategorisierte) synchrone Perspektivität ist zurückzuführen auf ein Missverständnis von Multiperspekti-

---

146 *Klaus Bergmann* (Hg.): Geschichtsdidaktik. Beiträge zu einer Theorie historischen Lernens. Schwalbach/Ts. 2008, S. 165.

147 Z. B. in der Politikdidaktik: *Wolfgang Sander:* Politik entdecken – Freiheit leben. Didaktische Grundlagen politischer Bildung. Schwalbach/Ts. 2013, S. 196.

148 Nicht: als Objekt seines Schauens, als sein Blickpunkt.

149 Vgl. zur Veranschaulichung die Zeitachse *t* in Abbildung 1, auf der das betrachtete Ereignis *x* »wandert«.

150 Etwa in *Kollenrott:* Sichtweisen. 2008, S. 45f.

151 *Kultusministerkonferenz:* KC Ge. 2015, S. 26.

vität als *vermeintlich* zwischen den beteiligten Didaktiken übereinstimmendes Ziel für bilingualen Geschichtsunterricht.

Ein solches, eher allgemeindidaktisches Verständnis von Multiperspektivität beinhaltet i. d. R. die Kontroversität als ein Spezifikum und versteht darunter das Aufeinandertreffen kontroverser Perspektiven. Für die Geschichtsdidaktik aber gilt: Kontroversität braucht nicht im Wortsinne kontrovers, streitig zu sein.[152] Kontroversität beschreibt hier das – durchaus auch unstreitige – Nebeneinander von mindestens zwei gegenwärtigen Perspektiven auf einen in der Vergangenheit liegenden Sachverhalt.

Klaus Bergmann führt weiter aus, dass Kontroversität, wenn sie unter Schüler*innen auftritt, um der größeren Klarheit willen »Pluralität« genannt werden solle.[153] Dies aber ist – genau genommen – keine Unterscheidung der perspektivischen Ausrichtung, sondern differenziert nur zwischen verschiedenen denkbaren Akteuren.[154] Für die vorliegende Arbeit, die sich auf die Analyse gegenwärtiger Perspektiven konzentriert, soll daher der heuristisch angemessenere Begriff der Kontroversität verwendet werden.

Im Rahmen der vorliegenden Arbeit bezeichnet interkulturelle Perspektivität das Phänomen der Wahrnehmung, Differenzierung und Koordination mindestens zweier, sprachlich gefasster und sich in unterschiedlichen Deutungsmustern widerspiegelnder Geschichtskulturen.

2.3 Empirische Befunde zu den Zielen bilingualen Geschichtsunterrichts

Insgesamt wird davon ausgegangen, dass bilingualer Geschichtsunterricht einen (wie auch immer gearteten) Effekt auf die Leistung der bilingual unterrichteten Schüler*innen habe. Ein messbarer Unterschied im Vergleich zur Leistung monolingual unterrichteter Schüler*innen kann einerseits als Ausweis eines solchen Effekts bilingualen Unterrichts gedeutet werden. Andererseits könnte er jedoch auch auf vorgelagerte Selektionseffekte zurückzuführen sein. Bei bilingual wie auch bei monolingual unterrichteten Schüler*innen wird nämlich vermutet, dass

152 *Sauer:* Unterrichten. 2015, S. 82. Anders in der Politikdidaktik, in der Kontroversität Kontroverses meint und selbst eines von vier didaktischen Prinzipien ist: Sander: Politik. 2013, S. 196–198; *Tilman Grammes:* Kontroversität. In: *Wolfgang Sander* (Hg.): Handbuch Politische Bildung. Schwalbach/Ts. 2014, S. 266–274.

153 *Bergmann:* Multiperspektivität. 2004, S. 66.

154 Übereinstimmend wird Pluralität auch in der Politikwissenschaft auf Menschen bezogen – hier aber wiederum nicht mit dem Blick in die Vergangenheit verknüpft. Dazu z. B. *Sander:* Politik. 2013, S. 196.

schon vor Unterrichtsbeginn eine spezifische Selektion stattgefunden habe.[155] Angenommen wird, dass sich die leistungsstärkeren Schüler*innen für einen bilingualen Unterricht entscheiden, die leistungsschwächeren Schüler*innen für den monolingualen. Die Berücksichtigung dieses sogenannten »selection bias« ist ein besonderer Aspekt der bilingualen Forschung, der für die Reflexion der Ergebnisse aller empirischen Studien relevant ist, die Aussagen zu sprachlichen oder fachlichen Schüler*innen-Leistungen treffen möchten.[156] Er findet bisher auf drei Arten Berücksichtigung: (1) Einige Studien verweisen nominal auf ihn, indem die ermittelten Untersuchungsergebnisse unter Verweis auf mögliche vorgelagerte Selektionseffekte einschränkend reflektiert werden.[157] (2) Andere erfassen explizit mögliche selektive Faktoren (z. B. durch Abfrage des sozioökonomischen Status) und stellen diese Datenerhebung ihrer fachlichen Untersuchung zur Seite. Die Ergebnisse der so getrennt voneinander erfassten Erhebungen werden dann bei der Reflexion der Untersuchungsdaten in einen Bezug gesetzt.[158] (3) Systematisch und in unmittelbarer Anbindung an die Aspekte der Forschungsfrage kann ein *selection bias* durch eine Dreiteilung der Stichprobe erhoben werden. Das bedeutet, dass bilingual, monolingual und regulär unterrichtete Schüler*innen befragt werden. Monolingual unterrichtete Schüler*innen sind deutschsprachig an einer Schule mit bilingualem Angebot unterrichtete Schüler*innen, regulär unterrichtete Schüler*innen haben deutschsprachigen Unterricht an einer Schule, an der es kein bilinguales Angebot gibt. Nur mit dieser Unterscheidung können die möglichen Effekte eines *selec-*

155 Z. B.: *Michael Sauer:* Geschichtsdidaktische Forschung. In: *Stefan Haas* (Hg.): Handbuch Methoden der Geschichtswissenschaft. Wiesbaden 2022, S. 1–18, hier S. 15.

156 *Dominik Rumlich:* Students' General English Proficiency Prior to CLIL. Empirical Evidence for Substantial Differences between Prospective CLIL and Non-CLIL Students in Germany. In: *Stephan Breidbach/Britta Viebrock* (Hrsg.): Content and Language Integrated Learning (CLIL) in Europe. Research Perspectives on Policy and Practice. Bern 2013, S. 181–201. Rumlich misst dem *selection bias* besonders starken Einfluss bei: *Dominik Rumlich:* Englischnoten und globale englische Sprachkompetenz in bilingualen Zweigen. In: Zeitschrift für Erziehungswissenschaften 21, 2018, S. 29–48, hier S. 34. Olaf Köller u. a. stellten dagegen fest, dass eine Verzerrung durch sozioökonomische Begünstigung der bilingual unterrichteten Schüler*innen bei den getesteten Englischleistungen kaum eine Rolle spielen dürfte: *Olaf Köller/Michael Leucht/Hans Pant:* Effekte bilingualen Unterrichts auf die Englischleistungen in der Sekundarstufe I. *Unterrichtswissenschaft* 4, 2012, H. 4, S. 334–350.

157 Z. B. *Clemen:* Bilingual. 2007, S. 723.

158 Z. B. *Dominik Rumlich:* Prospective CLIL and non-CLIL Students' Interest in English (Classes): A Quasi-Experimental Study on German Sixth-Graders. In: *Ruth Breeze* u. a. (Hrsg.): Integration of Theory and Practice in CLIL. Amsterdam 2014, S. 75–95; *Wilfried Admiraal/Gerard Westhoff/Kees de Bot:* Evaluation of Bilingual Secondary Education in the Netherlands: Students' language proficiency. Educational Research and Evaluation 12, 2006, H. 1, S. 75–93; *Zydatiß:* DEZIBEL. 2007, S. 107–150; Wolfgang *Günter Nold* u. a.: Klassen mit bilingualem Sachfachunterricht: Englisch als Arbeitssprache. In: *Eckhard Klieme* (Hg.): Unterricht und Kompetenzerwerb in Deutsch und Englisch. Ergebnisse der DESI-Studie. Weinheim 2008, S. 451–457; *Köller:* Effekte. 2012.

tion bias tatsächlich kontrolliert werden. Ein solcher Ansatz ist bisher in nur drei empirischen Arbeiten zu fremdsprachendidaktischen Fragestellungen angewendet worden.[159] Die vorliegende Studie nutzt sie erstmals auch für geschichtsdidaktische Fragestellungen (vgl. zur genaueren Erläuterung der Methode Kap. 4.2.2).

2.3.1 Wortschatz

Eine systematische Erfassung der für einen bilingualen Geschichtsunterricht möglicherweise relevanten Fachbegriffe und Fachbegriffsnetze sowie eine darauf basierende empirische Untersuchung dieser spezifischen lexikalischen Kenntnisse fehlen (vgl. Kap. 2.2.1.1). Untersuchungen konzentrieren sich bisher v. a. auf die Erforschung solcher Lexikkenntnisse, die sich nach Jim Cummins' Unterscheidung den sprachlichen Kompetenzbereichen *CALP* und *BICS* zuordnen lassen. Das ist für den Geschichtsunterricht insofern anschlussfähig, als der Fachunterricht Geschichte natürlich auch den Gebrauch von Bildungssprache verlangt und als die Fachbegriffe in Geschichte häufig genug Alltagsbegriffe darstellen.[160] Im Folgenden werden daher zunächst die Studien rezipiert, die einen bildungssprachlichen (*CALP*) Fokus gesetzt haben. Im Anschluss wird auf die Untersuchungen zur alltagssprachlichen (*BICS*) Kompetenz der Schüler*-innen eingegangen.

Empirische Forschungen zur Ausbildung eines fachlichen Wortschatzes

Für einen einführenden Überblick über die Studien zur Ausbildung einer fachlich relevanten Lexik sei hier auf die exemplarisch angelegten Arbeiten aus der Geschichtsdidaktik und auf die fremdsprachendidaktischen Studien eingegangen, die die Bildungssprache bzw. *CALP* fokussieren. Sie nämlich wird i. d. R. zum Gegenstand gemacht, wenn »Fachsprache« untersucht werden soll (s. u.).[161]

159 *Angelika Daniel:* Lernerwortschatz und Wortschatzlernen im bilingualen Unterricht. Frankfurt a. M. u. a. 2001; *Sara Dallinger* (Hg.): Die Wirksamkeit bilingualen Sachfachunterrichts. Selektionseffekte, Leistungsentwicklung und die Rolle der Sprachen im deutsch-englischen Geschichtsunterricht. Ludwigsburg 2015, S. 123–144; *Rumlich:* Englischnoten. 2018.

160 Oder sie werden als solche missverstanden. Dazu ausführlicher *Sauer:* Begriffslernen. 2019, S. 14–15; *Martina Langer-Plän/Helmut Beilner:* Zum Problem historischer Begriffsbildung. In: *Hilke Günther-Arndt/Michael Sauer* (Hrsg.): Geschichtsdidaktik empirisch. Untersuchungen zum historischen Denken und Lernen. Berlin 2006, S. 215–250, hier S. 236; *Alavi:* Begriffsbildung. 2004, S. 43. Zur unklaren Abgrenzung von *BICS* und *CALP*: *Zydatiß:* DEZIBEL. 2007, S. 435.

161 Eine differenziertere Betrachtung von fächerübergreifender Allgemein- und Bildungssprache und fachspezifischer Allgemein- und Fachsprache findet sich erst neuerdings: *Tobias*

Empirische Arbeiten, die bilingual unterrichtete Schüler*innen in Bezug auf ihre Kenntnis von und ihren Umgang mit explizit historischen Fachbegriffen untersuchen, richten den forschenden Blick i.d.R. anders aus als in der Fremdsprachendidaktik begründete Studien. Häufig wird nicht primär nach der englischen Fachbegriffskenntnis, sondern nach der deutschen – also der L1 – gefragt; und zwar sorgenvoll. Wolfgang Hasberg beispielsweise betont aufgrund seiner Analyse eines kurzen videographierten Schülergesprächs, dass historische Reflexionen für Schüler*innen bereits in der Muttersprache schwierig seien.[162] Bettina Alavi berichtet davon, dass eine als Schülerin bilingual unterrichtete Studentin basale deutsche Fachbegriffe nicht kannte.[163] Diese Beobachtungen könnten darauf zurückzuführen sein, dass der bilinguale Unterricht von Lehrkräften lange als monolingual in der Fremdsprache stattfindender Unterricht verstanden wurde[164], so dass ein Fachterminus, der nach Willenberg »schon einmal gelernt« worden sein muss, in der L1 nicht angelegt werden konnte.[165] Neuere Untersuchungen deuten hier ein Umdenken an. So fand Bettina Deutsch heraus, dass Lehrkräfte das kontrastive Begriffslernen im bilingualen Unterricht besonders relevant finden und dass Schüler*innen diese Methode als Besonderheit der bilingualen Unterrichtsform auch besonders positiv wahrnehmen.[166] Ob das tatsächlich zu einem profunden fachlichen Wortschatz in beiden Sprachen führt, untersucht die vorliegende Studie.

Stefanie Lamsfuß-Schenk wünscht sich, mit ihrer Dissertation »Fremdverstehen im bilingualen Geschichtsunterricht« »Lehrern und Politikern […] Argumente für die Ausweitung des bilingualen Unterrichtsangebots zu liefern«.[167] Dafür wertet sie Transkripte von Unterrichtsstunden aus, die sie selbst in je vier Sitzungen, einmal monolingual, einmal bilingual (deutsch-französisch) in zwei neunten Parallelklassen durchgeführt hat. Eine dieser Experimentalstunden ist thematisch dem Thema des Imperialismus zugeordnet, das auch in der vorliegenden Studie eine Rolle spielen wird.[168] Einer der Aspekte, die sie in diesem Zusammenhang näher betrachtet, ist das historische Begriffslernen in zwei Sprachen. Sie definiert »historisch exakte und konkrete Begriffe [als] einzelne themenspezifische Termini«[169] und fasst zusammen, bilingual unterrichtete

Scholl/Lars Schmelter: Zur Integration von sprachlichem und konzeptuellem Lernen im bilingualen Unterricht. Potenziale inszenierter Sprachmittlung um deutsch-französischen Geschichtsunterricht. In: Fremdsprachen lehren und lernen 50, 2021, S. 15–30, hier S. 23–25.

162 *Hasberg:* Geschichtsunterricht. 2004, S. 222.

163 *Alavi:* Begriffsbildung. 2004, S. 39.

164 *Diehr:* Fachliteralität. 2016, S. 63.

165 Ebd., S. 71.

166 *Deutsch:* Mehrsprachigkeit. 2016, S. 245f.

167 *Lamsfuß-Schenk:* Fremdverstehen. 2008, S. 254.

168 Ebd. S. 147f.

169 Ebd., S. 174.

Schüler*innen hätten mehr davon verwendet.[170] Ein an die Arbeit angehängter Datenband gibt Rückschlüsse auf die Art der Datengenerierung und offenbart eine wenig überzeugende Art, ausgewählte Begriffe zu zählen.[171] Dabei werden in der monolingual unterrichteten Klasse deutsche, in der bilingual unterrichteten deutsche und französische Begriffe berücksichtigt – und zwar nicht voneinander separiert.

Auf den Befund und die Interpretation der erhöhten Fachbegriffsverwendung im bilingualen Unterricht reagiert Wolfgang Hasberg mit einer umgekehrten Deutung: »Im Ergebnis zumindest waren die Aussagen der bilingualen Schüler quellennäher, während die Kontrollgruppe die Quellenaussagen in eine allgemeinsprachliche Terminologie übersetzte. Darin kann man allerdings auch einen (fachlich eventuell fehlerhaften) Transfer erblicken, der den bilingualen Schülern aufgrund ihres weniger breiten Wortschatzes und anderer sprachlicher Defizite nicht möglich war.«[172] Allerdings schreibt auch Lamsfuß-Schenk, dass eine »Sprachnot der bilingualen Schüler und die nur eingeschränkte Möglichkeit, auf allgemeinsprachliche Interaktionen auszuweichen, die hohe Konzentration der Schüler auf geschichtliche Einzelheiten erklären«[173] könnte, ein Zusammenhang,

---

170 Ebd.

171 *Lamsfuß-Schenk:* Fremdverstehen 2. 2008. Sehr eindrücklich macht das ein Beispiel direkt zu Beginn der umfangreichen Transkriptionen deutlich. Hier irritiert z. B., warum die Zahlen 300 und 600 im Französischen für die bilingual unterrichteten Schüler*innen als Fachbegriffe gezählt werden (S. 35), im Deutschen für die monolingual unterrichteten aber nicht (S. 30). Auch die Auswahl der Fachbegriffe zum Imperialismus (ab S. 213), die nicht deduktiv anhand einer zuvor definierten Systematik (etwa *Rohlfes:* Didaktik. 2005, S. 71 f.), sondern induktiv erfolgt, erstaunt. So wird z. B. das Wort »Göttin« nicht als Fachbegriff gezählt, die »französische Frau« dagegen wird ebenso wie der terminus »Freiheitskappe« in die Auswahl aufgenommen (S. 213). Irritierend ist auch die Unterteilung der gezählten Fachbegriffe entsprechend den verschiedenen Arbeitsphasen des Unterrichts und die daraus abgeleitete Zählung (oder Nicht-Zählung) von Ergebnissen (S. 211 f.).

172 *Wolfgang Hasberg:* Bilingualer Geschichtsunterricht und historisches Lernen. Möglichkeiten und Grenzen. In: Internationale Schulbuchforschung 26, 2004, H. 2, S. 119–139, hier S. 132. Entsprechendes konstatiert auch *Kollenrott:* Sichtweisen. 2008, S. 215: »Die Unterrichtssprache Englisch erschwert die Unterrichtsbewältigung, weil sie von den Schülerinnen und Schülern nicht immer ausreichend beherrscht wird.« Und für den Geschichtsunterricht stellten auch Clemen und Sauer fest, dass die bilingual unterrichteten Schüler*innen sich eher am Wortlaut der vorgelegten Quellen orientieren als die monolingual unterrichteten Schüler*innen der Vergleichsgruppe. *Clemen:* Bilingual. 2007, S. 718 f.; Beetz, Blell und Klose beschreiben, dass die Schüler*innen im Deutschen Ambivalenzen besser abwägen können als im Englischen – womöglich wegen im Englischen fehlender Vokabeln – (*Beetz:* Fremdverstehen. 2005, S. 35 f.), und ergänzen zur Fachsprache ebenfalls, dass im Englischen quellennäher formuliert wird, so dass mehr Fachbegriffe als im Deutschen verwendet werden (Ebd., S. 41–43).

173 *Lamsfuß-Schenk:* Fremdverstehen. 2008, S. 248. Dasselbe Phänomen beschreibt *Rolf Wittenbrock:* Bilingualer Geschichtsunterricht. In: *Klaus Bergmann* u. a. (Hrsg.): Handbuch der Geschichtsdidaktik. Seelze 1997, S. 563–566, hier S. 565: Es »kann eine regelrechte Fremdsprachenbarriere zwischen dem Schüler und den zu behandelnden Unterrichtsinhalten

in dem sie von einer »vertieften Verarbeitung« spricht.[174] Ob dies zutrifft, ist nicht zu entscheiden, da die Anlage ihrer Studie ihr keine Möglichkeit bietet, zwischen der Annahme, der geringe Wortschatz fördere die Konzentration auf den einzelnen Begriff, und der, bilingualer Unterricht führe als solcher zu einer vertieften Begriffsbildung, zu unterscheiden. Auch dieser Aspekt wird daher in der vorliegenden Studie noch einmal zu berücksichtigen sein.

Ähnlich verfährt auch Susanne Staschen-Dielmann in ihrer Dissertation »Narrative Kompetenz im bilingualen Geschichtsunterricht«.[175] Anhand der von Wolfgang Zydatiß für den bilingualen Unterricht benannten Diskursfunktionen (s. u.) analysiert sie die Schüler*innen-Leistung aufgrund von Transkripten zu selbst durchgeführten deutsch-englisch bilingualen Unterrichtsstunden in einer 10. und einer 12. Jahrgangsstufe und ergänzt diese Analysen um die Auswertung von Geschichtsklausuren (für die 10. Klasse) bzw. Klausuren aus dem Fach Politische Weltkunde (für die 12. bzw. 13. Jahrgangsstufe). Ein Fragebogen zur Selbsteinschätzung ergänzt diese Materialien. Ihre Stichprobe setzt sich aus insgesamt 42 Schüler*innen zusammen. Staschen-Dielmann untersucht die Verwendung akademischer Lexik anteilig unter Rückgriff auf die *Academic Word List*[176] und definiert Fachbegriffe als »Begriffe und Namen, die entweder für den bearbeiteten historischen Kontext spezifisch sind […] oder […] historisch-politische Konzepte widerspiegeln«[177]. Sie stellt fest, dass die bilingual unterrichteten Schüler*innen die Fachbegriffe aus den präsentierten Texten übernehmen und direkt zitieren.[178] Ihre Erkenntnisse schließen also unmittelbar an die Beobachtungen von Lamsfuß-Schenk an. Zudem stellt sie fest, dass die Fachbegriffsnutzung mit höheren Jahrgangsstufen steigt.[179] Auch wenn Staschen-Dielmann in diesem Zusammenhang nachvollziehbar aufzeigt, dass eine trennscharfe (!) konzeptionelle Grenzziehung zwischen Alltags- und Fachsprache

---

entstehen. Vor allem bei anspruchsvollen kognitiven Themen und komplexen Leistungsanforderungen erweist sich die Muttersprache vielfach als ›breiterer Kanal‹ der Kommunikation.« Bilinguale Schüler*innen profitierten (so die Deutung Ulrich Wannagats) bei der L2-Sprachproduktion »vor dem Hintergrund des defizitären Sprachwissens« von einem »bewussteren Umgang mit Sprache und […] einem höheren Anspruch an die Präzision des Ausdrucks«. *Ulrich Wannagat:* Sprachlernprozesse im bilingualen Geschichtsunterricht. In: *Stephan Breidbach/Britta Viebrock* (Hrsg.): Content and Language Integrated Learning (CLIL) in Europe. Research Perspectives on Policy and Practice. Bern 2013, S. 203–218, hier S. 203.

174 *Lamsfuß-Schenk:* Fremdverstehen. 2008, S. 250; Ebenso: *Dieter Wolff:* Fremdsprachenlernen als Konstruktion. Grundlagen für eine konstruktivistische Fremdsprachendidaktik. Frankfurt a. M. 2002, S. 41.

175 *Staschen-Dielmann:* Narrative. 2009.

176 Ebd., S. 123.

177 Ebd., S. 140.

178 Ebd., S. 143.

179 Ebd.

schwierig ist[180], legt sie ihrer Untersuchung mit gutem Erfolg eine Dreiteilung in »Fachbegriffe«, »fachbezogene Vokabeln« und »allgemeine Vokabeln« zugrunde.

Elke Müller-Schneck befragte Lehrkräfte zu ihrer Einschätzung der Effekte bilingualen Unterrichts. Diese glauben, der Unterricht führe zu einer allgemeinen Wortschatzerweiterung, wenn auch nicht zu einer fachsprachlichen Differenzierung.[181] Vor diesem Hintergrund ergänzen die umfassenderen Studien zu einer allgemeineren lexikalischen Kenntnis die exemplarisch angelegten und spezifisch historische Begriffe fokussierenden Arbeiten.

Empirische Forschungen zu einem allgemeinen Wortschatz

Die DEZIBEL-Studie wurde 2007 unter der Federführung des Englischdidaktikers Wolfgang Zydatiß an drei Schulen in Berlin durchgeführt. Die Studie nimmt für sich in Anspruch, zum einen die englischsprachige, zum anderen eine sachfachliche Kompetenz der Schüler*innen zu untersuchen. Dazu wurden zwei Testpakete entwickelt. Der sogenannte *Achievement and Proficiency*-Test (*APT*) eruiert die allgemeine Sprachfähigkeit anhand der grammatisch-lexikalischen Kompetenzen der Schüler*innen. Der *Academic Discourse Competencies*-Test (*ADC*) untersucht die von Zydatiß so genannten »sachfachbezogenen Diskurskompetenzen«. Auf diese zweite Testkomponente wird unter Kap. 2.3.2 näher eingegangen.

Die Fragebogenerhebung vergleicht bilingual mit monolingual unterrichteten Schüler*innen. Die Stichprobe von insgesamt 191 Schüler*innen setzt sich aus zwei Teilstichproben zusammen, die über drei Schulen hinweg in eine bilingual unterrichtete Untersuchungs- und eine monolingual unterrichtete Kontrollgruppe eingeteilt wurden.[182] Sie erfasst Schüler*innen, die Unterricht in den sogenannten Sachfächern Erdkunde, Geschichte und Biologie hatten. Die Ergebnisse für die sachfachrelevanten Aspekte der Studie sind damit vor dem Hintergrund einer dreifachen Sachfachintegration (Erdkunde, Geschichte, Biologie) zu deuten. An einer Schule wurden 26 Schüler*innen befragt, die bilingualen Geschichtsunterricht hatten. An einer anderen Schule wurden 30 bilingual unterrichtete Schüler*innen sowie 23 monolingual unterrichtete befragt.[183]

---

180 Ebd., S. 146–148, 180.

181 *Elke Müller-Schneck:* Chancen und Probleme eines bilingualen deutsch-englischen Geschichtsunterrichts an Gymnasien in Nordrhein-Westfalen. In: Geschichte, Politik und ihre Didaktik 28, 2000, H. 1/2, S. 41–46, hier S. 46; *Müller-Schneck:* Perspektiven. 2012. Eine andere, positivere Einschätzung zur fachsprachlichen Differenzierung findet sich im geschichtsdidaktischen Wörterbuch: *Bärbel Kuhn:* Bilingualer Geschichtsunterricht. In: *Ulrich Mayer* (Hg.): Wörterbuch Geschichtsdidaktik. Schwalbach/Ts. 2014, S. 36.

182 *Zydatiß:* DEZIBEL. 2007, S. 72.

183 So kann die Tabelle zur Stichprobe interpretiert werden. Ebd.

Im *APT* untersucht Zydatiß die »allgemeine Sprachfähigkeit« mithilfe von sechs C-Tests, »die kein spezielles Sach- oder soziokulturelles Weltwissen zu ihrer Interpretation voraussetzen«[184], und eines »Conversational Cloze«, der »einen informellen, mündlich-diskursiven Sprachgebrauch in der dialogisch-interaktiven Wechselrede […] in einer Alltagssituation« simuliert. Die »Stilebene ist ›informal colloquial English‹«.[185] Die bilingual unterrichteten Schüler*innen erreichen bessere Leistungen als die monolingual unterrichteten.[186]

In einer diese Daten vertiefenden Studie zeigen Viola Vockrodt-Scholz und Wolfgang Zydatiß, dass die im *APT* gemessene linguistische Variable »Vocabulary« die größte Effektstärke für die Ergebnisse im *ADC*, also dem Sachfachtest, aufweist (und zwar für die Unterskala »Interpretieren«; vgl. Kap. 2.3.2).[187] Für die in Bezug auf die Sachfächer gemessenen Ergebnisse ist es demnach günstig, wenn die Schüler*innen über einen großen allgemeinsprachlichen Wortschatz verfügen. Ähnliche Korrelationen wurden zwischen der Fachbegriffsbeherrschung und dem Verfassen historischer Narrationen nachgewiesen.[188] Konzeptionelle Überlegungen aus der Geschichtsdidaktik[189] und der schulischen Praxis[190] lassen sich also offenbar in gewisser Form auch empirisch nachweisen. In der vorliegenden Arbeit wird deshalb im Rahmen der Untersuchung der Konzeptwahrnehmung ebenfalls die fachliche Wortschatzkenntnis erhoben und in einen Zusammenhang mit der Wahrnehmung der Konzepte durch die Schüler*innen gebracht.

Sylvia Fehling untersuchte über einen Zeitraum von zwei Jahren vergleichend insgesamt 139 Siebt- und Achtklässler, wovon 74 bilingual und 65 monolingual unterrichtet worden waren, in Bezug auf ihre sogenannte »Language Aware-

184 Ebd., S. 165.

185 Ebd., S. 167.

186 Ebd. zur lexikalischen Kenntnis S. 170f., zu den kommunikativen Fähigkeiten insgesamt S. 228.

187 *Viola Vockrodt-Scholz/Wolfgang Zydatiß:* Zur Interdependenz von Englisch- und Sachfachkompetenzen im bilingualen Unterricht. Ein empirischer Beitrag zur »Schwellen-Hypothese«. In: Zeitschrift für Fremdsprachenforschung 18, 2007, H. 2, S. 209–236, hier S. 228.

188 *Staschen-Dielmann:* Narrative. 2009, S. 179f. Auch in der DEZIBEL-Studie wird im Rahmen der Untersuchung fachbezogener Diskurskompetenzen (Kap. 2.3.2) die Kenntnis und der Umgang bi- und monolingual unterrichteter Schüler*innen mit »Fachbegriffen« erforscht; allerdings ausschließlich für den Bereich der Humanbiologie. Signifikante Gruppenunterschiede lassen sich hier nicht feststellen. *Zydatiß:* DEZIBEL. 2007, S. 314–317.

189 *Schlutow:* Bilingual. 2016, S. 46–59; *Barricelli:* Dialog. 2009, S. 211f.; *Geiss:* Nutzen, S. 26–28; *Peter Geiss:* Bilingualer Geschichtsunterricht. Ein Modell für das historische Lernen im global village. In: *Bärbel Diehr/Lars Schmelter* (Hrsg.): Bilingualen Unterricht weiterdenken. Programme, Positionen, Perspektiven. Frankfurt a. M. 2012, S. 55–71, hier S. 57.

190 *Deutsch:* Mehrsprachigkeit. 2016, S. 245: »Vor allem das kontrastive Begriffslernen [wird von den Lehrkräften] als Methode angeführt, welches sich vor allem im bilingualen Unterricht besonders anböte, um anhand der Sprache unterschiedliche Konzepte und Deutungen kennenzulernen.«

ness«.[191] Dafür konzipierte sie einen vierteiligen Test mit einem »Teil 1: Vokabeln«. Dieser Testbereich erfasste die Kompetenz der Schüler*innen, sich unbekannte *BICS*-Begriffe in einer fremden Sprache (Englisch und Schwedisch) zu erschließen.[192] Bereits zu Beginn der Studie erreichten einige bilingual unterrichtete Siebtklässler bessere Ergebnisse als Teile der monolingualen Vergleichsgruppe; auch verbesserten sie ihre Fähigkeiten, fremdsprachliche Begriffe angemessen zu kontextualisieren und zu klassifizieren im Untersuchungszeitraum in Teilen stärker als die monolingual unterrichteten Schüler*innen.[193] Die Frage danach, ob bilingual unterrichtete Schüler*innen noch unbekannte Begriffe aus der Fremdsprache erfolgreicher kontextualisieren können als deutschsprachig unterrichtete, ist auch für geschichtsdidaktische Fragestellungen relevant, die weniger an der Lexemkenntnis, sondern stärker an der Konzeptseite der Begriffe und dem Umgang der Schüler*innen hiermit interessiert sind (vgl. Kap. 2.2.1.1). Wie in vielen anderen Studien kommen hier allerdings wiederum nicht kontrollierte Vorbereitungseffekte zum Vorschein,[194] durch deren Berücksichtigung sich die Unterschiede in den Testergebnissen verringern.[195]

Angelika Daniel berücksichtigt diesen potenziellen *selection bias* dagegen systematisch, wenn sie zur Untersuchung des englischen Wortschatzes drei Teilstichproben anlegt und die Testergebnisse triadisch aufeinander bezieht.[196] Sie untersucht erstens bilingual unterrichtete Schüler*innen, zweitens monolingual unterrichtete Schüler*innen, die an einer Schule mit bilingualem Angebot unterrichtet wurden, und drittens monolingual unterrichtete Schüler*innen, die an einer Schule ohne bilinguales Angebot unterrichtet wurden (regulär unterrichtete Schüler*innen). Statistisch signifikante Leistungsunterschiede zwischen den Gruppen kann sie so kontrolliert auf mögliche Selektionseffekte, die noch vor Erteilung des bilingualen Unterrichts aufgetreten ein könnten, zurückführen. Wenn die Leistungen der regulär unterrichteten Schüler*innen und die der monolingual unterrichteten Schüler*innen sich signifikant unterscheiden, ist

191 *Fehling:* Awareness. 2008.

192 Ebd., S. 91–94.

193 *Sylvia Fehling:* Lernprozesse und kognitive Entwicklung im bilingualen Unterricht. Bericht aus einer zweijährigen Longitudinalstudie. In: *Daniela Caspari* (Hg.): Bilingualer Unterricht macht Schule. Beiträge aus der Praxisforschung. Frankfurt a. M. 2009, S. 51–63, hier S. 57–59.

194 Vgl. dazu auch *Möller, Jens* u. a.: Varianten und Effekte bilingualen Lernens in der Schule. In: Zeitschrift für Erziehungswissenschaften 21, 2018, S. 4–28, hier S. 12.

195 Vgl. *Rumlich:* Englischnoten. 2018; *Rumlich:* Prospective. 2014; *Admiraal:* Evaluation. 2006; *Nold:* DESI Bilingual. 2008.

196 *Daniel:* Lernerwortschatz. 2001, S. 53–55. Eine denkbare methodische Alternative zu dieser systematischen Berücksichtigung des *selection bias* könnte es sein, die Leistungen der Schülerinnen und Schüler zu erfassen, noch bevor der bilinguale Unterricht eingesetzt hat, und sie dann in einer späteren Erhebung erneut zu überprüfen. Z. B. *Rumlich:* Prior. 2013.

von einem *selection bias* auszugehen. Liegt der nicht vor, dann kann sie Effekte, die sichtbar werden, auf den bilingualen Unterricht selbst zurückführen, wenn die Leistungen bilingual unterrichteter Schüler*innen sich signifikant von denen der monolingual und regulär unterrichteten Schüler*innen unterscheiden. Das hebt ihre Studie nicht nur von den Arbeiten ab, die potenzielle Selektionseffekte zwar in der Reflexion der Ergebnisse einschränkend ansprechen, aber nicht explizit erfassen, sondern auch von denen, die solche Effekte erheben, indem sie mögliche andere Einflussfaktoren (wie z. B. den sozioökonomischen Status der Schüler*innen-Familien) vor der Untersuchung der eigentlichen Forschungsfrage erheben.[197] Diese Studien erfragen zunächst, ob es solcherlei Unterschiede zwischen den Schüler*innen-Gruppen gibt. In einer anderen, ganz und gar losgelösten Erhebung ermitteln sie dann Gruppenwerte zur jeweiligen Forschungsfrage. In einen Zusammenhang werden beide Datensätze erst anschließend gebracht, wenn die Ergebnisse zum Forschungsinteresse zurückgeführt werden auf mögliche Einflussfaktoren. Daniel dagegen bindet die Kontrolle des *selection bias* durch ihre Studienanlage durchweg an ihre Untersuchungsfragen an. Sie fragt also nicht nur, ob es einen vorgelagerten Unterschied gibt, sondern ob er, wenn es ihn gibt, die von ihr erhobenen Daten beeinflusst.

Inhaltlich stellt Daniel in Übereinstimmung mit den Ergebnissen der übrigen vorgestellten Studien fest, dass die bilingual unterrichteten Schüler*innen über einen größeren englischen Wortschatz verfügen als die monolingual unterrichteten Schüler*innen. Zum selben Ergebnis in noch markanterer Form kommt Sara Dallinger in methodischer Analogie.[198] Methodisch kann sie diese Erkenntnis anhand der dreigeteilten Stichprobe differenzieren und stellt für einige ihrer Hypothesen fest, dass ein *selection bias* maßgeblich ist. Für andere kann sie festhalten, dass der bilinguale Unterricht den Ausschlag für die Ergebnisse in dieser Form gegeben haben dürfte. Diesen systematisch kontrollierenden und zwischen einzelnen Hypothesen differenzierenden Ansatz wählt auch die vorliegende Arbeit (vgl. Kap. 5.3.1).

Zusammenfassend bleibt festzuhalten, dass Untersuchungen zum Wortschatz in der L2 auf positive Effekte bilingualen (Geschichts-)unterrichts deuten.[199] Englischsprachige Kompetenzen können im bilingualen Unterricht verbessert

---

197 *Rumlich:* Prospective. 2014; *Admiraal:* Evaluation. 2006; *Zydatiß:* DEZIBEL. 2007, S. 107–150; *Nold:* DESI Bilingual. 2008; *Köller:* Effekte. 2012.

198 *Sara Dallinger:* The Effect of Content and Language Integrated Learning on Students' English and History Competences. Killing Two Birds With One Stone?. In: *Dies.* (Hg.): Die Wirksamkeit bilingualen Sachfachunterrichts. Selektionseffekte, Leistungsentwicklung und die Rolle der Sprachen im deutsch-englischen Geschichtsunterricht. Ludwigsburg 2015, S. 123–144, hier S. 135.

199 So auch *Möller:* Varianten. 2018, S. 14.

werden.[200] Dabei können Selektions- und Vorbereitungseffekte eine Rolle spielen.

Ein anderes Bild zeichnet sich für die L1 ab. Während Einbußen in Bezug auf die allgemeine Sprachkenntnis zumindest bei Muttersprachlern durch die insgesamt geringfügige Reduktion der L1 nicht erwartet – und entsprechend selten untersucht – werden,[201] zeigen sich in ersten empirischen Studien zur Fachbegriffskenntnis tendenziell negative Effekte.[202]

Die Wortkenntnis bilingual unterrichteter Schüler*innen in der (italienischen) Schulsprache erforschten Fiona Gallagher und Gerry Colohan.[203] Sie stellten im Zuge einer Übersetzungsaufgabe negative Effekte für die Fachsprache in der L1 fest.[204] Per Holmberg untersuchte die allgemein-akademischen L1-Vokabelkenntnisse bilingual unterrichteter Schüler*innen in Schweden und resümiert, dass ein einzig in der Fremdsprache stattfindender bilingualer Unterricht die Aneignung der Fachbegriffe in der Schulsprache hemmt.[205]

In der Längsschnittstudie DESI (Deutsch Englisch Schülerleistungen International), die von 2003–2004 die Deutsch- und Englischkompetenzen von Neuntklässler*innen an 219 Schulen erfasste, wurde die englischsprachliche Leistung 958 bilingual unterrichteter Schüler*innen untersucht, indem sie auf die

200 Zusammenfassend *Möller:* Varianten. 2018, S. 11 f. Die Arbeiten von Winfried Bredenbröker, dessen Studienanlage der von *Fehling* (Awareness. 2008.) ähnelt (195 bi- und monolingual unterrichtete Siebt- und Achtklässler wurden dreimal sprachlich getestet), und die von Alonso, Grisaleña und Campo 2008 (229 Schüler*innen wurden über einen Zeitraum von 1,5 Jahren wiederholt sprachlich gestestet) weisen in dieselbe Richtung. *Winfried Bredenbröker:* Förderung der fremdsprachlichen Kompetenz durch bilingualen Unterricht. Empirische Untersuchungen. Frankfurt a. M. 2000; *Esmeralda Alonso/Jesús Grisaleña/Alejandr Campo:* Plurilingual education in secondary schools: Analysis of results. In: International CLIL Research Journal 1, 2008, H. 1, S. 36–49. Zusätzlich zur akademischen Lexik: *Liss Kerstin Sylvén/Sölve Ohlander:* English Receptive Vocabulary. In: *Liss Kerstin Sylvén* (Hg.): Investigating Content and Language Integrated Learning. Insights from Swedish High Schools. Bristol 2019, S. 101–116; *Eva Olsson/Liss Kerstin Sylvén:* English Productive Proficiency. In: *Liss Kerstin Sylvén* (Hg.): Investigating Content and Language Integrated Learning. Insights from Swedish High Schools. Bristol 2019, S. 117–135. Die rezeptiven Fähigkeiten scheinen bei bilingual unterrichteten Schüler*innen konstant besser ausgeprägt zu sein als bei monolingual unterrichteten, die produktiven Fähigkeiten zunächst besser, und schließlich gleich ausgeprägt.

201 Ebd., S. 12.

202 *Helbig:* Texte. 2008, S. 130.

203 *Fiona Gallagher/Gerry Colohan:* T(w)o and fro: using the L1 as a language teaching tool in the CLIL classroom. In: The Language Learning Journal 45, 2017, H. 4, S. 485–498.

204 Ebd., S. 492f. Im Fach Erdkunde berichteten die bilingual geschulten Schüler*innen vermehrt davon, dass sie Begriffe nicht in ihre italienische Erstsprache übersetzen könnten. Eine erhöhte Sensibilität dafür im Vergleich zur Kontrollgruppe kann für diese Angaben ebenfalls ursächlich sein.

205 *Per Holmberg:* The Development of Academic Vocabulary in Swedish. In: *Liss Kerstin Sylvén* (Hg.): Investigating Content and Language Integrated Learning. Insights from Swedish High Schools. Bristol 2019, S. 173–186, hier S. 175–178.

Leistungen einer Vergleichsgruppe bezogen wurde, die (als fiktive Gruppe) in der Weise aus den übrigen Proband*innen der Studie[206] zusammengestellt wurde, dass bestimmte unterrichtsexterne Faktoren (wie z.B. die Deutschnote und der sozioökonomische Status der Eltern etc.) zwischen den beiden Schüler*innen-Gruppen vergleichbar wurden.[207] Für die bilingual unterrichteten Schüler*innen wird für alle gemessenen Kompetenzbereiche und damit auch in Bezug auf ihren »globalen Sprachstand« eine höhere Kompetenzausprägung festgestellt.[208] In gewisser Hinsicht erweist sich gerade diese Überprüfung jedoch als zu wenig differenziert: Während der Begriff »Fachsprache« von Rainer Willenberg für das Deutsche angemessen definiert und untersucht wird[209], verzichten Claudia Harsch und Konrad Schröder für das englische Pendant eben hierauf und sprechen stattdessen lediglich von einem »Spezialwortschatz«[210].

Zusammenfassend bleibt festzuhalten, dass in den bisherigen Studien zu einem durch bilingualen Geschichtsunterricht möglicherweise beeinflussten (Fach-)wortschatz tendenziell positive Effekte für die Zweitsprache, tendenziell negative für die Schulsprache festgestellt wurden. Die Ausbildung eines spezifisch historischen Fachwortschatzes stand bisher deutlich weniger im Fokus als die einer allgemeinen Bildungssprache. Es gibt zudem nur vergleichsweise wenige Untersuchungen zu einem möglichen Einfluss bilingualen Unterrichts auf die Schulsprache. Für eine fundierte Analyse einer doppelten Fachliteralität sind Erkenntnisse hierzu aber ebenso relevant wie die zur L2.[211] Die Ausbildung dieser zweiten fachlichen Sprachkenntnis ist schließlich das potenziell Spezifische des bilingualen Fachunterrichts! Beide Aspekte – die Fachlichkeit des Wortschatzes[212] wie auch die Ausbildung der fachsprachlichen Begriffskenntnis in der Schulsprache – bezieht die vorliegende Studie deshalb explizit mit ein (vgl. Kap. 6.3.1.3).[213]

206 Zu diesem speziellen Studiendesign vgl. auch: *Bärbel Beck/Eckhard Klieme:* Einleitung. In: *Ders./Dies.* (Hrsg.): Sprachliche Kompetenzen. Konzepte und Messung. DESI-Studie (Deutsch Englisch Schülerleistungen International). Weinheim 2008, S. 1–8, hier S. 3f.

207 *Nold:* DESI Bilingual. 2008, S. 454.

208 Ebd., S. 454f.

209 *Willenberg:* Wortschatz. 2017, S. 132f.

210 *Claudia Harsch/Konrad Schröder:* Textkonstruktion. C-Test. In: *Eckhard Klieme/Bärbel Beck* (Hrsg.): Sprachliche Kompetenzen. Konzepte und Messung. DESI-Studie (Deutsch-Englisch-Schülerleistungen-International). Weinheim 2008, S. 212–227, hier S. 217.

211 *Diehr:* Fachliteralität. 2016, S. 61f.

212 In Anlehnung an das Fachbegriffsverständnis aus *Willenberg:* Wortschatz. 2017, S. 132f. Eine weitere Untergliederung dieser Fachbegriffe anhand der von Rohlfes etablierten 5 Begriffstypen (*Rohlfes:* Didaktik. 2005, S. 71f.) sollte in der vorliegenden Studie vertiefend berücksichtigt werden, hat sich in der praktischen Anwendung jedoch als wenig trennscharf und damit für die empirische Analyse als wenig praktikabel erwiesen.

213 Einen dritten Punkt, der in allen rezipierten Studien als möglicher Einflussfaktor für die Studienergebnisse bilingual unterrichteter Schüler*innen angeführt wurde, stellt der Hin-

2.3.2 Fachbezogene Diskurskompetenzen

Als zweiten relevanten Punkt für die Ausbildung einer sogenannten Fachliteralität untersuchen fremdsprachendidaktisch ausgerichtete Studien die Schulung fachspezifischer Denkansätze und der für die Fachkultur typischen Diskurskompetenzen (vgl. Kap. 2.2.1.2).[214] Wie schon bei der Frage nach dem Fachwortschatz gibt es auch hier unterschiedlich spezifische Konzeptionen davon, was als fachkulturell zu gelten hat. Im Folgenden werden zunächst die Studien rezipiert, die ein allgemeines Fachkulturverständnis u. a. auf das Fach Geschichte anwenden. Im Anschluss findet eine Eingrenzung auf die Rezeption der Studien statt, die explizit geschichtsdidaktische Ziele untersuchen.

Die DEZIBEL-Studie erfasst im Rahmen des *ADC* die »sachfachbezogenen Diskurskompetenzen« zu den Fächern »Erdkunde, Geschichte/Sozialkunde und/oder Biologie«[215]. Einzelfachspezifische und damit z. B. auch geschichtsdidaktische Konzepte und Kategorien werden nicht gesondert erfasst. Stattdessen entwickelt Zydatiß die »fächerübergreifenden«, »transferfähigen« »fremdsprachigen Diskurskompetenzen«[216], die mithilfe zweier Testhefte geprüft werden. Die »Analysen zur Sachfachliteratilät in den Fächern Geographie und Geschichte« bilden auf der Grundlage zusammengerechneter Skalen (»textbezogenes Interpretieren«, »Auswertung sachfachrelevanter Materialsorten«, »Beschreiben und Interpretieren einer Karikatur« usw.[217]) die Datengrundlage für die festgestellten Kompetenzen.[218] Die bilingual unterrichteten Schüler*innen erhielten die Materialien auf Englisch, die monolingual unterrichteten auf Deutsch. Beide Schüler*innen-Gruppen erzielten vergleichbar gute Ergebnisse.[219] Zydatiß fasst deshalb zusammen, dass bilingual unterrichtete Schüler*innen »›keinen Schaden zu nehmen‹ scheinen, was die sachfachrelevanten Diskurskompetenzen angeht«[220], und dass sie den »Regelschülern in keinem der hier untersuchten Teilbereiche sachfachlicher Diskurskompetenzen« nachstehen.[221] In Teilen sei ihre Leistung

weis auf einen potenziellen *selection bias* dar. In der vorliegenden Arbeit wird er durch das Studiendesign systematisch erhoben – zum ersten Mal in einer geschichtsdidaktischen Untersuchung.

214 Besonders prominent *Zydatiß:* DEZIBEL. 2007, S. 273–276. *Staschen-Dielmann:* Narrative. 2012, S. 94–101. Theoretisch: *Dalton-Puffer:* Diskursfunktionen. 2013; *Hallet:* Diskursfähigkeit. 2017.

215 *Zydatiß:* DEZIBEL. 2007, S. 273.

216 Ebd., S. 60–66, 274–276.

217 Ebd., S. 325–334.

218 Ebd., S. 84.

219 Ebd., S. 330–334.

220 Ebd., S. 331.

221 Ebd., S. 332.

sogar etwas besser als die der monolingualen Vergleichsklassen aus denselben Schulen.

In einem Unterpunkt prüft Zydatiß auch die Konzeptbildung anhand der »Zuordnung von Definitionen zu Fachbegriffen«, des »Anwenden[s] neu eingeführter Fachbegriffe« und der eigenen Begriffsnetzbildung (die auch in der vorliegenden Studie eine tragende Rolle spielen wird).[222] Diese Untersuchung stützt sich explizit jedoch lediglich auf Fachbegriffe aus der Humanbiologie. Auch in diesem Test erzielen die bilingual unterrichteten Schüler*innen bessere Leistungen als die monolingual unterrichteten, allerdings nicht so ausgeprägt bessere wie im die Sprachkompetenzen prüfenden *APT*.[223]

Ob es sich tatsächlich um »sachfachrelevante Diskurskompetenzen« handelt, wenn »das informationsentnehmende Lesen von kontinuierlichen Sachtexten [...], Textinterpretation und Textproduktion [...]«[224] die Messskalen bilden, bleibt diskutabel.

Vergleichbar positive oder wenigstens neutrale Ergebnisse in Bezug auf sachfachliche Kompetenzen ergaben auch die Untersuchungen von Wilfried Admiraal, Gerard Westhoff und Kees de Bot sowie die von Sara Dallinger und Kathrin Jonkmann und von Hans Badertscher und Thomas Bieri.[225]

2.3.3 Interkulturelle Perspektivität

Die bis zu diesem Punkt vorgestellten Forschungen sind weniger fachlich als vielmehr allgemein- und bildungssprachlich ausgerichtet. Deutlich wird, dass sie die Dimension der Diskurskompetenz eher fachübergreifend als fachspezifisch definieren. Die Frage nach interkultureller Perspektivität dagegen darf als spezifisch fachlich – geschichtsdidaktisch – gelten (vgl. Kap. 2.2.2).

Als einschlägig sind hier lediglich zwei Studien zu nennen: zum einen die von Petra Beetz, Gabriele Blell und Dagmar Klose[226], zum anderen die von Franziska Clemen und Michael Sauer[227]. Zunächst zur erstgenannten.

222 Ebd., S. 282, S. 314–317.

223 Ebd., S. 332.

224 *Vockrodt-Scholz:* Interdependenz. 2007, S. 223.

225 Vgl. *Möller:* Varianten. 2018, S. 13; *Admiraal:* Evaluation. 2006; *Hans Badertscher/Thomas Bieri:* Wissenserwerb im Content and Language Integrated Learning. Bern 2009; *Sara Dallinger/Kathrin Jonkmann:* Lernausgangslagen von Schülerinnen und Schülern zu Beginn des bilingualen Geschichtsunterrichts. In: *Christiane Fäcke/Marianne Rost-Roth/Engelbert Thaler* (Hrsg.): Sprachenausbildung – Sprachen bilden aus – Bildung aus Sprachen. Dokumentation zum 25. Kongress für Fremdsprachendidaktik der Deutschen Gesellschaft für Fremdsprachenforschung (DGFF) Augsburg. Baltmannsweiler 2014, S. 173–183.

226 *Beetz:* Fremdverstehen. 2005.

227 *Clemen:* Bilingual. 2007.

Anhand von deutsch- und englischsprachigen Aufsätzen untersuchten die drei Autorinnen nach der Durchführung von ca. 20 bilingualen Unterrichtsstunden, wie kompetent die Schüler*innen auf fiktive, historisch mögliche und in zwei interkulturellen *settings* verortete Dilemmasituationen im Sinne Kohlbergs reagieren. Die Schüler*innen sollten zum einen die Perspektive eines deutschen Amerikaauswanderers und zum anderen die eines Amerikaners im 19. Jahrhundert übernehmen, der aufgrund wirtschaftlicher Armut überlegt, nach Europa zurückzukehren. Für beide Fälle mussten sie »Konfliktsituationen [bewältigen], für die es keine sofort erkennbare, zufriedenstellende Lösung gibt und die daher vielerlei Abwägungen von Interessen und Konsequenzen erfordern«[228]. Die schriftlich verfassten Reaktionen werteten Beetz u. a. in Bezug auf Perspektivenkoordination und -erweiterung aus. Sie untersuchten in Abhängigkeit von der Sprachwahl der Schüler*innen, ob die Schüler*innen die Perspektive der historisch fremden Person einnahmen und zwischen ihr und der eigenen wechselten oder ob sie in nur einer, der eigenen nämlich, verharrten. Eine solche Einnahme der fremden Perspektive und ein solcher Perspektivenwechsel bedeuteten für die Textanalyse, dass Perspektivenkoordination vorliegt. Die Studie konnte feststellen, dass sie in den englischsprachigen Schülertexten häufiger auftritt als in den deutschen.

In einer vergleichbaren Studienanlage untersuchten Franziska Clemen und Michael Sauer die Auswirkungen französisch-bilingualen Geschichtsunterrichts auf die multiperspektivische Perspektivendifferenzierung[229] und -übernahme. Sie werteten Texte aus, die von den Schüler*innen im Anschluss an eine inhaltlich vergleichbar gestaltete Unterrichtssequenz erstellt worden waren. Im Gegensatz zur vorgenannten Studie wurden hier die Produkte einer bilingual mit denen einer monolingual (an einer anderen Schule) unterrichteten Klasse verglichen. In Erzählungen und Tagebucheinträgen sollten die Schüler*innen sich schreibend in die Rolle der in den Quellen nicht dargestellten Personen versetzen (z. B. soldatische anstelle staatlich-propagandistischer Perspektive auf den Ersten Weltkrieg; französische anstelle deutscher Perspektive). Entsprechend der angelegten, thematisch gebundenen Kriterien für eine gelungene Perspektivenübernahme bzw. -differenzierung[230] übernehmen die bilingual unterrichteten Schüler*innen die fremden/neuen Perspektiven häufiger differenziert als die der monolingualen Vergleichsgruppe.

228 *Beetz:* Fremdverstehen. 2005, S. 25; *Peter Schuster:* Von der Theorie zur Praxis – Wege zur unterrichtspraktischen Umsetzung des Ansatzes von Kohlberg. In: *Wolfgang Edelstein/ Fritz Oser/Peter Schuster* (Hrsg.): Moralische Erziehung in der Schule. Entwicklungspsychologie und pädagogische Praxis. Weinheim 2001, S. 177–212, hier S. 194.

229 Damit ist nicht »Unterscheidung zwischen zwei Perspektiven«, sondern »Feinheit im Umgang mit einer fremden Perspektive« gemeint.

230 Ebd., S. 717, 720.

Beide Studien untersuchen also eine interkulturelle Perspektivität nach dem oben herausgearbeiteten geschichtsdidaktischen Begriffsverständnis. Dabei fokussieren sie die Multiperspektivität. Die vorliegende Studie ergänzt sie um Erkenntnisse zur interkulturellen Kontroversität – dem für den bilingualen Geschichtsunterricht eigentlich spezifischsten Faktor. Denn während durchaus zutrifft, dass es im bilingualen Geschichtsunterricht zunächst einmal besonders naheliegen mag, verschiedensprachige Quellen in einem interkulturellen Quellenarrangement miteinander zu vergleichen, so ist dies doch kein Spezifikum der bilingualen Lehre, denn verschiedensprachige Quellen können ebenso gut im monolingualen Unterricht vorgelegt werden.[231] In der Fremdsprache besprochen werden diese Quellen jedoch allein im bilingualen Unterricht. Sein Spezifikum ist damit der sich in der Fremdsprache formende Blick auf die Geschichte.[232] Das besondere Potenzial des Geschichtsunterrichts in der Fremdsprache liegt somit weniger in der Multiperspektivität als vielmehr in der interkulturellen Kontroversität (vgl. Kap. 2.3.3).

Empirische Untersuchungen zu der Frage, ob die Kompetenz, mit interkultureller Kontroversität umzugehen, im bilingualen Unterricht besonders gefördert wird, fehlen bislang gänzlich. Diesem Forschungsdesiderat widmet sich das vorliegende Forschungsvorhaben.

231 So z. B. *Hasberg:* Geschichtsunterricht. 2004, S. 232; *Maset:* Praxis. 2015, S. 31f.
232 *Link:* Perspektivität. 2019, S. 4f.

3 Studiendesign: Schulbuchanalyse und Fragebogenstudie

Vor dem in den vorangegangenen Kapiteln ausführlich umrissenen theoretischen und empirischen Hintergrund lässt sich das Design der vorliegenden Studie nunmehr in aller Kürze erklären. Die vorliegende Arbeit untersucht, inwiefern bilingual unterrichtete Schüler*innen nach bilingualem Geschichtsunterricht in einem höheren Maße als deutschsprachig unterrichtete zwei sprachlich-kulturell konstruierte Sichtweisen auf die Vergangenheit wahrnehmen, zwischen ihnen differenzieren und sie untereinander koordinieren. Dass Geschichtskulturen fokussiert werden, die in konstruktivistischem Sinne als in zwei sprachlichen Rahmen geformt verstanden werden und sich so insbesondere in sprachlicher Abgrenzung voneinander konstituieren, ist das Spezifische dieser Unterrichtsform. Zugleich trittt hier ein strukturelles Dilemma offen zutage, denn dadurch, dass im bilingualen Geschichtsunterricht vermehrt »deutsche« und »englische« Sichtweisen vermittelt werden könnten, könnte dichotomen und essenzialisierenden Kulturzuschreibungen Vorschub geleistet werden. Die vorliegende Arbeit versucht diesem Muster zu begegnen, indem sie den Konstruktcharakter jeder Deutung und die Vernetztheit der Sinnbildungen (auch über die hier notwendigerweise zugrunde liegenden sprachlich-kulturellen Rahmen hinweg) in der allen Analyseschritten zugrunde liegenden Methode des *Concept Mappings* aufzeigt.

Die Arbeit gliedert sich in zwei aufeinanderfolgende Analyseschritte. Um herauszufinden, ob Schüler*innen nach bilingualem Geschichtsunterricht im Umgang mit interkultureller Kontroversität besser geschult sind als andere, erhebt sie in einem ersten Schritt im Zuge einer qualitativen Schulbuchanalyse kulturelle Deutungsmuster ein und desselben historischen Sachverhalts, die im deutschen und im englischen Kontext vorliegen (vgl. Kap. 4). Als exemplarisches Thema wurde der »Imperialismus« gewählt. Kulturelle Deutungsmuster lassen sich an diesem Deutungsbegiff ganz besonders prägnant untersuchen (vgl. Kap. 4.1).

Die Schulbuchanalyse erfolgt unter Nutzung des (ursprünglich kognitionswissenschaftlichen) *Concept Mapping*-Verfahrens, das zu diesem Zweck zu einer

Methode weiterentwickelt wurde, die die Erschließung von Deutungsmustern aus Texten ermöglicht. Reizvoll an der Methode ist – gerade für ein Forschungsfeld, in dem eine Perpetuierung eines essenzialistischen Kulturverständnisses im Sinne hermetisch abgeschlossener »deutscher« und »englischer« Perspektiven droht – die ihr implizite Unabgeschlossenheit, die Vernetztheit und die ihr eingeschriebene Möglichkeit, Relevanzgrade bestimmter Deutungszusammenhänge aufzuzeigen. Als Ergebnis dieser Schulbuchanalyse können, wie zu zeigen sein wird, neben vielen transkulturellen Aspekten tatsächlich auch unterschiedliche Deutungen in den beiden sprachlich gefassten Rahmen identifiziert und zwei kulturelle Konzepte von »Imperialismus« bzw. »Imperialism« inhaltlich gefasst werden; und zwar in Form unterschiedlicher Deutungsmuster, die in einen Bezug zueinander gesetzt werden können. Kulturelle Gemeinsamkeiten und Unterschiede lassen sich so aufeinander beziehen. Interkulturelle Kontroversität wird damit greifbar.

Auf dieser Grundlage wurde für den zweiten Schritt der vorliegenden Untersuchung ein Fragebogen konzipiert, der den Umgang von Schüler*innen mit dieser exemplarisch gefassten interkulturellen Kontroversität ermittelt (vgl. Kap. 5). Drei Pilotierungen im universitären und schulischen Rahmen sichern die Anwendbarkeit des Erhebungsinstruments für die Hauptstudie.

Im zweiten Schritt untersucht die vorliegende Studie vergleichend regulär, monolingual und bilingual unterrichtete Schüler*innen der achten und neunten Jahrgangsstufe (vgl. Kap. 5.3.1). Mit einer Stichprobengröße von insgesamt 787 Schüler*innen handelt es sich dabei um eine quantitativ außerordentlich profunde Erfassung. Die Einteilung in drei Teilstichproben ermöglicht die methodische Kontrolle des *selection bias*.[233] Diverse Studien konnten bereits zeigen, dass er grundsätzlich vorliegen könnte, indem sie etwa die sozioökonomischen Bedingungen des Elternhauses erfragten und untersuchten, ob diese mit den unterschiedlichen Schulleistungen korrelierten.[234] In der Regel werden die Erkenntnisse zu den gemessenen sprachlichen und fachlichen Schüler*innen-

233 Ausführlicher in Kap. 5.3.1.

234 *Dominik Rumlich:* Students' General English Proficiency Prior to CLIL. Empirical Evidence for Substantial Differences between Prospective CLIL and Non-CLIL Students in Germany. In: *Stephan Breidbach/Britta Viebrock* (Hrsg.): Content and Language Integrated Learning (CLIL) in Europe. Research Perspectives on Policy and Practice. Bern 2013, S. 181–201; *Dominik Rumlich:* Englischnoten und globale englische Sprachkompetenz in bilingualen Zweigen. In: Zeitschrift für Erziehungswissenschaften 21, 2018, S. 29–48; *Wilfried Admiraal/Gerard Westhoff/Kees de Bot:* Evaluation of Bilingual Secondary Education in the Netherlands: Students' language proficiency. Educational Research and Evaluation 12, 2006, H. 1, S. 75–93; *Zydatiß:* DEZIBEL. 2007, S. 107–150; *Günter Nold* u. a.: Klassen mit bilingualem Sachfachunterricht: Englisch als Arbeitssprache. In: *Eckhard Klieme* (Hg.): Unterricht und Kompetenzerwerb in Deutsch und Englisch. Ergebnisse der DESI-Studie. Weinheim 2008, S. 451–457.

Leistungen deshalb auch unter Verweis auf eine solch potenzielle Verzerrung reflektiert. Eine systematische Kontrolle diese Faktors fand in den meisten rezipierten Studien jedoch nicht statt.[235] Damit stellt die vorliegende Studie die erste geschichtsdidaktische Untersuchung dar, die einen *selection bias* als möglichen Einflussfaktor bereits in der Studienanlage systematisch berücksichtigt, indem sie bilingual unterrichtete Schüler*innen mit zwei unterschiedlichen Gruppen monolingual unterrichteter Schüler*innen vergleicht. Kontrollgruppen waren zum einen die Schüler*innen der Parallelklassen an denselben Schulen, an denen auch der bilinguale Unterricht stattfand; zum anderen wurden solche Schüler*innen befragt, die an anderen Schulen unterrichtet wurden, an denen allein monolingualer Unterricht erteilt wurde.[236] Systematisch und in kontrollierter Anbindung an die einzelnen Hypothesen ist es durch diese Dreiteilung der Stichprobe also möglich, sichtbare Effekte entweder einer Vorselektion der Schülerschaft oder der bilingualen Intervention zuzuordnen. Bestimmte Effekte kann die vorliegende Arbeit deshalb auf die bilinguale Unterrichtsform zurückführen. Sie trifft indes keine Aussagen dazu, in welcher Form der bilinguale Unterricht gestaltet sein muss, um diese Effekte zu erwirken. Fragen nach dem Materialeinsatz, der Herkunft der Lehrkräfte oder der Stundenstruktur etwa sind damit explizit nicht ihr Forschungsgegenstand. Gleichwohl zeigen die Ergebnisse, dass diese auf das Unterrichtsgeschehen selbst zielenden Fragen künftig zu stellen sein werden. Das ist eine wesentliche Implikation der vorliegenden Arbeit für künftige empirische Studien.

235 Zydatiß führt als Begründung der Entscheidung, die Stichprobe explizit nicht an regulären Schulen durchführen zu wollen, den »natürlichen Kontext« (S. 80) an, verweist zugleich aber auf die Notwendigkeit, einen möglichen *selection bias* in künftigen Studien zu kontrollieren (*Zydatiß:* DEZIBEL. 2007, S. 80 und selbstkritisch noch einmal auf S. 332, 334.). Die vorliegende Studie berücksichtigt beide Aspekte.

236 Wie bereits in Kap. 2.3.1 skizziert, stellten auch diese Studien für den sprachlichen Kompetenzgewinn in der L2 fest, dass bilingualer Unterricht – auch unter dieser systematischen Berücksichtigung des *selection bias* – förderlich ist.

4 Schulbuchanalyse: Der Imperialismus im deutschen und englischen Schulbuch

Um das geschichtsdidaktische Ziel einer potenziell intensivierten Perspektivenwahrnehmung, -differenzierung und -koordination durch bilingualen Unterricht zu untersuchen,[237] gilt es zunächst, solche Perspektiven zu erfassen, die im englischen sprachlichen Rahmen vorherrschen, und solche, die im Deutschen konstruiert werden. Das spezifische Potenzial bilingualen Unterrichts könne sich nämlich insbesondere da zeigen, wo historische Ereignisse sprachlich-kulturell unterschiedlich perspektiviert werden.[238] Das gilt in besonderem Maße für das Thema »Imperialismus«. Deutlich wird das auch noch einmal durch die Analyse deutscher und englischer Schulbücher.

4.1 Stichprobe: Kriterien für die Themen- und Schulbuchwahl

4.1.1 Die Themenwahl: Imperialismus

Als exemplarisches Thema wurde der »Imperialismus« gewählt, weil sich an ihm bestimmte kulturelle Deutungsmuster besonders vielversprechend aufzeigen lassen.[239] Als Deutungsbegriff[240], der nicht zeitgenössisch, sondern erst in spä-

237 *Franziska Clemen/Michael Sauer:* Förderung von Perspektivendifferenzierung und Perspektivenübernahme? Bilingualer Geschichtsunterricht und historisches Lernen – eine empirische Studie. In: Geschichte in Wissenschaft und Unterricht 58, 2007, H. 12, S. 708–723, hier S. 710; *Martin Schlutow:* Geschichte bilingual unterrichten. Didaktische Grundlagen und methodische Zugänge. Schwalbach/Ts. 2016, S. 22–24, hier S. 44.

238 Manfred Wildhage fordert vor diesem Hintergrund gar die Einführung eines Curriculums mit »eigenständige(m) inhaltliche(m) Profil für den bilingualen Geschichtsunterricht«, *Manfred Wildhage/Edgar Otten* (Hrsg.): Praxis des bilingualen Unterrichts. Berlin 2003, S. 83.

239 Vgl. *Joachim Rohlfes:* Geschichte und ihre Didaktik. Göttingen 2005, S. 71 f.; *Manfred Wildhage/Edgar Otten* (Hrsg.): Praxis des bilingualen Unterrichts. Berlin 2003, S. 68; *Martin Schlutow:* Geschichte bilingual unterrichten. Didaktische Grundlagen und methodische Zugänge. Schwalbach/Ts. 2016, S. 33–35; *Michael Maset:* Bilingualer Geschichtsunterricht. Didaktik und Praxis. Stuttgart 2015, S. 163.

terer Zeit theoretisch-konzeptionell ausgeprägt und aufgeladen wurde,[241] bezeichnet der »Imperialismus« eine historisch geteilte Vergangenheit deutscher und englischer Geschichte. So fügt er sich als Unterrichtsthema *par excellence* in die inhaltlich ausgerichteten Modelle zur Konzeption bilingualen Unterrichts ein.[242]

Dabei lässt der Begriff geschichtskulturelle Unterschiede besonders deutlich hervortreten, denn der Imperialismus wird, wie andere Studien bereits punktuell zeigen konnten, sehr eng angebunden an die jeweilige historische Entwicklungserzählung.[243] So wurzelt das historische Selbstverständnis Großbritanniens tief im *Empire*, was sich auch sprachlich klar ausdrückt und sich übrigens auch in der Entwicklung des Englischen zur *lingua franca* deutlich niederschlägt. In der deutschen geschichtskulturellen Erinnerung an den Imperialismus treten dagegen die Aspekte »Herrschaft« und »Expansion« – wie zu zeigen sein wird – dominant vor Augen und weisen damit auf ein »typisch deutsches« Erinnern hin.[244] Die besondere Eignung des Themas »Imperialismus« für das Vorhaben der vorliegenden Studie bestätigt sich im Folgenden (vgl. Kap. 4.3.2.1–4.3.2.4). Wie zu zeigen sein wird, lassen sich an diesem Thema tatsächlich bestimmte kulturelle Deutungsmuster besonders vielversprechend aufzeigen.[245]

Aus geschichtswissenschaftlicher Sicht lässt sich der Begriff, bzw. das Konzept »Imperialismus« auf vielfache Weise definieren. Jede Imperialismustheorie entfaltet ihren eigenen Imperialismusbegriff, um die Bedingungen, den Entstehensprozess und die Wirkmechanismen von Imperialismus wissenschaftlich zu

240 *Rohlfes:* Didaktik. 2005, S. 71 f.

241 *Michael Sauer:* Begriffslernen und Begriffsarbeit im Geschichtsunterricht. Frankfurt a. M. 2019, S. 9.

242 *Wolfgang Hallet:* The Bilingual Triangle. Überlegungen zu einer Didaktik des bilingualen Sachfachunterrichts. In: Praxis des Neusprachlichen Unterrichts 45, 1998, H. 2, S. 115–125, hier S. 119; *Wildhage:* Praxis. 2003, S. 84.

243 *Grindel, Susanne:* The End of Empire. Colonial Heritage and the Politics of Memory in Britain. In: Journal of Educational Media, Memory and Society 5, 2013, H. 1, S. 33–49; *Susanne Grindel:* Kolonialismus im Schulbuch als Übersetzungsproblem. Deutsche, französische und englische Geschichtslehrwerke im Vergleich. In: Geschichte und Gesellschaft 38, 2012, H. 2, S. 272–303. Ausführlicher vgl. Kap. 4.2.2.2.2.

244 *Astrid Messerschmidt:* Postkoloniale Selbstbilder in der postnationalsozialistischen Gesellschaft. In: Frauen Kunst Wissenschaft. Zeitschrift für Geschlechterforschung und visuelle Kunst 59, 2016, S. 24–37; *Bernd-Stefan Grewe:* Das schwierige Erbe des Kolonialismus. Probleme und Potenziale für den Geschichtsunterricht. In: *Marianne Bechhaus-Gerst/Joachim Zeller* (Hrsg.): Deutschland postkolonial? Die Gegenwart der imperialen Vergangenheit. Berlin 2018, S. 473–502, hier S. 477; *Grindel:* Übersetzungsproblem. 2012, S. 284.

245 Ein Hinweis auf diese besondere Eignung ist auch der Verweis auf eben dies Thema im niedersächsischen Kerncurriculum, wo der Operator »compare« als ein für den bilingualen Unterricht besonders geeigneter vorgestellt wird: *Kultusministerkonferenz* (Hg.): Kerncurriculum für das Gymnasium Schuljahrgänge 5–10. Geschichte. Hannover 2015, S. 33: »Compare the justifications for the imperialist policy of Britain, France and Germany.«

erklären. Das geschieht – wie Lenins bekannte Imperialismustheorie maßgeblich veranschaulicht – stets vor dem Hintergrund der eigenen sozialen Strukturen und Interessen. Ein je anderes Verständnis unterliegt wiederum den Imperialismuskonzepten von Rosa Luxemburg, Max Weber, Wolfgang J. Mommsen oder Hans-Ulrich Wehler. Die Möglichkeiten zur Ausdeutung dieses Deutungsbegriffs werden damit klar vor Augen geführt. Noch einmal zeigt sich, dass der Imperialismus ein Deutungsbegriff ist, der seit jeher je nach Perspektive unterschiedlich aufgefasst wird. Er eignet sich also hervorragend, um potenziell unterschiedliche aktuelle Perspektiven auf Vergangenes aufzuzeigen. Sie sind hier zu erwarten.

Um herauszufinden, ob bilingual unterrichtete Schüler*innen den Imperialismus auf eine andere Weise konzeptualisieren als deutschsprachig unterrichtete Schüler*innen, muss diese geschichtswissenschaftliche Vielfalt auf heute wesentliche Aspekte des Konzepts fokussiert werden. Das Konzept muss – sowohl für jeden Unterricht als auch für die hier angestrebte Fragebogenstudie – klar konturiert vor Augen treten können. Eine Schulbuchanalyse gewährleistet diese Fokussierung.

Die Rahmenbedingungen, die eine Schulbuchanalyse mit sich bringt, ergänzen die bisherigen sachlichen Aspekte zur Eignung des Imperialismus um strukturelle Überlegungen, die bei der Themenwahl entscheidend sind. Zusammenfassend sind folgende Punkte zu beachten:

a) Die Thematik muss zwei verschiedene, sprachlich-kulturell gebundene Perspektiven auf Vergangenheit aufzeigen. Kulturelle Deutungsmuster müssen möglichst deutlich zutage treten.
b) Die Thematik muss im deutschen wie im englischen Schulbuch vorkommen.[246]
c) Die Thematik sollte in etwa in derselben Jahrgangsstufe relevant werden. So kann in Bezug auf die Schulbuchanalyse davon ausgegangen werden, dass die Komplexität der Texte vergleichbar ist, und in Bezug auf die sich anschließende Fragebogenerhebung kann angenommen werden, dass der kognitive Entwicklungsstand der Schüler*innen sich ähnelt.[247]
d) Bilingualer Unterricht muss in Deutschland in dem Schuljahr, in dem die Thematik unterrichtet wird, angeboten werden.[248]

---

246 Konzentriert man sich also auf Themen, die sowohl in niedersächsischen Geschichtsbüchern als auch in englischen eine Rolle spielen, bleiben folgende: Industrialisierung, Kolonialismus und Erster Weltkrieg; Zweiter Weltkrieg; Nachkriegszeit und Kalter Krieg.

247 Das gewählte Beispiel wird sowohl in Niedersachsen als auch in England zu einem Zeitpunkt unterrichtet, zu dem die Schüler*innen zwischen 14 und 15 Jahre alt sind.

248 In Jahrgangsstufen 8 und 9 wird bilingualer Unterricht klassischerweise angeboten. Vgl. hierzu das bilinguale Angebot in Niedersachsen. *Niedersächsisches Landesinstitut für schulische Qualitätsentwicklung* (Hg.): Schulen. Gymnasien und Gesamtschulen mit bilin-

So ist die Wahl des Themas »Imperialismus« auf zweifache Weise begründet. Zum Ersten eignet es sich aus der Sache heraus zur Erschließung kulturell sich potenziell unterscheidender Perspektiven auf eine gemeinsame Vergangenheit. Zum Zweiten eignet es sich aufgrund schulstruktureller Gegebenheiten.

4.1.2 Die Schulbuchwahl: Deutsche und englische Schulbücher

Nimmt man an – wie dies in der Literatur zum bilingualen Unterricht in der Regel der Fall ist –, dass die Perspektiven auf bestimmte historische Ereignisse sich kulturell unterscheiden, dann ist davon auszugehen, dass die jeweiligen kulturell-konzeptuellen Eigenheiten sich in den modernen Schulbüchern niedergeschlagen haben und daher durch eine Analyse dieser Schulbücher auch zu erheben sind.[249] In ihnen, so die gängige Interpretation, schreibt sich der vorherrschende Diskurs zur Vergangenheitsdeutung fest; sowohl in der Quellenauswahl als auch im Darstellungstext.[250]

Die Auswahl der Schulbücher, die sich eignen, um solche kulturell-konzeptuellen Eigenheiten zu veranschaulichen, ist eng an die Themenwahl des Imperialismus gekoppelt. Auf der Grundlage einer möglichst repräsentativen Stichprobe aus deutschen und englischen Schulbuchtexten werden im Folgenden im deutschen und im englischen sprachlichen Rahmen vorherrschende Deutungen zum »Imperialismus« erfasst. Diese repräsentative Auswahl erfolgt in Anpassung an die jeweilige Schulbuchherausgabepraxis der Länder.

---

gualem Sachfachunterricht. Online unter URL: <https://www.nibis.de/schulen_635> (Zugriff am 24.03.2023).

249 Zur kulturell repräsentativen Rolle von Schulbüchern und der damit hier ebenfalls gültigen Begründung für die Auswahl der Materialgrundlage s. z. B.: *Joachim Kahlert:* Das Schulbuch – Ein Stiefkind der Erziehungswissenschaft? In: *Eckhard Fuchs/Joachim Kahlert* (Hrsg.): Schulbuch konkret. Kontext – Produktion – Unterricht. Bad Heilbronn 2010, S. 41–56; Das Schulbuch als Leitmedium im Unterricht beschreibt *Joachim Rohlfes:* Geschichte und ihre Didaktik. Göttingen 2005, S. 310; *Lars Müller:* Diskurse und Praktiken der Schulbuchproduktion in der Bundesrepublik Deutschland und England am Beispiel von Afrikawissen. Göttingen 2021.

250 Der Diskursbegriff eignet sich zur Kontextualisierung des im Folgenden als Analyseverfahren zur Erschließung textimmanenter Deutungsmuster entwickelten *Concept Mapping*-Verfahrens sowohl aus methodischer Sicht (wie zu zeigen sein wird), als auch aufgrund der integrativen Ableitung aus geschichts- wie aus fremdsprachendidaktischer Theoriebildung (vgl. Kap. 2.2). Zur »Normierung von Basiswissen« im und durch das Schulbuch vgl. auch: *Anja Besand:* EIN-deutig, ZWEI-deutig, DREI-deutig. Das Problem der Eindeutigkeit bei der ästhetischen Gestaltung von Lernmaterialien und -medien. In: *Ludwig Duncker/Wolfgang Sander* (Hrsg.): Perspektivenvielfalt im Unterricht. Stuttgart 2005. S. 189–200; *Susanne Grindel/Simone Lässig:* Unternehmer und Staat in Europäischen Schulbüchern. Deutschland, England und Schweden im Vergleich. Braunschweig 2007, S. 93.

Für die deutsche Schulbuchauswahl wurde auf niedersächsische Gymnasialbände zurückgegriffen. Sie entsprechen den curricularen Vorgaben, denn nur dann werden sie überhaupt für den Unterricht zugelassen.[251] Die Auswahl wird weiter begrenzt, indem lediglich die Bücher der 8. und 9. Jahrgangsstufe herangezogen werden. Das ergibt sich aus der Wahl des Themas »Imperialismus«.[252] In die deutsche Schulbuchstichprobe werden vor diesem Hintergrund alle Schulbücher aufgenommen, die im Schuljahr 2016 in Niedersachsen für den Geschichtsunterricht der 8. und 9. Jahrgangsstufe zugelassen sind.

In Großbritannien gibt es keine vergleichbare Kontrolle durch den Staat (also durch das *Department for Education*). Dennoch kann davon ausgegangen werden, dass Schulbücher als *common ground* für die Eruierung einer englischen Perspektive genutzt werden können[253] – und zwar dann, wenn man auf die Materialien der Schuljahre zurückgreift, die den *General Certificate of Secondary Education*-Qualifikationen (*GCSEs*) vorgelagert sind. Die Schüler, die sich dafür entschieden haben, eine *GCSE*-Qualifikation im Fach Geschichte zu erwerben, legen die Prüfung nach *Year 10* (entspricht der 9. Klasse in Deutschland) oder nach *Year 11* (entspricht der 10. Klasse in Deutschland) ab.[254] Diese Abschlussprüfungen werden von verschiedenen *Exam Boards* erstellt. Damit geben diese Institute – neben dem *National Curriculum* – einen Lehrplan vor. Aktuell gibt es für ganz Großbritannien sieben: *Edexcel* (*Pearson Edexcel*), *AQA* (*Assessment and Qualifications Alliance*), *OCR* (*Oxford, Cambridge and Royal Society of Arts Examinations*), *CIE* (*Cambridge Assessment International Education*), *ICAAE* (*International Council for the Accreditation of Academic Evaluation*), *CCEA*

---

251 *Müller:* Diskurse. 2021, S. 60–67.

252 Dies ist eines von mehreren Themen, die die geschichtsdidaktische Literatur für einen Vergleich, wie er in der vorliegenden Studie angestrebt wird, explizit vorschlägt. Weitere geeignete Themen wären etwa »Industrialisierung«, »Erster Weltkrieg«, »Zweiter Weltkrieg«, »Nachkriegszeit«. Vgl: *Michael Sauer:* Geschichte unterrichten. Eine Einführung in die Didaktik und Methodik. Seelze 2015, S. 176; Michele Barricelli verweist auf die Völkerwanderung/Barbarian Invasion als begrifflich geeignetes Vergleichsmoment. *Michele Barricelli/Ulrich Schmieder:* Über Nutzen und Nachteil des bilingualen Sachfachunterrichts. Fremdsprachen- und Geschichtsdidaktik im Dialog. In: *Daniela Caspari* (Hg.): Bilingualer Unterricht macht Schule. Beiträge aus der Praxisforschung. Frankfurt a. M. 2009, S. 205–220, hier S. 211. Bilingualer Unterricht wird i. d. R. jedoch noch nicht so früh angeboten. Auch Manfred Wildhage nennt Begriffe, die sich für einen Vergleich eignen könnten. *Wildhage:* Praxis, S. 84–86. Viele davon aber sind Propagandabegriffe der NS-Zeit und damit für einen Vergleich, wie er in der vorliegenden Studie angestrebt wird, ungeeignet.

253 An dieser Stelle möchte ich Dr. Lars Müller und dem Institut für Internationale Schulbuchforschung für die beratende Unterstützung danken, die mir einen fundierten Überblick über den Schulbuchmarkt in Großbritannien gewährte. Näheres zu dieser Schulbuchherausgabepraxis – auch im Vergleich zur deutschen – findet sich in *Müller:* Diskurse. 2021, S. 55–190.

254 *Gov.UK* (Hg.): The national curriculum. Online unter URL: <https://www.gov.uk/national-curriculum/overview> (Zugriff am 24.03.2023).

(*Council for the Curriculum, Examinations and Assessment*), *und WJEC* (*Welsh Joint Education Committee*). Zwischen den Angeboten dieser *Boards* können die Schulen wählen.

Diese Institute erstellen nicht nur die Abschlussprüfungen, sondern bieten auch zunehmend direkt Schulbücher an, die so konzipiert sind, dass sie als passgenaue Vorbereitung für die Prüfungen dienen. Die *Boards* sind in den letzten Jahren stark mit Schulbuchverlagen fusioniert. Ein Beispiel: Die *Edexcel GCSEs* werden von der *Edexcel*-Gruppe gestellt, die zur Firma *Pearson* gehört. *Pearson* ist zugleich ein Verlag, der Schulbücher für eben diese *GCSE*-Prüfungen publiziert. Die Verknüpfung von gestellter Prüfung und darauf vorbereitendem Schulbuch ist also eng. Neben dieser Eigenherausgabe empfehlen die *Boards* Schulbücher, die nicht unmittelbar das *Board* selbst herausgegeben haben muss. Eine umfassende Übersicht über diese von den *Boards* empfohlenen (*endorsed/ approved*) Schulbücher ermöglichen die Verlagshomepages.[255] Durch die Veröffentlichung der *GCSE*-Ergebnisse in sogenannten Schulrankings kommt dem Erfolg – und das heißt hier dem großflächig guten Abschneiden möglichst vieler Schüler*innen – eine sehr hohe Bedeutung zu. Deshalb wird das Interesse der Lehrkräfte, die Schüler*innen durch ein effektives *teaching to the test*[256] auf die *GCSEs* vorzubereiten, sehr wahrscheinlich mit der Anschaffung eben der von mir im *Sample* gewählten Bücher einhergehen.[257]

Dieser Zugang gewährt damit einen Überblick über den englischen Schulbuchmarkt für das Fach Geschichte in *Year 10* und *Year 11*, der eine angemessene Grundlage für die Erstellung einer der deutschen Stichprobe vergleichbare Zusammenstellung gewährleistet. In diese englische Schulbuchstichprobe werden die Bücher der *Exam Boards ICAAE, CCEA* und *WJEC* nicht aufgenommen. *ICAAE* ist sehr spezialisiert und bietet nur eine kleine Anzahl an wirtschaftsorientierten *GCSEs* an. Es ist bei weitem das kleinste der von *Ofqual* (der übergeordneten Approbationsinstitution, *Office of Qualifications and Examinations Regulation*) genehmigten *Exam Boards. CCEA* konzentriert sich ganz überwiegend auf Nordirland und *WJEC* ist stark auf die Prüfungen in Wales spezialisiert. Zwar erweitert das *Board* derzeit seinen Einflussbereich und bietet nun unter

255 *AQA* (Hg.). Online unter URL: <http://www.aqa.org.uk/subjects/history/gcse-history-textbooks-print-and-digital> (Zugriff am 24.03.2023); *OCR* (Hg.): Online unter URL: <http://www.ocr.org.uk/qualifications/gcse-history-b-schools-history-project-j411-from-2016/> (Zugriff am 24.03.2023); *CIE* (Hg.): Online unter URL: <http://www.cie.org.uk/programmes-and-qualifications/cambridge-igcse-history-0470/support-material/> (Zugriff am 24.03.2023).

256 Es handelt sich hier nicht zufällig um einen auch im Deutschen üblichen englischen Ausdruck, der in eben dieser Testkultur begründet liegt.

257 Vgl. dazu z.B. auch explizit auf die *Boards* und ihre Materialien verweisende Ratgeber für angehende englische Lehrkräfte wie etwa *Terry Haydn* u.a. (Hrsg.): Learning to Teach History in the Secondary School. London 1997, S. 233f.

dem *label Eduqas* auch in England *GCSE*-Prüfungen an, es muss aber davon ausgegangen werden, dass der Einfluss von *WJEC* gerade zu Beginn dieser Expansion in den englischen Markt noch deutlich geringer ist als der der anderen, bereits etablierten. Außerdem findet sich unter den von *WJEC* für England bisher empfohlenen Schulbüchern keines, das sich thematisch mit dem Imperialismus auseinandersetzt.[258] Ansonsten ist die Auswahl der auf die *GCSE*-Prüfungen vorbereitenden Schulbücher auch unter diesem thematischen Aspekt sehr passend für den Vergleich der kulturellen Perspektiven auf Vergangenheit. Die Schüler*innen, bzw. ihre Lehrkräfte, können aus mehreren Themenvorschlägen wählen, die die *Boards* auf der Grundlage der Vorgaben des *Department for Education* für die *GCSE*-Prüfungen im Fach Geschichte vorschlagen.[259] Unter der Überschrift »British and Wider World Depth Studies« (S. 5) wird der Imperialismus von allen verbleibenden Schulbuchverlagen behandelt. In die englische Stichprobe werden also die Schulbücher der vier *Boards Edexcel, AQA, OCR* und *CIE* aufgenommen.

Eine weitere Eingrenzung des zu analysierenden Materials erfolgt durch die Auswahl und Begrenzung der Schulbuchseiten, bzw. – konkreter – der Darstellungstexte. Um eine klare Begrenzung der Analyseeinheit zu gewährleisten, werden dafür die Schulbuchseiten herangezogen, die im Inhaltsverzeichnis der Schulbücher unter der Überschrift »Imperialismus« zu finden sind.[260]

Die Grundlage für die Analyse der Schulbuchdarstellungstexte bilden vor diesem Hintergrund die in Tabelle 1 zusammengestellten Schulbuchauszüge.

---

258 *WJEC Eduqas* (Hg.): Online unter URL: <http://www.eduqas.co.uk/qualifications/history/> (Zugriff am 24.03.2023). Im Übrigen konzentriert auch *WJEC* sich bei den (nur) vier empfohlenen Büchern mit dem Verweis auf *Hodder Education* auf denselben Verlag wie *AQA, OCR* und *CIE.* Inhaltliche Überschneidungen sind also bei eventuell bald auch in England durch die *WJEC* empfohlenen Schulbüchern zu erwarten.

259 *Department for Education* (Hg.): History GCSE subject content. 2014. Online unter URL: <https://assets.publishing.service.gov.uk/government/uploads/system/uploads/attachment_data/file/310549/history_GCSE_formatted.pdf> (Zugriff am 24.03.2023).

260 Dazu *Daniel Groth:* Kolonialismus und Dekolonisation in nationalen Geschichtskulturen und Erinnerungspolitiken in Europa. In: *Michael Sauer* u.a. (Hrsg.): Geschichte im interdisziplinaren Diskurs. Grenzziehungen – Grenzüberschreitungen – Grenzverschiebungen. Göttingen 2016, S. 277–286, hier S. 277: »Konflikthafte Auseinandersetzungen um koloniale Vergangenheiten finden zumeist innerhalb nationaler Grenzen statt. Selten wird Kolonialismus als gemeinsame europäische Erfahrung verstanden, was auch ein Blick auf die Forschung in einzelnen Ländern oder auf ihre Curricula und in ihre Schulbücher zeigt.«

Tabelle 1: Schulbücher unter Angabe der für die vorliegende Studie relevanten Seiten

Deutsch

- *Baumgärtner, Ulrich/Hans-Jürgen Döschler/Klaus Fieberg* (Hrsg.): Horizonte 3. Westermann. Braunschweig 2009, S. 28–57. [Zit. als: Horizonte].
- *Brückner, Dieter/ Focke, Harald* (Hrsg.): Das waren Zeiten 4. C.C.Buchner. Bamberg 2010, S. 38–52. [Zit. als: Das waren Zeiten].
- *Cornelißen, Joachim* u. a. (Hrsg.): Mosaik. Der Geschichte auf der Spur E3. Oldenbourg. München 2010, S. 40–61. [Zit. als: Mosaik].
- *Lendzian, Hans-Jürgen* (Hg.): Zeiten und Menschen 2. Schöningh. Paderborn 2008, S. 218–234. [Zit. als: Zeiten und Menschen].
- *Regenhardt, Hans-Otto* (Hg.): Forum Geschichte 9/10. Cornelsen. Berlin 2010, S. 38–53. [Zit. als: Forum Geschichte].
- *Sauer, Michael* (Hg.): Geschichte und Geschehen 3/4. Klett. Stuttgart 2016, S. 172–185. [Zit. als: Geschichte und Geschehen].

Englisch

- *Cantrell, John* (Hg.): Cambridge Complete 20th Century History for Cambridge IGCSE. Oxford University Press. Oxford 2013, S. 227. [Zit. als: Cambridge IGCSE].
- *Culpin, Christopher* (Hg.): OCR SHP GCSE. Britain in Peace and War 1900–1918. Hodder Education. London 2016, S. 11–12, 62–75, 78–79. [Zit. als: OCR SHP GCSE].
- *Ferribly, David* (Hg.): AQA GCSE History. Understanding the Modern World. Hodder Education. London 2016, S. 54–58, 200–208. [Zit. als: AQA GCSE History].
- *Leonard, Angela* (Hg.): Edexcel GCSE (9–1) History. Warfare through time, c. 1250–present. Pearson Education Limited. London 2016, S. 77–88, 96. [Zit. als: Edexcel GCSE (9–1)].
- *Leonard, Angela* (Hg.): Edexcel GCSE. History B. Schools History Project. Warfare and the Impact of War. Pearson Education Limited. Harlow 2014. S. 134–136, 160. [Zit. als: Edexcel GCSE. History B].
- *Wilkes, Aaron* (Hg.): Oxford AQA GCSE History. Germany 1890–1945. Democracy and Dictatorship. Oxford University Press. Oxford 2016, S. 8–11. [Zit. als: Oxford AQA].

Durch Zufall ergibt es sich, dass es sowohl im Deutschen als auch im Englischen je sechs Schulbücher sind, die zur Analyse herangezogen werden. Das sichert auch in quantitativer Hinsicht eine zufriedenstellende Vergleichbarkeit.

Die vorliegende Arbeit geht nicht davon aus, dass diese Schulbücher im Unterricht eingesetzt wurden. Es ist durchaus möglich, dass die untersuchten Schüler*innen mit anderem Material beschult wurden. Die Analyse der Schulbücher dient der Eruierung eines im deutschen und eines im englischen Rahmen konstruierten Imperialismuskonzepts. Angenommen wird, dass diese im Unterricht – auf welche Art auch immer, sei es durch Lehrervorträge, Unterrichtsgespräche oder eben Materialien, denen diese kulturellen Deutungsmuster inhärent unterliegen – vermittelt werden, indem hier Deutsch oder Englisch gesprochen wird.

4.2 Entwicklung eines geeigneten Instruments zur Schulbuchanalyse

Die ausgewählten Schulbuchdarstellungstexte sollen nun mithilfe eines geeigneten Untersuchungsinstruments so analysiert werden, dass im Deutschen und im Englischen konstruierte Perspektiven auf den »Imperialismus« in ihrer gegenseitigen und jeweiligen Vernetztheit und Vielschichtigkeit konturiert erfasst, differenziert und für eine anschließende Fragebogenerhebung greifbar werden. Hilfreich ist zu diesem Zweck die Analyse ihrer dominanten Deutungsmuster, die sie – nach Claus Altmayer – in spezifischer Weise kennzeichnen (vgl. ausführlich Kap. 2.2.1.3):

> »Wir deuten und schaffen die gemeinsame Welt und Wirklichkeit auf der Basis von Mustern, die wir im Verlauf unserer Sozialisation erlernt haben, die wir in der Regel in Diskursen als allgemein bekannt und selbstverständlich voraussetzen, [...]. Soweit es sich bei diesen Mustern um überlieferte, im kulturellen Gedächtnis einer Gruppe gespeicherte und abrufbare Muster von einer gewissen Stabilität handelt, spreche ich von ›kulturellen Deutungsmustern‹, und den Bestand an ›kulturellen Deutungsmustern‹, der einer Gruppe als gemeinsamer Wissensvorrat für die gemeinsame diskursive Wirklichkeitsdeutung zur Verfügung steht, nenne ich die ›Kultur‹ dieser Gruppe.«[261]

Kulturelle Deutungsmuster, die die kulturellen Perspektiven auf einen historischen Sachverhalt nach diesem Verständnis bestimmen, können im Wesentlichen auf zwei Weisen erfasst werden: erstens durch die Arbeit an Begriffen und zweitens durch die Arbeit mit Konzepten. Diese beiden Vorschläge jedenfalls sind es, die in der einschlägigen geschichtsdidaktischen und englischdidaktischen Literatur wiederholt genannt werden.[262]

---

261 *Claus Altmayer:* ›Kulturelle Deutungsmuster‹ als Lerngegenstand. Zur kulturwissenschaftlichen Transformation der ›Landeskunde‹. In: Fremdsprachen lehren und lernen 35, 2006, H. 1, S. 44–59, hier S. 51.

262 Zu Begriffen etwa: *Schlutow:* Bilingual. 2016, S. 46–59; *Barricelli:* Dialog. 2009, S. 211f.; *Wildhage:* Praxis. 2003, S. 81; *Peter Geiss:* Vom Nutzen und Nachteil des bilingualen Geschichtsunterrichts für das historische Lernen. In: Zeitschrift für Geschichtsdidaktik 8, 2009, S. 25–38, hier S. 26–28. Zu Konzepten: *Bärbel Diehr:* Doppelte Fachliteralität im bilingualen Unterricht. Theoretische Modelle für Forschung und Praxis. In: *Dies./Angelika Preisfeld/ Lars Schmelter* (Hrsg.): Bilingualen Unterricht weiterentwickeln und erforschen. Frankfurt a. M. 2016, S. 57–84; *Christine Pflüger:* Historische und historiographische Konzepte im bilingualen Geschichtsunterricht. Entwurf eines Modells der mentalen Repräsentation. In: *Christophe Losfeld/Eva Leitzke-Ungerer* (Hrsg.): Hundert Jahre danach ... La Grande Guerre: Konzepte und Vorschläge für den Französischunterricht und den bilingualen Geschichtsunterricht. Stuttgart 2016, S. 233–252. Zusammen: *Bettina Deutsch:* Mehrsprachigkeit durch bilingualen Unterricht? Analysen und Sichtweisen aus europäischer Bildungspolitik, Fremdsprachendidaktik und Unterrichtspraxis. Frankfurt a. M. 2016, S. 245: »Vor allem das kontrastive Begriffslernen [wird von den Lehrkräften] als Methode angeführt,

Zunächst gilt es, das Verständnis von »Begriff« und »Konzept« zu klären; und zwar unter besonderer Berücksichtigung ihrer Relation zu den »kulturellen Deutungsmustern«, die die vorliegende Studie theoretisch zugrunde legt. »Begriff« ist im geschichtsdidaktischen Diskurs deutlich unmittelbarer mit einem geistigen Vorstellungshorizont verknüpft als im linguistischen. So heißt es geschichtsdidaktisch: »Begriffe [...] werden je nach Perspektive und (persönlichem, zeitlichem, sozialem...) Standort unterschiedlich definiert, weil sie nicht konkrete Sachverhalte einfach ›abbilden‹, sondern selbst schon Deutungen sind (z.B. Nationalsozialismus, Faschismus, Sozialismus, Imperialismus).«[263] Oder: »Begriffe [stellen] Verallgemeinerungsschemata des unübersehbar Vielfältigen dar; sie strukturieren und verdichten die tendenziell amorphe Realität auf handliche sprachliche Symbole, präformieren die Wahrnehmung und steuern die Einordnung der Erscheinungen in gedankliche Konzepte.«[264]

Als »handliches sprachliches Symbol« wird ein Begriff in der Regel auch in der Linguistik betrachtet – als Lexem nämlich –, als sprachliches Zeichen, mit dem ein Konzept »verbunden« ist.[265] Die Art dieser Verbindung veranschaulichten Charles Ogden und Ivan Richards grundlegend im semiotischen Dreieck (vgl. Kap. 2.2.1.1).[266] So verweist ein Lexem stets nur indirekt – über den Umweg des zu einem Lexem gehörenden Konzepts – auf seinen Referenten. Ein Konzept ist hier »eine mentale Repräsentation eines umfassenden und vielschichtigen, aber in sich geschlossenen und strukturierten Wissensbestandteils«.[267] Die Konnotation des Lexems ist eine dieser vielen Schichten. Es handelt sich um eine »dem Konzept inhärente [...] emotionale [...] Einstellung gegenüber dem Referenten«; Konnotationen können »auf die Konzepte, die Kernbedeutungen durchschlagen, sie können diese durchdringen und überlagern.«[268]

Um zu prüfen, ob Begriffe oder Konzepte die geeignete Grundlage für ein Erhebungsinstrument darstellen, mit dem kulturelle Perspektiven unter Rückgriff auf kulturelle Deutungsmuster aus den Schulbüchern eruiert werden kön-

welches sich vor allem im bilingualen Unterricht besonders anböte, um anhand der Sprache unterschiedliche Konzepte und Deutungen kennenzulernen.«

263 *Christoph Hamann/Thomas Krehan:* Wortschatzarbeit im Geschichtsunterricht. In: *Senatsverwaltung für Bildung, Jugend und Wissenschaft* (Hg.): Sprachsensibler Fachunterricht. Handreichung zur Wortschatzarbeit in den Jahrgangsstufen 5–10 unter besonderer Berücksichtigung der Fachsprache. Berlin 2013, S. 171–203, hier S. 172f. Zugrunde liegt hier wohl der Bezug auf *Joachim Rohlfes:* Geschichte und ihre Didaktik. Göttingen 2005, S. 71f.

264 *Rohlfes:* Didaktik. 2005, S. 68.

265 *Diehr:* Fachliteralität. 2016, S. 68; hier auch Verweise auf grundlegende Modelle zum Zusammenhang von »Begriff« und »Konzept« für den Bilingualen Unterricht: S. 67, 69, 71.

266 *Charles Ogden/Ivor Richards:* The Meaning of Meaning. A Study of the Influence of Language upon Thought and of the Science of Symbolism. New York 1923, S. 11.

267 *Diehr:* Fachliteralität. 2016, S. 68.

268 *Volker Harm:* Einführung in die Lexikologie. Darmstadt 2015, S. 33.

nen, wird den folgenden Überlegungen das differenziertere linguistische Verständnis von Begriff, Konzept (und Konnotation) zugrunde gelegt.

4.2.1 Begriffe als Analysegrundlage zur Erfassung kultureller Perspektiven[269]

In der geschichtsdidaktischen Literatur wurde wiederholt vorgeschlagen, Begriffe als »handliche sprachliche Symbole«[270] zu nutzen, um Perspektiven fassbar zu machen. In ihnen sei sprachlich-kulturelle Perspektivität prägnant sichtbar. Vielversprechend scheint daher der Vergleich von »Völkerwanderung/barbarian invasion«[271], »Wettlauf um die Kolonien/scramble for Africa«[272] usw.; ein Vergleich von Begriffen also, die sich zwar auf dieselben historischen Sachverhalte beziehen, die aber unterschiedliche Deutungen schon durch die sprachlich ausgelöste Konnotation nahelegen.

Dass sich eine solche Begriffsarbeit gerade in Bezug auf das dieser Studie zugrunde liegende Material als geeignetes Instrument für die Erschließung kulturell perspektivierter Deutungsmuster erweisen könnte,[273] liegt nahe, weil der Imperialismus nach Joachim Rohlfes selbst ein »Deutungsbegriff« ist. Damit verspricht er, zwei sich kulturell unterscheidende Perspektiven besonders eindrücklich zu repräsentieren.[274] Angenommen wird also, dass die Begriffsanalyse insbesondere für diesen Fall geeignet ist, um als methodisches Instrument zur Erfassung kulturell perspektivierter Deutungsmuster genutzt zu werden.

Der erste methodische Schritt muss es dann sein, Begriffe aus den Schulbuchtexten der Stichprobe auszuwählen, die in den verschiedenen Sprachen unterschiedliche Sichtweisen auf dasselbe historische Ereignis nahelegen. Es stellt sich so ein erkenntnistheoretisches Problem: Vor der Untersuchung müsste definiert werden, welche Begriffe sich für eine kulturelle Unterscheidung eignen. Dabei ist das Ziel der Untersuchung, nachzuweisen, dass Begriffe sich für kulturelle Unterscheidungen eignen. Zunächst wird deshalb im Folgenden von Begriffen ausgegangen, die in der Literatur zum bilingualen Geschichtsunterricht

269 Die folgenden Ausführungen sind auch nachzulesen in *Corinna Link:* Begriffe vergleichen – ein geschichtsdidaktisch geeigneter Ansatz für bilingualen Unterricht? In: geschichte für heute, 2019, H. 3, S. 39–50.

270 *Rohlfes:* Didaktik. 2005, S. 68.

271 *Barricelli:* Diaolg. 2009, S. 211; *Wildhage:* Praxis. 2009, S. 81.

272 *Schlutow:* Bilingual. 2016, S. 46–59.

273 Bisher wurde die Arbeit an Begriffen v.a. als ertragreich für das Lernen der bilingual unterrichteten Schüler*innen im Umgang mit Perspektiven bewertet und empirische Erkenntnisse stützen diese Überlegungen, z.B. *Deutsch:* Mehrsprachigkeit. 2016, S. 245f.

274 *Rohlfes:* Didaktik. 2005, S. 71f.; *Wildhage:* Praxis. 2009, S. 68; *Schlutow:* Bilingual. 2016, S. 33–35; *Michael Maset:* Bilingualer Geschichtsunterricht. Didaktik und Praxis. Stuttgart 2015, S. 163.

bereits als »kulturell unterschiedlich« identifiziert worden sind. Diese werden unter Rückbindung an die Schulbuchtexte der beschriebenen Stichprobe auf eben diese ihnen zugeschriebene kulturelle Unterschiedlichkeit hin geprüft. Davon ausgehend können möglicherweise weitere Begriffe aus den Schulbuchtexten eruiert werden, die nach demselben Muster kulturelle Perspektiven anhand kultureller Deutungsmuster aufzeigen.

Weil diese deduktiv an das Untersuchungsmaterial herangetragenen Begriffe eine lediglich punktuelle Analyse ermöglichen, soll eine möglichst breite Materialgrundlage herangezogen werden, um fundierte Aussagen zu einer potenziellen Eignung der Begriffsarbeit als Erhebungsinstrument treffen zu können. So werden alle für einen historisch bilingualen Vergleich relevanten Perspektiven erfasst und miteinander in Beziehung gesetzt.[275] Für den deutsch-englischen bilingualen Geschichtsunterricht sind die folgenden vier zu ermitteln: 1a) zeitgenössische deutsche Perspektive, 1b) moderne deutsche Perspektive; 2a) zeitgenössische englische Perspektive, 2b) moderne englische Perspektive. Die zeitgenössischen Begriffe werden durch die Analyse der Quellen und die modernen durch die Analyse der Darstellungstexte erfasst. Die deutschen Begriffe werden aus den deutschen Schulbüchern, die englischen aus den englischen entnommen. Dabei ist freilich der Aussagegehalt hinsichtlich der heutigen Verwendung bestimmter Begriffe im Darstellungstext des Schulbuchs aussagekräftiger als der zur zeitgenössischen Begriffsverwendung. Zur Absicherung der in den Schulbüchern genannten zeitgenössischen Begriffe wurde in einzelnen Fällen korpuslinguistisch gearbeitet.

Ein zur vorliegenden Studie passendes Beispiel für einen »Vergleich zweier Wahrnehmungen ein und desselben Ereignisses« mithilfe von kulturell geprägten Begriffen gibt Martin Schlutow[276]: Auch er bezieht sich dabei auf die europäische Kolonialpolitik des 19. und beginnenden 20. Jahrhunderts, und zwar auf die Aufteilung des afrikanischen Kontinents. Er schreibt: »So hat sich beispielsweise für die Beschreibung der Aufteilung Afrikas zwischen den imperialen Großmächten [im englischen Sprachraum] der Begriff ›scramble for Africa‹ etabliert, während im deutschen Sprachgebrauch eher vom ›Wettlauf um die Kolonien‹ die Rede ist.« Mit dieser unterschiedlichen Begrifflichkeit, so Schlutow, komme ein »höchst unterschiedlich[es] imperiales Selbstverständnis«[277] zum Ausdruck.

275 Zur zeitlichen Verhaftetheit historischer Begriffe: *Michael Sauer:* Begriffslernen und Begriffsarbeit im Geschichtsunterricht. Frankfurt a. M. 2019, S. 9–13. Zur besonderen Perspektivierung der Begriffsarbeit im bilingualen Unterricht: *Maset:* Praxis. 2015, S. 41.

276 *Schlutow:* Bilingual. 2016, S. 47.

277 Ebd.

Diese Ausführungen scheinen, jedenfalls auf den ersten Blick, plausibel. Schaut man sich Schlutows gewähltes Begriffspaar aber im Rahmen der hier vorgenommenen Schulbuchanalyse genauer an, zeigt sich, dass die Wahl der genannten Vergleichsbegriffe aus verschiedenen Gründen eher irreführend ist.

Zum ersten: Theoretisch wirkt nicht ganz befriedigend, dass mit »scramble for Africa« ein historischer (und als solcher auch heute noch in Anführungszeichen gesetzter) Begriff mit einem ausschließlich historiographischen, modernen Begriff, dem des »Wettlaufs«, kontrastiert wird.[278] Zum zweiten (und vielleicht noch substanzieller): Selbst wenn man auf den vorgenannten historiographischen Unterschied zwischen den beiden Begriffen verzichten und die beiden Begriffe allein auf der Grundlage des heute gängigen Sprachgebrauchs zueinander in Beziehung setzen wollte, bliebe doch einzuwenden, dass sich diese Begriffe nicht sauber dem einen oder dem anderen Kulturkreis zuweisen lassen: Zwar findet sich der »Wettlauf um die Kolonien« allein im deutschen Schulbuch; der »scramble for Africa« aber wird sowohl im englischen als auch – als Lehnwort, also als englischsprachiger *terminus technicus* – im deutschen Schulbuch verwendet.

Weiter noch: Im deutschen Schulbuch wird dieser *terminus technicus* auch noch übersetzt – und zwar falsch oder wenigstens schief, nämlich nicht im Sinne des englischen Vorstellungskreises »als Gerangel, als Spiel«[279], sondern ganz im Sinne des deutschen Verständnisses als »Schlägerei um Afrika«[280]. Damit ist jedenfalls im deutschen Schulbuch jede kulturelle Differenz eingeebnet und verschwunden.

Trotzdem eignet sich der Begriff »Wettlauf« für einen Perspektivenvergleich; es gilt nur, den richtigen Gegenbegriff bzw. die richtigen Gegenbegriffe zu finden – denn auch die selbstverständlich scheinende Vorannahme, dass einem deutschen Begriff genau ein englisches Gegenüber entspräche, erweist sich bei genauerem Hinsehen als falsch. Im Gegenteil: Wie die folgende Analyse zeigt, ist es durchaus möglich, dass sich etwa das deutsche Deutungsmuster in genau einem Begriff widerspiegelt, während z. B. das englische darauf angewiesen ist, mit

278 Gelegentlich in Anführungszeichen erscheint in den deutschen Darstellungstexten zwar auch der »Wettlauf«, jedoch nicht etwa, um ihn als historischen Begriff zu kennzeichnen (was er nämlich nicht ist, wie Schulbuchanalyse und das Fehlen des Begriffs z. B. im Digitalen Wörterbuch der deutschen Sprache belegen (Digitales Wörterbuch der deutschen Sprache (Hg.): Wettlauf. Online unter URL: <https://www.dwds.de/r?q=Wettlauf&corpus=public&date-start=1880&date-end=1930&genre=Belletristik&genre=Wissenschaft&genre=Gebrauchsliteratur&genre=Zeitung&format=full&sort=date_asc&limit=100> (Zugriff am 24.03.2023).), sondern aus irgendeinem anderen Grund – sei es, weil es sich um eine Metapher aus dem Sport handelt, sei es, weil die Vorstellung vom Wettkampf mit Blick auf das »Preisgeld« als unangemessen empfunden wird.

279 Vgl. *Schlutow:* Bilingual. 2016, S. 48.

280 Das waren Zeiten, S. 42; Mosaik, S. 42.

einem Begriffspaar eine Dichotomie zum Ausdruck zu bringen. Dem »Wettlauf«, um bei diesem Punkt zu bleiben, steht im Englischen eine solche Dichotomie gegenüber, nämlich die Vorstellung vom »Empire« auf der einen Seite (immer dann nämlich, wenn es um Englands Rolle geht) und die von einer deutschen »Weltpolitik« auf der anderen – ein Begriff, der als deutsches Wort abgedruckt und den Schülern im englischen Schulbuch stets auf Englisch erklärt wird.[281] In den deutschen Schulbüchern kommt der Begriff »Weltpolitik« in diesem Sinne nicht vor. Wird er im deutschen Schulbuch genannt, so stellt es sich entweder so dar, als distanzierten sich die deutschen Akteure von einem allgemein in Europa um sich greifenden neuen »politische(n) Horizont«[282], oder so, als sei »Weltpolitik« eine von allen Kolonialmächten längst betriebene Art der Politik, bei der nun auch Deutschland mitmachen wolle.[283]

Welche kulturellen Perspektiven spiegeln sich nun in diesen Unterschieden wider?

(1) Die konsequente Verwendung von zwei verschiedenen Begriffen im englischen Schulbuch für a) England und b) Deutschland bedeutet, dass im englischen Konzept zwei verschiedene Sachverhalte konstatiert und mit dem jeweiligen Land verknüpft werden.

(2) Dabei weisen die beiden Begriffe unterschiedliche Konnotationen auf, die die jeweilige konzeptuelle Repräsentation prägen. So erscheint England, wenn vom »Empire« die Rede ist, als eine bereits etablierte Kolonialmacht. Sie ist althergebracht[284], institutionell gefasst[285] und somit legitim.

Die deutsche »Weltpolitik« dagegen ist, so die englische Schulbucherzählung, als willkürlicher Akt des Kaisers neu und sehr persönlich[286]: Der emotional instabile und schon seit früher Jugend unter Minderwertigkeitsgefühlen leidende Wilhelm II. ist (deshalb) außenpolitisch höchst ambitioniert und möchte ein so großes »Empire« haben, wie England es von jeher hat. Deshalb betreibt er

281 AQA GCSE History, S. 55: »He [Wilhelm II] wanted a world policy (WELTPOLITIK).« Oxford AQA, S. 11: »The Kaiser [...] wanted to transform Germany into a global power with control over countries in different parts of the world. This idea was known as Weltpolitik, meaning «world policy».«

282 Das waren Zeiten, S. 19: »Ende des 19. Jh. änderte sich der politische Horizont. ›Weltpolitik‹ wurde Maßstab der Außenpolitik. Dafür war Bismarck nicht mehr verantwortlich.«

283 Zeiten und Menschen, S. 223; Horizonte, S. 55.

284 Z.B. Oxford AQA, S. 9: »When he became Kaiser, Britain was the world's most powerful country; it had the largest empire, and dominated world trade.«

285 Vgl. zur Darstellung der institutionalisierten Verfasstheit im englischen Schulbuch die entpersonalisierte Darstellung z. B. in OCR SHP GCSE, S. 70: »the princes owed loyalty to the British Crown.« (Nicht – wie im Deutschen »Wilhelm II« – etwa »Queen Elizabeth«).

286 An persönlichen Motiven wird auch schon die Erzählung zur ursprünglichen Entstehung des Deutschen Reiches festgemacht: Oxford AQA, S. 8: »The king of the biggest state, Prussia, wanted to unite all the other German-speaking states.«

»Weltpolitik«.[287] Dass dieses Streben tatsächlich ausschließlich Wilhelms persönlichen Ambitionen entspringe, wird besonders deutlich, wenn vom Wohl des Reichs als einem diesem persönlichen Wunsch entgegengesetztem Pol gesprochen wird: »The Kaiser wanted a large navy [...] He was a very militaristic man who wanted the German navy to rival Britain's vast navy. [...] Taxes were raised and money was borrowed to pay for this – and Germany would remain in debt for a very long time.«[288] Wilhelm II. arbeitet so als deutscher Kaiser nicht für, sondern gegen sein Reich. Sein Streben nach Kolonien ist damit aus zwei Gründen illegitim: Es ist sowohl a) willkürlich als auch b) höchst unmoralisch, und zwar sowohl der Welt als auch »seinem« Reich gegenüber.[289]

Im deutschen Schulbuch wird ebenfalls von Wilhelms »persönlichem Regiment« gesprochen.[290] Auch hier wird also durch die Konzentration auf Wilhelm II. als Person Illegitimität nahegelegt. Diese Darstellung unterscheidet sich jedoch vom Englischen in einem ganz wesentlichen Punkt: Vom »persönlichen Regiment« ist im deutschen Schulbuch dann die Rede, wenn es um die »neue Außenpolitik« geht, verstanden als die Politik, aufgrund derer sich die Bündnisverhältnisse änderten und die so letztlich in den Ersten Weltkrieg führen sollte.[291] Der sachliche Bezugsrahmen erstreckt sich also nur auf die Bündnisse der Großmächte. Damit wird das deutsche Imperialismuskonzept von dem typisch englischen personenorientierten Zugriff freigestellt. Bezogen auf das deutsche Konzept »Imperialismus« gilt also, dass strukturgeschichtliche Ele-

287 Besonders pointiert nachzulesen in Oxford AQA, S. 9f. und AQA, S. 55 und 205.

288 Oxford AQA, S. 10.

289 Der britische Vorwurf, deutsche Kolonialpolitik schade der eigenen Bevölkerung, erstreckte sich auch auf die Kolonialbevölkerung. Der aktuellen englischen Schulbuchdarstellung zur Frage danach entsprechend, warum Inder im Ersten Weltkrieg für Großbritannien kämpften (vgl. *Corinna Link:* Ein ›Kronjuwel‹ – Drei Geschichten? Wie bilingualer Geschichtsunterricht zur Vermittlung eines aktuellen Kulturbegriffs beitragen kann. In: Geschichte lernen 197, 2020, S. 18–23.), wurde dieser Vorwurf im kolonialrevisionistischen Deutschland der 1920er aufgegriffen und unter Anlegung der britischen Vorstellung einer Kolonialpolitik mit dem Ziel der erfolgreichen Integration abgetan. Dazu ausführlicher: *Marianne Bechhaus-Gerst:* »Nie liebt eine Mutter ihr Kind mehr, als wenn es krank ist«. Der Kolonialrevisionismus (1919–1943). In: *Dies./Joachim Zeller* (Hrsg.): Deutschland postkolonial? Die Gegenwart der imperialen Vergangenheit. Berlin 2018, S. 101–122, hier S. 102: »›[Ich] habe einerseits die englischen Behauptungen über deutsche Unfähigkeit und Unwürdigkeit zum Kolonisieren beleuchtet, die den Vorwand für die Wegnahme unserer Kolonien bildeten, andererseits die dringende Notwendigkeit für uns, wieder in den Besitz unserer Kolonien zu gelangen.‹ So würde allein schon der jahrelange Widerstand Deutsch-Ostafrikas im Weltkrieg die Argumente der Alliierten widerlegen, denn ›die beispiellos treue Haltung und willige Hilfe unserer Eingeborenenbevölkerung, ohne die wir eine längere Verteidigung überhaupt nicht hätten aufrechterhalten können, eine Haltung, welche die Frucht unserer langjährigen humanen Eingeborenenpolitik in Deutsch-Ostafrika war‹, spreche eine deutliche Sprache.«

290 Das waren Zeiten, S. 47.

291 Das waren Zeiten, S. 47. Horizonte, S. 28.

mente gegenüber dem Einfluss des Einzelnen klar im Vordergrund stehen. Als kulturelle Deutungsmuster stehen sich hier die britische Personalisierung und das deutsche eher strukturgeschichtlich angelegte Erklärungsmuster gegenüber.

Und das führt direkt zum nächsten interpretatorischen Punkt hinsichtlich der kulturellen Deutungsmuster:

(3) Mit der Umwandlung des Reiches, der »transformation«, die Wilhelm II. im englischen Konzept anstrebt, treten zwei kulturelle Deutungsmuster vor Augen: Statik versus Aktion.

Für Großbritannien wird dabei, wie oben bereits angesprochen, die Existenz des *Empires* stets vorausgesetzt. Deutlich zum Ausdruck kommt dies durch den Einsatz zustandsbeschreibender Verben (»Britain had the largest empire«[292]) und semantischer Konstruktionen, die eine Thematisierung der Entstehung des *Empires* ausklammern: »it was the Empire which made Edwardian Britain such a wealthy and powerful country«[293], »Germany wanted an empire, like Britain«[294]. Im Rahmen des Imperialismus ist das »Empire« in seiner gegebenen Existenz statisch.

Anders verhält sich die englische Erzählung in Bezug auf das Deutsche Reich. Die Einführung des deutschen Lehnwortes »Weltpolitik« als *terminus technicus* für die deutsche imperiale Politik betont den Prozess des »Sich-Ausbreitens«. Nicht zufällig werden wohl deutsche Wortbestandteile herangezogen, die die »Welt-« als unverhältnismäßig ambitioniertes Projekt, das Großbritannien mit ins Visier nimmt, und zugleich die »-politik« als »auf die Durchsetzung bestimmter Ziele […] gerichtetes *Handeln* […]«[295] klassifizieren. »Weltpolitik« ist Aktion. Ebendies stimmt, aus englischer Perspektive betrachtet, skeptisch.

Dass Bewegung und Veränderung aus englischer Perspektive als fragwürdig erscheinen und auch schon immer erschienen, belegt bereits eine Rede aus dem britischen Parlament aus dem Jahr 1901, eines der ersten Zitate, in denen vom »scramble for Africa« gesprochen wird: »[…] it would have been better for other countries as well as for us if this scramble for Africa had been still further postponed. But it was not we who began […]«.[296] Aus Bewegung resultiert Schuld und im Fokus dieser Schuldzuweisung stand schon damals das Deutsche Reich.

292 Oxford AQA, S. 9.

293 OCR SHP GCSE, S. 11.

294 AQA GCSE History, S. 55.

295 *Dudenredaktion* (Hg.): Politik. Online unter URL: <https://www.duden.de/rechtschreibung/Politik> (Zugriff am 24.03.2023), Hervorhebung CL.

296 *Hansard Corpus* (Hg.). Online unter URL: <https://www.english-corpora.org/hansard/> (Zugriff am 24.03.2023). Vgl. dazu etwa den deutschen Darstellungstext aus Zeiten und Menschen, S. 224: »Das Startsignal für den weltweiten Wettlauf um Kolonien löste Großbritannien aus.« Auch die Darstellung der englischen Herrschaft in Indien belegt das Bestreben, englische Herrschaft nicht von ihrer Genese her zu begreifen, sondern von ihrer Existenz und der Art ihrer Ausübung zu betrachten. Das Empire existiert in Indien. Dass es

(4) Vor diesem Hintergrund erklärt sich auch die (seltene) Verwendung des statischen Begriffs »empire« in Bezug auf Deutschland. Großgeschrieben (so wie das »British Empire« stets) erscheint es als Fantasiegebilde, als Traum und überhöhte Zielvorstellung des deutschen Kaisers[297]. Kleingeschrieben, also gewissermaßen sachlich referierend, erscheint es im Kontext von Agilität, Expansionsdrang, Bewegung.[298] Damit ist es auf das Engste verknüpft mit der Person des Kaisers, der als treibende Kraft hinter dieser »transformation« steht.[299]

Zusammenfassend stehen im Englischen offensichtlich zwei Arten von imperialer Politik gegeneinander: Es gibt die eine, die unter dem Titel »Empire« steht, althergebracht, institutionell verankert, existent und so offenbar legitim ist. Und es gibt die andere, die unter dem Titel »Weltpolitik« steht, genuin anders, da neu, willkürlich durch eine Person angestrebt, in einem nacheifernden Schaffensprozess entstehend und so offenbar nicht legitim ist. Ein solcher intrakultureller Begriffsvergleich zeigt zwar keine kulturell sich unterscheidenden Perspektiven auf, eignet sich aber für ein Verständnis davon, wie in einem sprachlich-kulturellen Rahmen unterschiedliche Deutungsmuster für unterschiedliche Akteure hinsichtlich eines sich strukturell nicht unterscheidenden imperialen Akts entworfen werden.

Kommen wir für den interkulturellen Vergleich zurück zu dem deutschen Ausgangsbegriff, dem »Wettlauf« (oder dem »Wettkampf«)[300], so wird der Unterschied zwischen der deutschen und der englischen Vorstellung nun sehr deutlich. Das deutsche Konzept reklamiert nämlich für alle Teilnehmer Bewegung – und zwar sehr aktive. Vor allem aber verzichtet es auf jede Dichotomie und damit auf eine unterscheidende Wertung von deutschem und englischem imperialen Streben.

---

dazu irgendwie kam, wird – wenn überhaupt – in einem Nebensatz erwähnt (Vgl. OCR SHP GCSE, S. 70: »As a result of the piece-by-piece way in which the British took over South East Asia, British India (or »the Raj« as it was often called) was a jumble of different states and provinces.«). Ein Konzept vom Prozess der Entstehung wird nicht angelegt. Demgegenüber fokussiert das deutsche Bild von der englischen Herrschaft in Indien vor allem die Entstehungsgeschichte z. B. durch die East India Company (vgl. Mosaik, S. 46; Zeiten und Menschen, S. 231). Zahlreiche andere Beispiele, wie etwa die Darstellung des Burenkriegs ließen sich hinzufügen.

297 Vgl. AQA GCSE History, S. 58: »He believed that it was the key to fulfilling his ambitions for the creation of a more powerful German Empire.«

298 Z. B. AQA GCSE History, S. 54: »This new empire was created in 1871.« Oxford AQA, S. 11: »The Kaiser decided that Germany should have an empire abroad too. He wanted to transform Germany into a global power with control over countries in different parts of the world.«

299 Vgl. Anm. 298.

300 Mosaik, S. 42; Das waren Zeiten, S. 38, 42; Horizonte, S. 54; Geschichte und Geschehen, S. 172; Zeiten und Menschen, S. 220, 224; Forum Geschichte, S. 38.

Ein solcher interkultureller Begriffsvergleich, der dem einen heute im Deutschen zur Verfügung stehenden Begriff »Wettlauf« die beiden historiographischen englischen Gegenbegriffe »Empire« und »Weltpolitik« gegenüberstellt, zeigt, dass dasselbe historische Ereignis je nach kultureller Perspektive höchst unterschiedlich erzählt wird. Interkulturelle Kontroversität kann so anhand der kulturell sich unterscheidenden Nutzung bestimmter sprachlicher Symbole und deren konzeptueller Repräsentation verständlich nachvollzogen werden.

Im Deutschen hat sich das Deutungsmuster der Bewegung, das der Aktion, durchgesetzt. Dass dies nicht die einzige Möglichkeit gewesen wäre, zeigt ein Blick auf die zeitgenössische Terminologie: Hier ist in den Quellen, die die deutschen Schulbücher verwenden, stets die Rede von einem »Platz an der Sonne« und einem »Mitbewerb« der Völker[301] – beides Ausdrücke, die erkennen lassen, dass die Sprecher wohl davon ausgingen, dass es nun eine gewisse Menge an Ressourcen gebe, die zwischen gleichberechtigten Bewerbern zu verteilen sei, um so wieder zu einem statischen Ruhezustand zu gelangen. Suggeriert wird, dass alle Parteien zum gleichen Zeitpunkt angetreten seien, um die gleiche Sache einvernehmlich zu verteilen.[302] Geradezu gewaltsam spart der Begriff »Mitbewerb« das »wett« aus. Es geht konzeptuell nicht – wie beim Wettlauf – um Sieg und Niederlage, sondern – wie es auch die deutschen Karikaturen der Zeit wollen[303] – um einen Anteil vom Kuchen. So auch der »Platz an der Sonne«: Die Frage ist nicht, ob man etwas, sondern was vom zu Erwerbenden man bekommt.

Und doch hat sich die Vorstellung vom agilen Wettbewerb im heutigen deutschen Konzept vom Imperialismus durchgesetzt. Die Terminologie der Darstellungstexte im Schulbuch weicht deutlich von der in den abgebildeten Quellen ab. Tatsächlich verwundert das nicht, denn wenn man die Rede Bernhard von Bülows, aus der die verwendeten Quellenbegriffe stammen, als Ganze in den Blick nimmt (oder auch nur den näheren Kontext liest), so ist zu konstatieren, dass die Vorstellung vom aktiven Wettkampf auch bei ihm als Staatssekretär des Auswärtigen Amtes und späterem Reichskanzler angelegt ist. Zwar formulierte er im Rahmen einer Reichstagsdebatte im Jahr 1897: »Wir wollen niemand in den Schatten stellen«, doch bot ihm dieser Gedanke nur den Auftakt für die folgende Forderung: »aber wir verlangen *auch* unseren Platz an der Sonne«.[304] Die Vor-

301 Das waren Zeiten, S. 41; Horizonte, S. 56; Mosaik, S. 49; Zeiten und Menschen, S. 227.

302 Wie prägend dieses gedankliche Grundgerüst war, ist leicht daran zu erkennen, dass dieses Konzept mit dem Vorstoß Bismarcks zur Kongo-Konferenz konkrete politische Gestalt wurde.

303 Die ebenfalls als Teil des kulturellen Konzepts im Schulbuch repräsentiert werden: Forum Geschichte, S. 39; Geschichte und Geschehen, S. 175; Mosaik, S. 40.

304 *Bernhard von Bülow:* Deutschlands Platz an der Sonne. In: *Johannes Penzler* (Hg.): Fürst Bülows Reden nebst urkundlichen Beiträgen zu seiner Politik. Bd. I 1897–1903. Berlin 1907, S. 6–8, hier S. 8.

stellung vom Abgehängt-Sein und Hinterherlaufen-Müssen ist zwar implizit, aber doch unverkennbar.

Methodisch gesprochen mahnt dieses Beispiel noch einmal zur Vorsicht: Offenbar genügt es nicht – oder wenigstens nicht immer –, einzelne Begriffe oder Dichotomien einander gegenüberzustellen.[305] Unterschiedliche kulturelle Perspektiven, also kulturell unterschiedliche »Wahrnehmungen ein und desselben«,[306] drücken sich nachweislich nicht zwingend in einzelnen Begriffen und deren sprachlich ausgelösten Konnotationen aus.[307]

Recht eindrucksvoll zeigt sich dies noch einmal in der englischen Übersetzung, die in der aktuellen Darstellung den »place in the sun« generiert und ihn dem heutigen englischen Konzept der deutschen »Weltpolitik« einverleibt hat: »He wanted a world policy (Weltpolitik) [...] He believed that [Germany] could achieve its ›place in the sun‹«.[308] Der im Deutschen als Quellenbegriff verwendete »Platz an der Sonne« wird dem deutschen kolonialen Streben im aktuellen englischen Konzept – im Darstellungstext nämlich – zugeschrieben.

Abschließend lässt sich die Vielfalt der in diesem Sachgebiet vorliegenden Begriffe demnach wie folgt veranschaulichen:

305 So noch *Carola Gruner:* Entwicklung historischer Begriffs- und Strukturierungskompetenz im bilingualen Geschichtsunterricht. In: *Bernd Schönemann/Saskia Handro* (Hrsg.): Geschichte und Sprache. Berlin 2010, S. 93–112, hier S. 102: »Um historisch sachkompetent zu werden, genügt es aber nicht, diese Begriffe schlicht zu kennen, sondern man muss das dahinterstehende Konzept erfassen und diese Begriffe in ihren jeweiligen historischen Kontext einordnen können.«

306 *Schlutow:* Bilingual. 2016, S. 47.

307 Noch eine andere Grenze dieses methodischen Vorgehens zeigt sich im gegebenen sachlichen Kontext z. B. an einem zeitgenössischen Versuch zur Definition des Begriffs Imperialismus; ein Versuch, der offenbar als so gelungen betrachtet wird, dass er Eingang ins deutsche Schulbuch gefunden hat. Unter demselben Lemma »Imperialismus« werden hier zwei ganz verschiedene Formen von Imperialismus ausgewiesen; ein englischer und ein nicht-englischer. Horizonte, S. 49: »Imperialismus (neulat.), ein politisches, zu verschiedenen Zeiten verschieden verwendetes Schlagwort. [...] Neuen Inhalt erhielt das Wort nach 1900 [...]: einerseits Zusammenschluss Großbritanniens mit seinen Kolonialreichen, Organisation des Weltreichs, dazu Ausdehnung, planmäßiges Ausgreifen, um den Zusammenschluss zu ermöglichen, Wettbewerber auszuschalten [...]; außerhalb Großbritanniens jedes Herrschaftsstreben im Gegensatz zur grundsätzlichen Selbstbeschränkung und zur Betonung des Innerstaatlichen. Im engeren Sinn wird I. das Streben nach einem »Großreich« genannt.«

308 AQA GCSE History, S. 55. Vgl. auch Oxford AQA, S. 11: »Summarise how Germany had become a powerful nation before the First World War by writing a sentence or two under the following headings: [...] Weltpolitik and ›a place in the sun‹.«

Tabelle 2: Begriffe im synchronen und diachronen kulturellen Vergleich

	Zeitgenössisch	Modern
Großbritannien	*Scramble for Africa* *Empire*	*Scramble for Africa* *Empire* – Weltpolitik, *empire, place in the sun*
Deutschland	Platz an der Sonne Mitbewerb der Völker	*Scramble for Africa*/Schlägerei um Afrika Wettlauf um die Kolonien

Ist Begriffsarbeit also – um zur Ausgangsfrage zurückzukommen – ein geeignetes Instrument, um kulturelle Perspektiven zu erfassen?

Grundsätzlich zeigt die Schulbuchanalyse, dass prägnante Begriffe kulturelle Perspektiven konturieren können. Dass es aber nicht grundsätzlich genügen kann, ein deutsches Wort mit einem englischen Wort zu kontrastieren, um die Deutungsmuster der jeweiligen kulturellen Perspektive zu erfassen[309], konnte nicht nur theoretisch dargelegt, sondern am Material auch exemplarisch gezeigt werden.

Methodisch berücksichtigt werden sollten deshalb zwei Punkte: Erstens, dass nicht stets *ein* Begriff *einem* anderen entsprechen muss. So kann eine kulturelle Perspektive z. B. sehr viel differenzierter sein, als dass sie sich in nur einem Begriff fassen ließe. Mindestens die ihr stets immanente intra- und interkulturelle Blickrichtung kann sich unterscheiden und sich so z. B. in begrifflichen Dichotomien wie der oben angeführten verfestigen. Dass dies gerade bei den kontrastiv ausgerichteten historischen Themen, die in der Regel für ein geeignetes bilinguales Curriculum angeführt werden, zutrifft, ist wahrscheinlich. Zudem bleibt festzuhalten, dass nur punktuell auf Begriffsvergleiche dieser Art zurückgegriffen werden kann. Nicht immer ergeben sich geeignete Begriffspaare.

Zweitens ist bei der Begriffsarbeit methodisch zu berücksichtigen, dass die Konnotation eines bestimmten Begriffs – das heißt die vom jeweils kulturgebundenen Rezipienten (zeitgenössisch, modern, deutsch, englisch) abhängige, »dem Konzept inhärente […] emotionale […] Einstellung«[310] – nicht unbedingt das tatsächliche kulturelle Konzept widerspiegeln muss, aus dem er stammt. Konnotationen von Begriffen »können auf die Konzepte […] durchschlagen, sie können sie durchdringen und überlagern.« Sie müssen es aber nicht. Dass nämlich – um noch einmal auf das hier angeführte Beispiel zu sprechen zu kommen – dem Expansionsstreben des Kaiserreichs, wie Schlutow schreibt, das Gefühl unterlag, »unter Zugzwang«[311] zu stehen, ist, analysiert man die Quellen

309 Wie etwa Wildhage mit ganzen Begriffslisten (*Wildhage:* Praxis. 2003, S. 81) und Schlutow am oben genannten Beispiel suggerieren.
310 *Harm:* Lexikologie. 2015, S. 33.
311 *Schlutow:* Bilingual. 2016, S. 48.

grundlegend, nicht zu verkennen. Dass sich eben dies aber nicht in den zentralen Begriffen der Zeit (»Mitbewerb«, »Platz an der Sonne«) niederschlägt, verweist darauf, dass Begriffe zwar als Indikator für kulturell geprägte Konzepte historischer Ereignisse dienen können, dass aber eine vertiefte Prüfung dieser Konzepte dadurch nicht hinfällig wird. Die Konnotation bestimmter Begriffe nämlich muss, um es noch einmal auf den Punkt zu bringen, nicht unbedingt einhergehen mit dem tatsächlichen kulturellen Konzept, aus dem diese entnommen wurden. Kulturelle Deutungsmuster sind deshalb möglicherweise erfolgreicher aus einer Analyse ganzer Konzepte zu eruieren.

Zusammenfassend scheint Vorsicht dabei geboten zu sein, die Arbeit mit Begriffen auf eine Arbeit mit den sprachlich ausgelösten Empfindungen, d. h. mit vordergründigen Wertungen zu beschränken. Stattdessen ist es für die fundierte Eruierung kultureller Deutungsmuster offenbar notwendig, »das jeweils [hinter dem Begriff] stehende Konzept, auch die […] Rahmenbedingungen, Intentionen«[312] und die komplexe Struktur[313] des symbolhaft im Begriff Verkürzten zu berücksichtigen. Das ist nötig, um kulturelle Perspektiven anhand ihrer Deutungsmuster so vollständig wie möglich zu erfassen. Denn wie Michael Maset zu Recht anmerkt, ist das Gegenüberstellen von »zwei Sichtweisen« im bilingualen Unterricht problematisch, wenn »aus dem Urteil eines einzelnen historischen Akteurs […] eine landesspezifische bzw. kulturelle Sichtweise konstruiert [wird]. Damit kann der Unterricht zur Stereotypisierung führen.«[314]

4.2.2 Konzepte als Analysegrundlage zur Erfassung kultureller Perspektiven

Fundierter als eine Arbeit mit Begriffen erscheint daher eine Untersuchung von Konzepten. Auch dieser Ansatz ist in der Literatur zum Bilingualen Unterricht nicht ganz neu. So schlägt etwa Bärbel Diehr vor, Konzeptäquivalenzen und -unterschiede im bilingualen Unterricht zu untersuchen, um kulturelle Perspektiven nutzbar zu machen,[315] und auch Christine Pflüger verweist unter Rückgriff auf Peter J. Lees *substantive* und *second order concepts* im ge-

312 *Carola Gruner:* Kompetenzorientiertes Lernen im bi-lingualen Geschichtsunterricht. In: Zeitschrift für Geschichtsdidaktik 8, 2009, S. 40–51, hier S. 47; *Carola Gruner:* Entwicklung historischer Begriffs- und Strukturierungskompetenz im bilingualen Geschichtsunterricht. Analysebeispiel aus einer empirischen Studie. In: *Saskia Handro/Bernd Schönemann* (Hrsg.): Geschichte und Sprache. Berlin 2010, S. 93–112, hier S. 102.

313 Für einen Überblick über die Forschung zu Konzepten und deren Struktur: *Dieter Wolff* (Hg.): Fremdsprachenlernen. Grundlagen für eine konstruktivistische Fremdsprachendidaktik. Frankfurt a. M. 2002, S. 48–54.

314 *Michael Maset:* Bilingualer Geschichtsunterricht. In: Geschichte in Wissenschaft und Unterricht 69, 2018, H. 7/8, S. 457–471, hier S. 463.

315 *Diehr:* Fachliteralität. 2016.

schichtsdidaktischen Sinne vertiefend darauf, dass sowohl historische als auch historiographische Konzepte zu untersuchen seien.[316] Begreift man ein Konzept nun mit Diehr als »mentale Repräsentation eines umfassenden und vielschichtigen, aber in sich geschlossenen und strukturierten Wissensbestandteils«[317], kann über die Konzeptstruktur Perspektivität aufgedeckt werden. Sowohl Sinnzusammenhänge, die in Textform vorliegen, als auch konkret greifbare kulturelle Vergleiche, wie punktuelle Begriffsarbeit sie verspricht, können so berücksichtigt werden. Angenommen wird, dass die Konzeptstruktur Rückschlüsse auf grundlegende Deutungsmuster geben kann.

Um Konzeptstrukturen aufzudecken, eignen sich methodisch – es steckt im Namen – *Concept Maps.*[318] Sie erlauben es, Perspektivität aus einer Fülle von Texten zu erschließen, sichtbar und prägnant zu machen. Interkulturelle Perspektivenvergleiche werden so im Unterricht sowohl handhabbar als auch sehr umfassend, denn *Concept Maps* ermöglichen es, bei einer starken Reduktion von Text doch die vielen verflochtenen Sinnzusammenhänge zu bewahren und so viele Deutungen zu integrieren. Eine Verkürzung auf das »Urteil eines einzelnen historischen Akteurs«[319] ist durch die Möglichkeit der Aggregation vieler Texte in der *Concept Map* nicht mehr nötig, um kulturelle Konzepte zu benennen.

4.2.2.1 *Concept Mapping*[320]*:* Neue Anwendung einer etablierten Methode

Um diese methodische Eignung zu veranschaulichen, soll zunächst knapp der kognitionspsychologische Ursprung des *Concept Mapping*-Verfahrens dargelegt werden. Im Anschluss wird gezeigt, was das spezifische der Darstellungsform ist und wie sie sich aufgrund dieser Spezifik vom kognitionspsychologischen Paradigma lösen und formal so beschreiben lässt, dass sie sich dafür eignet, historische Konzepte im kulturellen Vergleich darzustellen und die spezifischen Perspektiven auf den Imperialismus anhand kultureller Deutungsmuster zu rekonstruieren.[321]

316 *Pflüger:* Konzepte. 2016.

317 *Diehr:* Fachliteralität. 2016, S. 68.

318 *Joseph Novak/Bob Gowin:* Learning how to learn. Cambridge 1984.

319 *Maset:* Geschichtsunterricht. 2018, S. 463.

320 Die folgenden Ausführungen sind in ähnlicher Form auch nachzulesen unter: *McLean, Philipp/Link, Corinna:* Concept Mapping als Analyse- und Visualisierungsmethode von Deutungsmustern. In: Forum Qualitative Sozialforschung/Forum: Qualitative Social Research 23, 2022, H. 1, Art. 1. Online unter URL: <https://doi.org/10.17169/fqs-23.1.3537> (Zugriff am 24.03.2023).

321 Vgl. zum zugrunde gelegten Verständnis von »Deutungsmustern«: *Altmayer:* Deutungsmuster. 2006, S. 51.

4.2.2.1.1 Kontextualisierung der Methode

Als ursprünglich kognitionspsychologische Methode wird *Concept Mapping* v. a. dazu genutzt, kognitive Wissensstrukturen darzustellen.[322] Die Wissenspartikel werden in der Form sogenannter »Concepts« als »primary elements of knowledge«[323] erfasst und mittels sogenannter »linking phrases« qualifiziert zu Propositionen verbunden. Aus der Verbindung mehrerer solcher Propositionen entsteht eine Struktur, die als Wissensstruktur angesehen werden kann. Entsprechend wird die Methode in der Kognitionspsychologie im Wesentlichen im Rahmen konstruktivistischer Gedächtnis-[324] bzw. Lehr-Lerntheorien[325] angewandt. In diesem Kontext werden *Concept Maps* seit den späten 1970er bzw. frühen 1980er Jahren einerseits zum Zweck der Wissensdiagnostik[326] und andererseits für die instruktionale Unterstützung des Lernens[327] genutzt. Auch als Feedback- und Bewertungsinstrument werden sie zunehmend herangezogen.[328] Für diese Zwecke ist die Wirksamkeit von *Concept Maps* inzwischen in zahlreichen Untersuchungen nachgewiesen worden.[329] Als Analyseinstrument wurde

---

322 Bspw. *Edward Tolman:* Cognitive Maps in Rats and Men. In: Psychological Review 55, 1948, H. 4, S. 189–208; *Allan Collins/Elizabeth Loftus:* A Spreading Activation Theory of Semantic Processing. In: Psychological Review 82, 1975, H. 6, S. 407–428; *Mardi Jon Horowitz:* States of Mind. Configurational Analysis of Individual Psychology. New York 1987.

323 *Alberto Cañas* u. a.: CMAPTools. A Knowledge Modelling and Sharing Environment. In: *Alberto Cañas/Joseph. Novak/Fermín González* (Hrsg.): *Concept Maps. Theory, Methodology, Technology. Proceedings of the First International Conference on Concept Mapping.* Navarra 2004, S. 125–133, hier S. 125. Online unter URL: <http://cmc.ihmc.us/cmc2004Proceedings/cmc2004%20-%20Vol%201.pdf> (Zugriff am 24.03.2023).

324 *Steffen-Peter Ballstaedt* u. a.: Texte verstehen, Texte gestalten. München 1981, S. 22.

325 *Joseph Novak/Alberto Cañas:* The Theory Underlying Concept Maps and How to Construct and Use Them. Technical Report IHMC CmapTools 2006–01 Rev 01–2008; *Florida Institute for Human and Machine* Cognition (IHMC) (Hg.): CMap. Online unter URL: <https://cmap.ihmc.us/> (Zugriff am 24.03.2023).

326 Vgl. *Ballstaedt:* Texte. 1981, S. 22f.; *Novak:* Theory. 2008, S. 5–8.

327 *Bärbel Fürstenau:* Concept Maps im Lehr-Lern-Kontext. In: DIE Zeitschrift für Erwachsenenbildung 1, 2011, S. 46–48, hier S. 46. Online unter URL: <http://www.die-bonn.de/id/9142> (Zugriff am 24.03.2023); *Richard Iuli/Gustav Helldén:* Using *Concept Maps* as a Research Tool in Science Education Research. In: *Alberto Cañas/Joseph Novak/Fermín González* (Hrsg.): Concept Maps. Theory, Methodology, Technology. Proceedings of the First International Conference on Concept Mapping. Navarra 2004, S. 367–374. Online unter URL: <http://cmc.ihmc.us/cmc2004Proceedings/cmc2004%20-%20Vol%201.pdf> (Zugriff am 24.03.2023); *Joseph Novak:* Concept Mapping: A Useful Tool for Science Education. In: Journal of Research in Science Teaching 27, 1990, H. 10, S. 937–949, hier S. 944–946.

328 *Maria Ruiz-Primo/Richard Shavelson:* Problems and Issues in the Use of Concept Maps in Science Assessment. In: Journal of Research in Science Teaching 33, 1996, H. 6, S. 569–600, hier S. 579–585.

329 Für den Sachkundeunterricht: *Christina Haberfellner:* Concept Maps als Methode zur Erfassung des Wissenschaftsverständnisses im Sachunterricht? In: Gesellschaft für Didaktik des Sachunterrichts-Journal 7, 2017, S. 79–92. Online unter URL: <http://www.gdsu.de/gdsu/wp-content/uploads/2017/10/6_Haberfellner.pdf> (Zugriff am 24.03.2023). Für den

das *Concept Mapping* in der kognitionspsychologischen Forschung bisher sehr selten und lediglich in Bezug auf die Untersuchung mentaler Strukturen von Individuen eingesetzt.[330]

Auch im sozialwissenschaftlichen Kontext finden *Concept Maps* bereits Verwendung zur Darstellung von Wissensstrukturen.[331] Als Analysetechnik hat das Verfahren in der hier vorgeschlagenen Form in sozialwissenschaftlichen Untersuchungen bisher kaum Eingang gefunden.[332] Im Rahmen der wissenschaftlichen Diskursanalyse wurde *Concept Mapping* vereinzelt bereits für die Suche nach Deutungsmustern in kollektiven Wissensbeständen verwendet.[333]

Geschichtsunterricht: *Wolfgang Hackenberg/Kerstin Lochin-Wagner:* Historische (Fach-) Begriffe: Visualisieren, vernetzen, versprachlichen. In: Geschichte lernen 168, 2015, S. 12–15; *Theresa Fernández-Corte/Juan Garcia-Madruga:* Constructing Historical Knowledge at High School: The Case of the Industrial Revolution. In: *James Voss/Mario Carretero* (Hrsg.): Learning and Reasoning in History. International Review of History Education. London 1998, S. 331–343. Für den Biologieunterricht: *Marion Haugwitz/Angela Sandmann:* Kooperatives Concept Mapping in Biologie. Effekte auf den Wissenserwerb und die Behaltensleistung. In: Zeitschrift für Didaktik der Naturwissenschaften 15, 2009, S. 89–107. Online unter URL: <https://archiv.ipn.uni-kiel.de/zfdn/pdf/15_Haugwitz.pdf> (Zugriff am 24.03.2023). Für den im Chemieunterricht: *Iris Stracke:* Einsatz computerbasierter Concept Maps zur Wissensdiagnose in der Chemie. Empirische Untersuchungen am Beispiel des chemischen Gleichgewichts. Münster 2004. Für das Biologiestudium: *Iuli/Helldén:* Using. 2004. Für das Physikstudium: *Lorenz Hucke:* Handlungsregulation und Wissenserwerb in traditionellen und computergestützten Experimenten des physikalischen Praktikums. Berlin 2000; *Lorenz Hucke/Hans Fischer:* Wissenserwerb und Handlungsregulation im physikalischen Praktikum. In: *Helmut Fischler/Jochen Peuckert* (Hrsg.): Concept Mapping in fachdidaktischen Forschungsprojekten der Physik und Chemie. Berlin 2000, S. 57–90.

330 *Hucke:* Handlungsregulation. 2000.

331 *Corinna Pelz/Annette Schmitt/Markus Meis:* Knowledge Mapping als Methode zur Auswertung und Ergebnispräsentation von Fokusgruppen in der Markt- und Evaluationsforschung. In: Forum Qualitative Sozialforschung/Forum: Qualitative Social Research 5, 2004, H. 2, Art. 35. Online unter URL: <https://doi.org/10.17169/fqs-5.2.601> (Zugriff am 24.03.2023); *Bayron Marshall/Hsinchun Chen/Therani Madhusudan:* Matching Knowledge Elements in Concept Maps Using a Similarity Flooding Algorithm. In: Decision Support Systems 42, 2006, H. 3, S. 1290–1306, hier S. 1292; *Elizabeth Sturgiss* u. a.: Using Concept Maps to Compare Obesity Knowledge between Policy Makers and Primary Care Researchers in Canada. In: BMC Research Notes 12, 2019, H. 1, Art. 23. Online unter URL: <https://doi.org/10.1186/s13104-018-4042-x> (Zugriff am 24.03.2023).

332 *Sebastian Barsch/Burkhard Barte:* »Es bereitet sie vor, an der richtigen Stelle zu staunen, wenn sie die Tageszeitung lesen.« Historisches Fachwissen aus Perspektive von Mediävist*innen. In: Zeitschrift für Geschichtsdidaktik 18, 2019, S. 78–96; *Barbara Daley:* Learning and professional practice: A study of four professions. In: Adult Education Quarterly 52, 2001, H. 1, S. 39–54; *Barbara Daley:* Using Concept Maps in Qualitative Research. In: *Alberto Cañas/Jospeh Novak/Fermín González* (Hrsg.): Concept Maps. Theory, methodology, technology. Proceedings of the First International Conference on Concept Mapping. Navarra 2004, S. 191–198. Online unter URL: <http://cmc.ihmc.us/cmc2004Proceedings/cmc2004%20-%20Vol%201.pdf> (Zugriff am 24.03.2023).

333 *Reiner Keller:* Diskursforschung: Eine Einführung für SozialwissenschaftlerInnen. Wiesbaden 2011, S. 8. Ein Beispiel für die Verwendung einer *Concept Map* zur Darstellung von

Hinsichtlich der grafischen Darstellung weist *Concept Mapping* Ähnlichkeiten zur (soziologischen) Netzwerkanalyse auf.[334] Während diese aber allein die Beziehungen von unterschiedlichen Akteur*innen grafisch darstellt, erfassen *Concept Maps* darüber hinaus Deutungsmuster von einzelnen Texten, Akteur*innen oder Gruppen.[335] Ähnlich angelegte Darstellungsformen finden sich außerdem in der Graphentheorie[336] und der aus dieser weiterentwickelten Computerlinguistik.[337]

In der Regel wird davon ausgegangen, dass die qualifiziert verknüpften *Concepts* einer Person, eines Textes oder eines Diskurses relativ unmittelbar in *Concept Maps* abgebildet werden können.[338] Dabei erfordert es die spezifische Darstellungsform, Aussagen in formalisierter Sprache eindeutig zu erfassen.[339] Die Relationen können – und müssen – genau qualifiziert werden, weil sie eindeutige sprachliche Bezeichnungen tragen.[340] Anders gesagt: *Concept Maps* beschreiben in der Kognitionspsychologie, *welche* »Concepts« thematisiert werden

---

Wissensstrukturen findet sich in *Barsch:* Fachwissen. 2019. Im Rahmen einer *Grounded Theory*-Analyse werden hier mehrere Expert*inneninterviews axial kodiert. Diese Kodierung wird in einer *Concept Map* erfasst. Regeln für die Übertragung in die *Concept Map* werden nicht expliziert, was ein Hinweis darauf sein kann, dass die Beschreibung eines regelgeleiteten Verfahrens die aktuelle Forschung gewinnbringend systematisieren kann. Vgl. dafür *McLean:* Concept Mapping. 2022.

334 *Betina Hollstein:* Qualitative Netzwerkdaten. In: *Nina Baur/Jörg Blasius* (Hrsg.): Handbuch Methoden der empirischen Sozialforschung. Wiesbaden 2019, S. 1301–1312; *Christian Stegbauer/Roger Häußling* (Hrsg.): Handbuch Netzwerkforschung. Wiesbaden 2010; *Mark Trappmann/Hans Hummell/Wolfgang Sodeur:* Strukturanalyse sozialer Netzwerke: Konzepte, Modelle, Methoden. Wiesbaden 2011.

335 *Rainer Diaz-Bone:* Gibt es eine qualitative Netzwerkanalyse? In: Forum Qualitative Sozialforschung/Forum: Qualitative Social Research 8, 2008, H. 1, Art. 28, S. 337f. Online unter URL: <https://doi.org/10.17169/fqs-8.1.224> (Zugriff am 24.03.2023); *Andreas Herz/Luisa Peters/Inga Truschkat:* How to do qualitative strukturale Analyse? Die qualitative Interpretation von Netzwerkkarten und erzählgenerierenden Interviews. In: Forum Qualitative Sozialforschung/Forum: Qualitative Social Research 16, 2015, H. 1, Art. 9. Online unter URL: <https://doi.org/10.17169/fqs-16.1.2092> (Zugriff am 24.03.2023).

336 *Kurt Sobotta:* Graphen, Mengen und Schaltalgebra. Heidelberg 1995, S. 11f.

337 *Kai-Uwe Carstensen* u.a. (Hrsg.): Computerlinguistik und Sprachtechnologie: Eine Einführung. Heidelberg 2010, S. 99–104.

338 In der einschlägigen Literatur zum *Concept Mapping* finden sich deshalb kaum Hinweise auf eine reflexive Standortbestimmung des jeweils Analysierenden. In diesem Punkt unterscheidet der kognitionspsychologische Ansatz sich deutlich von den epistemischen Annahmen der meisten qualitativen sozialwissenschaftlichen Paradigmen, z.B.: *Philipp Mayring:* Einführung in die qualitative Sozialforschung. Eine Anleitung zu qualitativem Denken. Weinheim 2016, S. 20f.; *Uwe Flick:* Qualitative Sozialforschung. Eine Einführung. Hamburg 2012, S. 26f.

339 *Heinrich Wansing/Caroline Semmling:* Logik. In: *Peggy Breitenstein/Johannes Rohbeck* (Hrsg.): Philosophie: Geschichte – Disziplinen – Kompetenzen. Stuttgart 2011, S. 213–231, hier S. 215–221.

340 *Fürstenau:* Concept Maps. 2011, S. 46; *Novak:* Theory. 2008, S. 11–14; *Novak:* Learning. 1984, S. 15.

und *in welchem Verhältnis* sie zu anderen »Concepts« stehen. Das macht sie auch für die »Sichtbarmachung kultureller Deutungsmuster«[341] interessant, die »im kulturellen Gedächtnis einer Gruppe gespeichert [...] und abrufbar[...]«[342] sind und »in Diskursen als allgemein bekannt und selbstverständlich«[343] vorausgesetzt werden. Sie lassen sich – so meine These – an den inhaltlichen Strukturen der *Concept Maps* ablesen, die die Diskurse in formalisierter Form widerspiegeln.

Um *Concept Maps* für diese Erfassung kultureller Deutungsmuster nutzbar zu machen, ist es sinnvoll, sie vom Theoriebezug der Kognitionspsychologie zu lösen. Dabei ist es von Vorteil, dass die Darstellungsform nicht an diesen Forschungskontext allein gebunden ist.[344] Der Begriff der »Concepts«, der auf die kognitionspsychologische Verwendung zugeschnitten ist, kann im Folgenden durch den der »Knoten« ersetzt werden, der der »linking phrases« durch den der »Kante«.[345] Diese beiden Begriffe sind der Graphentheorie entlehnt, die die Eigenschaften und Beziehungen von netzartigen Strukturen untersucht und damit Claus Altmayers Definition von kulturellen Deutungsmustern nahekommt.[346] Ein Knoten bezeichnet dann nicht mehr nur Wissenspartikel (wie die *Concepts* im kognitionspsychologischen Sinn), sondern »atomare Sätze«[347], die intern keine weiteren Satzverknüpfungen und Negationen aufweisen.[348] Mithilfe dieser formalen Definition kann ein Diskurs in *Concept Maps* eindeutig und vernetzt erfasst und (relativ) umfassend dargestellt werden. Es handelt sich dann – im Sinne der wissenssoziologischen Diskursanalyse – um Deutungsarrangements, die Überschneidungen und Differenzen verschiedener Diskurse aufdecken können.[349]

341 *Altmayer:* Deutungsmuster. 2006, S. 57.

342 Ebd., S. 51.

343 Ebd.

344 *Pelz:* Knowledge. 2004, S. 17. Angewandt im Rahmen der formalen, philosophischen Aussagenlogik z. B. in *McLean:* Concept Mapping. 2022.

345 Alternativ werden »Knoten« im Deutschen auch »Ecken« oder – im sozialwissenschaftlichen Kontext – »Aussagenvariablen« genannt, die Kanten können auch als »Bögen« oder – wiederum eher sozialwissenschaftlich – als »Junktoren« bezeichnet werden. Ursprünglich heißen sie in der *Concept Mapping*-Methode auf Englisch »Concepts« und »linking phrases«.

346 *Jiri Sedlacek:* Einführung in die Graphentheorie. Leipzig 1968. Zur Netzwerkanalyse z. B. *Marten Düring:* Netzwerkanalyse in den Geschichtswissenschaften. Historische Netzwerkanalyse als Methode für die Erforschung von historischen Prozessen. In: *Rainer Schützeichel* (Hg.): Prozesse: Formen, Dynamiken, Erklärungen. Wiesbaden 2015.

347 Vgl. *McLean:* Concept Mapping. 2022.

348 Das entspricht auch der methodischen Prämisse, nach der es im Rahmen des *Concept Mappings* vermieden werden sollte, »Sätze in Kästen« zu formulieren. Vgl: *Novak:* Theory. 2008, S. 12f.

349 Vgl. *Reiner Keller:* Wissenssoziologische Diskursanalyse: Grundlegung eines Forschungsprogramms. Wiesbaden 2011, S. 242f.

Methodisch bietet die Darstellungsform der *Concept Map* in Hinblick auf diese Studie vier pragmatische Vorteile. Erstens kann eine *Map* problemlos um weitere Daten ergänzt und so auch im Forschungsprozess andauernd erweitert werden.[350] Zweitens kann ein vergleichsweise großes Datenkorpus sehr originalgetreu erfasst werden. Diese beiden Charakteristika (die nahezu ganzheitliche Abbildung und die besondere Nähe zum Ausgangstext) ermöglichen es, zwei Perspektiven möglichst holistisch zu erfassen. Auf dieser Grundlage kann ein Perspektivenvergleich angestrebt werden, der deutlich weniger punktuell erfolgen muss als einer, der sich auf die Analyse einzelner Begriffe stützt (vgl. Kap. 4.2.1). Damit kann die *Concept Mapping*-Methode einer Stereotypisierung vorbeugen, vor der Michael Maset in Bezug auf die im bilingualen Geschichtsunterricht möglicherweise vermittelten kulturellen Perspektiven zu Recht warnt.[351] Drittens lassen sich die Ergebnisse einer Diskursanalyse anhand von *Concept Maps* relativ einfach kommunizieren, weil die in ihr geschaffenen Sinnzusammenhänge, denen die Deutungsmuster unterliegen, grafisch dargestellt werden können. Viertens wird davon ausgegangen, dass auch Nicht-Experten in der Lage sind, bei ausreichender Schulung in der Technik des *Concept Mappings* ihre eigenen mentalen Strukturen bzw. Konzepte zu bestimmten Wissensbereichen in der Form von *Concept Maps* darzustellen.[352] In Hinblick auf einen Einsatz der eruierten Ergebnisse als Grundlage für eine Fragebogenerhebung sind diese beiden letzten Punkte von Vorteil.

Die Anwendung der *Concept Mapping*-Methode als Analyseinstrument zur Erfassung kultureller Perspektiven in Konzeptform lässt sich theoretisch im Rahmen der wissenssoziologischen Diskursanalyse verankern.[353] Das konkrete Vorgehen veranschaulicht Abbildung 10 unter Nutzung der entsprechenden Terminologie. In der vorliegenden Arbeit werden die deutsche und die englische Geschichtskultur zum Imperialismus als Diskurse fokussiert. Erschlossen werden sie durch die Analyse der Schulbuchdarstellungstexte, der Diskursbeiträge. Die *Concept Maps*, die pro Schulbuch erstellt werden, können als Deutungsarrangement in der Form einer *Meta Concept Map* zusammengeführt und dann in Form relevanter Deutungselemente, die sich als neuralgische Teilkonzepte in den *Concept Maps* niederschlagen, in einer diskursübergreifenden Analyse herausgearbeitet werden. Die neuralgischen Teilkonzepte sind die Propositionsbereiche der *Meta Concept Maps*, die aufzeigen, an welchen Stellen die beiden kulturellen Konzepte »kollidieren«; wo also eine ansonsten vergleichbare Erzählung tendenziell nicht mehr vergleichbar ist. Sie wirken insofern neuralgisch, als die den

350 *Pelz:* Knowledge. 2004, S. 3.
351 *Maset:* Geschichtsunterricht. 2018, S. 463.
352 *Novak:* Theory. 2008, S. 9.
353 *McLean:* Concept Mapping. 2022.

Referenzkonzepten als Ganze unterliegenden kulturellen Deutungsmuster sich in ihnen besonders klar ausdrücken. Aus ihnen können deshalb die kulturellen Deutungsmuster interpretiert werden, die wiederum zueinander ins Verhältnis gesetzt werden können (vgl. Abbildung 10).

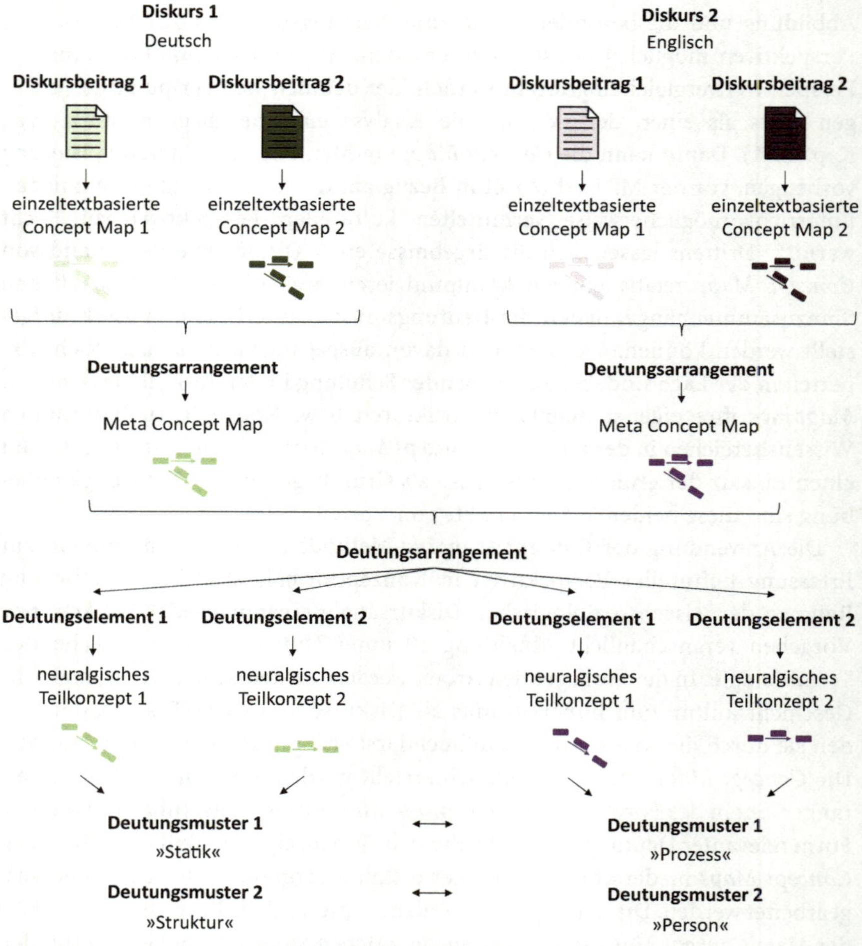

Abbildung 10: Das Vorgehen zur Erfassung von Deutungsmustern aus Diskursen anhand der Analyse von Diskursbeiträgen unter Bezugnahme auf die Terminologie der wissenschaftlichen Diskursanalyse (fett) mithilfe der *Concept Mapping*-Methode (gewöhnlich). Die einzeltextbasierten *Concept Maps*, die einen Diskursbeitrag (ein analysiertes Schulbuch) repräsentieren, ermöglichen in ihrer Zusammenschau als Deutungsarrangements in der Form von *Meta Concept Maps* eine relativ holistische Diskurserfassung. Diskurse können anhand dieser *Meta Concept Maps* entweder direkt (vgl. Kap. 4.2.2.2.2) oder anhand von neuralgischen Teilkonzepten (vgl. Kap. 4.2.2.2.3) in Bezug auf ihnen unterliegende kulturelle Deutungsmuster untersucht werden und so kulturelle Perspektiven aufzeigen.

Im Folgenden wird das ursprünglich kognitionspsychologische Verfahren des *Concept Mappings*[354] so weiterentwickelt, dass es alternativ (und auch ergänzend) zu den etablierten sozialwissenschaftlichen, wissenssoziologisch orientierten Erschließungsmethoden von Deutungsmustern genutzt werden kann.

4.2.2.1.2 Visualisierung und interpretatorische Erkenntnisse in der Concept Map

Die Visualisierung der *Concept Maps* wurde in der vorliegenden Studie mit dem Programm Cmaps[355] durchgeführt, das explizit für die Erstellung von *Concept Maps* entwickelt wurde. Neben der Erstellung einzelner *Maps* bietet das Programm die Möglichkeit, mehrere *Concept Maps* miteinander zu vergleichen. Das vereinfacht etwa die Zusammenführung in einer *Meta Concept Map.*

In *Concept Maps* trägt die grafische Darstellung Sinn. Deshalb sind bei dieser Art der Visualisierung von Diskursen folgende Aspekte grundlegend zu berücksichtigen: Der propositionale Gehalt zentraler Sinneinheiten wird visualisiert, indem die verschiedenen Knoten durch Kanten entsprechend ihrer Bedeutung in Relation zueinander gesetzt werden. Die Knoten, die i. d. R. als beschriftete Kästen abgebildet werden, werden durch gerichtete Pfeile miteinander verbunden. Die Pfeile werden beschriftet und damit zu Kanten. Die Pfeilrichtung drückt in diesem Zusammenhang die logische Richtung aus, in der sich die verschiedenen Knoten propositional aufeinander beziehen. Im Wesentlichen besteht eine Proposition also aus Subjekt – Prädikat – Objekt. Das Subjekt befindet sich i. d. R. am Beginn des Pfeiles, das Prädikat verbindet es mit dem am Pfeilende stehenden Objekt (Abbildung 11).[356]

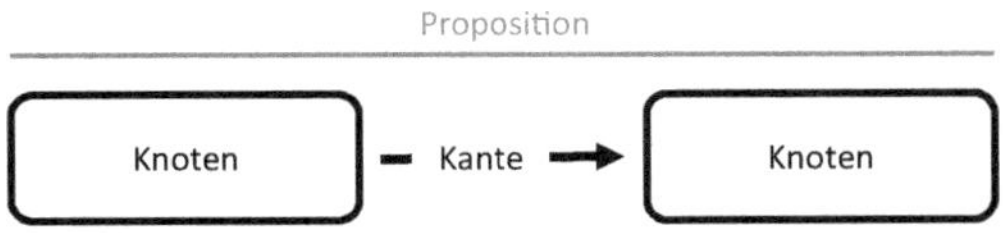

Abbildung 11: Eine Proposition als Grundform der *Concept Map.*

Die konkrete Darstellung kann anhand des Beispielsatzes »Menschen sind Säugetiere« verdeutlicht werden. Der Knoten »Menschen« wird mit dem Knoten »Säugetiere« verbunden und durch die Kante »sind« qualifiziert (Abbildung 12).

Soweit wäre die Darstellung der semantischen Inhalte in einfacher Satzform klarer. Der methodische Vorteil der *Concept Maps* zeigt sich in komplizierteren

354 Grundlegend: *Novak:* Learning. 1984.

355 *Florida Institute for Human and Machine* Cognition (IHMC) (Hg.): CMap. Online unter URL: <https://cmap.ihmc.us/> (Zugriff am 24.03.2023).

356 Es gibt allerdings auch die Möglichkeit, dass der Sinnzusammenhang durch einen Pfeil, der in beide Richtungen zeigt, qualifiziert wird (was eine wechselseitige Beziehung symbolisiert) oder sich ein oder mehrere Subjekte auf ein oder mehrere Objekte beziehen. Zudem können mehrgliedrige Verbindungen einen Knoten einmal Subjekt und einmal Objekt sein.

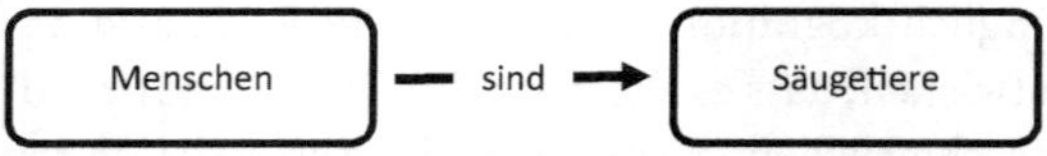

Abbildung 12: Beispielsatz »Menschen sind Säugetiere« als Proposition.

Sinngefügen im Netzwerkcharakter, der analytische Schlüsse und damit interpretatorische Ergebnisse ermöglicht. Dieser Netzwerkcharakter entsteht dadurch, dass mehrere zentrale Sätze in dieser Form dargestellt und miteinander in Verbindung gebracht werden. Die beiden Sätze »Menschen sind Säugetiere« und »Säugetiere sind Lebewesen« können gemeinsam wie folgt illustriert werden (Abbildung 13):

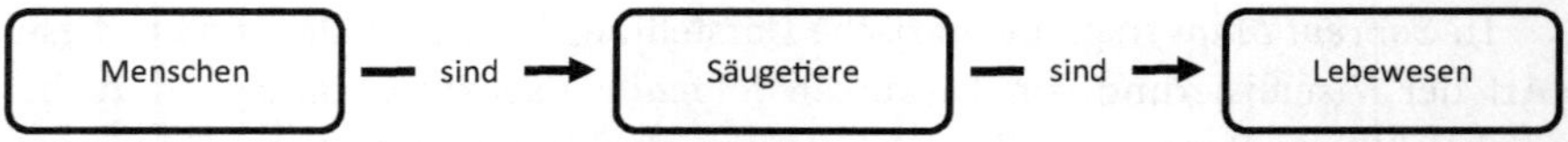

Abbildung 13: Beispielsätze »Menschen sind Säugetiere« und »Säugetiere sind Lebewesen« als eine aus zwei Propositionen bestehende *Concept Map*.

Diese propositionale Visualisierung ermöglicht Erkenntnisgewinn durch auf den Relationen beruhende logische Schlüsse. Aus diesen Propositionen geht aufgrund der zweifach verwendeten Kante »sind« (als Konklusion) hervor, dass Menschen ebenfalls Lebewesen sind. So können *Concept Maps* mittelbar einen analytischen Erkenntnisgewinn induzieren. Unmittelbar darstellen lässt sich eine solche Konklusion, indem Knoten in der *Concept Map* direkt durch »geteilte« Kanten miteinander in Beziehung gesetzt werden. Das vereinfacht die Gesamtdarstellung (Abbildung 14).

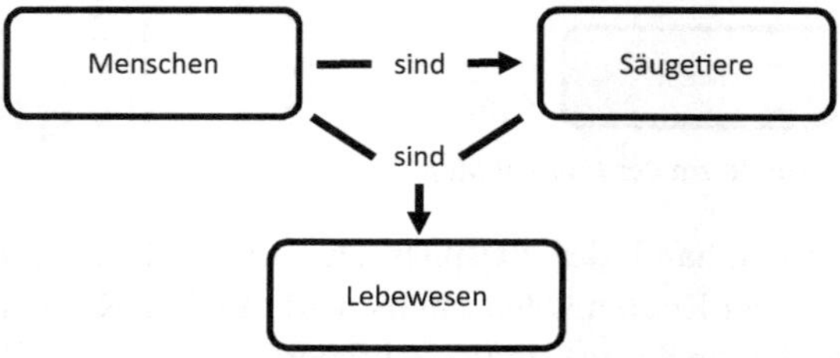

Abbildung 14: Beispielsätze »Menschen sind Säugetiere« und »Säugetiere sind Lebewesen« als eine *Concept Map* mit geteilter Kante.

Wie für alle qualitativen Forschungsmethoden gilt auch für den Einsatz der *Concept Mapping*-Methode, dass eine objektive Darstellung aller Propositionen eines Diskursbeitrags nicht zu realisieren ist.[357] Es lassen sich leicht neue propositionale Verbindungen herstellen, Kanten können anders benannt, die logische Richtung der Pfeile umgekehrt oder die Konzepte in immer kleinere Kon-

357 *Novak:* Theory. 2008, S. 12.

zepte untergliedert werden. Deshalb wird auch in einem auf *Concept Mapping* beruhenden Analyseprozess eine Auswahl getroffen, um Relevantes präzise in der *Concept Map* abzubilden. Aus diesem Grund handelt es sich bei der Erstellung einer *Concept Map* nicht nur um die Visualisierung (etwa) von Diskursbeiträgen, sondern auch um einen eigenständigen interpretativen Schritt. Um diesen nachvollziehbar zu gestalten, wird im Folgenden ein Analyseleitfaden vorgestellt, der für die Zwecke der vorliegenden Arbeit entwickelt wurde.

4.2.2.1.3 Concept Mapping *als Instrument zur Erfassung kultureller Perspektiven – ein Analyseleitfaden*

Um *Concept Mapping* als Erhebungsinstrument einzusetzen, das den qualitativen Ansprüchen der Sozialforschung entspricht, muss der Analyseprozess regelgeleitet und dadurch nachvollziehbar gestaltet sein.[358] Aus diesem Grund wurde im Rahmen der vorliegenden Arbeit der im Folgenden vorgestellte Leitfaden entwickelt (vgl. Abbildung 15).[359] Sein Einsatz ermöglicht es, *Concept Maps* schrittweise, regelgeleitet und damit nachvollziehbar zu nutzen. Der Leitfaden ist so flexibel gestaltet, dass er für unterschiedliche Untersuchungen adaptiert werden kann.[360] Hier wird er eingesetzt, um Deutungsmuster unmittelbar aus Texten zu eruieren und so diskursiv verhandelte Konzepte zu erfassen.[361]

Der Leitfaden gliedert sich in die drei Phasen »Fokussierung«, »Erstellung einzeltextbasierter *Concept Maps*« und »Erstellung der *Meta Concept Maps*«, die je drei der insgesamt neun Analyseschritte umfassen. Die Phasen und Schritte des Analyseleitfadens wurden an anderer Stelle bereits formal erläutert.[362] Hier soll es deshalb genügen, zunächst kurz die Eignung des Leitfadens für die Zwecke der vorliegenden Studie darzulegen und dann die konkrete Anwendung der Analyseschritte zur Eruierung der Deutungsmuster aus den für die vorliegende Studie relevanten Diskursbeiträgen exemplarisch aufzuzeigen (Kap. 4.2.2.2.1).

Die drei Phasen der im Leitfaden beschriebenen Analyse strukturieren die Schulbuchanalyse dieser Arbeit. Die erste Phase der Fokussierung wurde angewandt, um die Erschließung der Stichprobe zu strukturieren, die durch die Ermittlung der relevanten Geschichtsschulbücher für den deutschen und den englischen Kontext erstellt worden war. Das zu analysierende Textmaterial

358 *Mayring:* Sozialforschung. 2016, S. 141f.

359 Der Leitfaden ist von der Autorin der vorliegenden Arbeit in Kooperation mit Philipp McLean entwickelt worden. *McLean:* Concept Mapping. 2022, S. 12–20.

360 Weitere Einsatzmöglichkeiten bietet etwa die Verknüpfung des entwickelten Leitfadens mit einer qualitativen Inhaltsanalyse. Vgl. *McLean:* Concept Mapping. 2022, S. 20–23.

361 Damit entspricht der Analyseprozess in Bezug auf die Nutzung eines geregelten und damit nachvollziehbaren Verfahrens den qualitativen Ansprüchen der Sozialforschung. Z.B. *Mayring:* Sozialforschung. 2016, S. 141f.

362 *McLean:* Concept Mapping. 2022, S. 12–20.

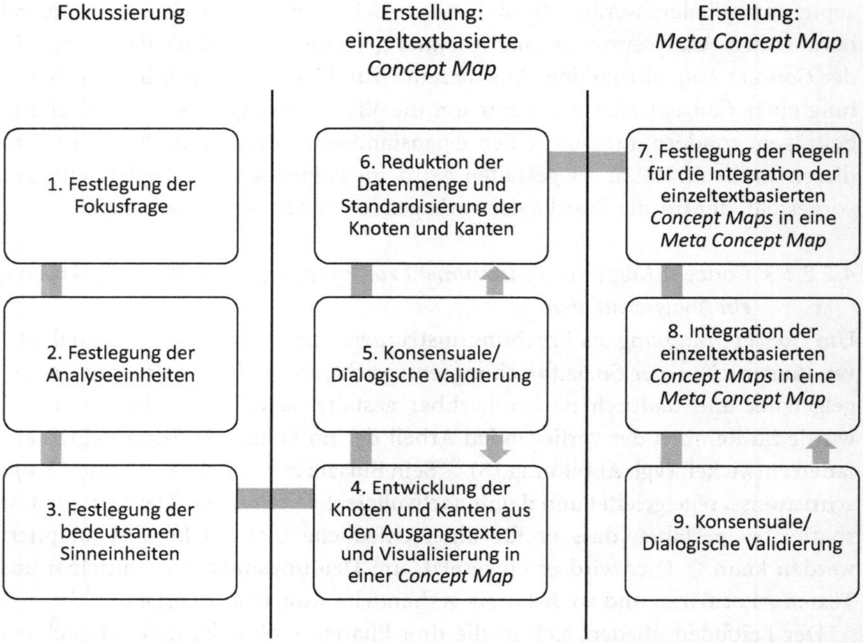

Abbildung 15: Analyseleitfaden zur Nutzung des *Concept Mapping*-Verfahrens als Analyse- und Visualisierungsmethode von Deutungsmustern. In neun Schritten können Sinnzusammenhänge in Form von Propositionen zunächst aus einzelnen Texten regelgeleitet in einzeltextbasierte *Concept Maps* überführt werden (1–6). Aus diesen Maps können dann im weiteren Analyseverlauf *Meta Concept Maps* erstellt werden, in denen die Deutungsmuster von mehreren Ausgangstexten sich in Deutungselementen niederschlagen, die z. B. in Form von neuralgischen Teilkonzepten visualisiert sind (7–9).

konnte durch die Festlegung der Fokusfrage, die sich dann auf durch sie bestimmte Analyseeinheiten bezieht, anhand inhaltlicher und konzeptioneller Überlegungen weiter eingegrenzt werden. Inhaltlich wurde der Imperialismus als ein für den kulturellen Perspektivenvergleich voraussichtlich ergiebiges Konzept ausgewählt. Das ermöglichte eine Begrenzung des Analysematerials auf die dieses Thema behandelnden Schulbuchseiten (vgl. Kap. 4.1). Konzeptionell zielt die vorliegende Arbeit auf den Vergleich unterschiedlicher aktueller Geschichtsdarstellungen dieser gemeinsamen Vergangenheit. Die Fokusfrage richtet sich daher auf die Analyse der Darstellungstexte im Schulbuch. Das zu analysierende Material wurde so auch in Bezug auf die zu betrachtende Textgatttung spezifiziert. Aus der Wahl dieser Textgattung ergibt es sich, dass ein Satz (nicht etwa ein Ausschnitt aus einer Bildquelle) als bedeutsame Sinneinheit festgelegt wurde. Die Erschließung der Deutungsmuster in *Concept Maps* und auch ihre Integration in *Meta Concept Maps* erfolgt also auf dieser Basis.

Die Erstellung der einzeltextbasierten *Concept Maps* wird als zweite Phase des Analyseleitfadens in der vorliegenden Studie zwölfmal durchgeführt; für alle zu einer Analyseeinheit zusammengefassten Darstellungstexte zum Thema Imperialismus aus den sechs deutschen und aus den sechs englischen Geschichtsschulbüchern. Diese separate Erfassung ermöglichte es – wie zu zeigen sein wird –, den zu analysierenden Text relativ genau abzubilden.

Die dritte Analysephase, die Erstellung von *Meta Concept Maps*, dient der Integration der einzeltextbasierten *Concept Maps* und erlaubt es, das in diesen noch je separat aus den einzelnen Diskursbeiträgen Erschlossene in Bezug auf den durch die Stichprobe definierten Diskurs relativ ganzheitlich abzubilden. Für die vorliegende Studie bedeutet das z. B., dass die *Meta Concept Map*, die die Darstellungstexte aus allen sechs zugelassenen deutschen Geschichtsbüchern zusammenfasst, das aktuelle deutsche Referenzkonzept vom Imperialismus erfasst. In ihr werden die Deutungsmuster der hierfür relevanten Diskursbeiträge umfassend visualisiert und aufeinander bezogen. Das deutsche Referenzkonzept ist damit das Produkt der durch Komprimierung und Interpretation zusammengefassten Diskursbeiträge. Dasselbe gilt für das englische. Die Erstellung von zwei *Meta Concept Maps* bietet für die vorliegende Arbeit besonderes Potenzial. Ein Vergleich dieser zwei Analyseprodukte bedeutet vor diesem Hintergrund nämlich, dass zwei aktuelle kulturelle Konzepte von Imperialismus aufeinander bezogen werden können. Gemeinsamkeiten und Unterschiede der in diesen Referenzkonzepten sich ausdrückenden kulturellen Perspektiven können sowohl in den *Meta Concept Maps* selbst (vgl. Kap. 4.2.2.2.2) als auch mithilfe sogenannter neuralgischer Teilkonzepte, die aus ihnen gewonnen werden können (vgl. Kap. 4.2.2.2.3), nachvollziehbar und prägnant aufgezeigt werden. Damit können sie zur Grundlage für die in der vorliegenden Arbeit angestrebte Schüler*innen-Gruppen vergleichende Untersuchung gemacht werden (vgl. Kap. 5.1.2).

An einem Beispiel soll der Einsatz der neun Einzelschritte des hier vorgestellten Leitfadens zum Einsatz der *Concept Mapping*-Methode für die vorliegende Schulbuchanalyse noch konkreter gemacht werden. Exemplarisch wird dabei auf die Erschließung eines propositionalen Bereichs aus dem deutschen Referenzkonzept eingegangen, der später als neuralgisches Teilkonzept (das der »Entdecker«) auch Eingang in den Fragebogen der Schüler*innen-Vergleichsstudie gefunden hat. Das Erhebungsinstrument wird so im Folgenden unter Verwendung des Analyseleitfadens (vgl. Abbildung 15) noch einmal Schritt für Schritt dargelegt.

4.2.2.2 *Concept Mapping:* Erschließen und Vergleichen kultureller Konzepte

Concept Mapping eignet sich zur Erschließung der kulturellen Perspektiven in Konzeptform aus Schulbuchdarstellungstexten. Es eignet sich auch, um so erschlossene Referenzkonzepte zu vergleichen. Beide Verfahren werden im Folgenden unter Berücksichtigung des oben skizzierten, der Untersuchung zugrunde gelegten Analyseleitfadens näher erläutert.

Zunächst wird gezeigt, wie der beschriebene Analyseleitfaden im vorliegenden Projekt konkret angewandt wurde, um ein deutsches und ein englisches Referenzkonzept zum Imperialismus aus dem Ausgangsmaterial herauszuarbeiten (vgl. Kap. 4.2.2.2.1). Zwei *Meta Concept Maps*, die als Referenzkonzepte den deutschen und den englischen Diskurs erfassen, stellen das Produkt dieser Arbeit dar. Anschließend wird erläutert, wie die *Meta Concept Maps* für einen Referenzkonzeptvergleich genutzt werden können (vgl. Kap. 4.2.2.2.2). Für diesen Vergleich werden im Folgenden zwei Zugänge vorgestellt und angewandt, die Erkenntnisse auf zwei Ebenen ermöglichen. Zum Ersten wird die inhaltlich strukturierende qualitative Inhaltsanalyse nach Udo Kuckartz zur Analyse der *Meta Concept Maps* genutzt. Sie ermöglicht es, Gemeinsamkeiten und Unterschiede zwischen den beiden Referenzkonzepten kategorial zu erfassen (vgl. Kap. 4.2.2.2.2). Ein Konzeptvergleich kann so – wie zu zeigen sein wird – auf propositionaler Ebene umfassend erfolgen. Zum Zweiten werden die Unterschiede zwischen den mithilfe des Analyseleitfadens ermittelten Referenzkonzepten im Folgenden durch die Eruierung sogenannter »neuralgischer Teilkonzepte« sehr detailliert erfasst und für einen Konzeptvergleich nutzbar gemacht (vgl. Kap. 4.2.2.2.3 und 4.2.2.2.4). Die neuralgischen Teilkonzepte umfassen nur wenige, für die kulturellen Deutungsmuster repräsentative Propositionen. Deshalb eignen sie sich auch als Grundlage für die anschließende Fragebogenstudie. Die Ergebnisse dieser Analyse finden sich in Kap 5.1.2.

4.2.2.2.1 Kulturelle Konzepte mithilfe von Concept Maps *aus Schulbüchern erschließen*

Beispielhaft wird im Folgenden das konkrete Vorgehen anhand des entwickelten Analyseleitfadens (vgl. Abbildung 15) und unter Rückbezug auf den Einsatz des Instruments im Rahmen einer wissenssoziologischen Diskursanalyse (vgl. Abbildung 10) erläutert.[363]

Schritt 1 – Festlegung der Fokusfrage: Die an das deutsche Textmaterial herangetragene Fokusfrage lautete: Wie wird der Imperialismus in deutschen Schulbüchern dargestellt? Für die englischen Schulbücher lautete sie entsprechend: Wie wird der Imperialismus in englischen Schulbüchern dargestellt?

---

363 *McLean:* Concept Mapping. 2022.

Die Fokusfrage, anhand derer die einzelnen Diskursbeiträge untersucht wurden, unterschied sich also nicht zwischen den pro Schulbuch erstellten einzeltextbasierten *Concept Maps*. Diese Einheitlichkeit der Fragestellung gewährleistete, dass die einzelnen Schulbuchanalysen vergleichbare Aspekte in vergleichbarer Weise aufgreifen würden. Das entsprach dem Analyseziel, das britische und das deutsche Deutungsmuster zum Imperialismus als Ganzes in Form von Referenzkonzepten zu erfassen.

Schritt 2 – Festlegung der Analyseeinheit: Als Analyseeinheit wurde ein Schulbuchtext bestimmt.

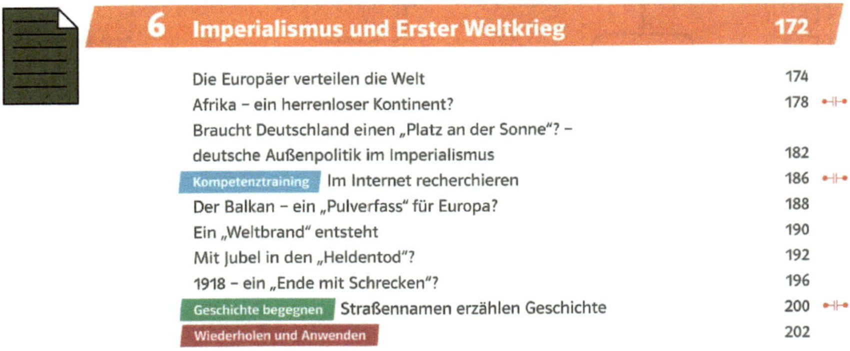

6 Imperialismus und Erster Weltkrieg 172

Die Europäer verteilen die Welt 174
Afrika – ein herrenloser Kontinent? 178
Braucht Deutschland einen „Platz an der Sonne"? – deutsche Außenpolitik im Imperialismus 182
Kompetenztraining Im Internet recherchieren 186
Der Balkan – ein „Pulverfass" für Europa? 188
Ein „Weltbrand" entsteht 190
Mit Jubel in den „Heldentod"? 192
1918 – ein „Ende mit Schrecken"? 196
Geschichte begegnen Straßennamen erzählen Geschichte 200
Wiederholen und Anwenden 202

Abbildung 16: Für die Festlegung der Analyseeinheit relevanter Auszug aus dem Inhaltsverzeichnis des Geschichtsschulbuchs »Geschichte und Geschehen«[364]. Das übergeordnete Symbol verweist auf Abbildung 10 und kennzeichnet die Relevanz dieses Analyseschritts für die Erfassung von Deutungsmustern aus Diskursen im Rahmen der wissenschaftlichen Diskursanalyse.

Um eine eindeutige Begrenzung zu gewährleisten, wurden dafür die Schulbuchseiten herangezogen, die im Inhaltsverzeichnis des Schulbuchs unter der Überschrift »Imperialismus« zu finden waren, im angegebenen Beispiel (Abbildung 16) also die Seiten 172–185. Weiter eingegrenzt wurden die Analyseeinheiten, indem lediglich die in den jeweiligen Kapiteln abgedruckten Darstellungstexte herangezogen wurden.[365]

Schritt 3 – Festlegung der bedeutsamen Sinneinheiten: Jeder Knoten und jede Kante einer Proposition wurde als bedeutsame Sinneinheit bestimmt. Die Erstellung der Propositionen erfolgte sequenziell und kann an einem kurzen Beispiel veranschaulicht werden (vgl. Abbildung 17).

364 Geschichte und Geschehen, S. 6.

365 Quellenmaterial, Bildunterschriften und redaktionelle Arrangements wurden nicht berücksichtigt.

Seit Beginn der Neuzeit hatten europäische Seefahrer immer neue Regionen der Erde in Amerika, Afrika, Asien und Australien entdeckt. Ihnen folgten Eroberer, Missionare und Kaufleute, die in den gewonnenen Gebieten Handelsniederlassungen und Missionsstationen errichteten. Aus dem Zusammenschluss dieser verschiedenartigen Besitzungen in Übersee entstanden die Kolonialreiche Spaniens, Portugals, Großbritanniens und anderer europäischer Staaten. Häufig

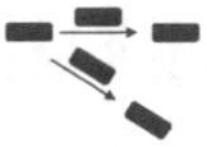

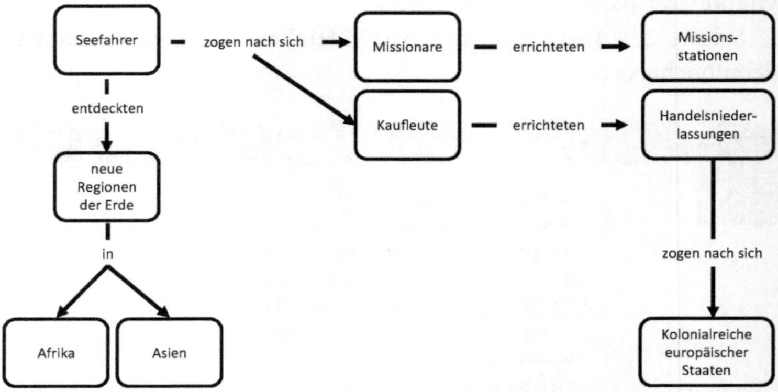

Abbildung 17: Ausgangsmaterial zur Veranschaulichung der methodischen Umformung von Sinneinheiten in Propositionen aus dem Geschichtsschulbuch »Horizonte«[366]. Das übergeordnete Symbol verweist auf Abbildung 10 und kennzeichnet die Relevanz dieses Analyseschritts für die Erfassung von Deutungsmustern aus Diskursen im Rahmen der wissenschaftlichen Diskursanalyse.

Zeile für Zeile wurden Knoten und Kanten aus den Satzgliedern der Sätze im Originaltext geformt und i.d.R. entsprechend der Satzstruktur in propositionaler Form erfasst. Das bedeutet, dass das Subjekt des Satzes auch den Beginn der Proposition markiert, das Objekt das Ende (vgl. »Seefahrer / entdeckten / neue Regionen der Erde«).[367] Präpositionen (»Seit Beginn der Neuzeit«, Abbildung 17) und Konjunktionen (»Als«, Abbildung 19) fanden keine Berücksichtigung. Satzglieder, die für die Erfassung in einem Knoten zu lang waren (z.B. »neue Regionen der Erde in Amerika, Afrika, Asien und Australien«), mussten getrennt erfasst werden.[368] Bei Aufzählungen kann diese Trennung einfach durch die Teilung der Aufzählungsglieder in je einen Knoten erfolgen (»Afrika«, »Asien« etc.). Es ist auch möglich, »Ketten-Propositionen« anzulegen.[369] Das heißt, dass der Sinngehalt einer dargestellten Sinneinheit sich erst aus mindestens zwei kombinierten Propositionen ergibt. Im Beispiel gilt das für die Aneinanderrei-

366 Horizonte, S. 46.

367 Von dieser Satzstruktur kann in Schritt 4 zum Zwecke der Entwicklung der Knoten und Kanten in einer *Concept Map* abgewichen werden. Vgl. »Richtungswechsel«.

368 Dazu methodisch *Novak:* Theory. 2008, S. 12f.

369 Ebd.

hung »neue Regionen der Erde / in / Afrika«, die erst durch die Ergänzung um die Proposition »Seefahrer / entdeckten / neue Regionen der Erde« ihren eigentlichen Sinn erhält. Weil eine Proposition aber eine bedeutungsvolle Einheit in sich darstellen soll, galt es, solche Ketten-Propositionen in der *Concept Mapping*-Methode zu vermeiden.[370] Ihre notwendige Auflösung erfolgte deshalb im Zuge der »Zusammenfassung« unter Schritt 4 und Schritt 7.

Schritt 4 – Entwicklung der Knoten und Kanten aus den Ausgangstexten und Visualisierung in einer *Concept Map:*

Die Knoten und Kanten, die als Propositionen eine *Concept Map* konstituieren, wurden regelgeleitet aus dem Text entwickelt, um eine übersichtliche *Map*-Struktur zu sichern. Dabei wurden fünf Aspekte berücksichtigt.

(1) Die Propositionen sollten einem einfachen grammatischen Aufbau folgen. Im einfachsten Fall stellte also der erste Knoten einer Proposition das Subjekt, der zweite das Objekt des Ausgangssatzes dar. Als Kante konnte in diesem Fall das Verb des Ausgangstextes verwendet werden.

(2) Die Propositionen wurden sequenziell erstellt. Das heißt, der erste Satz des Textes stellte die erste Proposition der *Map* dar. Ausgehend hiervon wurden die weiteren Sinnzusammenhänge Satz für Satz als Proposition erfasst. Dieses sequenzielle Vorgehen kann Auswirkungen auf die inhaltliche Konstruktion der weiteren Propositionen haben. Die *Concept Map* wird im Zweifel nämlich ausgehend vom zuerst als Knoten erfassten Subjekt aufgebaut. Am Beispiel zeigt sich das etwa in der Proposition »Seefahrer / zogen nach sich / Missionare«, die unter der Prämisse der textnahen Produktion eigentlich lauten müsste »Missionare / folgten / Seefahrern« (Abbildung 17). Da das Subjekt »Seefahrer« aber schon als erster Knoten erfasst wurde, wurde hiervon ausgehend formuliert.

(3) »Sätze in Kästen« sollten vermieden werden, da Knoten intern keine weiteren Satzverknüpfungen aufweisen.[371] Zu diesem Zweck war eine Aufteilung der Satzglieder aus dem Ausgangstext bisweilen angemessen (vgl. Schritt 3, Trennung der Aufzählungsglieder, Ketten-Propositionen). Eine solche Aufteilung kann aber wiederum negative Auswirkungen auf die Übersichtlichkeit der Map-Struktur haben. Zu viele Aufzählungen lassen die Map zersplittert wirken und können den analysierenden Blick verstellen.

Auch Ketten-Propositionen, bei denen die inhaltliche Bedeutung sich erst durch die Verbindung von zwei Propositionen erschließt, wurden in der vorlie-

---

370 Ebd.

371 *Novak:* Theory. 2008, S. 12 f. In Ausnahmefällen können, das sei ergänzt, Knoten und Kanten durchaus ganze Sätze umfassen. Siehe hierzu *Carla Limongelli* u. a.: A Framework for Comparing Concept Maps. In: *Institute for Electrical and Electronics Engineering (IEEE)* (Hg.): 16th International Conference on Information Technology Based Higher Education and Training. Bebek 2017, S. 1–6, hier S. 1. Online unter URL: <https://ieeexplore.ieee.org/stamp/stamp.jsp?tp=&arnumber=8067818> (Zugriff am 24.03.2023).

genden Arbeit vermieden, da sie dem Grundsatz widersprechen, dass eine Proposition *per se* sinntragend sein sollte.

Beidem – der Aufzählung und dem methodisch unsauberen Erfassen der Inhalte in Form von Ketten-Propositionen – konnte in dieser Arbeit durch Zusammenfassung begegnet werden. Wenn die Aufzählungsglieder für keine weiterführenden Propositionen relevant waren, wurde auf sie verzichtet. Die Verwendung eines Hyperonyms als Knoten wurde dann als legitim angesehen (vgl. Abbildung 17, »neue Regionen der Erde«). Auch für den Umgang mit Ketten-Propositionen wurde diese Möglichkeit, auf die Anschlussproposition zu verzichten, wahrgenommen. Eine andere Möglichkeit konnte es sein, den fehlenden Sinn der zweiten Proposition zu ergänzen, indem z.B. eine neue Kante im Sinn des Kontexts eingefügt wurde, z.B. »neue Regionen der Erde / wurden erobert in / Afrika«. Welche dieser beiden Möglichkeiten gewählt wurde, entschied sich auf der Grundlage von Schritt 7, also vor dem Hintergrund der Integration mit anderen *Concept Maps*.

(4) Zuordnungen, die im Text nur unterschwellig erfolgen, wurden vorgenommen. So veranschaulicht die entwickelte *Concept Map* etwa, dass es Missionare waren, die Missionsstationen errichteten, und Kaufleute, die Handelsniederlassungen errichteten (Abbildung 17).

(5) Unklarheiten wurden ausgeklammert oder erklärt. Sie können in propositionaler Form schlicht nicht in vergleichbar unklarer Form erfasst werden, wie sie in schriftlich ausformulierten Texten z.T. vorliegen. Zur Frage danach, wie genau es von der »Entdeckung neuer Gebiete« zu »gewonnenen Gebieten« kam, äußert sich unter diesem Aspekt also weder der Text[372] noch die *Concept Map* (Abbildung 17). Die Überlegung, wie die »Erkundung neuer Seewege« zusammenhängt mit der »europäischen Expansion«, die im Text[373] durch die Temporaladverbiale »als« verschleiert wird, wurde in der gewählten Proposition »Seefahrer / zogen nach sich / europäische Expansion« ebenfalls möglichst diffus gefasst (vgl. Abbildung 19). Es zeigt sich, wie gesagt, dass ein vergleichbar unklares Formulieren wie im Text mit der *Concept Mapping*-Methode nicht möglich ist. Das besondere Potenzial der *Concept Maps* für ein eindeutiges Lernen scheint hier klar auf. In solchen Fällen, in denen also die Ergänzung der im Ausgangsmaterial vorzufindenden Formulierungen nötig war, erwies es sich – mit Blick auf die im Folgenden angestrebte Integration der *Maps* – als hilfreich, auf Formulierungen zurückzugreifen, die sich schon für die Gestaltung der ersten erstellten *Map* als sinnvoll erwiesen haben.

---

372 Horizonte, S. 46.

373 Das waren Zeiten, S. 38: »Als im 15. Und 16. Jh. Portugiesen und Spanier die Weltmeere erkundeten und neue Seewege, Inseln und Kontinente entdeckten, begann die europäische Expansion.«

Nützlich war die Arbeit mit Zettel und Stift und eine daran anschließende Übertragung in das Programm Cmaps. Zunächst konnte so die sehr nahe am Ausgangstext orientierte Arbeit gewährleistet werden, sodann konnten die beschriebenen Überlegungen zur Gestaltung einer übersichtlichen *Map*-Struktur bei der Übertragung in das Computerprogramm systematisierend erfolgen.

Schritt 5 – Konsensuale/Dialogische Validierung: Zu der aus dem Schulbuchtext generierten *Concept Map* wurde auf der Grundlage der unter Schritt 3 zusammengefassten Auswertungsregeln eine weitere *Concept Map* pro Schulbuch von einer anderen Person erstellt. Diskursiv wurden anschließend die Entscheidungen der Kodierer*innen in Bezug auf die vier unter Schritt 4 beschriebenen Aspekte (insbesondere (3) und (4)) der Auswertung verhandelt. Das Ergebnis dieses diskursiven Verfahrens war eine konsensual entwickelte *Concept Map* pro Analyseeinheit.[374] Diese *Maps* stellten den Ausgangspunkt für die weiteren Analyseschritte dar.

Schritt 6 – Reduktion der Datenmenge. Standardisierung der Knoten und Kanten: Im vorliegenden Projekt konnten insgesamt 156 Seiten in zwölf einzeltextbasierten *Concept Maps* integriert werden. Im vorliegenden einzeltextbasierten *Concept Map*-Beispiel sind 29 Schulbuchseiten visualisiert (Abbildung 18). Das relativ umfangreiche Ausgangsmaterial wurde so handhabbar. Durch die Reduktion ergaben sich weitere Vergleichsmöglichkeiten zur Aufdeckung der kulturellen Deutungsmuster. Je nach Differenzierungsgrad des angelegten Analyserasters können für die Reduktion der Datenmenge unterschiedliche Verfahren genutzt werden.

Im vorliegenden Forschungsprojekt wurde nach der Erstellung der ersten *Concept Map* bei der Gestaltung aller weiteren *Concept Maps* darauf geachtet, dass für inhaltlich vergleichbare Knoten und Kanten bzw. Propositionen dieselbe Formulierung und Anordnung gewählt wurde wie bereits bei der Auswertung des ersten Schulbuchs (vgl. »Handelsniederlassungen«/»Handelsstützpunkte«). Sprachliche Formulierungen konnten angepasst werden, wenn der Sinn dadurch nicht verändert wurde (vgl. Abbildung 19: »neue Seewege, Inseln und Kontinente« als »neue Regionen der Erde«). Bei dieser Entscheidung für eine einheitliche sprachliche Formulierung war stets abzuwägen zwischen der nach Möglichkeit beizubehaltenden Nähe zum Text einerseits und der Vergleichbarkeit mit anderen *Maps* andererseits. Diese Vergleichbarkeit war die notwendige Voraussetzung für die Integration der einzeltextbasierten *Concept Maps* zu einer *Meta Concept Map.*

374 *Udo Kuckartz:* Qualitative Inhaltsanalyse. Methoden, Praxis, Computerunterstützung. Weinheim 2018, S. 82 f.; *Udo Kuckartz:* Qualitative Inhaltsanalyse: Am Beispiel einer Studie zu Klimabewusstsein und individuellem Verhalten. In: *Leila Akremi* u. a. (Hrsg.): Handbuch interpretativ forschen. Weinheim 2018, S. 506–534, hier S. 531.

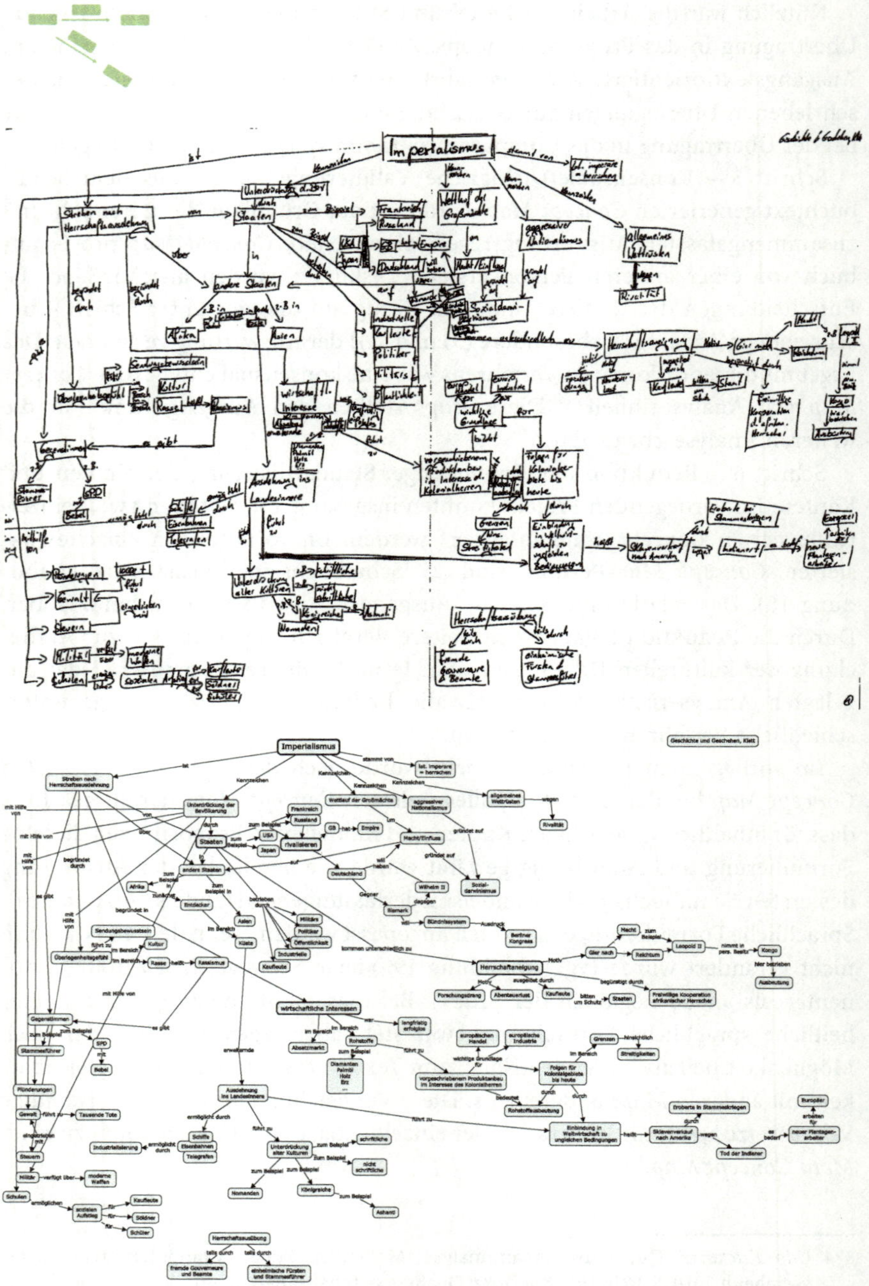

Abbildung 18: Die Entwicklung der Knoten und Kanten aus dem Geschichtsschulbuch »Geschichte und Geschehen« und ihre Visualisierung in einer *Concept Map* anhand der beschriebenen Überlegungen zunächst im *Paper Pencil*-Verfahren, dann in der digitalen Übertragung in das Programm Cmaps. Das übergeordnete Symbol verweist auf Abbildung 10 und kennzeichnet die Relevanz dieses Analyseschritts für die Erfassung von Deutungsmustern aus Diskursen im Rahmen der wissenschaftlichen Diskursanalyse.

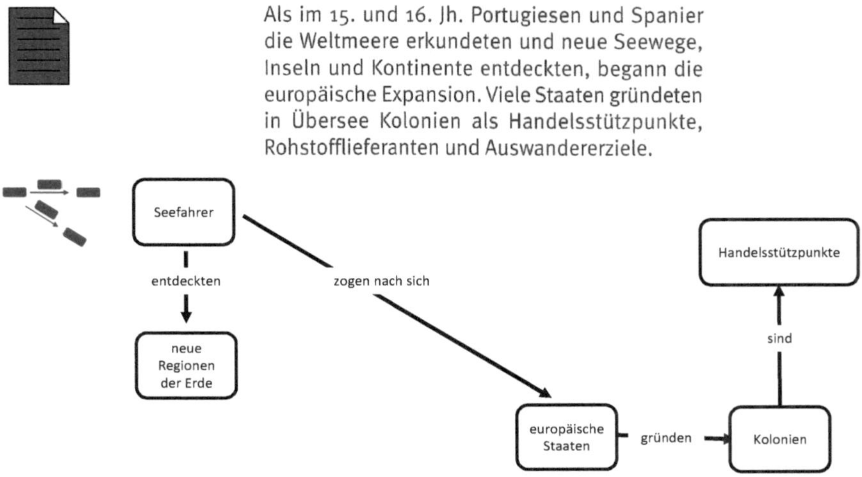

Abbildung 19: Ausgangsmaterial zur Veranschaulichung der methodischen Umformung von Sinneinheiten in Propositionen aus dem Geschichtsschulbuch »Das waren Zeiten«[375]. Das übergeordnete Symbol verweist auf Abbildung 10 und kennzeichnet die Relevanz dieses Analyseschritts für die Erfassung von Deutungsmustern aus Diskursen im Rahmen der wissenschaftlichen Diskursanalyse.

Die Struktur, die sich so pro Schulbuchanalyse vor allem in der Anordnung der Knoten und Kanten zeigte, war für die Zusammenführung der *Concept Maps* sehr hilfreich. Weitere *Maps* konnten in diese Struktur auf zweifache Weise eingefügt werden: Entweder waren die aus den weiteren zu analysierenden Diskursbeiträgen entnommenen Propositionen eine Ergänzung bereits bekannter Sinneinheiten. Dann war eine Integration einfach, weil die neuen Propositionen einfach »dazugeschrieben« werden konnten. Oder die im neuen Material enthaltenen Inhalte trugen denselben Sinngehalt wie die bereits im übrigen Material eruierten Propositionen. Dann musste ein sorgfältiger Abgleich der sich überschneidenden *Concept Map*-Bereiche erfolgen. Ziel dieses Abgleichs war stets die Wahl der in der zusammengeführten *Map* schließlich gewählten Formulierungen.

Schritt 7 – Festlegung der Regeln für die Integration der einzeltextbasierten *Concept Maps* in eine *Meta Concept Map:* Die Integration der einzeltextbasierten *Concept Maps* in eine *Meta Concept Map* wurde in der Weise umgesetzt, dass für jede Proposition in zweifacher Form angegeben wurde, aus welcher Analyseeinheit sie in welcher Häufigkeit stammt: Farblich wurde anhand der Kanten gekennzeichnet, aus welchem Schulbuch die Formulierung stammt. Durch Angabe der an der Kante ebenfalls angegebenen und farblich markierten Seiten-

375 Das waren Zeiten, S. 38.

zahlen kann die Häufigkeit der propositionalen Nennung pro Analyseeinheit auf einen Blick nachvollzogen werden (Abbildung 20).

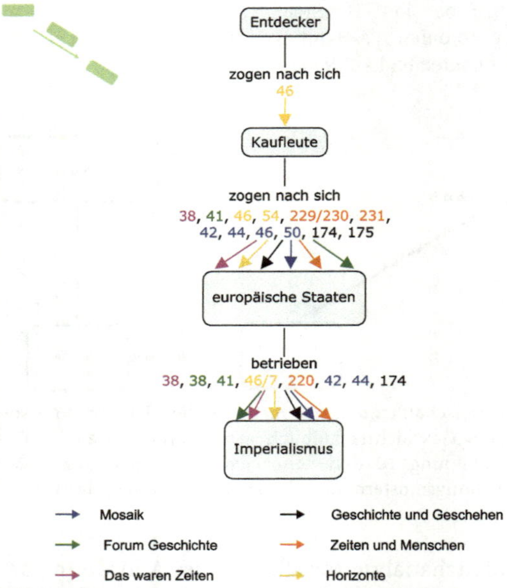

Abbildung 20: Dieser *Concept Map*-Bereich (ein neuralgisches Teilkonzept) veranschaulicht die Fundstellen im Ausgangsmaterial mithilfe farbiger Pfeile. Sie geben die Schulbücher als Ursprung an (vgl. Legende). Die Seitenzahlen werden ebenfalls pro Schulbuch farblich zugeordnet.[376] Diese Art der Darstellung schafft Transparenz und einen schnellen Überblick über die Relevanz, die den Sinnzusammenhängen im jeweiligen Diskurs beigemessen wird. Das übergeordnete Symbol verweist auf Abbildung 10 und kennzeichnet die Relevanz dieses Analyseschritts für die Erfassung von Deutungsmustern aus Diskursen im Rahmen der wissenschaftlichen Diskursanalyse.

Methodisch veranschaulicht das Beispiel, wie die Fundstellen im Ausgangsmaterial in der *Meta Concept Map* sichtbar gemacht wurden. Die interpretative Analyse ist auf diese Weise sehr transparent und einfach nachvollziehbar gestaltet. Die an den Kanten angegebenen Seitenzahlen belegen die Fundstellen im Ausgangsmaterial und ermöglichen so eine individuelle Überprüfung der hier getroffenen interpretatorischen Entscheidungen. Jeder Diskursbeitrag ist farblich kodiert. Das ermöglicht einen schnellen Überblick über die Perspektivität der Argumentationslinien und erlaubt es zudem, die Relevanz, die bestimmten Propositionen auch innerhalb einzelner Diskursbeiträge beigemessen wird, durch die Anzahl der angegebenen Zitatstellen zu ermessen. Die Relevanz einzelner Sinnzusammenhänge im Gesamtdiskurs zeigt sich bei dieser Variante der

376 Im Anhang finden sich die Zitate, auf die diese Seitenzahlen verweisen: S. 104–109.

Visualisierung also anhand der Anzahl an propositionalen Relationen (die »Entdecker« sind nur einfach verbunden; die »Kaufleute« sechsfach) wie auch anhand der ein- oder mehrfachen Angabe der Sinneinheit in einem Diskursbeitrag (dass die Kaufleute die Europäischen Staaten nach sich zogen, wird zum Beispiel im Schulbuch Mosaik, das hier in blau angegeben ist, vierfach genannt).

Die Integration der einzeltextbasierten *Concept Maps* in eine *Meta Concept Map* folgte damit einem quantifizierenden Ansatz. Grundregel war, dass die Formulierungen, die in den einzeltextbasierten *Concept Maps* häufig vorkommen, auch übernommen wurden und seltene Formulierungen, die inhaltlich Deckungsgleiches ausdrücken, zugunsten der häufiger vorkommenden ersetzt wurden. Diese Vereinheitlichung fand für jede sinnstiftende Kategorie statt. So wurde etwa die Kategorie »Wirkung« identifiziert. Zwei Formulierungen im Material dazu waren etwa: »führt zu«/ »resultiert aus«. Die Propositionen wurden im Folgenden dann so angeglichen, dass – im Sinne des einfachen grammatischen Aufbaus, dem die Propositionen nach Möglichkeit folgen sollten (vgl. Schritt 4, (1)) – »führt zu« gewählt und die Pfeilrichtung entsprechend angepasst wurde. Integrative Formulierungen wurden als Knoten bevorzugt (vgl. »Entdecker« statt »Seefahrer« in Abbildung 20).

Schritt 8 – Integration der einzeltextbasierten *Concept Maps* in eine *Meta Concept Map:* Entsprechend des unter Schritt 7 beschriebenen Verfahrens erfolgte die Integration der einzeltextbasierten *Concept Maps* in eine *Meta Concept Map* im vorliegenden Forschungsprojekt zweimal; einmal anhand von sechs deutschen Schulbüchern und einmal anhand von sechs britischen Schulbüchern. Die deutliche Angabe dieser einzelnen Schritte und des sie kennzeichnenden regelgeleiteten Vorgehens ist für die spätere Nachvollziehbarkeit der personengebundenen Interpretation hilfreich.

Schritt 9 – Konsensuale/Dialogische Validierung: Die intersubjektive Plausibilisierung der Interpretationen erfolgte schließlich, indem die *Meta Concept Maps* durch eine zweite Person anhand der oben aufgeführten Vorgehensweise erstellt wurden. Dialogisch wurde anschließend verhandelt, welche Formulierung die Ausgangstexte besonders treffend zusammenfasst und wie die Integration der einzeltextbasierten Propositionen besonders nachvollziehbar gestaltet werden könnte. Das Ergebnis war auch hier eine konsensual erstellte *Meta Concept Map.*

Die neun Schritte des Analyseleitfadens wurden einmal auf die sechs Schulbuchdarstellungstexte des deutschen und einmal auf die sechs des englischen Diskurses angewandt. So wurden zwei kulturelle Referenzkonzepte vom Imperialismus in der Form von *Meta Concept Maps* erfasst. Abbildung 21 und Abbildung 22 stellen das Ergebnis der Schulbuchanalyse auf dieser Ebene dar. Im Anhang sind die Referenzkonzepte zur besseren Lesbarkeit noch einmal in geteilter Form abgebildet (Anhang S. 4–10 und S. 11–17).

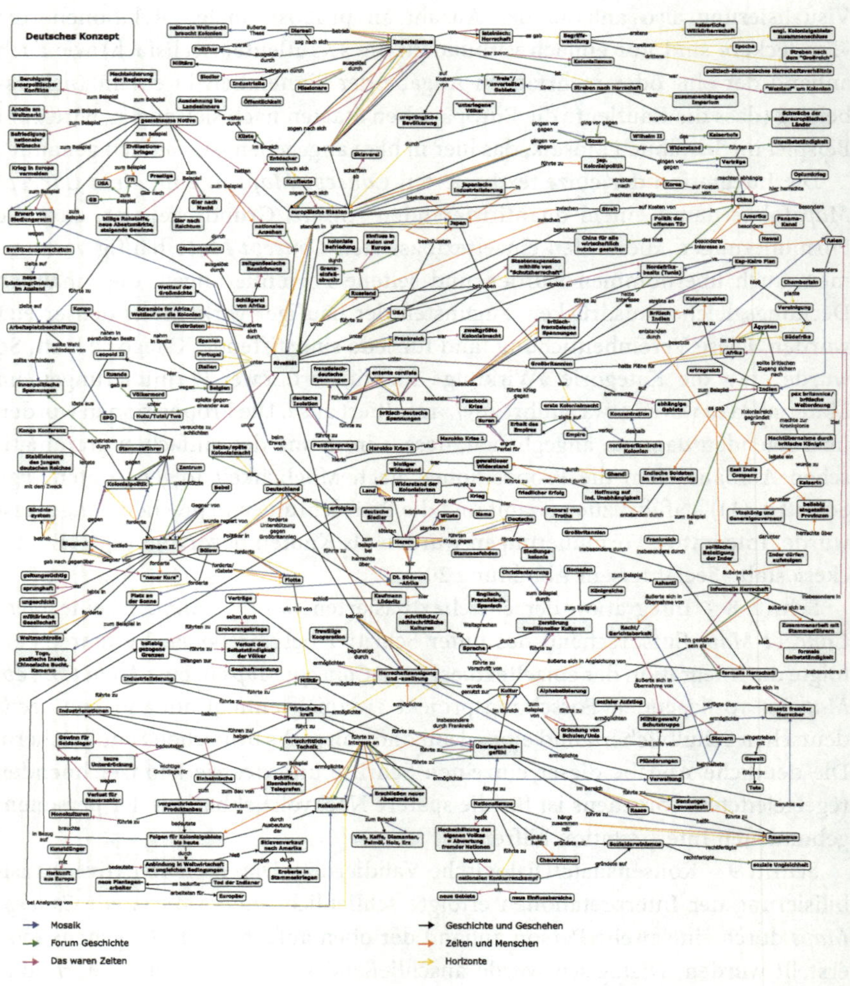

Abbildung 21: Deutsches Referenzkonzept zum Imperialismus. Die Legende gibt an, aus welchem Schulbuch der als Proposition dargestellte Sinnzusammenhang stammt. Die Propositionen erlauben so aufgrund ihrer Fülle und Farbgebung Rückschlüsse auf die Relevanz, die ihnen im deutschen Diskurs zukommen. Eine großformatige Darstellung findet sich im Anhang auf S. 4–10.

In der Form der *Meta Concept Maps* können die Referenzkonzepte anhand aller sie kennzeichnenden Propositionen detailliert verglichen werden. Geprüft werden kann, ob die einzelnen Propositionen in beiden Referenzkonzepten enthalten sind und – wenn ja – ob sie in vergleichbarer oder deutlich abweichender Form vorliegen. Als vergleichbar können Propositionen angesehen werden, wenn sie inhaltlich mit den Propositionen des jeweils anderen Referenzkonzepts

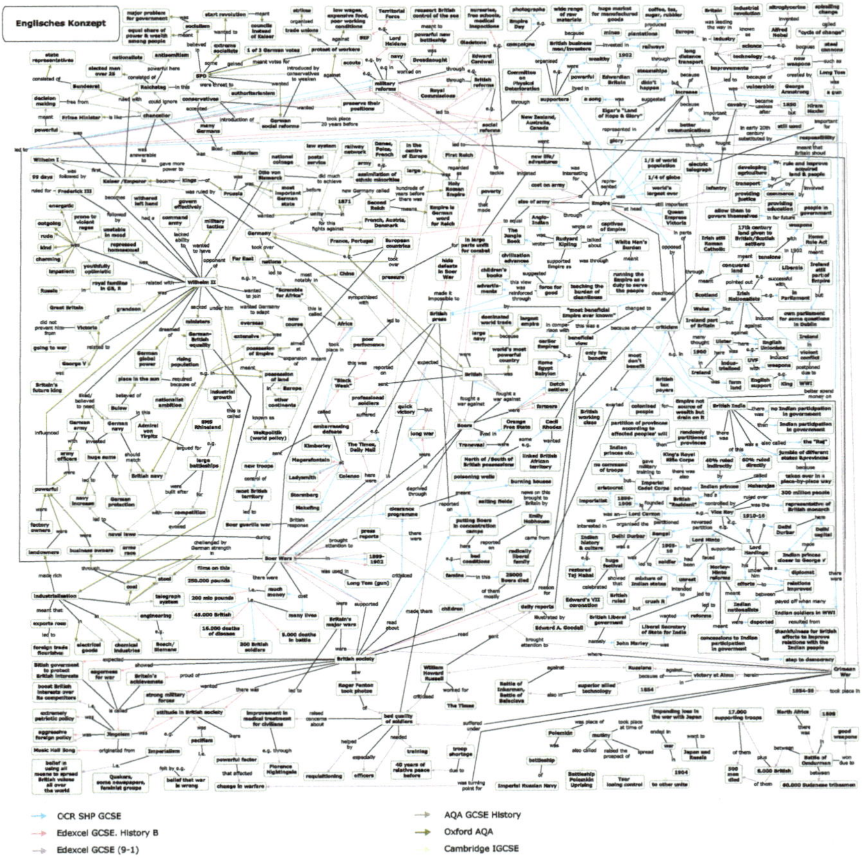

Abbildung 22: Englisches Referenzkonzept zum Imperialismus. Die Legende gibt an, aus welchem Schulbuch der als Proposition dargestellte Sinnzusammenhang stammt. Die Propositionen erlauben so aufgrund ihrer Fülle und Farbgebung Rückschlüsse auf die Relevanz, die ihnen im englischen Diskurs zukommen. Eine großformatige Darstellung findet sich im Anhang auf S. 11–17.

übereinstimmen. Als abweichend können sie identifiziert werden, wenn sprachlich oder relational relevante Unterschiede sichtbar werden. Sprachlich können sowohl die Knoten als auch die Kanten in Bezug auf ihre Bedeutung unterschiedlich formuliert sein. An diesem Punkt ergeben sich ganz offenkundig Anknüpfungsmöglichkeiten zur Begriffsarbeit (vgl. Kap. 4.2.1). Darüber hinaus drücken sich unterschiedliche Relationalitäten aus; im einfachsten Fall in einer Verkehrung der Kante, so dass z. B. Subjekt und Objekt im Vergleich zur Referenzproposition vertauscht sind (z. B. »Buren / führten Krieg gegen / Briten« versus »Briten / führten Krieg gegen / Buren«, vgl. Kap. 5.1.2.3, »Buren/Boers«).

Umfassender ist eine relationale Differenz, die unterschiedliche Erklärungsmuster für dasselbe historische Ereignis anhand der Propositionen erkennen lassen. Das kann sich so ausdrücken, dass einem vergleichbaren Knoten (»Inder kämpfen im Ersten Weltkrieg«) qualitativ sehr verschiedene Knoten vorangestellt werden (»Aus Hoffnung auf Unabhängigkeit« versus »aus Dankbarkeit für das britische Bemühen um eine Annäherung an das indische Volk«, vgl. Kap. 5.1.2.3, »Indien/India«), oder so, dass der Abschluss einer ansonsten vergleichbaren Proposition verändert ist (z.B. »Wilhelm II. / entließ / Bismarck« versus »Wilhelm II / dismissed / ministers« vgl. Kap. 5.1.2.3, »Wilhelm II./Wilhelm II«).

4.2.2.2.2 Kulturelle Konzepte mithilfe von Meta Concept Maps *vergleichen*

Die vergleichende Analyse der *Meta Concept Maps* sollte in Anbetracht des umfangreichen Materials strukturiert erfolgen. Zwei Verfahren wurden zu diesem Zweck entwickelt, angewandt und erprobt: die Auswertung anhand einer inhaltlich strukturierenden qualitativen Inhaltsanalyse nach Udo Kuckartz[377] und die Auswertung anhand neuralgischer Teilkonzepte. So konnten kulturelle Perspektiven in den Referenzkonzepten, die das Produkt der Schulbuchanalyse darstellen, kategorial und propositional (vgl. Kap. 4.2.2.2.3) strukturiert erfasst werden.

Auswertung der Meta Concept Maps *durch qualitative Inhaltsanalyse*

Für eine strukturierte Auswertung der umfangreichen *Meta Concept Maps* scheint die Kategorisierung der beiden Referenzkonzepte anhand von Themeneinheiten geeignet. Sie können z. B. im Sinne der inhaltlich strukturierenden qualitativen Inhaltsanalyse nach Udo Kuckartz als Hauptkategorien erfasst werden.[378] In der *Concept Mapping*-Methode ist eine solche Kategorisierung nämlich (zumindest implizit) ebenfalls angelegt. Hier entspricht der Begriff »segments« dem der »Kategorie« aus der qualitativen Inhaltsanalyse;[379] genauer: einer Hauptkategorie, die mehrfach kodiert werden kann, denn die Relationen, die sich in den Propositionen ausdrücken, verhindern eine absolute Abgrenzung und Zuordnung der Inhalte in *Concept Maps.* Die *Concept Mapping*-Methode eignet sich in Bezug auf eine inhaltsanalytische Auswertung dafür umso mehr dazu, Kategorien in Hinblick auf die Zusammenhänge sowohl in ihnen als auch

377 *Kuckartz:* Inhaltsanalyse. 2018, S. 97–160.

378 Ebd.

379 *Novak:* Theory. 2008, S. 2. Der Begriff der »segments« wird hier gewählt, weil er von Novak eindeutiger auf die inhaltlich strukturierten *Concept Map* Bereiche bezogen wird. Alternativ verwendet Novak den Begriff »domains« teils synonym, teils aber verweist er mit dem Begriff »domains« auch auf Fachdiskurse, innerhalb derer eine *Concept Map* entstehen könne und also nicht mehr auf Bereiche in der *Map.*

untereinander zu untersuchen. Wo etwa viele Kanten von Knoten aus einer Kategorie zu solchen in einer anderen weisen, bestehen starke Zusammenhänge. Das Kategoriensystem, das die Gesamtheit aller Kategorien erfasst, wird im *Concept Mapping*-Verfahren als Netzwerk organisiert.[380]

Die Erstellung der Segmente bzw. Kategorien und die dadurch vorgenommene Strukturierung des Materials kann analog zur inhaltlich strukturierenden qualitativen Inhaltsanalyse auf zwei Weisen erfolgen: Sie können entweder »mehr oder weniger direkt aus der Forschungsfrage abgeleitet werden [..., die] bereits bei der Erhebung von Daten leitend waren«,[381] oder sie können direkt am Material entwickelt werden. Im vorliegenden Beispiel wurden sie anhand des Materials selbst, also anhand der *Meta Concept Maps*, induktiv entwickelt.

Zwei Verfahren sind hierfür üblich: Entweder erstellen mindestens zwei Kodierer*innen die Kategorien anhand des vorliegenden Materials unabhängig voneinander oder eine Person erstellt die Kategorien und mindestens eine zweite prüft diese bereits erstellten Kategorien anhand des Materials in Bezug auf ihre Anwendbarkeit und Plausibilität.[382] Für die Analyse der Referenzkonzepte wurde die offenere induktive Variante angewandt, nach der die Kodierer*innen unabhängig voneinander die Kategorien erstellen. Beide Referenzkonzepte wurden sogar dreifach analysiert und die Analyse wurde anschließend diskursiv unter den drei Kodierer*innen verhandelt. Die Differenzen, die bei dieser Auswertung und Kodierung des Materials zu erwarten waren, sind in Abbildung 23 und Abbildung 24 festgehalten.[383] Die Konsensfindung der Gruppe zeigt sich in diesen Abbildungen ebenfalls.[384] Die integrierte, konsensual ermittelte Kategorisierung und die Zuordnung der Propositionen beider Referenzkonzepte zu diesen Kategorien stellten die Grundlage für die weitere Analyse dar.[385]

In Tabelle 3 werden die erstellten Kategorien – in Analogie zum etablierten Verfahren der qualitativen Inhaltsanalyse – definiert und wird das Kodierverfahren anhand einer sie besonders repräsentativ kennzeichnenden Proposition, die als Ankerbeispiel dient, verdeutlicht. Die Kategorien, die sowohl im Deutschen als auch im Englischen enthalten sind, werden mit Ankerbeispielen aus beiden kulturellen Diskursen belegt.

380 *Kuckartz:* Inhaltsanalyse. 2016, S. 38. Üblich sind daneben die »lineare Liste« und die »Hierarchie«. Mithilfe der *Concept Maps* kann besonderer Wert auf »eine durch Abhängigkeitsbeziehungen strukturierte Vielzahl von Kategorien« gelegt werden (*Alexander Bogner/Beate Littig/Wolfgang Menz:* Interviews mit Experten. Eine praxisorientierte Einführung. Wiesbaden 2014, S. 73f.).

381 *Kuckartz:* Inhaltsanalyse. 2016, S. 101.

382 Ebd., S. 48f.

383 Ebd., S. 72f.

384 Ebd., S. 105.

385 Ebd.

Tabelle 3: Kategorien mit Definition in Ankerbeispielen in propositionaler Form

Kategorie	Definition	Ankerbeispiel
Begriffserklärung	Linguistische und sprachhistorische Erläuterung des Begriffs »Imperialismus«	Imperialismus – von → lat.: Herrschaft
Wie es zum Imperialismus kam	Darstellung der unmittelbaren, den Imperialismus bedingenden Vorgeschichte	Entdecker – zogen nach sich → Imperialismus
Motive für Imperialismus	Darlegung der Motive aller europäischen Staaten für das imperiale Streben[386]	Gemeinsame Motive – z.B. → Erwerb von Siedlungsraum
Industrialisierung	Beschreibung technischer Entwicklungen und ihrer Bedeutung für den Imperialismus	fortschrittliche Technik – ermöglichte → Erschließen neuer Absatzmärkte industrialisation – meant → rise of exports
Ideologie	Beschreibung der weltanschaulichen Überzeugungen in kolonisierenden Gesellschaften	Überlegenheitsgefühl – führte zu → Sendungsbewusstsein jingoism – was → attitude in British society
Rivalität	Darstellung des Imperialismus als Wettstreit verschiedener europäischer Akteure	europäische Großmächte – standen in → Rivalität European countries – took over → nations
Deutschland	Beschreibung der politischen und gesellschaftlichen Entwicklungen im Kaiserreich als ursächlich für den deutschen Imperialismus	Wilhelm II. ← Gegner von → Bismarck Wilhelm II – was → repressed homosexual

386 Motive, die nur einem europäischen Staat zugeschrieben werden, werden hier nicht berücksichtigt. Die im englischen Referenzkonzept enthaltenen Propositionen, die allein dem Deutschen Reich aktives imperiales Streben und damit Motive zuschreiben (z. B. »place in the sun / required because of / nationalist ambition«), fallen damit nicht in diese Kategorie.

(Fortsetzung)

Kategorie	Definition	Ankerbeispiel
Großbritannien	Darstellung des »Empire« und seiner Bedeutung für Großbritannien	Großbritannien — beherrschte → abhängige Gebiete Empire — was → world's largest ever
Formen kolonialer Politik	Beschreibung allgemeiner Merkmale kolonialer Politik in den Kolonialgebieten	Kultur — wurde genutzt zur → Herrschafts-aneignung und -ausübung rule and improve acquired land and people — by → providing education
Übrige koloniale Schauplätze	Erzählungen zu kolonialen Ereignissen ohne direkte Verbindung zum Wirken europäischer Großmächte	japanische Industrialisierung — führte zu → japanischer Kolonialpolitik Japan and Russia — went to → war
Deutschland als Kolonialmacht	Beschreibung des deutschen imperialen Ausgriffs auf andere Länder	Deutsche — führten Krieg gegen → Herero
Großbritannien als Kolonialmacht	Beschreibung des britischen imperialen Verhaltens im *Empire*, bzw. seines imperialen Ausgriffs auf andere Länder	Britisch Indien — entstanden durch → East India Company British India — was ruled → 40% indirectly
Presse/Reformen	Beschreibung des Zusammenhangs von Berichterstattung aus den Kolonialgebieten und dadurch bedingte Entwicklungen im »Mutterland«	press reports — led to → military and social reforms

(Fortsetzung)

Kategorie	Definition	Ankerbeispiel
Folgen	Erzählungen zu den Folgen des Imperialismus für die kolonisierenden oder die kolonisierten Länder	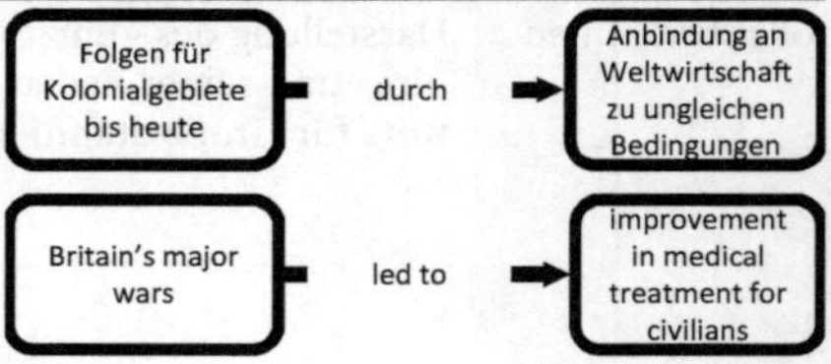

Die auf dieser Grundlage erfolgte kategoriale Analyse der kulturellen Referenzkonzepte kann grafisch ebenfalls in Form der *Meta Concept Maps* dargestellt werden. Abbildung 23 und Abbildung 24 zeigen das einmal für das deutsche und einmal für das englische Referenzkonzept. Die konsensual erstellten Kategorien sind in beiden integrierten Abbildungen unter der »Legende« erfasst. Sie sind für den Referenzkonzeptvergleich inhaltlich vergleichbar formuliert und farblich einheitlich markiert. Die Kodierung des Materials wird durch die farbliche Markierung der *Meta Concept Maps* selbst so kategorial sichtbar.

Ergebnisse der Meta Concept Map-*Auswertung durch qualitative Inhaltsanalyse*

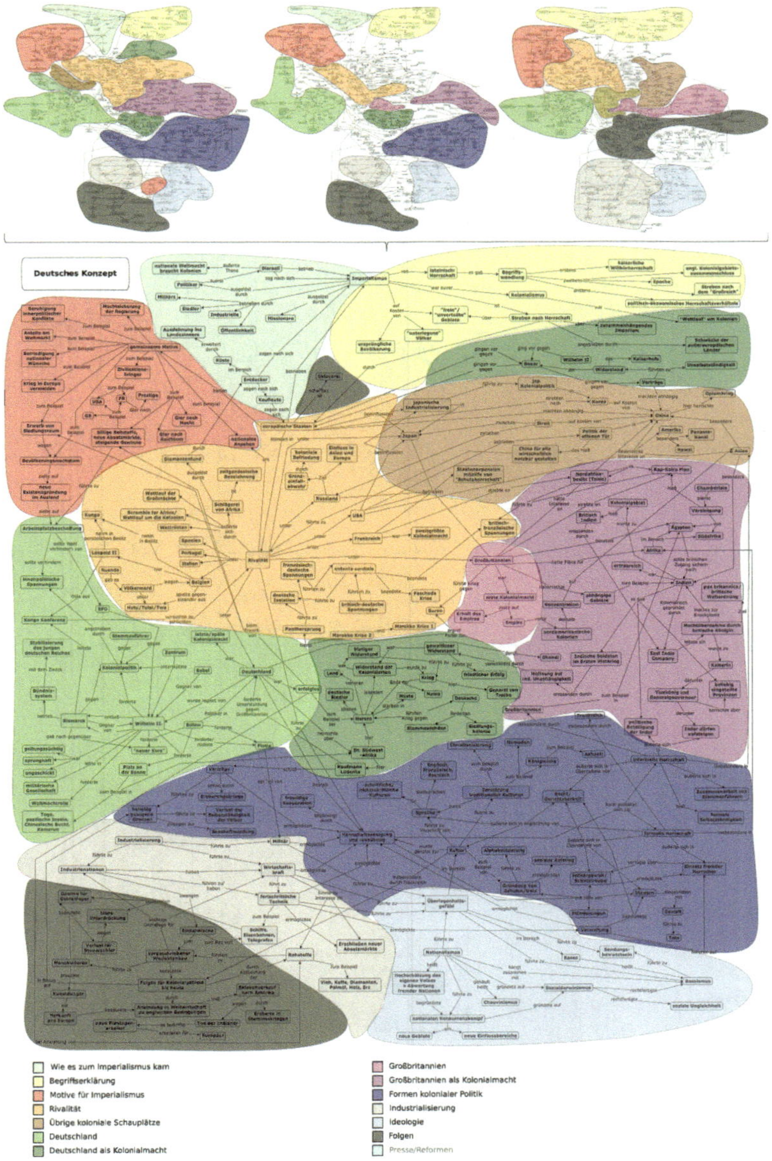

Abbildung 23: Kategorisierung des deutschen Referenzkonzepts unter Anwendung der konsensualen Kodierung im Sinne der inhaltlich strukturierenden qualitativen Inhaltsanalyse nach Udo Kuckartz. Die Kategorien, die im deutschen Referenzkonzept nicht repräsentiert sind, sind für den anschließenden Referenzkonzeptvergleich in der Legende ebenfalls angegeben (graue Schrift). Eine großformatige Darstellung findet sich im Anhang auf S. 18–34.

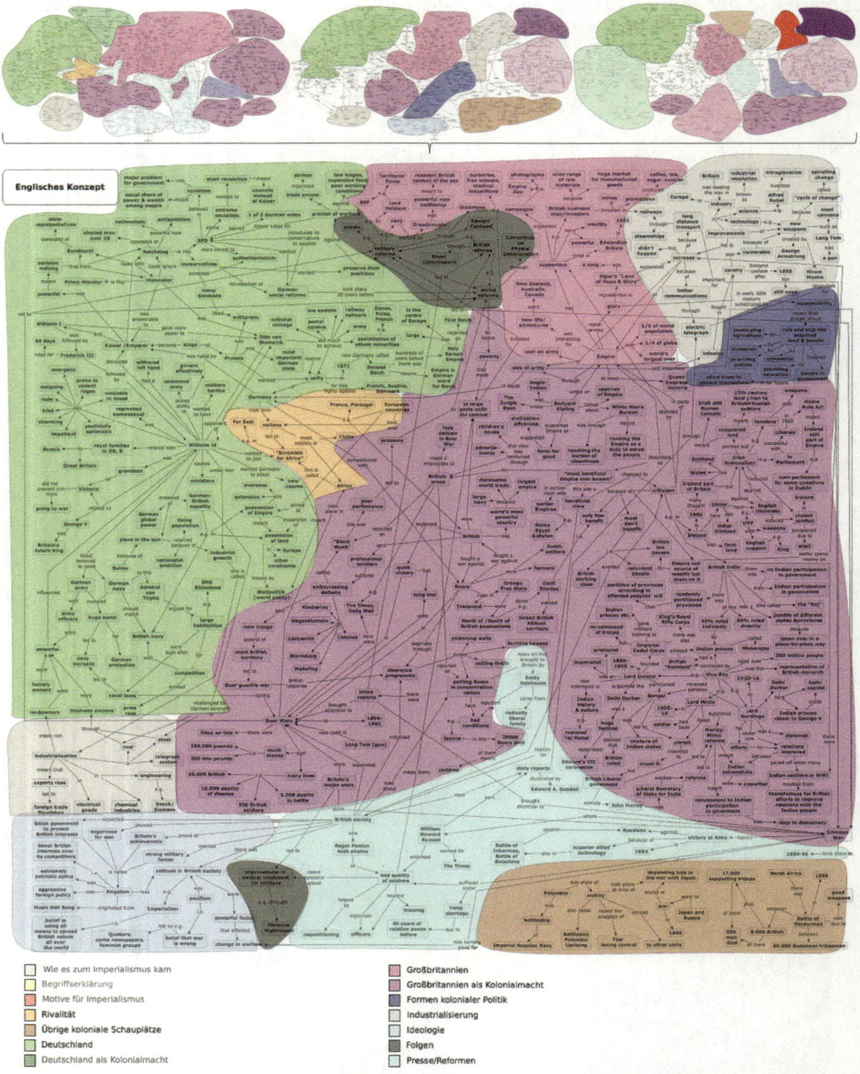

Abbildung 24: Kategorisierung des englischen Referenzkonzepts unter Anwendung der konsensualen Kodierung im Sinne der inhaltlich strukturierenden qualitativen Inhaltsanalyse nach Udo Kuckartz. Die Kategorien, die im englischen Referenzkonzept nicht repräsentiert sind, sind für den anschließenden Referenzkonzeptvergleich in der Legende ebenfalls angegeben (graue Schrift). Eine großformatige Darstellung findet sich im Anhang auf S. 35–47.

Methodisch ist festzuhalten, dass das offene, dreifach erfolgte Kodierungsverfahren in eine integrierte Kategorisierung mündet und einen hieran ausgerichteten Vergleich zwischen beiden Referenzkonzepten ermöglicht. 14 Kategorien wurden so über die Referenzkonzepte hinweg erstellt. Inhaltlich zeigt der Kategorienvergleich auf den ersten Blick: Neben konzeptuellen Unterschieden sind auch Gemeinsamkeiten deutlich erkennbar. Es gibt Kategorien, die nur im Deutschen, solche, die nur im Englischen, und solche, die im Deutschen und Englischen in unterschiedlichem wie auch in vergleichbarem Maße relevant sind.

Wenngleich für die vorliegende Studie weniger relevant, soll an dieser Stelle doch kurz auf die gemeinsamen konzeptuellen Aspekte eingegangen werden, um aufzuzeigen, dass sich am Thema des Imperialismus auch Anknüpfungspunkte ergeben, die die hier in Form zweier sprachlich-kulturell gefasster Referenzkonzepte transkulturell verbinden. Vergleichbar erscheinen v. a. die Kategorien »Industrialisierung«, »Ideologie«, »Deutschland« (etwas relevanter im Englischen), »Großbritannien« (ebenfalls relevanter im Englischen), »Formen kolonialer Politik« und »Übrige koloniale Schauplätze«.

In beiden Konzepten wird die Industrialisierung im Allgemeinen wie auch unter besonderer Berücksichtigung der Entwicklungen im eigenen und dem jeweils anderen Land als Grundlage für den Imperialismus gedeutet. Technische Entwicklungen schufen sowohl die Möglichkeit als auch eine wirtschaftliche Notwendigkeit, die Welt europäisch zu »erschließen«.

Die Kategorie »Ideologie« erfasst die Beschreibung der weltanschaulichen Überzeugungen in kolonisierenden Gesellschaften. In beiden Referenzkonzepten werden hier in Bezug auf die je eigene Nation tendenziell aggressive nach außen gerichtete Stimmungen beschrieben. Im Deutschen wird das anhand der Begriffe »Nationalismus«, »Rassismus«, »Sozialdarwinismus« und »Überlegenheitsgefühl« zusammengefasst. Die so beschriebene Stimmungslage wird in Zusammenhang gebracht mit »Sendungsbewusstsein« und »Konkurrenzkampf« und damit als über die eigenen Grenzen ausgreifendes Phänomen charakterisiert. Die Grundstimmung im imperialen Kaiserreich wird damit als eine aggressive beschrieben. Im Englischen entspricht der Begriff »jingoism« dieser im Deutschen ausdifferenzierten Ideologie-Kategorie. Auch er steht für eine aggressive, nach außen strebende britische gesellschaftliche Einstellung. Die in dieser Vorstellung angestrebte Expansion wird – wie im Deutschen – mit Verweis auf ein Sendungsbewusstsein (»spread British values all over the world«) und eine imaginierte Konkurrenz begründet (»boost British interests over its competitors«). Ergänzt wird die Kategorie »Ideologie« im Englischen durch die Beschreibung kritischer Stimmen in der britischen kolonisierenden Gesellschaft. Die Kritik dieser Gruppen (»Quakers, some newspapers, feminist groups«) richtet sich allerdings weniger gegen die Idee der *colonisation* bzw. des *imperialism* selbst, sondern v. a. gegen die Art und Weise, mit der andere Gruppen ihr expansives Streben umsetzen wollen. Unter der Überschrift »pacifism« wird Kritik am Krieg geübt, nicht am *Empire* selbst bzw. an dem Streben nach einem solchen. Damit ist diese englische Kategorie zum einen differenzierter angelegt als die deutsche, zum anderen wird der Raum für eine Bewertung des *Empires* anders gestaltet und damit für eine positive Konnotation frei. In beiden Referenzkonzepten wird also eine aggressive außenpolitische Haltung in der Gesellschaft des eigenen Landes beschrieben. Im Deutschen jedoch steht sie absolut als Täter-/Opfergeschichte (mit den kolonisierenden Mächten als Tätern), im Englischen erscheint sie eingebettet in ein größeres, harmonisches Ganzes, in dem einzelne Konflikte allenfalls zu jeweiligen Siegern und Verlierern führen.

Die Kategorie »Deutschland« umfasst alle Propositionen in beiden Konzepten, die sich mit der Entstehung und der zeitgenössischen politischen Situation im Deutschen Reich auseinandersetzen. Dass sie im Deutschen in geringerem Maße auftritt als im Englischen, liegt wohl insbesondere daran, dass die Entstehungsgeschichte des Reiches in den deutschen Schulbüchern in der Regel in einem eigenen, der Behandlung des Imperialismus vorgelagerten Kapitel bereits ausführlich thematisiert wurde. Im Rahmen des Referenzkonzepts zum Imperialismus wird diese Erzählung dann vertiefend aufgegriffen und – wie im Englischen – in einen ursächlichen Zusammenhang mit dem deutschen imperialen Streben gebracht. Wilhelm II./Wilhelm II nimmt hier in beiden Referenzkonzepten eine zentrale Position ein. Im Englischen wird er insbesondere hinsichtlich seiner persönlichen Züge charakterisiert, im Deutschen wird sein politisches Handeln in den zeitgenössischen Strukturen thematisiert. Detaillierter kann diese auf konzeptuelle Differenzen zielende Beobachtung im Rahmen der propositionalen Analyse anhand der neuralgischen Teilkonzepte nachvollzogen werden (vgl. Kap. 5.1.2). Festzuhalten bleibt hier erst einmal, dass die Entstehung des Kaiserreiches und die Beschreibung der politischen und gesellschaftlichen Entwicklungen in ihm in beiden Referenzkonzepten relevant sind und in beiden als ursächlich für den deutschen Imperialismus skizziert werden.

Auch die Kategorie »Großbritannien« ist in beiden Referenzkonzepten enthalten. In beiden Diskursen ist das »Empire« die diese Kategorie bestimmende Größe. Im britischen Schulbuch wird es aber im Vergleich zum deutschen sehr viel umfassender dargestellt, indem Vergleiche mit anderen (historischen) Reichen gezogen und die einflussreiche britische Literatur und Kultur der Zeit thematisiert werden. Im Deutschen nimmt Großbritannien als eine von vielen europäischen Kolonialmächten einen in dieser Aufzählung als erste Kolonialmacht zwar vergleichsweise relevanten, im Referenzkonzeptvergleich aber doch sehr viel geringeren Platz als im englischen Schulbuch ein. Statt in einer eigenen Kategorie wird Großbritannien im deutschen Referenzkonzept als imperiale Macht eher als »Rivale« in der Kategorie »Rivalität« dargestellt und etwa im Rahmen der Faschoda-Krise als einer von vielen europäischen Akteuren begriffen (s. u.).

Beide Referenzkonzepte enthalten darüber hinaus die Kategorie »Formen kolonialer Politik«, die darlegt, wie Schulen und Rechtssystem nach europäischem Vorbild in den Kolonien eingeführt wurden. Die Beschreibung der Politik wird im Deutschen unter dieser allgemeinen Kategorie, im Englischen am Beispiel Indiens in der Kategorie »Großbritannien als Kolonialmacht« zwar anders perspektiviert, aber inhaltlich vergleichbar (z. B. »informelle Herrschaft«/»40 % ruled indirectly«) verhandelt.

Dass der Imperialismus ein weltweit relevantes Phänomen war, machen schließlich beide Referenzkonzepte deutlich, indem sie anhand der Kategorie »Übrige koloniale Schauplätze« auf sonstige Räume, Akteure und Konflikte hinweisen, die imperiale Züge aufweisen (Japan, Russland, Sudan, China).[387]

Auch die Kategorie »Folgen« ist in beiden Referenzkonzepten angelegt, wird inhaltlich jedoch – wie im Folgenden gezeigt wird – sehr unterschiedlich ausgestaltet.

Damit lässt sich anhand der qualitativ inhaltsanalytisch gewonnenen Kategorien und der Visualisierung des kodierten Materials in den *Meta Concept Maps* festhalten, dass die beiden untersuchten kulturellen Konzepte vom Imperialismus in Teilen vergleichbar sind. Diese vergleichbaren Konzeptbereiche lassen damit eine Form der Erinnerung erkennen, auf die man sich in unterschiedlichen kulturellen Erinnerungsdiskursen einigen könnte. Eine gemeinsame Erinnerung an das koloniale Erbe, die »immer stärker auch als europäischer Auftrag verstanden [wird, und] geleitet ist von der Vorstellung, dass weniger die gemeinsamen Traditionen als die geteilten Erfahrungen Zusammenhalt in Europa stiften können«[388], könnte sich an dieser Form orientieren bzw. drückt sich in dieser Form womöglich bereits aus.[389]

---

387 Kritisch zur Behandlung Japans unter europäischen Fortschrittserzählungen: *Bernd-Stefan Grewe:* Das schwierige Erbe des Kolonialismus. Probleme und Potenziale für den Geschichtsunterricht. In: *Marianne Bechhaus-Gerst/Joachim Zeller* (Hrsg.): Deutschland postkolonial? Die Gegenwart der imperialen Vergangenheit. Berlin 2018, S. 473–502, hier S. 499.

388 *Susanne Grindel:* Kolonialismus im Schulbuch als Übersetzungsproblem. Deutsche, französische und englische Geschichtslehrwerke im Vergleich. In: Geschichte und Gesellschaft 38, 2012, H. 2, S. 272–303, hier S. 273 f.

389 Inhaltlich sei dazu angemerkt, dass eine solche neue »Meistererzählung« in Anbetracht unterschiedlicher Zielvorstellungen für Geschichtsunterricht ein umstrittener Auftrag ist (vgl. zur nationalen Meistererzählung *Grindel:* Übersetzungsproblem. 2012.), denn zum einen wird der Imperialismus auch aus politischen Motiven derzeit national gedeutet (*Grindel, Susanne:* The End of Empire. Colonial Heritage and the Politics of Memory in Britain. In: Journal of Educational Media, Memory and Society 5, 2013, H. 1, S. 33–49.) und zum anderen erscheint es gerade bei der Erinnerung an den Imperialismus unglücklich, ein neues europäisches Geschichtsbild zu schaffen, das dann womöglich einem afrikanischen oder asiatischen gegenübersteht. Diese inhaltlichen Überlegungen gilt es m. E. noch an anderer Stelle auszuführen. Im Ergebnis jedenfalls bereits vergleichbar: *Grindel:* Übersetzungsproblem. 2012, S. 281: »Aktuelle Geschichtsbücher zeigen durchaus die transnationale Dimension des Kolonialismus auf und beschreiben die imperiale Expansion als europäisches Projekt. Anders als die älteren Darstellungen, die den Kolonialismus bis in die

Das ist zum einen inhaltlich interessant, da unter Berücksichtigung früherer empirischer Beiträge ein weniger homogenes Geschichtsbild zu erwarten gewesen wäre.[390] Zum anderen und in Bezug auf die vorliegende Studie ist dieser Befund auch für konzeptionelle Überlegungen und Zielvorstellungen zum bilingualen Unterricht relevant: Sind konzeptionelle Unterschiede kulturell perspektivierter Geschichtsdarstellungen eher marginal, dann ist es vermutlich eher schwer, sie wahrzunehmen und Konzeptdifferenzierungen und -koordination vorzunehmen.

Die Beschaffenheit dieser Unterschiede zeigt die beschriebene qualitativ inhaltsanalytische Auswertung der *Meta Concept Maps* anhand der Kategorien, die nur im Deutschen, und derjenigen, die nur im Englischen enthalten sind. Darüber hinaus gibt es Kategorien, die in beiden kulturellen Rahmen in unterschiedlichem Maße relevant sind.

Ein zentraler Unterschied in den Darstellungen liegt darin, dass der Imperialismus im Deutschen als ein dynamischer Prozess, im Englischen – insbesondere in der Form des *Empire* – als eine statische Situation geschildert wird. Die im deutschen Schulbuch konstruierte prozessuale Deutung zeigt sich z.B. daran, dass die lediglich hier relevanten Kategorien »Begriffserklärung«, »Wie es zum Imperialismus kam« und »Motive für Imperialismus« unter der Überschrift »Entstehungsgeschichte« zusammengefasst werden können. Auch die »Folgen« des Imperialismus sind lediglich im Deutschen als eigener Konzeptbereich relevant. Sehr stringent wird dieses Deutungsmuster zunächst auch in der Kategorie »Deutschland als Kolonialmacht« auf Deutschland selbst, dann aber auch auf alle anderen kolonialisierenden Akteure – also etwa auch »Großbritannien als Kolonialmacht« – angewendet.[391] Der Zugriff auf die kolonisierten Länder wird stets als Prozess beschrieben.[392]

Sämtliche englischen Schulbücher verzichten dagegen in dieser Rahmenerzählung auf jeden chronologisch vorgelagerten Zusammenhang zwischen Kolonialmacht und Kolonie; im Fokus steht hier ausschließlich die Situation in den

Nachkriegsjahre hinein ausschließlich unter nationalen Gesichtspunkten und als eine Geschichte von Fortschritt und Modernisierung betrachtet haben, dezentrieren die neueren Schulbücher national gerahmte Kolonialismuspräsentationen und betten sie in den europäischen Zusammenhang ein. Dies stellt aber noch keinen qualitativen Unterschied im Verständnis des Kolonialismus dar. Vielmehr wirken die traditionellen Erklärungsmuster der Diplomatiegeschichte und der Geschichte der internationalen Beziehungen fort, wenn die eigene Kolonialpolitik nun um den Vergleich mit anderen europäischen Kolonialmächten zwar erweitert wird, die Kolonien selbst aber weiterhin nur als Objekte europäischer Nationalstaatspolitik erscheinen.«

390 *Grindel:* Übersetzungsproblem. 2012.

391 Vgl. hierzu auch die Ausführungen zur Kategorie »Rivalität« unten.

392 Die inhaltliche Struktur dieser in beiden kulturellen Rahmen relevanten Kategorie unterscheidet sich damit zwischen den Referenzkonzepten (vgl. für die britische Deutung die folgende Analyse).

existierenden Kolonien; und das v. a. dann, wenn hierin Relevanz für die britische Gesellschaft selbst erkannt wird. Die inhaltsanalytische Untersuchung der Kategorie »Folgen« im Englischen zeigt das deutlich: Während die Folgen des Imperialismus im deutschen Schulbuch als noch heute in den ehemaligen Kolonialgebieten wirkmächtige Strukturen nachgezeichnet werden,[393] beschreibt die englische Kategorie medizinische Entwicklungen, die durch die Erfahrungen des *Empire* angestoßen wurden und die Großbritannien selbst veränderten. Dasselbe zeigt die lediglich im englischen Referenzkonzept enthaltene Kategorie der »Presse/Reformen«. In ihr sind Propositionen erfasst, die die Berichterstattung und damit die Verbindung von Kolonialgebieten in die europäischen kolonialisierenden Gesellschaften, insbesondere Großbritannien, thematisieren. Sie knüpft direkt an die Kategorie »Großbritannien als Kolonialmacht« an, die im englischen Referenzkonzept deutlich prominenter, aber v.a. inhaltlich auch anders gestaltet ist als im deutschen. Im Englischen wird stets das (Zusammen-) leben in den Kolonialgebieten selbst untersucht. Grundsätzlich scheint das Ziel der Darstellung des britischen *Empires* hier um den Kern einer integrativen *Pax Britannica* angeordnet zu sein, während (neben anderen europäischen Großmächten) auch das britische *Empire* im deutschen Referenzkonzept viel eher als Herrschaftsaneigner auftritt.[394]

Eng hängt mit diesem Unterschied zwischen prozessualer bzw. statischer Darstellung die ebenfalls unterschiedliche Deutung der Beziehung zwischen kolonisierenden und kolonisierten Völkern zusammen. Im Deutschen ist diese Beziehungsgeschichte als eine von europäischen Tätern und kolonisierten Opfern zu lesen. Ihr steht eine englische Erzählung von Integration und gelegentlichen Auseinandersetzungen mit wechselnden Siegern und Verlierern gegenüber (vgl. das neuralgische Teilkonzept »Boers« in Kap. 5.1.2.3). Die in beiden Konzepten enthaltene Kategorie »Formen kolonialer Politik« zeigt insbesondere das Täter-/Opferdenken bzw. die Integrationserzählung exemplarisch: Im Deutschen steht die »Herrschaftsaneignung und -ausübung« als zentrales Ziel vor Augen, das durch politische (z. B. »Einsatz fremder Herrscher«), militärische (z. B. »Plünderungen«) und kulturelle Maßnahmen (z. B. »Gründung von Schulen«) verfolgt wird. Auffällig ist, dass selbst die kulturellen Maßnahmen als Ausdruck der »Zerstörung traditioneller Kulturen« gedeutet werden. Im englischen Referenzkonzept geht die Kategorie von der Formulierung »rule and improve acquired land and people« aus. Dabei handelt es sich um eine »responsi-

393 Kritik an der allein negativen Beschreibung dieser Folgen in *Grewe:* Erbe. 2018, S. 500f.

394 Vertieft werden diese Ausführungen am Beispiel Britisch-Indiens im Schulbuchvergleich in *Corinna Link:* »Der deutsche« und »der englische« Blick auf »Imperialismus/Imperialism«: Concept Mapping als Methode zur Erfassung kultureller Geschichtsbilder im bilingualen Unterricht. In: *Christine Pflüger* (Hg.): Die Komplexität des kompetenzorientierten Geschichtsunterrichts. Göttingen 2019, S. 191–205, hier S. 196–203.

bility« des *Empire*, der es durch politische (z. B. »involved people in government«), wirtschaftliche (z. B. »developing agriculture«) und kulturelle Maßnahmen (z. B. »providing education«) nachkommt. Darin kommt ein grundsätzlich unterschiedliches Verständnis von imperialer Herrschaft zum Ausdruck, das im untersuchten deutschen Rahmen tendenziell einhergeht mit einer Täter-/Opferbeschreibung (»Herrschaftsaneignung und -ausübung«), im englischen dagegen tendenziell mit einer Integrationserzählung, die auf ein Deutungsmuster von »Doppelgewinnern« im Rahmen einer »Win-win-Situation« setzt. Die Ankerbeispiele dieser Kategorie weisen hierauf bereits deutlich hin. Die Analyse der einzelnen repräsentativen Propositionen macht das noch klarer (vgl. Kap. 5.1.2).

Die Darstellung internationaler Beziehungen unterscheidet sich zwischen dem deutschen, das den Imperialismus multilateral erklärt, und dem englischen Schulbuch, das das *Empire* stets in Abgrenzung zum Deutschen Reich bilateral thematisiert. Das zeigt sich z. B. in der Kategorie »Rivalität«, die im Deutschen zentralen und großen, im Englischen einen – neben der überraschend umfangreichen Darstellung der deutschen Geschichte – eher marginalen Raum einnimmt. Im deutschen Imperialismuskonzept drückt sich in dieser Kategorie aus, was auch die Begriffsanalyse in Kap. 4.2.1 schon deutlich gemacht hat: Deutschland ist einer von mehreren europäischen Akteuren, die alle nach imperialen Besitzungen streben und sich vorstellen, hierum zu konkurrieren. Alle Akteure beteiligten sich an diesem Streben in vergleichbarem Maße. Anders im Englischen, wo das Erklärmoment »Rivalität« insbesondere in der Proposition »Wilhelm II / wanted to join / Scramble for Africa« Niederschlag findet. Hier zeigt sich zweierlei: zum einen die im englischen *Sample* beobachtbare Tendenz zur Zuspitzung auf deutsche und englische Akteure und mithin auf deutsch-englische Interaktionen (das erklärt auch die oben benannte vergleichsweise ausführliche Behandlung der Kategorien »Deutschland« und »Großbritannien« im englischen Referenzkonzept).[395] Im deutschen Schulbuch werden die verschiedensten internationalen Akteure und deren multilaterale Interaktionen thematisiert.[396] Zum anderen ist im Englischen hier – aber auch anderswo, etwa bei der Darstellung der britischen Kolonialpolitik in Indien in der Kategorie »Großbritannien als Kolonialmacht« – ein auf historische Persönlichkeiten zielendes Erklärmoment prominent. Im Englischen werden Personen benannt, in Bezug auf ihre Charakterzüge und Ambitionen beschrieben und die historischen Ereignisse in einen unmittelbaren Bezug zu diesen gesetzt. Das ist über die Kate-

395 *André Keil:* Der Erste Weltkrieg in der britischen Erinnerungskultur. In: *Monika Fenn/ Christiane Kuller* (Hrsg.): Auf dem Weg zu einer transnationalen Erinnerungskultur? Schwalbach 2016, S. 97–117, hier S. 112f.

396 *Grindel:* Übersetzungsproblem. 2012, S. 284; *Corinna Link:* Vom »Platz an der Sonne« zum »place in the sun«. Übersetzung und Sprachmittlung im bilingualen und sprachsensiblen Geschichtsunterricht. In: Geschichte lernen 197, 2020, S. 38–43.

gorien hinweg wiederholt nachvollziehbar, zeigt sich aber insbesondere auf propositionaler Ebene.

Die Analyse der *Meta Concept Maps* zeigt auf dieser kategorialen Ebene also bereits eindrucksvoll, wo und wie die »Deutungen der kolonialen Vergangenheit national gerahmt sind«[397]. Ergänzt werden kann sie durch eine Analyse, die verstärkt die für einen Referenzkonzeptvergleich relevanten Propositionen fokussiert.

4.2.2.2.3 Kulturelle Konzepte mithilfe von neuralgischen Teilkonzepten erschließen

Der Vergleich der *Meta Concept Maps* anhand von Kategorien zeigte, dass das ermittelte deutsche und das eruierte englische Referenzkonzept vom Imperialismus inhaltlich in Teilen ähnlich sind. Auch Unterschiede werden sichtbar. Sie können – wie gezeigt – ebenfalls kategorial erfasst werden. Sie können aber auch *en detail* untersucht werden. Das ist in Form sogenannter »neuralgischer Teilkonzepte« möglich. Dabei handelt es sich um Propositionsbereiche der *Meta Concept Maps*, die an exemplarischen Inhalten besonders deutlich aufzeigen, an welchen Stellen die beiden untersuchten Referenzkonzepte strukturell unterschiedlich sind. Sie wirken insofern neuralgisch, als die den Referenzkonzepten als Ganze unterliegenden kulturellen Deutungsmuster sich in ihnen besonders klar ausdrücken. Die Deutungsmuster, auf die die kategoriale Analyse bereits hingewiesen hat, können deshalb anhand dieser Propositionen noch einmal explizit nachvollzogen werden. Der Zusammenhang der inhaltsanalytisch gewonnenen Kategorien und der neuralgischen Teilkonzepte drückt sich z. B. darin aus, dass die Ankerbeispiele (vgl. Tabelle 3) häufig auch die Teilkonzepte kennzeichnen. Wie die Kategorien, die sie ausmachen, liegen auch diese exemplarischen Propositionsbereiche entweder allein im Deutschen, allein im Englischen oder in beiden sprachlich-kulturellen Rahmen in unterschiedlicher Form vor.

Formal endet ein neuralgisches Teilkonzept da, wo wieder eine Übereinstimmung mit dem anderen kulturellen Referenzkonzept vorliegt. Die Vergleichbarkeit von Propositionen zwischen den Referenzkonzepten schließt diese also vom neuralgischen Teilkonzept aus.[398] Das gilt in dieser Absolutheit für die

397 *Grindel:* Übersetzungsproblem. 2012, S. 302.

398 An dieser Stelle wird die Eignung der *Concept Mapping*-Methode für Forschungen und Analysen zu transkulturellen Verknüpfungen und damit zur Auflösung kategorialer und essenzialistischer Kulturzuschreibungen übrigens besonders deutlich. Die Untersuchung von sich gleichenden, einenden und sich unterscheidenden, trennenden Propositionen als eine Analyse der Schnittstellen zwischen zwei als Kulturen gedeuteten, deutenden Kulturen, kennzeichnet *Concept Maps* als Werkzeug, mit dem einerseits ein modernes Kulturverständnis, das auf Verknüpftheit, Vielschichtigkeit und Fluidität setzt, zugrunde gelegt werden kann, mit dem andererseits aber auch handhabbare und je nach Blickrichtung

neuralgischen Teilkonzepte, die nur im Deutschen oder nur im Englischen vorliegen. Diejenigen, die sowohl im Deutschen als auch im Englischen relevant sind, bei denen die Erzählung sich jedoch grundsätzlich unterscheidet, sind natürlich in Teilen verschieden, in anderen Teilen aber deckungsgleich. In diesen Fällen werden sowohl solche Propositionen in die Teilkonzepte aufgenommen, anhand derer sich der Unterschied zwischen dem deutschen und dem englischen Referenzkonzept besonders deutlich zeigen lässt, als auch solche Propositionen, die die Verbindung zwischen den beiden Erzählungen aufzeigen.

Die Analyse der neuralgischen Teilkonzepte erfolgt, indem die spezifischen deutschen und englischen Propositionen auf ihre zentrale Aussagekraft hin interpretiert und so kulturelle Deutungsmuster am Detail erschlossen werden. Dabei werden Überlegungen aus der Literatur, die deutsche und englische Deutungsmuster bereits an anderen Themen und mit anderen Methoden untersucht haben, in die Analyseüberlegungen mit einbezogen.

4.2.2.2.4 Kulturelle Konzepte mithilfe von neuralgischen Teilkonzepten vergleichen
Auf die neuralgischen Teilkonzepte und die kulturellen Unterschiede, die sie offenbaren, wird in Kap. 5.1.2 näher eingegangen, wo sie in ihrer Bedeutung für die anschließende Schüler*innen-Vergleichsstudie detailliert analysiert werden. Als handliche Einheiten, die nur wenige Propositionen erfassen, eignen sie sich nämlich – anders als die Kategorien (Kap. 4.2.2.2.2) – zur Verwendung als Erhebungsinstrument für die anschließende Fragebogenerhebung. Die neuralgischen Teilkonzepte stellen damit zum einen das Ergebnis der vergleichenden Schulbuchanalyse dar und zeigen Deutungsmuster an, die sich im Deutschen und Englischen unterscheiden. Zum anderen bilden sie die Grundlage für die Fragebogenstudie.

Für einen Einsatz als Aufgabe im Fragebogen müssen die *Concept Maps* neben konzeptionellen v.a. auch formale und sprachliche Kriterien erfüllen (vgl. Kap. 5.1.1 und 5.1.3). Unter diesen Gesichtspunkten erweisen sich nicht alle eruierten neuralgischen Teilkonzepte als gleich geeignet. Einige müssen ganz wegfallen, andere können praktisch nutzbar gemacht werden, indem formale und sprachliche Änderungen vorgenommen werden. Genauer wird auf diese notwendigen Änderungen in Kap. 5.2 eingegangen, in dem die Erstellung des Fragebogens als Erhebungsinstrument dargelegt wird. Um Dopplungen zu vermeiden, werden die neuralgischen Teilkonzepte also noch nicht an dieser Stelle, sondern erst in Kap. 5.1.2 vorgestellt. Die jeweilige Relevanz der Teilkonzepte und der sich in ihnen ausdrückenden Deutungsmuster für den Vergleich bilingual

---

variierende Grenzziehungen zwischen als Kulturen definierten Gruppen vorgenommen werden können.

und regulär bzw. monolingual unterrichteter Schüler*innen kann dann unmittelbar anschließend an die inhaltliche Deutungsmusteranalyse gezeigt werden.

4.3 Diskussion: *Concept Mapping* und Imperialismus

Die vorangegangene Schulbuchanalyse lässt methodische und inhaltliche Rückschlüsse zu. Methodisch wird im Folgenden der Einsatz der *Concept Maps* als Analysewerkzeug für Diskursbeiträge anhand der vorliegenden Schulbuchanalyse reflektiert. Inhaltlich werden die eruierten kulturellen Deutungsmuster des deutschen und des englischen Referenzkonzepts vom Imperialismus an die Überlegungen und Befunde der einschlägigen Literatur angebunden.

4.3.1 *Concept Mapping* als Instrument zur Erfassung kultureller Konzepte

Methodisch eignen sich sowohl die Begriffsarbeit als auch das *Concept Mapping*-Verfahren dazu, in Texten als konzeptuelle Vorstellungen repräsentierte Perspektiven sichtbar und prägnant zu machen. Wie die Untersuchung der geeigneten Begriffe für den Vergleich des aus den deutschen Geschichtsschulbüchern erschlossenen Imperialismuskonzepts mit dem aus den englischen erfassten gezeigt hat, genügt es jedoch nicht grundsätzlich, einzelne Begriffe oder Dichotomien einander gegenüberzustellen. Kulturelle Perspektiven drücken sich nachweislich nicht zwingend in diesen Einzelbegriffen und auch nicht in deren sprachlich ausgelösten Konnotationen aus. Der Kontext und die spezifische Vernetztheit der Begriffe sollte für ein ganzheitlicheres Verständnis ebenfalls Berücksichtigung finden.

Um die kulturell perspektivierten Deutungsmuster möglichst ganzheitlich zu erfassen, konzentriert sich die vorliegende Arbeit auf die Ausarbeitung des *Concept Mapping*-Verfahrens zur Textanalyse und untersucht die in der Stichprobe beschriebenen Darstellungen des Imperialismus. Die Anwendung dieses in anderen Fachkulturen bereits etablierten Verfahrens[399] ist in der geschichtsdidaktischen empirischen Forschung für diesen Zweck ein Novum. Die Methode ermöglicht es, textuell verfasste Sinnzusammenhänge in Form von Propositionen, d. h. »kleinsten relationalen Wissenseinheiten«[400], zu erfassen und auszuwerten. Über die Analyse der Propositionen hinaus erlaubt es die *Concept*

399 Z. B. in der Psychologie oder der Biologiedidaktik. Zunehmend werden *Concept Maps* auch als Lernmethode in Schulbüchern verschiedenster Fächer (u. a. Geschichte) insbesondere in England (teils in Abwandlung) genutzt: Edexcel GCSE History B, S. 187.

400 *Wolff*: Konstruktion. 2002, S. 51.

Mapping-Methode durch die Unterteilung der abgebildeten Sinnzusammenhänge in sogenannte Knoten (Wörter in Vierecken) und Kanten (Pfeile) auch, einzelne Begriffe zu untersuchen, so dass die Begriffsarbeit, die für das Erkenntnisinteresse der Arbeit ebenfalls eine vielversprechende Methode zu sein scheint (vgl. Kap. 4.2.1), in ihr aufgeht: Anhand der Analyse von Knoten und Kanten kann die in der Geschichtsdidaktik bisher für den bilingualen Unterricht nahegelegte Methode der punktuellen Begriffsvergleiche in den Vergleich kulturell unterschiedlicher Konzepte integriert werden. So ermöglichen *Concept Maps* auf einer breiten Textbasis einen Vergleich sehr vollständiger und stark vernetzter kultureller Konzepte, die sich in Sinnzusammenhängen und Begriffen offenbaren. Mit ihnen kann also auch ermittelt werden, was einen im deutschen und einen im englischen kulturellen Rahmen vorherrschenden Blick auf Vergangenheit kennzeichnet.

Concept Maps können qualitativ inhaltsanalytisch ausgewertet werden. Anhand von am Material erstellten Kategorien können sie konsensual kodiert werden. So können Vergleiche zwischen mehreren historischen Konzepten erfolgen, die sowohl Gemeinsamkeiten als auch Unterschiede zwischen den Darstellungen umfassend aufzeigen können.

Eine detailliertere Beschreibung dieser Gemeinsamkeiten und Unterschiede ist auf propositionaler Ebene möglich. Wenn – wie in der vorliegenden Studie – ganze Referenzkonzepte verglichen werden sollen, ist die Fokussierung auf bestimmte propositionale Einheiten sinnvoll. Eine Möglichkeit stellt dann die Analyse neuralgischer Teilkonzepte dar. Dabei handelt es sich um propositionale Einheiten, die den qualitativ inhaltsanalytisch ausgewerteten Konzeptbereichen entnommen werden konnten und die repräsentativ für diese Kategorien stehen können. So veranschaulichen sie exemplarisch kulturelle Deutungsmuster auf propositionaler Ebene. Damit eignen sie sich als Erhebungsinstrument für anschließende Untersuchungen (vgl. Kap. 5).

4.3.2 Imperialismus: Kulturelle Deutungsmuster im deutschen/englischen Konzept

Inhaltlich stützt und ergänzt die vorliegende Schulbuchanalyse die Ergebnisse früherer Studien, die ebenfalls unterschiedliche Deutungsmuster in deutschen und englischen Geschichtsdarstellungen festgestellt haben. In dieser Arbeit konnten vier Deutungsmuster erschlossen werden, die in konzeptspezifischer Weise im deutschen und im englischen Diskurs vorzufinden sind und die je aufeinander bezogen werden können. Sie zeigen sich auf kategorialer Ebene anhand der inhaltsanalytischen Auswertung und auf propositionaler Ebene anhand der neuralgischen Teilkonzepte (vgl. Kap. 5.1.2). Die Deutungsmuster beziehen sich dabei auf die Frage danach, *wie* erzählt wird ((1) »Prozess versus Statik«; (2) »Strukturgeschichte versus Personalisierung«), und auf die danach, *was* erzählt wird ((3) »Internationales/Multilateralität versus Bilateralität«; (4) »Täter/Opfer versus Sieger/Verlierer«).

4.3.2.1 Prozess versus Statik

Die qualitativ inhaltsanalytische Untersuchung der *Meta Concept Maps* zeigt etwa anhand der nur im deutschen Rahmen vorkommenden Kategorien »Begriffserklärung«, »Wie es zum Imperialismus kam« und »Motive für Imperialismus« und der Kategorie »Folgen«, dass der Imperialismus hier als eine aktiv gestaltete Entwicklungsgeschichte begriffen wird. Aufgrund dieses prozessualen Charakters bedarf die europäische Aktion viel eher einer Legitimation als wenn wie im englischen Referenzkonzept ein Status beschrieben wird, wo das »Empire« als existierende Größe dargestellt wird. Auch die inhaltliche Ausgestaltung der Kategorien »Großbritannien als Kolonialmacht« und »Formen kolonialer Politik » zeigen exemplarisch das integrative Deutungsmuster, das die Existenz des *Empires* hervorhebt und die Entstehungsgeschichte außen vorlässt. In den untersuchten englischen Schulbüchern wird also das Leben in den Kolonien und nicht der Ausgriff nach ihnen thematisiert. In umgekehrter Wirkrichtung[401] werden die verbindenden Elemente in den Kategorien »Presse/Reformen« und »Folgen«, die die Einflüsse des *Empires* auf Großbritannien selbst thematisieren, dargelegt.

Sowohl das im deutschen als auch das im englischen Rahmen vorfindliche Deutungsmuster haben Tradition. Dass Geschichte als ein Prozess in Raum und Zeit dargestellt wird, liegt in der Natur der Sache. »Aus deutscher Sicht« gilt dies spezifisch auch für den Imperialismus. So hält Bodo von Borries unter expliziter inhaltlicher Bezugnahme auf die »Kolonialisierung« fest, man könne »Geschichte definitiv nur noch verstehen, indem man die Beschleunigung von Entwicklungen und die Erosion herkömmlicher Lebensformen und Kulturdifferenzen zur Kenntnis nimmt«.[402] Spezifische Bedeutung kommt dieser prozessualen Beschreibung hier zu, weil der Imperialismus erst so als (illegitime) Tat erscheint. Als Tat begriffen, wird der Imperialismus in den deutschen Schulbüchern schon

401 Die Analyse der baden-württembergischen Kerncurricula zeigt die entgegengesetzte Perspektive in offiziellen deutschen Dokumenten an: »Und noch immer wird gerade in Schulbüchern und Lehrplänen der Kolonialismus sehr eindimensional betrachtet. Selbst wenn eine kolonialkritische Bewertung angestrebt wird, werden die Beziehungen zwischen Metropole und Kolonien als eine Art »Einbahnstraße« dargestellt, weil man die verändernden Impulse stets als von Europäern ausgehend ansieht und die Kolonisierten damit auf die reagierende Rolle reduziert.« *Grewe:* Erbe. 2018, S. 492.

402 *Von Borries:* Jugend. 1999, S. 199.

lange im Zusammenhang mit Fragen nach der Anerkennung des Konflikts mit den Herero als Genozid verbunden.[403]

Der Vergleich grenzt die englische Imperialismusdarstellung auffällig von dieser im Deutschen beschriebenen, zeitabhängigen Entwicklungserzählung ab. Im englischsprachigen Raum Großbritanniens hat die statische Beschreibung des schlicht bestehenden »Empires« Tradition.[404] Pointiert zum Ausdruck kommt der integrative Gedanke z. B. in der Deutung des *Empires* durch Winston Churchill als ein Zusammenleben der »English-speaking-peoples«.[405] Benedikt Stuchtey beschreibt die »überspitzte britische These«, »die [britische] Nation sei an der Expansion nicht interessiert und es kennzeichne sie in dieser Hinsicht ›absentmindedness‹«[406]. Von Interesse ist im britischen Schulbuch dagegen traditionellerweise die Frage danach, inwiefern die Kolonien das britische Leben selbst beeinflussten.[407]

Vergleichbar beschreibt André Keil auch die museale britische Erinnerung an den Ersten Weltkrieg, in der die »Frage nach dem Warum des Krieges und seinen sozialen und politischen Folgen […] nur am Rande behandelt [wird.]«[408] Stattdessen konzentriere man sich hier – publikumswirksam – auf die militärischen Aspekte des Krieges (vgl. passend dazu wiederum Deutungsmuster 4).

4.3.2.2 Strukturgeschichte versus Personalisierung

In den untersuchten deutschen Schulbüchern wird klar erkennbar strukturgeschichtlich argumentiert, in den englischen werden historische Entwicklungen tendenziell auf das Streben einzelner Personen zurückgeführt. Das zeigt die Analyse der Kategorien »Großbritannien als Kolonialmacht«. Auch der Vergleich der Rolle Wilhelms II. unterscheidet sich – wie die Analyse der neuralgischen Teilkonzepte klarmacht – in diesem Punkt besonders stark.

---

403 *Susanne Grindel:* Colonial and Postcolonial Contexts of History Textbooks. In: *Mario Carretero/Stefan Berger/Maria Grever* (Hrsg.): Palgrave Handbook of Research in Historical Culture and Education. London 2017, S. 259–274, hier S. 268. Inhaltlich greift das Deutungsmuster »Täter/Opfer« diesen Aspekt auf.

404 *Benedikt Stuchtey:* Kolonialismus und Imperialismus von 1450–1950. In: Europäische Geschichte Online, 2010, S. 1–23, hier S. 20; *Grindel:* Colonial. 2017, S. 265–267.

405 *Stuchtey:* Kolonialismus. 2010, S. 9. In britischen Textbüchern findet sich dieser Gedanke ebenfalls: *Grindel:* Colonial. 2017, S. 266.

406 *Stuchtey:* Kolonialismus 2010, S. 9.

407 *Grindel:* Colonial. 2017, S. 266f.: »Current textbooks engage critically with the history of the colonies as an integral part of national history. They examine the impact of the empire on British society and they highlight the extent to which the colonial periphery defined domestic cultural and social life at its heart thus widening the scope of imperial history at school.«; Vgl. auch *Groth:* Erinnerungspolitiken. 2016, S. 277.

408 *Keil:* Erster Weltkrieg. 2016, S. 108.

Diese kulturell sich unterscheidenden Deutungsmuster sind in früheren Studien ebenfalls nachgewiesen worden. Auf der Grundlage einer klassischen Schulbuchanalyse zeigen Susanne Grindel und Simone Lässig am inhaltlichen Beispiel der Industrialisierung, dass englische Schulbücher einen »Zugang über Personen« wählen, während in den deutschen von einer »generellen Dominanz von strukturgeschichtlichen Ansätzen« gesprochen wird. Beispielhaft erläutern sie dies wie folgt: »In deutschen Schulbüchern wird die Gesellschaft vom Staat aus gedacht und als Zusammenwirken der Einzelnen im und mit dem Staat gesehen. Der Staat ist die Organisationsform der Gesellschaft. In englischen Schulbüchern wird die Gesellschaft vom Einzelnen aus entworfen und der Staat eher als Instrument wirtschaftlicher und sozialer Ziele verstanden.«[409] Für die Darstellung des Ersten Weltkriegs in Großbritannien bestätigt André Keil diesen Eindruck.[410] Dass diese Deutungsmuster im interkulturellen Vergleich signifikant unterschiedlich herangezogen werden, zeigt die umfangreiche quantitative Vergleichsstudie von Bodo von Borries, der Schüler*innen zu der Relevanz, die sie bestimmten Deutungsmustern für die Erklärung der Geschichte beimessen, befragt hat. Er kam zu dem Ergebnis, dass die deutschen Schüler*innen »Ereignis- und Personengeschichte in Vergangenheit wie Zukunft weniger und [strukturgeschichtliche Erklärungsmuster wie z. B.] historische Ökologie wie Demografie wichtiger nehmen als [die Schüler*innen, die in den anderen untersuchten Ländern befragt wurden].«[411]

4.3.2.3 Internationales/Multilateralität versus Bilateralität

Die internationalen Verwicklungen der Kolonialzeit spielen im deutschen wie im englischen Referenzkonzept zum Imperialismus eine Rolle. Sie werden jedoch sehr unterschiedlich dargestellt: In den deutschen Schulbüchern ist in diesem Zusammenhang die Kategorie der »Rivalität« zentral. Die Konkurrenz europäischer Großmächte ist der eigentliche Motor der imperialen Bestrebungen. In der Darstellung der untersuchten englischen Schulbücher ist die Erzählung auf ein Gegeneinander britischer und deutscher Politik reduziert, wobei die Entstehung des Deutschen Reiches dieses Gegeneinander erst provoziert habe.

Dass nationale europäische Rivalitäten in der deutschen Perzeption schon immer als Anlass für den Imperialismus begriffen werden[412], bedeutet, dass den internationalen Verwicklungen im deutschen Referenzkonzept vergleichsweise viel Relevanz beigemessen wird. Dass in Großbritannien dagegen insbesondere

409 *Grindel:* Schulbücher. 2007, S. 94.
410 *Keil:* Erster Weltkrieg. 2016, S. 113.
411 *Von Borries:* Jugend. 1999, S. 383 und S. 212 f.
412 Vgl. *Link:* Begriffe. 2019, S. 45–48.

der britisch-deutsche Konflikt fokussiert wird, stellt auch André Keil bei der Auswertung der Dokumente, die im Rahmen der britischen Gedenkveranstaltungen von 2014–2018 erschienen, in Bezug auf die Darstellung des Ersten Weltkriegs fest, der, wie er ebenfalls herausarbeitet, den Verfall des *Empire* im britischen Vorstellungshorizont erst bedingt.[413]

4.3.2.4 Täter/Opfer versus Sieger/Verlierer

Die Darstellung der Konfliktlinien unterscheidet sich fundamental zwischen den herausgearbeiteten Referenzkonzepten. Im deutschen Schulbuchkontext handelt es sich stets um die Rollen von »Täter« und »Opfer«. Diese Rollen sind klar verteilt und fest zugeschrieben. Die europäische Täterschaft ist ein dem gesamten deutschen Konzept unterliegendes Deutungsmuster. Imperialismus ist »Herrschaftsaneignung und -ausübung«. Er ist eine europäische Tat mit europäischen Tätern. Die kolonisierten Völker erscheinen demgegenüber als Opfer.

Im englischen Untersuchungsrahmen gibt es keine die Erzählung vergleichbar überspannende Tat (und folglich keine Täter im moralischen Sinn des Wortes). Hier wird von der Vorstellung eines zumeist integrativen Zusammenlebens in einem bestehenden *Empire* ausgegangen (vgl. Deutungsmuster 1, etwa die Kategorien »Formen kolonialer Politik« und »Großbritannien als Kolonialmacht«). Konflikte finden deshalb (wenigstens der Tendenz nach) nicht im Rahmen einer Täter-/Opferkonstellation statt, sondern zwischen zwei opponierenden Parteien (wie z.B. Briten versus Buren (und Deutsche)), die am Ende des jeweiligen Konflikts wechselseitig mal als Sieger, mal als Verlierer dargestellt werden.[414] Die Verlierer des Konflikts leiden dann tendenziell – wie Opfer – an der Niederlage, die im historischen Geschehen aber nur punktuell im Zuge eines einzelnen Konflikts erfolgt ist, nicht aber das Ganze von Grund auf prägt.[415]

Besonders pointiert drückt sich das im deutschen Rahmen festgestellte Deutungsmuster in der schon lange zentralen Darstellung des deutschen Umgangs mit den Herero aus. »Wenn im deutschen Sprachraum Erinnerungen an den Kolonialismus oder koloniale Erinnerungsorte wissenschaftlich behandelt

---

413 *Keil:* Erster Weltkrieg. 2016, S. 102, 112f.

414 Vgl. zu Täter-Opferkonstellationen: *Aleida Assmann:* Die Last der Vergangenheit. In: Zeithistorische Forschungen 4. 2007, H. 3, S. 375–385, hier S. 384f.

415 In diesem Zusammenhang erkennt auch André Keil die im britischen politisch durchaus angestrebte »Opfererzählung« im Zusammenhang mit dem Ersten Weltkrieg im Englischen. So sei es politisch erwünscht (und dieser Wunsch wiederum umstritten), dass britische Schüler*innen »mehr über den Heroismus und die Opferbereitschaft der britischen Soldaten im Ersten Weltkrieg« lernten. *Keil:* Erster Weltkrieg. 2016, S. 99, 104.

werden, so liegt der Fokus meist stark auf dem Genozid an den Herero.«[416] Hierin mag man nun eine angemessene – und typisch deutsche[417] – Begegnung mit der eigenen historischen Schuld erblicken. Man kann aber auch – wie Grewe – eine gewisse Versteiftheit in dem unter anderem bei dieser Thematik zum Ausdruck kommenden Deutungsmuster sehen (und das dann entsprechend kritisieren): »Da nützt dann auch das Bemühen um Multiperspektivität bei der Materialauswahl oder unterrichtsmethodisch vorgesehene Perspektivenwechsel wenig, wenn die Kolonisierten immer nur in ihrer Reaktion auf europäische Impulse betrachtet werden, nicht aber als eigene Akteure und Gestalter ihrer Geschichte in Erscheinung treten. Wenn ihre Perspektive überhaupt berücksichtigt wird, dann meist in der Opferrolle – etwa als Ausgebeutete, Unterdrückte oder Versklavte, fast nie aber als Akteur und (Mit-)Gestaltende eines historischen Prozesses. Wer die Darstellungen in unseren Geschichtsbüchern daraufhin untersucht, wird beginnend mit dem ›Zeitalter der Entdeckungen‹ bis zur Dekolonisation immer wieder auf diese dichotomischen Rollenzuweisungen stoßen.«[418] Auch der »europäische Kulturvergleich«, den Bodo von Borries 1999 auf breiter Datenbasis gezogen hat, begreift die Beteiligung am Kolonialismus anhand der Rollen von »Opfer« und »Täter«[419] explizit »aus deutscher Sicht«[420] und beschreibt zugleich, dass die Briten die »Kolonial-Ausbeutung« auffallend verhalten wahrnehmen[421].

Das im englischen Referenzkonzept feststellbare Deutungsmuster scheint ein dialogisches Erinnern, von dem auch Aleida Assmann spricht, in Bezug auf den Imperialismus eher angelegt zu haben – und zwar dadurch, dass es freier ist von (moralisch aufgeladenen) Täter- und Opfervorstellungen[422], sondern stattdessen

416 *Grewe:* Erbe. 2018, S. 486. Darauf, dass Kriege in den Kolonien im Deutschen nicht – wie im Britischen – als punktuelle Auseinandersetzung begriffen, sondern in einen umfassenderen Täter-Opfer Rahmen gestellt werden, verweist auch: *Grindel:* Colonial. 2017, S. 268.

417 Die im deutschen Rahmen dominante Erinnerung an den Imperialismus ist oftmals geprägt von der Erinnerung an die NS-Geschichte und den Umgang mit ihr. Vgl. *Grewe:* Erbe. 2018, S. 477; *Grindel:* Übersetzungsproblem. 2012, S. 284. Und ausführlicher: *Astrid Messerschmidt:* Postkoloniale Selbstbilder in der postnationalsozialistischen Gesellschaft. In: Frauen Kunst Wissenschaft. Zeitschrift für Geschlechterforschung und visuelle Kunst 59, 2016, S. 24–37.

418 *Grewe:* Erbe. 2018, S. 492.

419 *Von Borries:* Jugend. 1999, S. 114.

420 So bereits der Titel: »Jugend und Geschichte. Ein europäischer Kulturvergleich aus deutscher Sicht«.

421 *Von Borries:* Jugend. 1999, S. 114.

422 Zur moralischen Betrachtung stellte Bodo von Borries im Rahmen seiner europäischen Kulturvergleichsstudie auch in Hinblick auf die Wertvorstellungen der Schüler*innen entsprechend fest, dass in Deutschland »historische Deutungen und Urteile mit deutlich stärkerer anti-kolonialistischer Tendenz als im Durchschnitt Europas« herrschen. Ebd., S. 114f.

eher an punktuelle Ereignisse anknüpft, aus denen fallweise Sieger und Verlierer (oder sogar ausschließlich Sieger) hervorgehen.

Inhaltlich kommen die vorliegende Schulbuchanalyse wie auch die einschlägigen Studien zu dem Schluss, dass die Schulbücher Geschichte national erzählen und »kulturelle Codes (hidden assumptions) in alle Schulbücher eingeschrieben sind«[423]. Besonders eindrücklich ist dies bei der Beschreibung des Imperialismus nachzuvollziehen.[424] Die inhaltlichen Ergebnisse der vergleichenden Schulbuchanalyse stützen und ergänzen damit die in der einschlägigen Literatur bereits vermuteten und in Teilen nachgewiesenen kulturellen Deutungsmuster. Die vorliegende Studie weist diese Muster anhand der qualitativen Inhaltsanalyse der *Meta Concept Maps* auf kategorialer Ebene (vgl. Kap. 4.2.2.2.2) und anhand der neuralgischen Teilkonzepte auf propositionaler Ebene (vgl. Kap. 5.1.2) nach. Als Produkt dieser doppelten Analyse kann sie vier Deutungsmuster ausmachen, die aufzeigen, welche konzeptuellen Unterschiede zwischen den untersuchten, sprachlich-kulturell gefassten Perspektiven vorliegen, die für einen bilingualen Geschichtsunterricht in spezifischer Weise relevant sind. Deutungsmuster, die der Sinnbildung in den deutschen Schulbüchern unterliegen und solche, die der Erzählstruktur in den englischen Schulbüchern inhärent sind, treten prägnant vor Augen. Darüber hinaus zeigt die doppelte Analyse mithilfe des *Concept Mapping*-Verfahrens, inwiefern sich diese Deutungsmuster aufeinander beziehen lassen (vgl. Kap. 4.3.2.1, 4.3.2.2, 4.3.2.3, 4.3.2.4).

Die inhaltlichen Erkenntnisse lassen sich weiterführend nutzen, um zu untersuchen, ob bilingual und deutschsprachig unterrichtete Schüler*innen unterschiedlich mit perspektivischen Geschichtsdarstellungen umgehen. Wie im Folgenden zu zeigen sein wird, eignet sich für einen solchen Vergleich ebenfalls die Arbeit mit *Concept Maps* – nicht mehr als Analysewerkzeug zur Beschreibung und Relation von Deutungsmustern, sondern als Aufgabenformat im Fragebogen.

423 *Grindel:* Schulbücher. 2007, S. 93, S. 265; *Grindel:* Colonial. 2017, S. 268.
424 Ebd; *Groth:* Erinnerungspolitiken. 2016, S. 277.

5 Entwicklung und Validierung des Fragebogens zur interkulturellen Perspektivität

Die Konzeption des Fragebogens beruht auf den theoretischen Überlegungen zu möglichen geschichtsdidaktischen Vorteilen eines bilingualen Unterrichts (vgl. Kap. 2.2.2). Zusammenfassend heißt es in der einschlägigen Literatur, bilingual unterrichtete Schüler*innen könnten womöglich unterschiedliche Perspektiven besser wahrnehmen, differenzieren und koordiniert mit ihnen umgehen.[425] Perspektivenwahrnehmung heißt zu erkennen, dass es mehr als nur eine Perspektive gibt. Perspektivendifferenzierung ist die bewusste Unterscheidung von Perspektiven. Perspektivenkoordination meint den reflektierten Umgang mit unterschiedlichen Perspektiven[426], das Erkennen der Möglichkeit, dass andere Standpunkte angemessen sein können und das damit einhergehende Relativie-

425 Konzeptionell: *Michele Barricelli/Ulrich Schmieder:* Über Nutzen und Nachteil des bilingualen Sachfachunterrichts. Fremdsprachen- und Geschichtsdidaktik im Dialog. In: *Daniela Caspari* (Hg.): Bilingualer Unterricht macht Schule. Beiträge aus der Praxisforschung. Frankfurt a. M. 2009, S. 205–220, hier S. 211 f.; *Manfred Wildhage/Edgar Otten* (Hrsg.): Praxis des bilingualen Unterrichts. Berlin 2003, S. 81; *Martin Schlutow:* Geschichte bilingual unterrichten. Didaktische Grundlagen und methodische Zugänge. Schwalbach/Ts. 2016, S. 22–24; *Peter Geiss:* Vom Nutzen und Nachteil des bilingualen Geschichtsunterrichts für das historische Lernen. In: Zeitschrift für Geschichtsdidaktik 8, 2009, S. 25–38, hier S. 26–28. Empirisch: *Petra Beetz/Gabriele Blell/Dagmar Klose:* Den Anderen ein Stück näher: Fremdverstehen in bilingualen Lehr- und Lernkontexten Geschichte – Englisch. In: *Gabriele Blell/Rita Kupetz* (Hrsg.): Bilingualer Sachfachunterricht und Lehrerausbildung für den bilingualen Unterricht. Frankfurt 2005, S. 15–50; *Franziska Clemen/Michael Sauer:* Förderung von Perspektivendifferenzierung und Perspektivenübernahme? Bilingualer Geschichtsunterricht und historisches Lernen – eine empirische Studie. In: Geschichte in Wissenschaft und Unterricht 58, 2007, H. 12, S. 708–723; *Anne Ingrid Kollenrott:* Sichtweisen auf deutsch-englisch bilingualen Geschichtsunterricht. Eine empirische Studie mit Fokus auf interkulturelles Lernen. Frankfurt a. M. 2008.

426 Dasselbe bezeichnet Stefanie Lamsfuß-Schenk als »Multiperspektivität«. Sie sei die »Interdependenz von Perspektiven anstelle einer kontrastierenden Abgrenzung.« *Stefanie Lamsfuß-Schenk:* Fremdverstehen im bilingualen Geschichtsunterricht. Eine Fallstudie. Frankfurt a. M. 2008, S. 50. An anderer Stelle aber schreibt sie »Perspektivwechsel [ist die] Wahrnehmung anderer Perspektiven und die bewusstere Differenzierung von ›Eigenem‹ und ›Fremdem‹.« Damit setzt sie Perspektivwechsel mit »Fremdverstehen« gleich. Ebd., S. 243 f.

ren nur einer Perspektive.[427] Verschiedene Perspektiven schlagen sich in unterschiedlichen Konzepten nieder.[428] Um also die Fähigkeit von Schüler*innen zur Perspektivenwahrnehmung, -differenzierung und -koordination zu untersuchen, ist zu prüfen, wie sie verschiedene Konzepte wahrnehmen, zwischen ihnen differenzieren und sie schließlich koordinieren. Für den Vergleich zwischen bilingual und deutschsprachig unterrichteten Schüler*innen ist dieser Umgang insbesondere für sich interkulturell unterscheidende Konzepte interessant. In der vorliegenden Arbeit wird dieser Schüler*innen-Gruppenvergleich am inhaltlichen Beispiel der Konzepte vom »Imperialismus« durchgeführt.

Der skizzierte theoretische Dreischritt wurde im Fragebogen aufgegriffen. Mit Aufgabe 1 wurde untersucht, wie Schüler*innen im englischen und im deutschen Rahmen vorherrschende Konzepte wahrnehmen. Aufgabe 2 zielte auf die Überprüfung der Konzeptdifferenzierung und Aufgabe 3 ermöglichte es, die Konzeptkoordination der Schüler*innen zu untersuchen. Die Schüler*innen-Antworten zu diesen Aufgaben stellen den Kern der vorliegenden Untersuchung dar. Hinzu kommen strukturelle Daten, die teils von den Schüler*innen, teils von den Lehrkräften erfragt wurden, um eine differenzierende Auswertung zu ermöglichen.

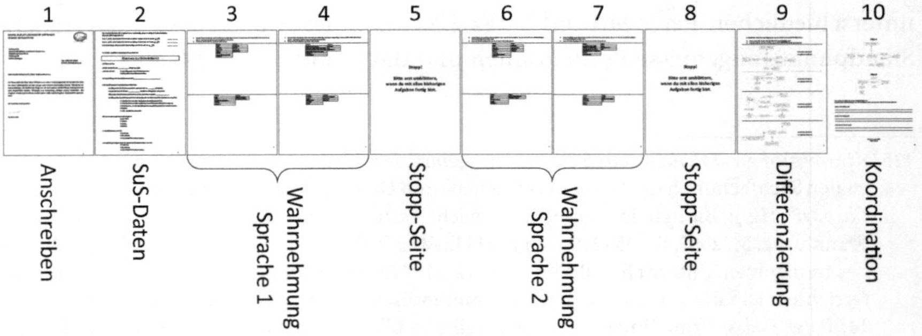

Abbildung 25: Der für die Hauptstudie von den Schüler*innen auszufüllende Fragebogen.

Der Fragebogenerhebung ging eine schriftliche Information der Schüler*innen zur Studienabsicht voraus.[429] Die Erhebung selbst umfasste im Rahmen der Hauptstudie einen einseitigen Fragebogen zu den strukturellen Bedingungen, den die Lehrkraft ausfüllte, und einen zehnseitigen Fragebogen, den die Schüler*innen bearbeiteten (vgl. Abbildung 25). Die strukturellen Angaben der Lehrkräfte bezogen sich etwa auf die Schulform (Gymnasium, Integrierte Gesamtschule, Kooperative Gesamtschule), auf Klassencharakteristika (Ge-

427 Vgl. Modell zur Perspektivität in drei Erkenntnisschritten in Kap. 2.2.2.3.
428 Vgl. Diehr: Fachliteralität. 2016, S. 57–84 ; Kap. 4.2.2.
429 Anhang S. 68–92.

schlechterverteilung, Klassengröße etc.) und auf die Unterrichtsstundenzahl, die für die Unterrichtung des Themas »Imperialismus« aufgewendet wurde.[430] Auch die Schüler*innen wurden nach einem Anschreiben auf Seite 1 des ihnen vorliegenden Fragebogens auf Seite 2 zu den für die Studie relevanten Strukturdaten befragt. Erfragt wurde hier zum Beispiel, ob der Untersuchung bilingualer oder monolingualer Geschichtsunterricht vorausgegangen ist, wie hoch der prozentuale Anteil der englischen Sprachverwendung im Geschichtsunterricht war und wie viele Schuljahre die Schülerin oder der Schüler bereits bilingualen Geschichtsunterricht erlebt hat. Ab Seite 3 des Fragebogens wird der theoretische Dreischritt zum Umgang mit interkulturellen Konzepten untersucht. Auf Seite 3 und 4 sowie auf Seite 6 und 7 prüft Aufgabe 1 die Konzeptwahrnehmung der Schüler*innen zunächst im ersten, dann im zweiten sprachlichen Rahmen. Um einen einfachen Übertrag der eigenen Antworten vom ersten in den zweiten Rahmen formal zu erschweren, wurde eine Stopp-Seite (S. 5) eingefügt. Auch zwischen Aufgabe 1 und Aufgabe 2 wurde eine Stopp-Seite integriert (S. 8), die sicherstellte, dass die Schüler*innen die Bearbeitung erst fortführen, wenn sie alle bisherigen Aufträge ausgeführt haben. Das war nötig, weil für die Aufgaben 2 und 3 zur Differenzierung (S. 9) und Koordination (S. 10) die Referenzkonzepte abgedruckt waren. Es galt also zu verhindern, dass die Schüler*innen die Referenzkonzepte für Aufgabe 1 abschreiben.

5.1 Entwicklung

Der Schüler*innen-Fragebogen zielte im Wesentlichen auf die Untersuchung der Konzeptwahrnehmung, -differenzierung und -koordination. Methodisch basieren die Aufgaben, die Eingang in den Schüler*innen-Fragebogen gefunden haben, auf der Verwendung jener *Concept Maps*, die als neuralgische Teilkonzepte das unmittelbare Produkt der vergleichenden Schulbuchanalyse waren.

Die Verwendung von *Concept Maps* als Untersuchungsinstrument zur Erhebung sprachlich-kulturell repräsentierter Konzepte ist neu.[431] Gewählt wurden sie erstens, um inhaltliche Stringenz zwischen der Schulbuchanalyse einerseits und der Untersuchung der Schüler*innen-Vorstellungen andererseits zu gewährleisten.[432] Die Anwendung der *Concept Mapping*-Methode auch als Erhebungsinstrument ermöglicht es zweitens, die beiden Grundbedingungen der

430 Anhang S. 95.

431 Zur Verwendung von *Concept Maps* in anderen Forschungs- und Anwendungsbereichen vgl. Kap. 4.2.2.1.1.

432 *Barbara Daley:* Using Concept Maps in Qualitative Research. In: *Alberto Cañas* u. a. (Hrsg): Concept Maps. Theory, methodology, technology: Proceedings of the First International Conference on Concept Mapping. Navarra 2004, S. 191–197, hier S. 196.

Studienanlage zu erfüllen. Zum einen bedarf es nämlich einer Methode, die die konzeptuellen Vorstellungen der einzelnen Schüler*innen aktiviert. Zum anderen muss für eine Vergleichsstudie quantitative Auswertbarkeit der Ergebnisse gewährleistet sein. Ein Fragebogen, der anhand bestimmter Likert-skalierter Items Aspekte zur Konzeptkenntnis der Schüler*innen abprüft[433], war damit ebenso ausgeschlossen wie die Untersuchung frei formulierter Schüler*innen-Texte.[434]

Auch empirische Studien weisen auf die Eignung der *Concept Mapping*-Methode für das vorliegende Untersuchungsdesign hin. John Hattie evaluiert sie als Lehr- und Lernmethode im Vergleich zu anderen Lernformen und stellt unter Rückgriff auf insgesamt 287 Studien einen hohen erwünschten Effekt der *Concept Mapping*-Methode fest (d = 0,57).[435] Im Vergleich zu dem Arbeitsauftrag, ein Thema schriftlich zusammenzufassen, sind kaum Unterschiede feststellbar (d = 0,19).[436] Das ist ein deutlicher Hinweis darauf, dass die konzeptuellen Vorstellungen der einzelnen Schüler*innen mithilfe dieser Methode vergleichbar fundiert erfasst werden können wie in vorangegangenen, qualitativen Studien, die schriftliche Schüler*innen-Texte ausgewertet haben.[437]

Besonders geeignet ist die Anwendung der *Concept Mapping*-Methode offenbar dann, wenn sie »eingesetzt wird, nachdem die Lernenden mit dem Stoff vertraut sind«.[438] Diese Methode im Fragebogen nach Abschluss der inhaltlich relevanten Unterrichtssequenz einzusetzen ist also angemessen. Dabei werden die beiden grundlegenden Möglichkeiten, mit *Concept Maps* zu arbeiten, in den Aufgaben berücksichtigt: In Aufgabe 1 werden die Schüler*innen aufgefordert, selbst *Concept Maps* zu erstellen. Für Aufgabe 2 und 3 arbeiten sie dann mit sogenannten Experten-*Concept Maps* (vgl. Kap. 5.1.1). Hier werden ihnen also bereits erstellte *Concept Maps* präsentiert, die sie studieren und bewerten sollen. Dabei sollte es nicht irritieren, wenn bei Aufgaben 2 und 3 niedrigere Effekte erzielt werden als bei Aufgabe 1, denn grundsätzlich werden höhere Effekte festgestellt, wenn Lernende aufgefordert werden, die *Concept Maps* selbst zu

433 Denkbar wäre z. B. gewesen, die aus der Schulbuchanalyse gewonnenen Referenzpropositionen hinsichtlich ihrer Zustimmung durch die Schüler*innen zu untersuchen. Z. B.: »Der Aussage ›Wilhelm II. war unterdrückt homosexuell‹ stimme ich O eher zu, O eher nicht zu«. Dafür hätte allein aus Platz- und Zeitgründen eine Auswahl der Propositionen getroffen werden müssen, denn sonst hätte der Bogen 69 likert-skalierte Items allein zur Überprüfung (und eine solche wäre es ja gewesen) der jeweiligen Schüler*innen-Einschätzung zu den 69 Referenzpropositionen bedurft.

434 Wie etwa Clemen und Sauer sie ja auch bereits durchgeführt haben: *Clemen:* Bilingual. 2007.

435 *John Hattie:* Lernen sichtbar machen. Überarbeitete deutschsprachige Ausgabe von Visible Learning. Schorndorf 2014, S. 200 f.

436 Ebd.

437 Z. B. *Clemen:* Bilingual. 2007; *Beetz:* Fremdverstehen 2005.

438 *Hattie:* Lernen. 2014, S. 200.

erstellen (d = 0,81), als wenn sie vorgefertigte studieren (d = 0,37).[439] Außerdem ist in Rechnung zu stellen, dass in dem von mir auf der Basis der einschlägigen Literatur entwickelten Modell (vgl. Kap. 2.2.2.3) die Konzeptkoordination auf der Konzeptdifferenzierung und diese wiederum auf der Konzeptwahrnehmung aufbaut. Auch aus sachlichen Gründen ist daher *a priori* nicht damit zu rechnen, dass die Effekte von Aufgabe 1 über Aufgabe 2 zu Aufgabe 3 zunehmen könnten.

Konzepte können in *Concept Maps* in offenen oder geschlossenen Formaten erfasst werden.[440] Die Verwendung geschlossener Formate eröffnet für die vorliegende Studie zwei notwendige Vergleichsdimensionen. Zunächst ermöglichen sie den Vergleich von Referenz- und Schüler*innen-Konzepten. In diesem Punkt geht es, das sei hier betont, nicht um ein »Abfragen«, ob die Schüler*innen »alles richtig gelernt haben«, was im Schulbuch steht. Gerade um ein solches inhaltsbezogenes Reproduzieren geht es der vorliegenden Studie nicht. Deshalb erfasst sie auch von Vornherein nicht, welche Schulbücher in dem der Untersuchung je vorangegangenen Unterricht verwendet wurden. Vielmehr soll hier untersucht werden, ob das von den Schüler*innen selbst mithilfe der sprachlich dargebotenen Fragmente konstruierte eigene Konzept vom Imperialismus eher einem im deutschen oder eher einem im englischsprachen Rahmen vorzufindenden Referenzkonzept entspricht. Die Frage ist also nicht, ob einzelne Propositionen erfüllt werden, sondern ob kulturelle Deutungsmuster sich im Schüler*innen-Konzept wiederfinden. Sodann erlauben *Concept Maps* es, die Konzepte der bilingual unterrichteten Schüler*innen mit denen der deutschsprachig unterrichteten Schüler*innen zu vergleichen.

Die Bezugnahme von Referenz- und Schüler*innen-Konzept erfolgt auf der Grundlage der aus der Schulbuchanalyse eruierten (und ebenfalls in Gestalt von *Concept Maps* dargestellten) »neuralgischen Teilkonzepte«. Diese »neuralgischen Teilkonzepte« sind jene Sinnzusammenhänge, die der Vergleich des aus den Schulbüchern herausgearbeiteten deutschen und englischen Referenzkonzepts auf propositionaler Ebene sichtbar werden lässt. Als Teil vom je sehr umfangreichen, vielschichtigen und stark vernetzten Referenzkonzept veranschaulichen sie exemplarisch fundamentale Konzeptunterschiede. Mit diesen exemplarischen Teilkonzepten zu arbeiten ist sowohl der Sache nach sinnvoll als auch methodisch notwendig. In der Sache zeigen sich Unterschiede zwischen den beiden Referenzkonzepten nur punktuell (vgl. Kap. 4.2.2.2.3, 4.2.2.2.4 und 5.1.2). Methodisch ist es im Rahmen der Fragebogenerhebung relevant, handhabbare

439 Ebd., S. 201.

440 *Joseph Novak/Alberto Cañas:* The Theory Underlying Concept Maps and How to Construct and Use Them. Technical Report IHMC CmapTools 2006-01 Rev 01-2008. Pensacola 2008, S. 17-23. Online unter URL: <http://cmap.ihmc.us/docs/pdf/TheoryUnderlyingConceptMaps.pdf> (Zugriff am 24.03.2023).

Einheiten zur Grundlage der Untersuchung zu machen.[441] Neuralgische Teilkonzepte liegen entweder nur im deutschen oder nur im englischen Referenzkonzept vor, oder sie liegen in beiden Referenzkonzepten vor und unterscheiden sich inhaltlich.

Der Vergleich zwischen den Referenzkonzepten, die aus den deutschen und den englischen Schulbüchern herausgearbeitet werden konnten, offenbarte eine Vielzahl neuralgischer Teilkonzepte (vgl. Kap. 5.1.2.1, 5.1.2.2, 5.1.2.3). Sie stellen zum einen das Ergebnis der vergleichenden Schulbuchanalyse dar und ermöglichen es, Deutungsmuster zu erschließen, die im deutschen und im englischen Rahmen spezifisch sind und die in ihrer Spezifik aufeinander bezogen werden können. Zum anderen bilden sie als Ausdruck dieser Deutungsmusterunterschiede die Grundlage für die Fragebogenerhebung. Für einen Einsatz als Aufgabe im Fragebogen müssen die neuralgischen Teilkonzepte neben konzeptionellen zuerst formale und schließlich auch sprachliche Kriterien erfüllen. Unter diesen Gesichtspunkten erweisen sich nicht alle eruierten neuralgischen Teilkonzepte als gleich geeignet. Einige müssen – wie im Folgenden gezeigt wird – ganz wegfallen, andere können praktisch nutzbar gemacht werden, indem formale und sprachliche Änderungen vorgenommen werden.

Formal relevant ist insbesondere die Eignung der neuralgischen Teilkonzepte als *Concept Maps* im Fragebogen. Sie müssen für die Anwendung in geschlossenen Bearbeitungsverfahren bestimmte Kriterien erfüllen. Es gibt zudem verschiedene etablierte Aufgabenarten, aus denen die besonders passenden ausgewählt werden müssen. Konzeptionell gilt es, neuralgische Teilkonzepte zu nutzen, die zum einen inhaltlich exemplarisch für die Referenzkonzepte stehen können, weil sie kulturelle Deutungsmuster erkennen lassen, und die sich zum anderen aufgrund der in ihnen dargestellten Sinnzusammenhänge besonders eignen, um Auswirkungen, die dem bilingualen Unterricht zugeschrieben werden, zu untersuchen. Sprachlich sollte sichergestellt werden, dass die *Concept Map*-Formulierungen im Fragebogen möglichst wortgetreu den Schulbuchdarstellungen entsprechen. Anwendbarkeit durch die Schüler*innen und Übersetzbarkeit in den zweiten sprachlichen Rahmen stellen weitere sprachliche Kriterien dar. Die formale Gestaltung, die konzeptionelle Eignung und die sprachliche Form der als *Concept Maps* genutzten neuralgischen Teilkonzepte wurden in drei Pilotierungsphasen geprüft. Die Daten der Hauptstudie wurden einer weiteren Validierung unterzogen (vgl. Kap. 5.2.3).

Im Folgenden werden zunächst die formalen (Kap. 5.1.1), konzeptionellen (Kap. 5.1.2) und sprachlichen (Kap. 5.1.3) Überlegungen zur Auswahl und Gestaltung der neuralgischen Teilkonzepte erläutert.

441 *Daley:* Qualitative Research. 2004, S. 197.

5.1.1 Formale Gestaltung

Formale Überlegungen erweisen sich als relevant für (1.) die Frage nach *Concept Maps* als angemessenem Erhebungsverfahren, (2.) die Frage nach der Auswahl geeigneter neuralgischer Teilkonzepte und (3.) die Frage nach geeigneten Aufgabenformen im Rahmen dieses *Concept Mappings*.

5.1.1.1 *Concept Mapping* als Erhebungsmethode

Unter formalen Gesichtspunkten eignet sich ein *Concept Mapping*-Verfahren als Erhebungsmethode vor allem deshalb, weil die Forschungsfrage es erfordert, feste Referenzkonzepte mit konstruktionalen Schüler*innen-Prozessen zu verbinden. Geschlossene und offene Erhebungsverfahren müssen kombiniert werden. Dazu sind *Concept Maps* besonders gut geeignet.

Für alle Aufgaben des Fragebogens eignet sich wegen des Rückbezugs auf die Referenzkonzepte die Verwendung von Experten-*Concept Maps*. Eine Experten-*Concept Map* entsteht, indem ein Experte ein bestimmtes Thema so prägnant in einer *Concept Map* abbildet, dass sie die Schlüsselbegriffe und Zusammenhänge enthält, die nötig sind, um das Thema zu verstehen.[442] Die Verwendung von Experten-*Concept Maps* bietet sich aus zwei Gründen an: Da in der vorliegenden Studie nicht, wie üblich, einzelne Personen als ausgewiesene Experten im Hintergrund stehen, sondern die deutschen und englischen Schulbücher als »Experten« dienen, wird der Rückbezug auf deren jeweilige Perspektive sichergestellt. Zudem bietet sich die Verwendung von Experten-*Concept Maps* an, weil sich ihr Einsatz insbesondere dann als effektiv erwiesen hat, wenn »schwierige Themen« bearbeitet werden sollen.[443] Sie dienen den Schüler*innen als »Scaffold«.[444]

5.1.1.2 Auswahl geeigneter neuralgischer Teilkonzepte

Auf formalen Überlegungen beruht auch die Auswahl neuralgischer Teilkonzepte. Damit *Concept Maps* als Erhebungsinstrument eingesetzt werden können, sollten sie, wie empirische Studien zu *Concept Maps* als Evaluierungsmethode gezeigt haben, einige formale Kriterien erfüllen.

---

442 *Novak:* Theory. 2008, S. 20–23.

443 Ebd., S. 20: »For difficult topics – whether difficult for the students as determined by the teacher's previous experience, or difficult for the teacher because of his/her background – using an ›expert skeleton‹ concept map is an alternative.«

444 Ebd.: »An ›expert skeleton‹ concept map has been previously prepared by an expert on the topic, and permits both students and teachers to build their knowledge on a solid foundation. ›Expert skeleton‹ concept maps serve as a guide or scaffold or aid to learning in a way analogous to the use of scaffolding in constructing or refurbishing a building.«

a) Sie dürfen nicht zu viele Knoten und Kanten enthalten. Als Richtzahl gelten 15–25 Knoten.[445]
b) »Sätze in Kästen« sind nach Möglichkeit zu vermeiden. Ein Knoten sollte also möglichst nicht aus einem ganzen Sinnzusammenhang bestehen, der selbst als Proposition aufgeführt werden könnte.[446]
c) Es ist hilfreich, wenn Fokusfragen die Konzepte strukturieren.[447] Gefragt wurde hier, wie das deutsche und das britische Konzept vom Imperialismus aussehen und anhand welcher Deutungsmuster sich diese Darstellungen unterscheiden. Die neuralgischen Teilkonzepte sind Teil der Antwort auf diese übergeordneten Fragen. Außerdem war zu vermeiden, dass lenkende Fragen, die nicht aus der Schulbuchanalyse herzuleiten sind, die Ergebnisse verzerren. (vgl. Kap. 4. 1.3.1, Schritt 1).

Die Kriterien a) und b) dagegen greifen für die Mehrheit der aus der Schulbuchanalyse gewonnenen neuralgischen Teilkonzepte (vgl. Kap. 5.1.2.1, 5.1.2.2, 5.1.2.3).

Zu a): Weil die Unterschiede zwischen dem deutschen und englischen Referenzkonzept – wie die Schulbuchanalyse ergeben hat – durchaus überschaubar sind, umfassen die neuralgischen Teilkonzepte maximal sieben Knoten (»Indien« im Deutschen). Dieser Umfang scheint in Bezug auf die 45 Minuten, in denen die Erhebung durchgeführt wird, angemessen. So können die Schüler*innen mehr als nur eine *Concept Map* bearbeiten, so dass durch den Umgang mit verschiedenen neuralgischen Teilkonzepten fundierte Rückschlüsse auf ihr Konzept im Verhältnis zu den ganzen deutschen und englischen Referenzkonzepten gezogen werden können. Das Problem, dass einzelne *Concept Maps* zu umfangreich sein könnten, stellt sich also nicht. Problematisch könnte es allenfalls sein, dass einzelne *Concept Maps* zu wenige Knoten enthalten.

Zu b): Es ist denkbar, dass sich das neuralgische Teilkonzept »Indien« unter diesem Punkt als Erhebungsinstrument nicht eignet. In der Form, in der es den Schulbüchern entnommen werden konnte, enthält es komplexe Knoten, die dieses Kriterium nicht erfüllen (im Englischen z. B. »Dankbarkeit für das britische Bemühen um ein besseres Verhältnis zum indischen Volk/ thankfulness for British efforts to improve relations with the Indian people«).

445 Ebd., S. 12.
446 Ebd., S. 11f.
447 Ebd., S. 2.

5.1.1.3 Aufgabenformen

Formale Aspekte beeinflussen schließlich auch die Auswahl passender Verfahren. Konzeptwahrnehmung, -differenzierung und -koordination werden im Fragebogen in drei Aufgaben anhand von drei Verfahren untersucht. Im Folgenden werden diese spezifischen Verfahren vorgestellt und in Bezug auf ihre Eignung für die jeweilige Aufgabe erläutert.

Für die Untersuchung der Konzeptwahrnehmung eignet sich in Aufgabe 1 das sogenannte »parking lot-Verfahren« (vgl. Abbildung 26). Es sieht vor, dass relevante Begriffe eines Themas, die als Knoten und Kanten einer Experten-*Concept Map* vorliegen, in einer Liste bereitgestellt werden. Die Schüler*innen nutzen sie als Knoten und Kanten für die Erstellung einer eigenen *Concept Map*. Sie können die Begriffe entweder verbinden oder in der *parking lot* belassen, sie also nicht als Knoten und Kanten ihrer eigenen *Concept Map* verwenden, wenn sie hierfür keine gute Verbindung sehen.[448] Das erlaubt es in Aufgabe 1 des Fragebogens, Begriffe, die als Knoten und Kanten womöglich nur in einem der beiden sprachlich-kulturellen Rahmen relevant sind, auch im anderen zu präsentieren (vgl. Residuen, Kap. 5.1.3). Auch Distraktoren können so integriert werden (vgl. Distraktoren, Kap. 5.1.3). Die Schüler*innen-Entscheidung, die Knoten und Kanten etwa im Deutschen zu nutzen, im Englischen aber nicht, ist so stets aktive (Nicht-)Konstruktion eines Konzepts im jeweiligen Rahmen. Entsprechend gestaltet ist auch die Aufgabenstellung (vgl. Abbildung 26): Zunächst werden die Schüler*innen zur Erstellung einer ihnen passend erscheinenden *Concept Maps* aufgefordert. Sodann können sie die Knoten und Kanten ankreuzen, die sie nicht kennen. So kann bei der Auswertung der Schüler*innen-Antworten zu Aufgabe 1 differenziert werden zwischen Begriffen, die die Schüler*innen als nicht relevant für das jeweilige Konzept im jeweiligen sprachlich-kulturellen Rahmen empfinden, und Begriffen, die sie (etwa als englische Vokabel) nicht kennen.

Die Begriffe, die in der *parking lot*-Methode in einer Liste bereitgestellt werden, können unterschiedlich angeordnet sein. Empfohlen wird etwa, sie entsprechend ihrer Relevanz für das Konzept, das sie abbilden, zu ordnen. Zentrale Konzeptbegriffe würden dann zuerst, periphere zuletzt genannt.[449] Diese Empfehlung passt gut zu den aus den Schulbüchern eruierten Teilkonzepten, denn die

---

448 Zur Qualität dieses methodischen Verfahrens führt Novak aus: »Experienced concept mappers agree with researchers that the most challenging and difficult aspect of constructing a concept map is constructing the propositions; that is, determining what linking phrases will clearly depict the relationship between concepts. So giving the student some of the concepts does not take away from the difficulty in the map construction, although it may somewhat limit the creativity of the student in selecting the concepts to include. It does provide the teacher with insight into which concepts the student(s) had trouble integrating into the concept map, indicating little or no understanding of these concepts.« Ebd., S. 20.

449 Ebd., S. 12.

1. **Erstelle deinem Empfinden nach korrekte und vollständige deutsche *Concept Maps*. Du musst dafür nicht alle Knoten/ Kanten verwenden. Kanten kannst du mehrfach verwenden.**
2. **Kreuze die Knoten/Kanten an, die du nicht kennst.**

Knoten	Kanten
Bebel	entließ(en)
Bismarck	war(en)
Christian X.	Gegner von
Georg V.	verwandt mit
Minister	
unterdrückt homosexuell	
Wilhelm II.	

Abbildung 26: Ein Beispiel für Aufgabe 1 zur Konzeptwahrnehmung unter Verwendung des *parking lot*-Verfahrens.

Konzeptbildungsrelevanz kann hier etwa anhand der Zahl der propositionalen Belege nachvollzogen werden (vgl. Kap. 4.2.2.2.1). Allerdings unterscheidet sie sich bei den Teilkonzepten, die sowohl im Deutschen als auch im Englischen erzählt werden, je nach kulturellem Rahmen bei den in beiden Kontexten relevanten Propositionen. Eine an der Konzeptbildungsrelevanz ausgerichtete Auflistung müsste sich hier also in den zwei Präsentationen, die der Fragebogen anbietet (vgl. Abbildung 25, S. 3–4 vs. S. 6–7), ebenfalls unterscheiden. Auf diese konzeptuellen Unterschiede würden die Schüler*innen dann durch die Aufgabenpräsentation aber bereits sehr aufmerksam gemacht werden. Eine starke Lenkung stellt ein solches Auflisten der Begriffe entsprechend ihrer Konzeptbildungsrelevanz freilich auch für die Teilkonzepte dar, die lediglich einem der beiden sprachlich-kulturellen Rahmen entnommen wurden.[450]

Ein weniger lenkender Aufbau wurde gewählt, indem die *parking lot* in alphabetischer Reihenfolge gefüllt wurde, und zwar mit Begriffen, die konzeptbildungsrelevant oder -irrelevant sind (vgl. Kap. 5.1.3 und Kap. 5.2.3). Während so einerseits eine starke Lenkung vermieden wird, stellt dieses geschlossene *parking lot*-Verfahren durch die Vorgabe der Knoten und Kanten andererseits doch *Scaffolds* bereit (vgl. Kap. 5.1.3). Damit prüft Aufgabe 1 nicht in erster Linie Wissen, sondern Kompetenz. Die Schüler*innen können englische und deutsche Propositionen bilden, selbst wenn sie sie in dieser Form nicht im vorangegangenen Unterricht gelernt haben. So beantwortet die Auswertung der Antworten zu Aufgabe 1 Fragen wie diese: Kann ein Schüler*innen, der bilingual unterrichtet wurde, eher englische Propositionen bilden als einer, der monolingual unterrichtet wurde? Am Beispiel aus Abbildung 26 hieße das konkret: Nutzen bilingual unterrichtete Schüler*innen den Begriff »Wilhelm II« als Knoten eher in Propositionen, die eine (für das Englische typische) Personengeschichte erzählen, und nutzen deutschsprachig unterrichtete Schüler*innen »Wilhelm II.« als Knoten eher zur Abbildung von (für das Deutsche typische) strukturgeschichtlichen Sinnzusammenhängen (vgl. Kap. 4.3.2.2)?

450 Besonders eklatant tritt das bei der Präsentation der Distraktoren zutage, die dann stets als letzte Knoten präsentiert werden müssten (vgl. Kap. 5.1.3).

Aufgabe 2 nutzt die Experten-*Maps* als Vorlage. Den Schüler*innen werden vier *Concept Maps* präsentiert, die sie mithilfe einer Ankreuzaufgabe (1) und einer Markierungsaufgabe (2) bearbeiten. Mithilfe der Ankreuzaufgabe wird geprüft, wie die Schüler*innen zwischen Konzepten differenzieren (vgl. Abbildung 27). Dabei wird eine Differenzierungsentscheidung aufgrund der binär angelegten Ankreuzmöglichkeiten nahegelegt. Die Schüler*innen können, nachdem sie die Experten-*Concept Maps* studiert haben, durch Ankreuzen entscheiden, ob das präsentierte Konzept besser in ein deutsches oder ein englisches Schulbuch passt. Sie können aber auch – darauf wurde bei der Aufgabenformulierung geachtet – beide Antwortmöglichkeiten ankreuzen und so bewusst nicht differenzieren. Die Differenzierungsentscheidung wird in einer ergänzenden zweiten Aufgabe begründet. Die Schüler*innen können hier die Propositionen einkreisen, die sie dazu veranlasst haben, das deutsche, das englische oder beide Schulbücher als geeigneten Kontext für das präsentierte Konzept auszuwählen. Weil diese Propositionen exemplarisch für Erzähldimensionen stehen, die entweder das deutsche oder das englische aus den Schulbüchern herausgearbeitete Referenzkonzept prägen, ermöglicht diese Aufgabenstellung Rückschlüsse etwa darauf, welche konzeptionellen Aspekte besonders ausschlaggebend für die Entscheidung z. B. bilingual unterrichteter Schüler*innen sind.

In Schulbücher finden Konzepte Eingang, auf die man sich in einer Gesellschaft einigen kann.

1. **Kreuze an, wohin das jeweils abgebildete Konzept inhaltlich passt.**
2. **Kreise jeweils den Bereich der *Map* ein, der dich zu deiner Entscheidung bewogen hat.**

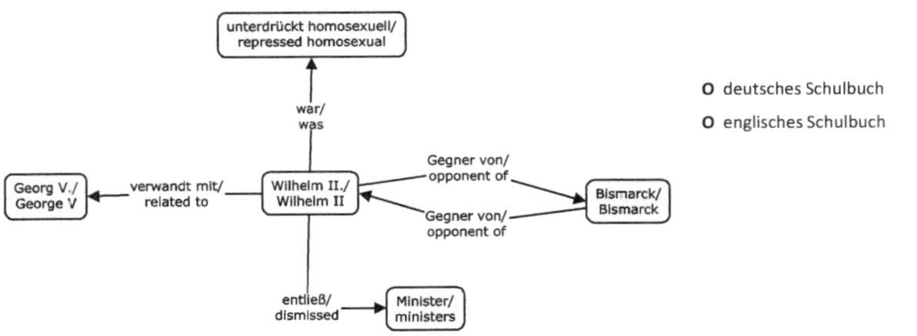

Abbildung 27: Ein Beispiel für Aufgabe 2 zur Konzeptdifferenzierung unter Verwendung des beschriebenen Verfahrens.

Im angegebenen Beispiel, einer Experten-*Concept Map*, die auf einem englischen neuralgischen Teilkonzept beruht, weist etwa das Einkreisen der Proposition »Wilhelm II. / war / unterdrückt homosexuell« stark auf eine personalisierte Geschichtserzählung als erkenntnisleitende Erzähldimension hin; die Proposition »Georg V. / verwandt mit / Wilhelm II.« betont (wie das ganze Teilkonzept) ebenfalls Persönliches (Kap. 4.3.2.2), fokussiert darüber hinaus aber die Beziehung zwischen dem Deutschen Reich und Großbritannien (vgl. Kap. 4.3.2.3).

Ähnlich ist auch Aufgabe 3 gestaltet (vgl. Abbildung 28). Um die Konzeptkoordination der Schüler*innen festzustellen, werden die beiden neuralgischen Teilkonzepte, die sowohl im deutschen als auch im englischen Referenzkonzept relevant sind (»Wilhelm II.« und »Buren«), in beiden Versionen als Experten-*Concept Maps* präsentiert.

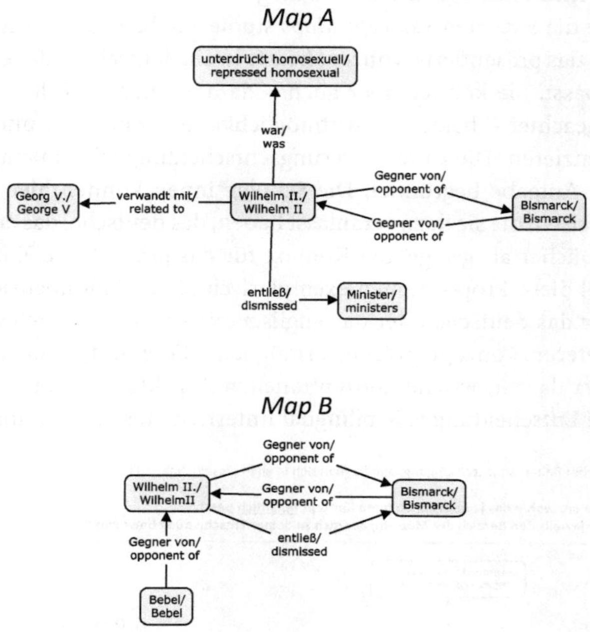

Kreuze eine der folgenden Antwortmöglichkeiten an.
Begründe deine Entscheidung in ein bis zwei Sätzen. Achte dabei auf den Inhalt der Knoten/Kanten.

O *Map A* ist richtig, weil

O *Map B* ist richtig, weil

O Das kommt darauf an, ob

Abbildung 28: Ein Beispiel für Aufgabe 3 zur Konzeptkoordination unter Verwendung eines *Multiple Choice*-Verfahrens mit halboffenen Antwortmöglichkeit nach Präsentation der Experten-*Concept Maps*.

Nach einem Vergleich der beiden *Maps* koordinieren die Schüler*innen mithilfe eines Ankreuzverfahrens und anhand eines halboffenen schriftlichen Formulierungsauftrags. Sie geben an, ob sie die aus dem deutschen Schulbuch entnommene Experten-*Concept Map* oder die aus dem Englischen entnommene »richtig« finden bzw. ob sie – unter bestimmten Vorzeichen – beide als möglicherweise angemessen ansehen.

Formal eignen sich Experten-*Concept Maps* für das vorliegende Untersuchungsdesign in aktiven und rezeptiven Verfahren (1). Sie müssen oder sollten dafür die oben genannten formalen Kriterien erfüllen. Die aus der Schulbuchanalyse gewonnenen neuralgischen Teilkonzepte müssen für die Fragebogenerhebung also anhand dieser Kriterien ausgewählt und, wo nötig, angepasst werden (2). Eine solche Auswahl und Anpassung erfolgte ebenso wie die Überprüfung der Aufgabenformate (3) im Zuge der drei Pilotierungen (vgl. Kap. 5.2.1).

5.1.2 Konzeptionelle Gestaltung

Unter konzeptionellen Gesichtspunkten eignet sich ein *Concept Mapping*-Verfahren als Erhebungsmethode vor allem deshalb, weil es nicht eigentlich sachliches Wissen, sondern gedankliche Strukturen, Konzepte, abbildet. Allen im Fragebogen gewählten Verfahren liegt der Ansatz der Experten-*Concept Map* zugrunde. Diese *Concept Maps* beruhen durchweg auf den neuralgischen Teilkonzepten, die das Produkt der Schulbuchanalysen darstellen. Sachliche Überlegungen führen zu einer engeren Auswahl dieser neuralgischen Teilkonzepte. Die Auswahlkriterien ergeben sich aus der Literatur zu Geschichtsdarstellungen im Deutschen beziehungsweise im Englischen und aus konzeptionellen Überlegungen zu möglichen Auswirkungen bilingualen Geschichtsunterrichts. Grundsätzlich gilt das Gebot der Exemplarität, d.h. jedes auszuwählende Teilkonzept muss exemplarisch für das gesamte kulturelle Referenzkonzept stehen, aus dem es entnommen wurde. Weil die neuralgischen Teilkonzepte spezifische deutsche und englische Deutungsmuster offenbaren (vgl. Kap. 4.3.2), ist diese Exemplarität gewährleistet. Die Deutungsmuster zeigen sich auf zwei Ebenen: Sie beziehen sich zum Ersten auf die Art der Erzählung ((1) »Prozess versus Statik«; (2) »Strukturgeschichte versus Personalisierung«), und zum Zweiten auf den Inhalt ((3) »Internationales/Multilateralität versus Bilateralität«; (4) »Täter/Opfer« versus »Sieger/Verlierer«). Diese vier Deutungsmuster konnten anhand der neuralgischen Teilkonzepte eruiert werden. Sie werden im Folgenden zunächst allgemein erläutert und hinsichtlich der Relevanz, die ihnen in Bezug auf mögliche Auswirkungen bilingualen Geschichtsunterrichts zukommen könnte, dargestellt.

(1) »Prozess versus Statik« bedeutet: Die Erzählung, die der Darstellung des Imperialismus einmal im deutschen, einmal im englischen Schulbuchtext zugrunde liegt, unterscheidet sich in diesem Punkt fundamental: Die Erzählung zum Imperialismus im Deutschen kann mit »Der Imperialismus als illegitimer Prozess« überschrieben werden, die im Englischen mit »Das Empire als existierendes Großreich«.[451] Auf der einen Seite überwiegt deutsch(-europäische) Selbstkritik mit Blick auf die Unterwerfung der Welt, auf der anderen die englische Beschreibung eines Imperialismus, in dem Großbritannien sich »selbst als Erfahrungsraum kolonialer Politiken stärker in den Blick rücken«[452] lässt.

Die bisweilen am bilingualen Geschichtsunterricht geäußerte Kritik lautet in diesem Punkt auf sachlicher Ebene, dass die Hinzunahme einer zweiten Perspektive *in praxi* zum Ersatz der ersten führe, so dass die Schüler*innen den Imperialismus etwa nur noch aus britischer Perspektive ins Auge fassen könnten.[453] Ein weiterer Kritikpunkt, der bereits des Öfteren ins Feld geführt worden ist, liegt darin, dass der bilinguale Unterricht zu einer harmonistischen gesamteuropäischen Meistererzählung verleiten und damit jede in sich geschlossene Perspektive verwässern könnte.[454] Diese beiden Einwände gilt es anhand der

---

451 Vgl. *Corinna Link:* »Der deutsche« und »der englische« Blick auf »Imperialismus/Imperialism«: Concept Mapping als Methode zur Erfassung kultureller Geschichtsbilder im bilingualen Unterricht. In: *Christine Pflüger* (Hg.): Die Komplexität des kompetenzorientierten Geschichtsunterrichts. Göttingen 2019, S. 191–205, hier S. 196–203; *Corinna Link:* Begriffe vergleichen – ein geschichtsdidaktisch geeigneter Ansatz für bilingualen Unterricht? In: geschichte für heute, 2019, H. 3, S. 39–50; *André Keil:* Der Erste Weltkrieg in der britischen Erinnerungskultur. In: *Monika Fenn/Christiane Kuller* (Hrsg.): Auf dem Weg zu einer transnationalen Erinnerungskultur? Schwalbach 2016, S. 97–117, hier S. 113; *Susanne Grindel:* Colonial and Postcolonial Contexts of History Textbooks. In: *Mario Carretero/Stefan Berger/Maria Grever* (Hrsg.): Palgrave Handbook of Research in Historical Culture and Education. London 2017, S. 259–274, hier S. 265–268.

452 *Daniel Groth:* Kolonialismus und Dekolonisation in nationalen Geschichtskulturen und Erinnerungspolitiken in Europa. In: *Michael Sauer* u. a. (Hrsg.): Geschichte im interdisziplinaren Diskurs. Grenzziehungen – Grenzüberschreitungen – Grenzverschiebungen. Göttingen 2016, S. 277–286, hier S. 277.

453 *Barricelli:* Dialog. 2009, S. 209.

454 So noch ohne Bezug zum bilingualen Geschichtsunterricht *Groth:* Erinnerungspolitiken. 2016, S. 282: »Die heterogenen Umgangsweisen mit Kolonialismus und Dekolonisation in nationalen Geschichtskulturen und Erinnerungspolitiken zeigen, dass es nicht das Ziel sein kann, eine harmonisierende, europäische Meistererzählung zu konstruieren, die nationale wie auch regionale Eigenwege und Narrative negiert. [...] Vielmehr geht es um eine Auseinandersetzung mit anderen Perspektiven, eine Relativierung der eigenen Perspektivität sowie die Entwicklung einer Aufmerksamkeit für die Historizität der jeweiligen Geschichtskulturen und Erinnerungspolitiken.« Für den interkulturellen bilingualen Unterrichtfinden sich ähnlichen Gedanken bei: *Wolfgang Hasberg:* Historisches Lernen im bilingualen Geschichtsunterricht (?). In: *Andreas Bonnet/Stephan Breidbach* (Hrsg.): Didaktiken im Dialog. Konzepte des Lehrens und Wege des Lernens im bilingualen Sachfachunterricht. Frankfurt a. M. 2004, S. 221–236, hier S. 231. Und bei *Susanne Niemeier:* Bilingualismus und »bilinguale« Bildungsgänge aus kognitiv-linguistischer Sicht. In: *Ger-*

Teilkonzepte, die unter diesem Aspekt ausgewählt wurden, also besonders ins Auge zu fassen.

(2) »Strukturgeschichte versus Personalisierung« bedeutet: Das im englischen Schulbuchrahmen vorherrschende Erklärungsmuster für historische Erzählungen ist stark auf Personen und persönliche Entscheidungen ausgerichtet, im deutschen Rahmen dagegen ist die Strukturgeschichte bestimmend. Auf breiter Basis wurde dies bereits vom Georg-Eckert-Institut für internationale Schulbuchforschung herausgearbeitet: »In deutschen Schulbüchern wird die Gesellschaft vom Staat aus gedacht und als Zusammenwirken der Einzelnen im und mit dem Staat gesehen. Der Staat ist die Organisationsform der Gesellschaft.[455] In englischen Schulbüchern wird die Gesellschaft vom Einzelnen aus entworfen und der Staat eher als Instrument wirtschaftlicher und sozialer Ziele verstanden.«[456]

Besorgt äußern sich Geschichtsdidaktiker*innen – nun auf methodischer Ebene – zu der Frage danach, ob ein Geschichtsunterricht, der an Prinzipien ausgerichtet wird, wie sie außerhalb Deutschlands üblich sind, überhaupt ein Unterricht sein kann, der sich, wie im deutschen Geschichtsunterricht, »diskursiven [...] Ansätzen verpflichtet fühlt«.[457] Der bilinguale Unterricht, der u. a. die »Gepflogenheiten im Fachdiskurs der Zielsprachenkultur«[458] vermitteln soll, wird also auch unter diesem Aspekt zu untersuchen sein. Werden hier tatsächlich vermehrt oder gar ausschließlich Gepflogenheiten aus dem Fachdiskurs der Zielsprache aufgegriffen? Werden dafür die Gepflogenheiten des deutschen Fachdiskurses vernachlässigt?

(3) »Internationales/Multilateralität versus Bilateralität« bedeutet: In der englischen Geschichtsdarstellung gibt es die Tendenz zur Zuspitzung auf deutsche und englische Akteure und mithin auf deutsch-englische Interaktionen.[459]

---

hard Bach/Susanne Niemeier (Hrsg.): Bilingualer Unterricht. Grundlagen, Methoden, Praxis, Perspektiven. Frankfurt a. M. 2002, S. 27–50, hier S. 44.

455 Die im Deutschen vorherrschende, unpersönliche Geschichtsdarstellung hat Viola Schrader auch sprachlich für die Schulbücher der 9. Jahrgangsstufe nachgewiesen. *Viola Schrader* (Hrsg): Geschichte als narrative Konstruktion. Eine funktional-linguistische Analyse von Darstellungstexten in Geschichtsschulbüchern. Berlin 2013, S. 58–70.

456 *Susanne Grindel/Simone Lässig:* Unternehmer und Staat in Europäischen Schulbüchern. Deutschland, England und Schweden im Vergleich. Braunschweig 2007, S. 50. Am Beispiel der Industrialisierung spricht Grindel von einer »generellen Dominanz von strukturgeschichtlichen Ansätzen in deutschen Schulbüchern« (S. 26) und einem in der englischen Geschichtsdarstellung dominanten »Zugang über Personen, die den Schülern Identifikationsmöglichkeiten bieten und historische Prozesse über konkret Handelnde fassbar machen.« (S. 94).

457 *Martin Stupperich:* Europäischer Geschichtsunterricht. Doppelte Buchvorstellung in Frankfurt am Main und Marseille. In: Geschichte für heute 11, 2018, H. 4, S. 70–72, hier S. 71.

458 *Bärbel Diehr:* Doppelte Fachliteralität im bilingualen Unterricht. Theoretische Modelle für Forschung und Praxis. In: *Dies./Angelika Preisfeld/Lars Schmelter* (Hrsg.): Bilingualen Unterricht weiterentwickeln und erforschen. Frankfurt a. M. 2016, S. 57–84, hier S. 74.

459 *Keil:* Erster Weltkrieg. 2016, S. 112f.

In der im deutschen Schulbuch vorzufindenden Darstellung dagegen werden die verschiedensten internationalen Akteure und deren multilaterale Interaktionen thematisiert.[460]

Gegenüber anderen thematischen Aspekten ist dieser für die Untersuchung bilingualen Geschichtsunterrichts besonders relevant, weil hier naturgemäß national beziehungsgeschichtliche Zusammenhänge in herausragender Weise betont würden.[461] Die »Akzentuierung des interkulturellen Lernens« erlaube es gar, so Manfred Wildhage, »ein eigenständiges inhaltliches Profil« auszuformen.[462] Dass bilingual unterrichtete Schüler*innen so lernen, interkultureller bzw. internationaler zu denken, kann also zunächst einmal als Chance gewertet werden.[463] In dieser thematischen Akzentuierung – bzw. Verengung einer multilateralen zu eine bilateralen Perspektive – kann aber auch die »Gefahr der Biperspektivität«[464] erblickt werden.[465] Dass eine solche Akzentuierung im bilingualen Unterricht tatsächlich stattfindet und sich in irgendeiner Art auf die Deutungsmuster bilingual unterrichteter Schüler*innen auswirkt, ist nämlich aus zwei Gründen denkbar: zum einen, weil im bilingualen Unterricht eine Übernahme englischer, also bilateraler Geschichtsdarstellung stattfinden könnte[466], und zum anderen, weil die für den bilingualen Unterricht programmatisch verankerte Materialauswahl den Blick auf – lediglich – zwei Bezugskulturen richtet.[467]

(4) Die Dimension »Täter/Opfer« ist vor dem Hintergrund von Aleida Assmanns Feststellung zu erklären, dass »das nationale Gedächtnis« »angesichts einer traumatischen Vergangenheit« (wie etwa der als kollektiv angenommenen deutschen) »monologisch organisiert« ist.[468] Dafür kennt sie »überhaupt nur drei sanktionierte Rollen, die das nationale Gedächtnis akzeptieren kann: die Rolle des Siegers, der das Böse überwunden hat, die Rolle des Widerstandskämpfers

460 *Susanne Grindel:* Kolonialismus im Schulbuch als Übersetzungsproblem. Deutsche, französische und englische Geschichtslehrwerke im Vergleich. In: Geschichte und Gesellschaft 38, 2012, H. 2, S. 272–303, hier S. 284; *Corinna Link:* Vom »Platz an der Sonne« zum »place in the sun«. Übersetzung und Sprachmittlung im bilingualen und sprachsensiblen Geschichtsunterricht. In: Geschichte lernen 197, 2020, S. 38–43.

461 *Schlutow:* Bilingual. 2016, S. 24.

462 *Wildhage:* Praxis. 2003, S. 21.

463 Ebd., S. 19f.

464 *Wolfgang Hasberg:* Historisches lernen – bilingual? Vorgaben für den englischsprachigen Geschichtsunterricht kritisch gelesen. In: *Petra Bosenius* (Hg.): Der bilinguale Unterricht Englisch aus der Sicht der Fachdidaktiken. Trier 2007, S. 37–63, hier S. 54.

465 *Michael Maset:* Bilingualer Geschichtsunterricht. Didaktik und Praxis. Stuttgart 2015, S. 19.

466 Vgl. zur Übernahme der jeweiligen Fachdiskurse *Diehr:* Fachliteralität. 2016, S. 74.

467 Vgl. z.B. *Kultusministerkonferenz* (Hg.): Kerncurriculum für das Gymnasium Schuljahrgänge 5–10. Geschichte. Hannover 2015, S. 26. Hier wird die »Beschäftigung mit authentischen fremdsprachigen Materialien« vorgesehen.

468 *Aleida Assmann:* Die Last der Vergangenheit. In: Zeithistorische Forschungen 4. 2007, H. 3, S. 375–385, hier S. 384.

und Märtyrers, der gegen das Böse gekämpft hat, und die Rolle des Opfers, das das Böse passiv erlitten hat.« Ebendiese Struktur prägt das Erinnerungsbild in den deutschen Schulbüchern (und zwar in der dritten von Assmann genannten Variante: der Erinnerung anhand einer Opferperspektive, also in einem Täter-/Opferschema, wobei Deutsche die Täter sind). Dieses Geschichtsbild ist statisch; die Rollen von Täter und Opfer bleiben klar und gleich verteilt. »Was jenseits dieser Positionen und ihrer Perspektiven liegt, [...] wird vergessen.«[469]

Demgegenüber steht das »dialogische Erinnern«, das »keinen auf Dauer gestellten ethischen Erinnerungspakt [kennt], sondern das [...] Wissen um wechselnde Täter- und Opferkonstellationen«.[470] Hier treten bei der Betrachtung des eigenen Selbst also (auch im Rahmen einer unverkennbaren Selbstrechtfertigung) unterschiedliche Akteure fallweise einmal als Täter, einmal als Opfer auf. In der vorliegenden Studie wird in diesem Zusammenhang von »Siegern und Verlierern« gesprochen. Damit sind Strukturen bezeichnet, die typisch sind für das im englischen Schulbuch konstruierte Imperialismuskonzept.

Je nachdem, wie aufgeschlossen man dem bilingualen Unterricht gegenübersteht, sind damit zwei grundverschiedene Auswirkungen auf die so unterrichteten Schüler*innen denkbar: Nimmt man an, dass die Zielsprachenkultur das »Eigene« überlagert[471], müsste man damit rechnen, dass die Schüler*innen die Selbstdarstellung ihrer Zielkultur und damit auch deren dialogisches Erinnern (womöglich einschließlich irgendwelcher Selbstrechtfertigungen) übernehmen. Schon damit würden sie in Stand gesetzt, durch »ein geteiltes europäisches Wissen über uns selbst als Täter und Opfer« (Peter Esterházy), wie Assmann sagt, »aus der Sackgasse heroischer Mythen und Opferkonkurrenzen« herauszufinden.[472] Geht man dagegen davon aus, dass durch den bilingualen Unterricht eine zweite Perspektive neben die eigene tritt, werden die bilingual unterrichteten Schüler*innen zudem noch in die Lage versetzt, strukturelle Unterschiede verschiedener Deutungsmuster zu erkennen, zu vergleichen und so z. B. Selbstrechtfertigungsstrategien reflektierter zu begegnen.

Im Folgenden werden diese vier sich im deutschen und englischen Referenzkonzept unterscheidenden Deutungsmuster detailliert anhand der einzelnen neuralgischen Teilkonzepte aufgezeigt. Dargestellt werden die *Concept Maps* stets in der Form, die schließlich Eingang in die Fragebogenerhebung gefunden hat. Änderungen im Vergleich zu den unmittelbar aus dem Schulbuch entnommenen Formulierungen, die aufgrund formaler (vgl. Kap. 5.1.1) und sprachlicher (vgl. Kap. 5.1.3) Überlegungen vorgenommen wurden, sind in die-

469 Ebd.
470 Ebd., S. 385.
471 *Hasberg:* Geschichtsunterricht. 2004, S. 231.
472 *Assmann:* Last. 2007, S. 385.

sen *Concept Maps* also bereits abgebildet. Die spezifische Art der Darstellung folgt den in Kap. 4.2.2.1.3 festgelegten Regeln, veranschaulicht die textuellen Bezugsstellen pro Proposition und ermöglicht dadurch nicht nur Transparenz, sondern auch eine schnelle Orientierung über die zumindest quantitativ sichtbar werdende Relevanz einzelner Propositionen.[473]

Auch hinsichtlich inhaltlicher Erkenntnisse, die in Bezug auf eine bilinguale Vergleichsstudie denkbar sind, werden die neuralgischen Teilkonzepte im Folgenden untersucht und ihre Auswahl für die Fragebogenerhebung so konzeptionell begründet.

5.1.2.1 Allein im deutschen Referenzkonzept abgebildete Teilkonzepte

Als für den deutschen Erzählrahmen spezifische Teilkonzepte wurden herangezogen: »Entente« (Abbildung 29), »Boxer« (Abbildung 30), »Entdecker« (Abbildung 31) und »Herero« (Abbildung 32).

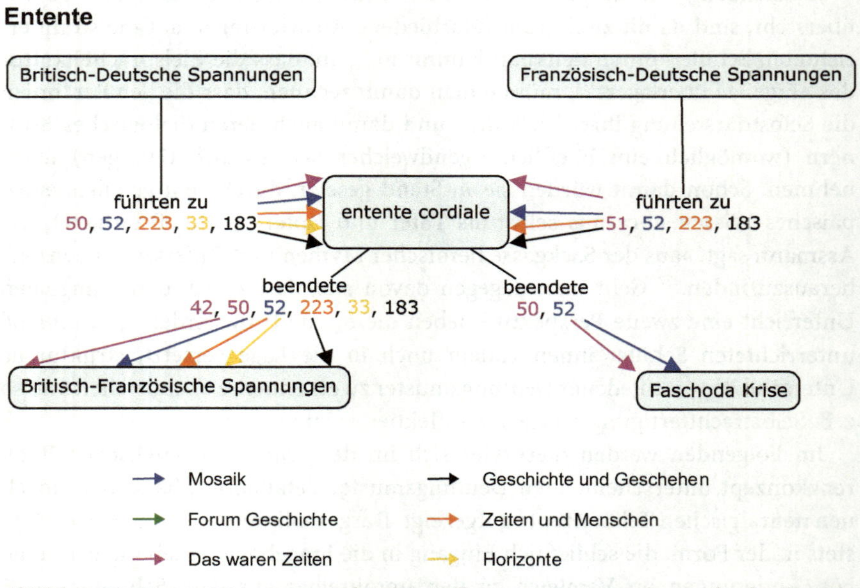

Abbildung 29: *Concept Map* zum neuralgischen Teilkonzept »Entente«, das nur für das deutsche Referenzkonzept relevant ist. Die Pfeilfarben der Kanten geben an, in welchen deutschen Schulbüchern der Sinngehalt dieser Propositionen relevant ist. Die farbigen Nummern verweisen auf die entsprechenden Seitenzahlen.

473 Im Anhang finden sich die Zitate, auf die die im Folgenden angegebenen Seitenzahlen verweisen: S. 96–125.

Die aus den deutschen Schulbüchern entnommene »Entente«-Erzählung wurde als neuralgisches Teilkonzept ausgewählt, weil in ihm internationale Verstrickungen thematisiert werden. Es handelt sich um die Beschreibung der Interaktion zwischen einzelnen europäischen Nationalstaaten. Das Teilkonzept bietet sich daher für eine inhaltliche Untersuchung von Deutungsmuster 3 (»Internationales«) in besonderem Maße an. Besonders reizvoll an der Darstellung der internationalen Interaktion hierin ist, dass die benannten Nationalstaaten, das Deutsche Reich, Großbritannien und Frankreich, in variierenden Spannungsverhältnissen zueinander beschrieben werden.[474]

Wenn bilingualer Unterricht so angelegt wird, dass die Schüler*innen zwei sprachlich-kulturelle Konzepte kennenlernen, dann scheint es aus unterrichtspragmatischer Sicht naheliegend, dass solche im deutschen Referenzkonzept zu erkennenden Erzählstränge Eingang in die bilinguale Geschichtsdarstellung finden, die zum einen eng an im Englischen prägende Sinnbildungen anknüpfen beziehungsweise strukturelle Parallelen aufweisen und die zum anderen den kultusministeriellen Vorgaben für bilingualen Geschichtsunterricht entsprechen. Beides trifft auf das im deutschen Referenzkonzept enthaltene neuralgische Teilkonzept »Entente« zu. Zum einen nämlich thematisiert es relativ explizit die deutsch-britische Beziehungsgeschichte und knüpft damit an britische Erzählmuster an[475], und zum anderen kommt es in inhaltlicher Dimension den Forderungen des Kerncurriculums nach, internationale Beziehungen zu untersuchen.[476] Darüber hinaus entspricht es mit seiner Schwerpunktsetzung im Bereich internationaler Beziehungen den ersten konzeptionellen Modellvorschlägen zum bilingualen Geschichtsunterricht.[477]

Vor diesem Hintergrund kann die vergleichende Untersuchung der Schüler*-innen-Antworten zum neuralgischen Teilkonzept »Entente« dazu dienen herauszufinden, ob im bilingualen Geschichtsunterricht der Interaktion zwischen Ausgangs- und Zielkultur tatsächlich eine erhöhte Relevanz zukommt.

Die »Boxer« wurden als ein neuralgisches Teilkonzept herangezogen, das ebenfalls internationale Verstrickungen thematisiert (vgl. Deutungsmuster 3). Anders als bei dem neuralgischen Teilkonzept »Entente«, in dem die europäischen Akteure als untereinander interagierende Nationalstaaten beschrieben werden, erscheinen die europäischen Staaten in diesem Teilkonzept in der Ge-

474 Dass das ein typisch deutsches Deutungsmuster ist, konnte auch andernorts schon aufgezeigt werden: *Grindel:* Übersetzungsproblem. 2012, S. 284; *Link:* Platz an der Sonne. 2020, S. 38–43.

475 *Keil:* Erster Weltkrieg. 2016, S. 112f.

476 Kultusministerkonferenz: KC Ge. 2015, S. 6.

477 *Wolfgang Hallet:* The Bilingual Triangle. Überlegungen zu einer Didaktik des bilingualen Sachfachunterrichts. In: Praxis des Neusprachlichen Unterrichts 45, 1998, H. 2, S. 115–125, hier S. 119; *Wildhage:* Praxis. 2003, S. 84.

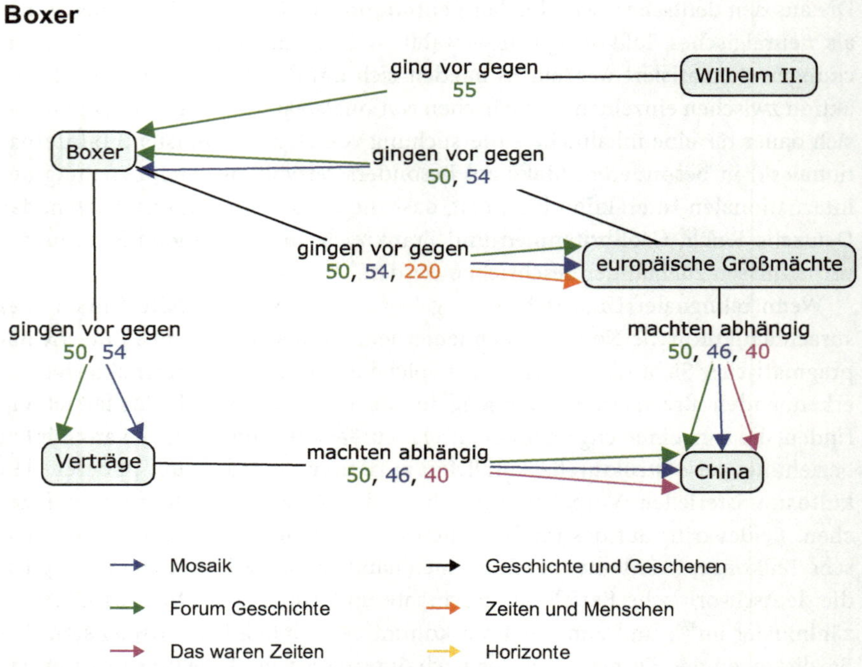

Abbildung 30: *Concept Map* zum neuralgischen Teilkonzept »Boxer«, das nur für das deutsche Referenzkonzept relevant ist. Die Pfeilfarben der Kanten geben an, in welchen deutschen Schulbüchern der Sinngehalt dieser Propositionen relevant ist. Die farbigen Nummern verweisen auf die entsprechenden Seitenzahlen.

genüberstellung zu China als eine Einheit. Hier treten die europäischen Großmächte geschlossen als ein historischer Akteur auf, der den Boxeraufstand nutzt, um China durch Verträge abhängig zu machen. Das geschieht – so die Darstellung in den deutschen Schulbüchern – unter der deutschen Leitung Wilhelms II.[478]

478 Ein einziges englisches Schulbuch thematisiert ebenfalls die Aufteilung Chinas unter den europäischen Großmächten, allerdings nur im Rahmen einer (sachlich falschen) Karikaturunterschrift und unter Verzicht auf die Nennung der Boxer. Bilder und Bildunterschriften haben in die vorliegende Studie jedoch keinen Eingang gefunden. Nur beiläufig sei daher vermerkt, dass sich das typisch englische Konzept einer starken Personalisierung (Deutungsmuster 1) und einer Zuspitzung der Geschichte auf das deutsch-englische Verhältnis (Deutungsmuster 3) auch hier klar widerspiegelt: Als Personen erscheinen Königin Victoria und König Wilhelm II. Nicht personifiziert und sachlich falsch werden Frankreich und Italien marginalisiert. Oxford AQA, S. 10: »This political cartoon from 1898 shows Britain (represented by Queen Victoria), Germany (represented by Kaiser Wilhelm II), along with France and Italy discussing how they might divide up China.«

Anhand dieser im deutschen neuralgischen Teilkonzept »Boxer« repräsentierten Erzählung lässt sich also die Frage untersuchen, die sich aus der konzeptionellen Literatur und/oder den spezifischen Vorgaben des Kerncurriculums (KC) zum Thema ergibt: Überlagert im bilingualen Unterricht ein in spezifischer Weise englisches Konzept, das in diesem Fall – wie das herausgearbeitete Referenzkonzept zeigt, keinen Boxeraufstand kennt, die in der deutschen Geschichtskultur in diesem Punkt gängige Erzählung in dem Maße, dass die Kenntnis dieses Aufstands und seiner vielfältigen internationalen Bezüge bei bilingual unterrichteten Schüler*innen schwindet?[479] Wird die Behandlung internationaler Aspekte verengt auf eine Thematisierung der »Ausgangs- und Zielsprachenkultur«[480]?

Entdecker

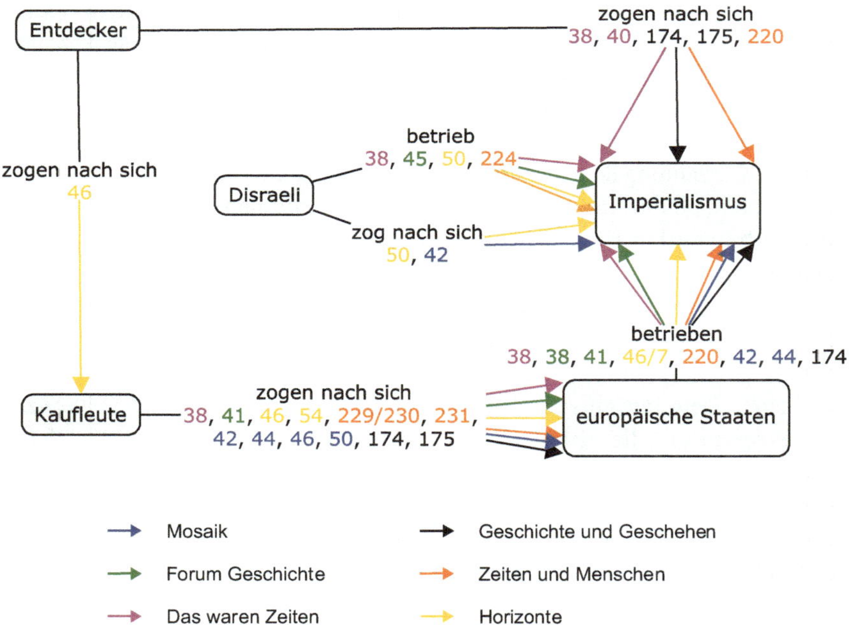

Abbildung 31: *Concept Map* zum neuralgischen Teilkonzept »Entdecker«, das nur für das deutsche Referenzkonzept relevant ist. Die Pfeilfarben der Kanten geben an, in welchen deutschen Schulbüchern der Sinngehalt dieser Propositionen enthalten ist. Die farbigen Nummern verweisen auf die entsprechenden Seitenzahlen.

479 *Hasberg:* Geschichtsunterricht. 2004, S. 231; *Niemeier:* Bilingualismus. 2002, S. 30, 44.
480 Vgl. *Kultusministerkonferenz:* KC Ge. 2015, S. 26.

Das im deutschen Referenzkonzept enthaltene neuralgische Teilkonzept »Entdecker« wurde für die Fragebogenerhebung ausgewählt, weil es exemplarisch steht für die nur im Deutschen vorzufindende Erzählweise vom Imperialismus als Prozess (Deutungsmuster 1).[481] Zwar nennt ein englisches Schulbuch ebenfalls »Empire-building heroes«[482], ihre Rolle ist jedoch eine gänzlich andere: Im Deutschen entsteht der Imperialismus durch die Entdecker, die neue Länder abenteuerlich erkunden, sie in Europa bekannt machen und Kaufleute nach sich ziehen, die dann den Schutz der Staaten fordern. Entdecker lösen den Imperialismus also aus. Die englischen *heroes* dagegen spielen keine Rolle als historisch relevante Akteure, sondern werden vorgestellt als Heldenfiguren, die den Kindern des *Empires* in Abenteuerbüchern (»adventure stories«) präsentiert wurden. »Public schools [...] set out to train boys to run distant parts of the Empire.«[483] Die englischen Abenteurer erscheinen als literarische Kinderbuchfiguren.[484] Sie sollen zur Aufrechterhaltung des bestehenden politischen Gefüges mit seinen gegebenen außergewöhnlich großen Grenzen in der Ferne beitragen. An dieser Stelle tritt eklatant zu Tage, dass ein deutsches »Imperium« *entsteht*, ein englisches »Empire« schon *besteht*.[485]

Anhand dieser im deutschen neuralgischen Teilkonzept »Entdecker« repräsentierten Erzählung lässt sich für den in der Studie angestrebten Vergleich also untersuchen, ob der prozessuale Charakter der deutschen Imperialismuserzählung im bilingualen Unterricht weniger stark ausgeprägt wird als im deutschsprachigen.

Das allein im deutschen Referenzkonzept enthaltene neuralgische Teilkonzept »Herero« wurde für die Fragebogenerhebung ausgewählt, weil es eine geradezu mustergültige monologische Erinnerung an Täter und Opfer im Imperialismus beinhaltet (Deutungsmuster 4). Einerseits nämlich beinhaltet das Teilkonzept eine Proposition, die aufzeigt, dass die Deutschen Krieg gegen die Herero führten, andererseits aber werden die Herero als Verteidiger ihres Landes und Opfer eines grausamen Hungertodes in der Wüste dargestellt. Wie eine solche monologische Erinnerung durch bilingualen Unterricht beeinflusst wird, – ob sie verstärkt wird, gleichbleibt oder verschwindet –, lässt sich also durch einen

481 *Link:* Concept Mapping. 2019, S. 196–203.
482 OCR SHP GCSE, S. 65.
483 Ebd.
484 Auch hier ist das englische Deutungsmuster, das sich in einer personalisierten Geschichtsschreibung ausdrückt, emergent (Deutungsmuster 2, vgl. Kap. 5.1.2). Die Abenteurer treten als Einzelpersonen auf: »Wolfe of Canada« und »Clive of India« werden als historische Akteure/Abenteuerbuchhelden benannt (Ebd.) Die deutschen Entdecker dagegen bleiben namenlos. Ihnen kommt für die deutsche Geschichte lediglich strukturelle Rolle zu.
485 *Link:* Concept Mapping. 2019, S. 198.

Herero

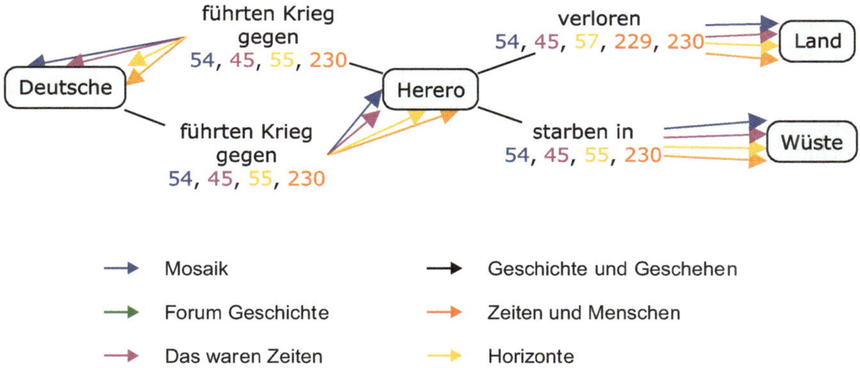

Abbildung 32: *Concept Map* zum neuralgischen Teilkonzept »Herero«, das nur für das deutsche Referenzkonzept relevant ist. Die Pfeilfarben der Kanten geben an, in welchen deutschen Schulbüchern der Sinngehalt dieser Propositionen relevant ist. Die farbigen Nummern verweisen auf die entsprechenden Seitenzahlen.

Vergleich der Produktionsraten dieser Propositionen je unterrichteter Schüler*-innen-Gruppe untersuchen.

Zugleich kann anhand dieses Teilkonzepts der Frage nachgegangen werden, ob bilingualer Unterricht es nahelegt, »das Eigene« zu relativieren und eine kritische Distanz zum Eigenen zu schaffen.[486]

5.1.2.2 Allein im englischen Referenzkonzept abgebildete Teilkonzepte

Als ausschließlich im englischen Referenzkonzept ermittelte Teilkonzepte wurden für die Fragebogenerhebung herangezogen: »Jingoism« (Abbildung 33) und »Reforms« (Abbildung 34).

Das aus dem englischen Schulbuchrahmen ermittelte Teilkonzept »Jingoism« wurde für die Fragebogenerhebung ausgewählt, obwohl hier (in Bezug auf das Deutungsmuster »Internationales«) – im englischen Referenzkonzept singulär – auf die gesellschaftliche Unterstützung einer aggressiven Außenpolitik eingegangen wird. Damit weist das »Jingoism«-Teilkonzept eine unverkennbare Nähe zur eigentlich deutschen Täter-/Opfererzählung auf. Gerade deshalb aber kann es für die hier vorliegende Studie sehr aufschlussreich sein. An diesem Beispiel nämlich lässt sich fragen, ob und in welchem Maße ein bilingualer Geschichtsunterricht dazu beitragen kann, bereits in der Ausgangssprache bestehende Konzepte noch einmal zu verstärken, wenn sie sich – überraschend – auch im

486 *Barricelli:* Dialog. 2009, S. 209.

Konzept der Zielsprache finden. Bilingual unterrichtete Schüler*innen müssten in diesem Fall also deutlicher noch als monolingual und regulär deutsch unterrichtete das Täter-Opferdeutungsmuster anlegen.

Die Reformen wurden als Teilkonzept, das allein im englischen Referenzkonzept enthalten ist, gewählt, weil sie exemplarisch für die englische Beschreibung eines Imperialismus stehen, in dem Großbritannien sich »selbst als Erfahrungsraum kolonialer Politiken stärker in den Blick rücken«[487] lässt (Deutungsmuster 1).

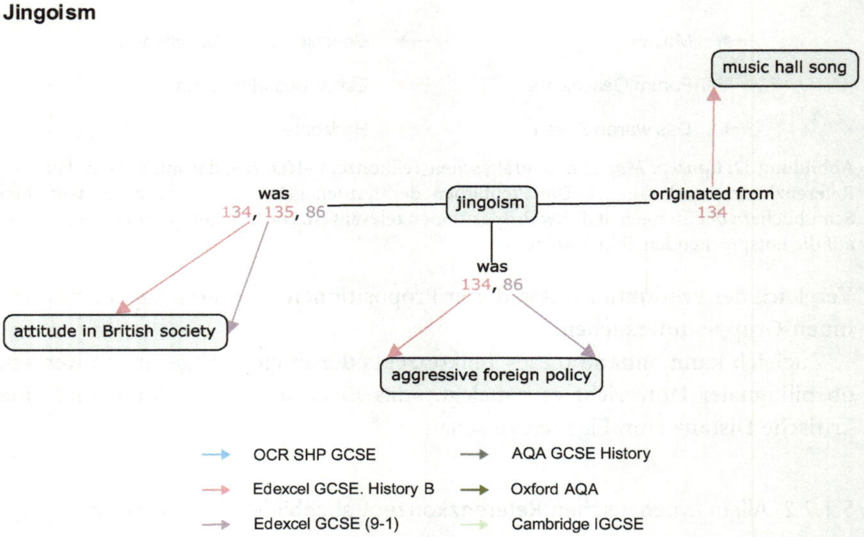

Abbildung 33: *Concept Map* zum neuralgischen Teilkonzept »Jingoism«, das nur für das englische Referenzkonzept relevant ist. Die Pfeilfarben der Kanten geben an, in welchen deutschen Schulbüchern der Sinngehalt dieser Propositionen relevant ist. Die farbigen Nummern verweisen auf die entsprechenden Seitenzahlen.

Neben den Burenkriegen wird in den englischen Schulbüchern häufig auf den Krimkrieg als weiteren »major war« eingegangen. Exemplarisch ist an dieser Erzählung, dass zwar auf den Krimkrieg als einen »major war« hingewiesen, er aber nahezu gar nicht als Krieg charakterisiert wird. Nicht als Krieg auf der Krim ist er relevant, sondern als Ausgangspunkt für die Einführung von militärischen und sozialen Reformen in Großbritannien. Diese Reformen gehen letztlich auf die schlechten Bedingungen zurück, unter denen die britischen Truppen kämpfen mussten – Bedingungen, von denen die britische Presse unter Zuhilfenahme modernster Kabeltechnik berichtete. So erfuhr die britische Öffent-

487 *Groth:* Erinnerungspolitiken. 2016, S. 277.

Reforms

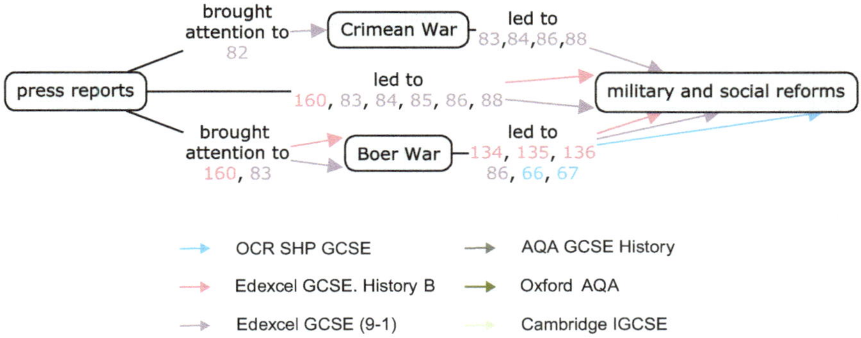

Abbildung 34: *Concept Map* zum neuralgischen Teilkonzept »Reforms«, das nur für das englische Referenzkonzept relevant ist. Die Pfeilfarben der Kanten geben an, in welchen deutschen Schulbüchern der Sinngehalt dieser Propositionen relevant ist. Die farbigen Nummern verweisen auf die entsprechenden Seitenzahlen.

lichkeit von den schlechten Bedingungen, unter denen die britischen Truppen kämpften und von den exorbitant hohen Verlusten, die daraus resultierten. Die harsche Kritik der britischen Öffentlichkeit machte diese Bedingungen schließlich zum Gegenstand britischer Politik: Um eine Ursache – die Armut der Rekruten – anzugehen, wurden Reformen veranlasst, die die Ungleichheit zwischen Arm und Reich in Großbritannien minimieren sollten. Damit erscheint der Krimkrieg – ein sich irgendwo im Einflussbereich des *Empire* abspielender Konflikt – vor allem als externer Anlass für strukturelle Veränderungen Zuhause. Eben dies ist ein klassisches Merkmal der englischen Erzählung.[488]

5.1.2.3 Im deutschen und englischen Referenzkonzept abgebildete Teilkonzepte

Als Teilkonzepte, die im deutschen und englischen Referenzkonzept in je spezifischer Form unterschiedlich erzählt werden, wurden für die Verwendung im Fragebogen herangezogen: »Buren/Boers« (Abbildung 35), »Wilhelm II./Wilhelm II« (Abbildung 36) und »Indien/India« (Abbildung 37; später aus der Erhebung herausgenommen).

Das neuralgische Teilkonzept »Buren/Boers« wurde für die Fragebogenerhebung ausgewählt, weil es im Englischen eine dialogische Erinnerung beinhaltet (Deutungsmuster 4). Es folgt also dem von Aleida Assmann für ein dialogisches Erinnern beschriebenen Konzept wechselnder Täter-/Opferrollen (also »Sieger und Verlierer«).[489] Darauf weist schon die Tatsache, dass sowohl die angeblich

488 Vgl. Kap. 4.3.2.1.
489 *Assmann:* Last. 2007, S. 385.

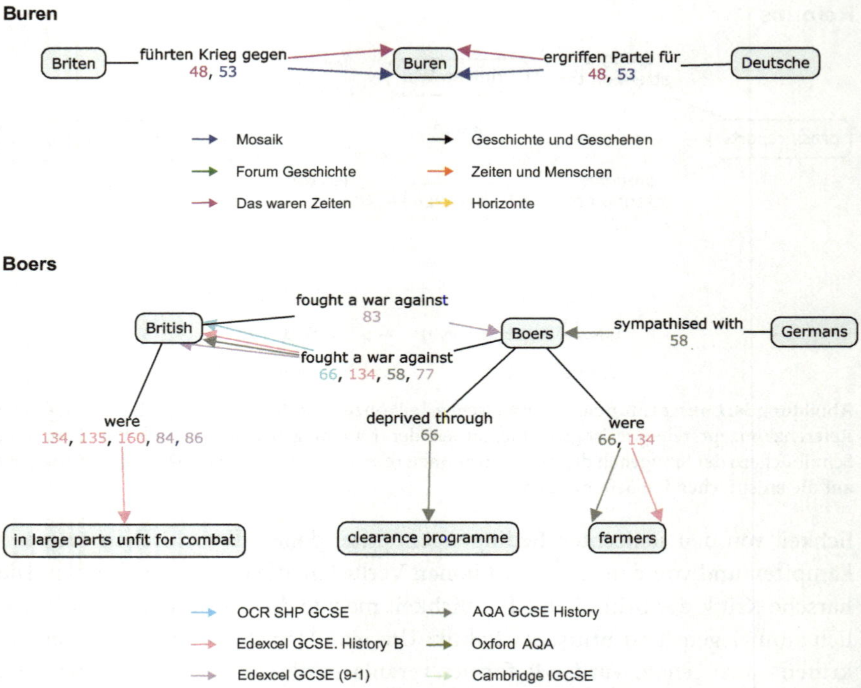

Abbildung 35: *Concept Maps* zum deutschen neuralgischen Teilkonzept »Buren« und zum englischen neuralgischen Teilkonzept »Boers«. Die Pfeilfarben der Kanten geben an, in welchen deutschen und englischen Schulbüchern der Sinngehalt dieser Propositionen relevant ist. Die farbigen Nummern verweisen auf die entsprechenden Seitenzahlen.

kriegsuntauglichen Briten als auch die »bäuerlichen« Buren anfangs als potenzielle Verlierer erscheinen. Die erwähnte deutsche Unterstützung spielt dann sogar noch den Buren in die Karten. Vor diesem Hintergrund ist das genannte, erfolgreiche »clearance programme« dann auch keinesfalls als schuldhafte Tat der Europäer zu lesen, sondern vielmehr als ein durch Tüchtigkeit herbeigeführtes Ergebnis eines politischen Konfliktfalls. Eine Proposition zeigt auf, dass die Briten Krieg gegen die Buren führten, eine andere, dass auch (und – die Anzahl der Pfeile verdeutlicht es – *vor allem*) die Buren Krieg gegen die Briten führten. Die Frage, welchen Einfluss bilingualer Unterricht auf die Ausbildung eines dialogischen Erinnerns hat, lässt sich also durch einen Vergleich der Produktionsraten dieser beiden Propositionen pro unterrichteter Schüler*innen-Gruppe untersuchen.

Zugleich kann anhand dieser beiden Propositionen der Frage nachgegangen werden, ob bilingualer Unterricht die Tendenz hat, die Zielkultur vergleichsweise positiv darzustellen und damit das »Eigene« womöglich gar zu überlagern.

Festzustellen wäre das etwa, wenn bilingual unterrichtete Schüler*innen die Proposition »Buren führten Krieg gegen Briten« signifikant häufiger produzieren würden als deutschsprachig unterrichtete Schüler*innen. Sie nämlich dient in der aus dem englischen Referenzkonzept ersichtlichen Darstellung als Legitimation für den britischen Angriff auf die Buren, während sie in der deutschen ganz und gar fehlt. Hier treten vielmehr allein die Briten als Aggressoren auf.

»Wilhelm II./Wilhelm II« eignet sich als neuralgisches Teilkonzept besonders gut, weil hier Unterschiede zwischen der aus der Schulbuchanalyse gewonnenen englischen und deutschen Darstellung insbesondere in Hinblick auf personalisierte bzw. strukturgeschichtliche historische Erklärungen aufgezeigt werden können (Deutungsmuster 2). Dass die Erzählung im Englischen stark auf die Person gemünzt ist, zeigt sich darin, dass der Fokus in allen englischen Schulbüchern, in denen Wilhelm II eine Rolle spielt, in ganz besonderer Weise auf seine Charaktereigenschaften gerichtet wird. Hier werden ihm geradezu neun Eigenschaften zugeschrieben (Wilhelm II was »energetic, outgoing, charming, kind, rude, impatient, prone to violent rages, youthfully optimistic, unstable in mood«[490]), im Deutschen dagegen, wo er in drei Schulbüchern im Rahmen des Imperialismuskapitels vorkommt, nur drei – und das in nur einem einzigen Schulbuch (»Wilhelm II. war geltungssüchtig, sprunghaft, ungeschickt«).

In dieselbe Richtung weist auch die stark auf Wilhelms Person bzw. Körperlichkeit zielende Beschreibung seiner »withered left hand«[491] in der englischen Darstellung und insbesondere auch die seiner sexuellen Orientierung (»He was a repressed homosexual«[492]). In beiden Beschreibungen klingt der Vorwurf mit, Wilhelm II. habe seine Körperlichkeit als unzulänglich empfunden und angesichts dieses »Makels« eine psychische Störung ausgebildet. Weiterhin wird nahegelegt, dass Wilhelm II. aufgrund dessen seine »Weltpolitik«[493] anstrebte. Die englische Erklärung für das deutsche Streben nach einem Kolonialreich liegt also in der Person Wilhelms. Damit unterscheidet sich das englische Konzept grundlegend vom deutschen, wo die Erklärung in der Rivalität der europäischen Großmächte gesehen wird, in deren Konkurrenz sich das Deutsche Reich gewissermaßen natürlich einreiht.

Weiterhin kann dieses neuralgische Teilkonzept unter dem Aspekt »Statik versus Prozess« (Deutungsmuster 1) nutzbar gemacht werden, da die im englischen Rahmen feststellbare Erzählung wieder einmal ganz vom statischen *Empire* her gedacht ist, gegen das ein geistig labiler Kaiser (ohne politischen Hintergrund) opponiert. Das in den deutschen Schulbuchtexten abgebildete Kon-

490 Oxford AQA, S. 9.
491 Ebd; AQA GCSE History, S. 55, 205.
492 AQA GCSE History, S. 55.
493 Ebd., Oxford AQA, S. 10.

Wilhelm II.

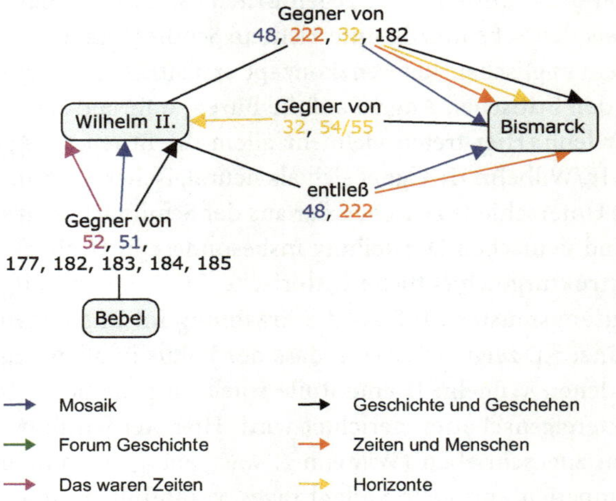

Wilhelm II.

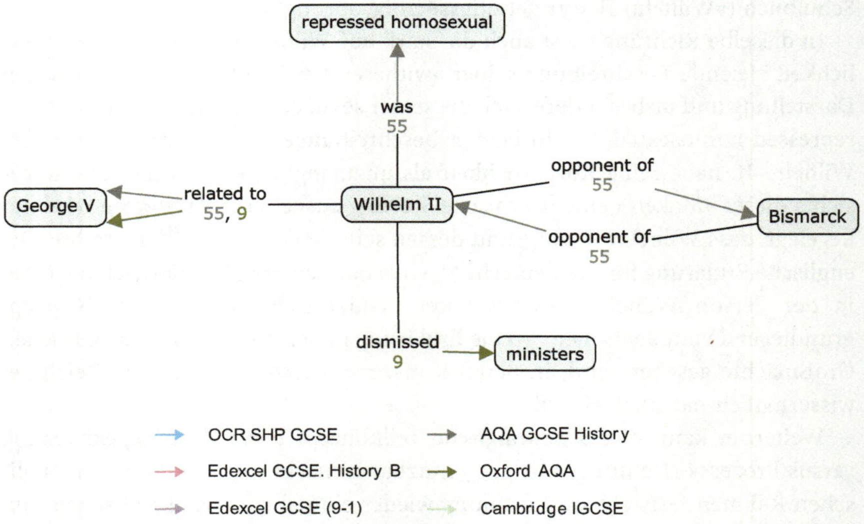

Abbildung 36: *Concept Maps* zum deutschen neuralgischen Teilkonzept »Wilhelm II.« und zum englischen neuralgischen Teilkonzept »Wilhelm II«. Die Pfeilfarben der Kanten geben an, in welchen deutschen und englischen Schulbüchern der Sinngehalt dieser Propositionen relevant ist. Die farbigen Nummern verweisen auf die entsprechenden Seitenzahlen.

zept dagegen verankert Wilhelms Politik über die Person Bismarcks tief in der deutschen Reichsbildung und lässt sie aus ihr hervorwachsen. Wilhelms expansive Politik erscheint damit als folgerichtiger, nach außen gerichteter, letzter Schritt des langwierigen Prozesses der schwierigen deutschen Reichsbildung.

Sollten die bilingual unterrichteten Schüler*innen die englische Darstellung als Bereicherung übernehmen, müsste sich das in Bezug auf Deutungsmuster 2 (Personalisierung versus Strukturgeschichte) also in einer signifikant höheren Produktion der Propositionen niederschlagen, die diese Körperlichkeit Wilhelms thematisieren. Sollte das die deutschen Darstellungstexte kennzeichnende strukturgeschichtliche Konzept dadurch überlagert werden, müssten die Propositionen, die Wilhelm II. als einen von vielen europäischen Akteuren darstellen, signifikant geringer produziert werden.

Unter dem Deutungsmuster 1 (Statik versus Prozess) müssten bilingual unterrichtete Schüler*innen, nimmt man an, dass sie das englische in diesem Punkt derart geformte Konzept übernehmen, vermehrt die Proposition produzieren, in der sich die politische Beliebigkeit des kaiserlichen Handelns ausdrückt: »Wilhelm II / dismissed / ministers.« Die das deutsche Teilkonzept prägende Proposition, die dieses kaiserliche Handeln unter Verweis auf divergierende politische Interessen begründet (»Wilhelm II. / entließ / Bismarck.«), müsste im Falle einer Konzeptüberlagerung von bilingual unterrichteten Schüler*innen in deutlich geringerem Umfang produziert werden.

Auch Indien eignet sich als neuralgisches Teilkonzept, das im Deutschen und im Englischen unterschiedlich erzählt wird, besonders gut, weil hier Deutungsmuster 1 (Statik versus Prozess) sehr deutlich ausgeführt wird. Das *Empire* wird im englischen Schulbuch so dargestellt, als beinhalte es ein in ihm aufgehendes Indien *per se* und schon immer. In den deutschen Schulbüchern dagegen wird die Geschichte einer prozessualen, deutlich weniger einvernehmlichen Einverleibung Indiens in das englische *Empire* erzählt.[494] Alle drei Propositionsketten der beiden *Concept Maps* zeigen das im Vergleich sehr eindrücklich. Die Erfahrungen aus den Pilotierungen haben jedoch gezeigt, dass dieses Teilkonzept aus formalen und sprachlichen Gründen nicht in die endgültige Fragebogenerhebung aufgenommen werden sollte (vgl. detailliert dazu Kap. 5.2.1 und Kap. 5.2.3). Deutungsmuster 1 wird also in Bezug auf die im Deutschen und Englischen relevanten Konzepte allein unter Auswertung der Schüler*innen-Antworten zum neuralgischen Teilkonzept »Wilhelm II./Wilhelm II« untersucht.

494 Eine ausführliche Analyse dieses Konzeptvergleichs ist veröffentlicht in: *Link:* Concept Maps. 2019.

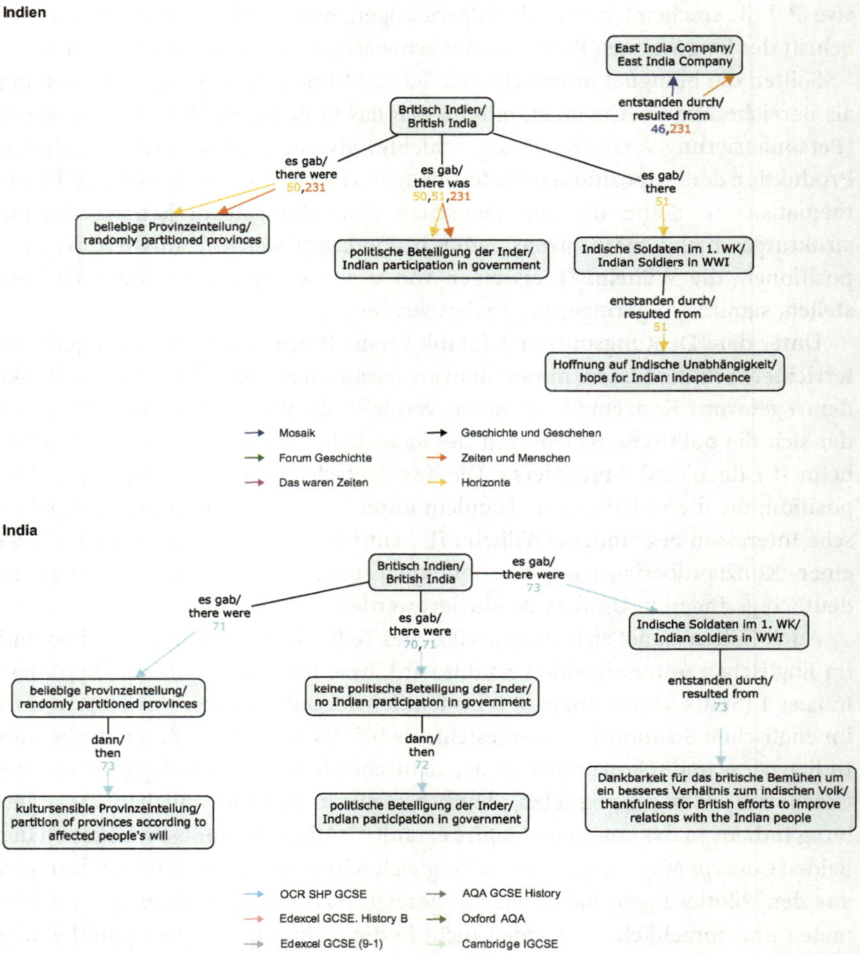

Abbildung 37: *Concept Maps* zum deutschen neuralgischen Teilkonzept »Indien« und zum englischen neuralgischen Teilkonzept »India«. Die Pfeilfarben der Kanten geben an, in welchen deutschen und englischen Schulbüchern der Sinngehalt dieser Propositionen relevant ist. Die farbigen Nummern verweisen auf die entsprechenden Seitenzahlen.

5.1.3 Sprachliche Gestaltung

»Wenn Schüler in einer anderen Sprache kommunizieren, ist es möglich, dass Repräsentationen inhaltlich verarbeitet wurden und neues Wissen propositional zutreffend dargestellt wurde, obwohl z. B. Fehler bei der Wortwahl oder Grammatik auftreten können.«[495] Ausgehend von dieser Feststellung leuchtet unmittelbar ein, weshalb sich ein *Concept Mapping*-Verfahren als Erhebungsmethode besonders empfiehlt.

Studien, die (relativ) frei verfasste Schüler*innen-Texte als Materialgrundlage verwenden, müssen ihre Ergebnisse für die Untersuchung bilingualen Unterrichts typischerweise sehr stark hinsichtlich eines möglicherweise sprachlich bedingten Einflusses reflektieren. *Concept Maps* dagegen sind gut für Untersuchungen geeignet, bei denen Vorstellungswelten, die an sprachliche Umfelder gebunden sind, unabhängig von der (fremd-)sprachlichen Kompetenz untersucht werden sollen.

Dass bilingual unterrichtete Schüler*innen im Englischen (oder im Deutschen) und dass monolingual unterrichtete Schüler*innen im Englischen vergleichsweise geringe (Fach-)Sprachenkenntnisse aufweisen, ist durchaus möglich, wird durch ein *Concept Mapping*-Verfahren aber weniger wichtig. *Concept Maps* erlauben es daher eher als schriftliche Äußerungen, inhaltliche Konzeptvorstellungen zu erfassen.

Neben den inhaltlich-konzeptionellen Aspekten sind bei der Gestaltung der *Concept Maps* auch sprachliche zu berücksichtigen. Wie in Kap. 4.2.2.1.3 dargelegt, erfassen die Propositionen der *Concept Maps* die Sinnzusammenhänge aus den Darstellungstexten zunächst auf der Ebene des einzelnen Schulbuchs, dann auf der Ebene eines diese Schulbuchtexte zusammenfassenden Referenzkonzepts. Die sprachliche Übertragung dieser Sinnzusammenhänge in die *Concept Maps*, die im Fragebogen als Experten-*Concept Maps* dargeboten werden, erfolgt anhand von drei Prämissen: 1) Die einzelnen Schulbuchformulierungen sind möglichst wortgetreu beizubehalten. 2) Die Kanten sollen zwischen möglichst vielen Knoten Anwendung finden können. 3) Eine gewisse Vergleichbarkeit zwischen den Kanten und Knoten ist zwischen dem Deutschen und dem Englischen zu gewährleisten.

5.1.3.1 Konzeptbildungsrelevanz

Die Formulierungen in den einzelnen Schulbuchdarstellungstexten sind nicht durchweg wortgleich. Zu entscheiden ist also, an welcher Formulierung sich die Propositionen der *Concept Maps* im Fragebogen ausrichten sollen. Es gilt in jedem Fall, den Sinn, der über alle Schulbücher eines Kulturkreises hinweg erzeugt wurde, beizubehalten.

495 *Verena Fries:* Begriffsbildung und Begriffslernen. In: *Wolfgang Hallet/Frank Königs* (Hrsg.): Handbuch Bilingualer Unterricht. Content and Language Integrated Learning. Seelze 2013, S. 145–152, hier S. 148.

Die schließlich für die im *parking lot*-Verfahren in Aufgabe 1 als Knoten und Kanten bereitgestellten Begriffe müssen für die Konzeptbildung relevant sein. Diese Konzeptbildungsrelevanz lässt sich statistisch untersuchen. Die Eignung der Methode lässt sich hieran prüfen.

5.1.3.2 Anwendbarkeit

Zweitens sollten die Kanten zwischen möglichst vielen Knoten Anwendung finden können. Wenn nämlich die Schüler*innen die Knoten und Kanten allein durch grammatikalische, kollokative oder inhaltliche Ausschlussverfahrens in Propositionen einander zuordnen können, kann keine Aussage über bewusst inhaltlich produzierte Konzepte getroffen werden. Diese Prämisse hatte damit Auswirkungen auf grammatikalischer wie auf inhaltlicher Ebene (vgl. Kap. 5.2.3).

Eine weitere Möglichkeit, vielfache Anwendbarkeit der Knoten- und Kantenformulierungen zu gewährleisten, ist das Einfügen von Distraktoren. Dabei handelt es sich um Begriffe, die zusätzlich zu denen, die den Schulbüchern entnommenen wurden, als Knoten im *parking lot*-Verfahren bei Aufgabe 1 angeboten wurden. Sie stammen nicht aus den Darstellungstexten und sind damit weder im Deutschen noch im Englischen konzeptbildende Begriffe. Die Distraktoren wurden eingefügt, um einen Rateerfolg bei der Produktion der Propositionen zu minimieren. Insgesamt werden drei Distraktoren eingesetzt, davon zwei im Englischen, einer im Deutschen.

Weil die Distraktoren weder den deutschen noch den englischen Referenzkonzepten entnommen wurden, sollten sie sich bei Verwendung negativ auf die Konzeptbildung der Schüler*innen auswirken. Ein solch negativer Effekt sollte auch statistisch nachweisbar sein. Die Schüler*innen sollten die Konzepte also stets besser bilden können, je unbekannter die Distraktoren ihnen sind. Oder umgekehrt: Die (vermeintliche) Kenntnis dieser Begriffe sollte die Konzeptbildung negativ beeinflussen. Das wäre ein Hinweis darauf, dass die Distraktoren ihren methodischen Zweck erfüllt hätten.

5.1.3.3 Vergleichbarkeit

Drittens muss gewährleistet sein, dass eine gewisse Vergleichbarkeit zwischen den Formulierungen der Kanten und Knoten in der einen mit denen in der anderen Sprache gegeben ist. Das ist nötig, um zu überprüfen, in welchem Rahmen die Schüler*innen dem jeweiligen Sinngehalt Bedeutung beimessen und in welchem eben nicht. Produzieren sie eine Proposition etwa nur im Englischen, obwohl die Produktion derselben Proposition ihnen auch im Deutschen in Form der angebotenen Knoten- und Kantenbegriffe möglich gewesen wäre, dann entscheiden sie sich aktiv dafür, dass dieser Sinngehalt in nur *einem* sprachlichen

Kontext relevant ist. Der andere Ansatz wäre es gewesen, die Begriffe, die die Sinnzusammenhänge ausmachen, die nur im Englischen relevant sind, nur dort bereitzustellen, wo die Schüler*innen englische Teilkonzepte erstellen sollten. Diese starke Lenkung aber sollte vermieden werden.

Es galt also, Begriffe und deren spezifische Verwendung, die den Schulbuchtexten einer Sprache entnommen wurden, in der zweiten ebenso »natürlich« zur Verfügung zu stellen. Hier treten sie als sogenannte »Residualbegriffe« auf. Als Residuen werden damit solche Begriffe bezeichnet, die als Knoten oder Kanten lediglich im anderssprachigen Konzept relevant sind. Insgesamt weist der Fragebogen zwölf Residualbegriffe auf; davon acht in den deutschen Teilkonzepten und vier in den englischen.

Wie die Distraktoren (vgl. Prämisse 2) können auch die Residuen in Bezug auf ihre Konzeptbildungsrelevanz getestet werden. Die (vermeintliche) Kenntnis dieser Begriffe sollte die Konzeptbildung ebenfalls negativ beeinflussen. Das wäre ein Hinweis darauf, dass die Residuen ihren methodischen Zweck erfüllt hätten.

Aus sprachlicher Sicht eignen sich *Concept Mapping*-Verfahren also für die Untersuchung in einem Umfeld, in dem sprachliche Defizite zu erwarten sind. Dass die Gestaltung der gewählten neuralgischen Teilkonzepte im Fragebogen für eine Schüler*innen-Untersuchung geeignet ist, hat sich in den Pilotierungen gezeigt und kann anhand der Überprüfung der Konzeptbildungsrelevanz auch den Daten der Hauptstudie entnommen werden.

5.2 Validierung

Die zunächst theoretisch vorgenommenen formalen, konzeptionellen und sprachlichen Überlegungen wurden in drei Pilotierungen und unter Auswertung der Daten der Hauptstudie validiert.[496]

Die erste dieser Pilotstudien fand im Rahmen des von der Forscherin selbst durchgeführten bilingualen Seminars »Teaching Social Science Subjects – in Theory« im Sommersemester 2017 mit Studierenden statt. Dabei handelt es sich um das geschichtsdidaktische Grundlagenseminar eines Zusatzzertifikats, das Lehramtsstudierende der Georg-August-Universität Göttingen seit 2017 erwerben können. »Bilinguales Unterrichten« ist einer von vier Zertifikatsschwerpunkten zum Thema »Fächerübergreifender Unterricht«. Entwickelt wurde das Zertifikat im Rahmen des Schlözer-Programms-Lehrerbildung der Qualitätsof-

496 Vgl. zu verschiedenen Möglichkeiten der Erprobung vorläufiger Testversionen: *Helfried Moosbrugger/Kelava, Augustin* (Hrsg.): Testtheorie und Fragebogenkonstruktion. Berlin 2012, S. 70f.

fensive Lehrerbildung.[497] Wie in der vorliegenden Untersuchung ging es in diesem Seminar insbesondere um sich interkulturell unterscheidende Wahrnehmungen einer geteilten historischen Erfahrung. Die in diesem Rahmen durchgeführte erste Erprobung der vorläufigen Fragebogenversion hatte das Ziel, Aufgaben zu identifizieren, die den Konstruktionsansprüchen nicht genügten, sei es, weil sie zu Verständnisschwierigkeiten führen, sei es, weil das Antwortformat sich als ungeeignet erweisen könnte. Neben Aspekten, die bereits bei der Vorbereitung und bei der Durchführung der Erhebung in diesem kleinen Rahmen von sechs befragten Studierenden auffielen, zeigte die retrospektive Befragung der Teilnehmenden weitere Punkte auf, die der Überarbeitung bedurften.[498]

Zwei Pilotierungsphasen im schulischen Kontext schlossen sich an. In einer groß (N = 79, vgl. Tabelle 4) und einer klein (N = 5, vgl. Tabelle 5) angelegten Vorstudie mit Schüler*innen der 8. und 9. Jahrgangsstufe konnten so unter realen Bedingungen weitere quantitative und qualitative Aspekte einer unter formalen, konzeptionellen und sprachlichen Gesichtspunkten erfolgversprechenden Fragebogengestaltung ermittelt werden.[499] Diese Vorstudien zeigten auf, welche Aspekte des Fragebogens für die Hauptstudie geeignet und welche anzupassen waren. Die Auswertungen der insgesamt drei Pilotierungsschritte begründeten Anpassungen des Fragebogens in Bezug auf die genannten drei Gesichtspunkte. Auf formaler Ebene wurde die Gestaltung des Erhebungsinstruments in Teilen verändert, auf konzeptioneller Ebene konnte sichergestellt werden, dass für die Erhebung geeignete neuralgische Teilkonzepte ausgewählt wurden, und auf sprachlicher Ebene wurde das Untersuchungsinstrument hinsichtlich der Knoten- und Kantenformulierungen geprüft und angepasst. Die besonders relevanten Entwicklungsschritte des schließlich für die Hauptstudie verwendeten Fragebogens werden im Folgenden anhand dieser drei Ebenen dargelegt. Die für die drei Vorstudien verwendeten Fragebögen sind im Anhang einsehbar.[500]

---

497 *Sabina Eggert u. a.:* Herausforderung Interdisziplinäres Unterrichten in der Lehrerbildung – das Göttinger Zertifikatsmodell. In: Journal für LehrerInnenbildung, 2018, H. 3, S. 51–55.

498 Ebd., S. 70.

499 So wird den Ansprüchen der statistischen Testtheorie und Fragebogenkonstruktion Rechnung getragen. Ebd., S. 71: »Eine tragfähige Beurteilung der Items hinsichtlich der angeführten Anforderungen ist erst nach einer empirischen Erprobung der vorläufigen Testversion sowie nach einer deskriptivstatistischen Evaluation der Items […] möglich«.

500 Vgl. Anhang S. 48–67. Die Bögen der dritten Pilotierung entsprechen denen der Hauptstudie im Anhang auf S. 68–92.

5.2.1 Formale Gestaltung

In den drei Pilotierungen wurde ermittelt, welche formalen Überlegungen relevant waren für (1.) die Frage nach *Concept Maps* als angemessenem Erhebungsverfahren, (2.) die Frage nach der Auswahl geeigneter neuralgischer Teilkonzepte und (3.) die Frage nach geeigneten Aufgabenformen im Rahmen dieses *Concept Mappings*.

5.2.1.1 *Concept Mapping* als Erhebungsmethode

Die *Concept Mapping*-Methode scheint, wie oben bereits ausgeführt, formal gut geeignet, um Schüler*innen-Konzepte in Rückbezug zu den Referenzkonzepten abzubilden. Allerdings ist diese Methode den Schüler*innen typischerweise nicht vertraut. Sie benötigen daher eine methodische Erklärung. Die Pilotierungen konnten zeigen, in welcher Weise diese am erfolgreichsten durchgeführt wird.

Zunächst war ein Methodenlernblatt in den Bogen integriert.[501] Es zeigte sich aber, dass dessen Lektüre die inhaltliche Aufgabenbearbeitung der Schüler*innen stark unterbrach. Eine Erklärung, die der Bearbeitung insgesamt vorgelagert wird, erschien besser geeignet. Deshalb wurde der Studiendurchführung eine mündliche Erklärung der *Concept Mapping*-Methode vorangestellt.[502] Für die Hauptstudie erwies sich schließlich ein als Poster gestaltetes Methodenlernblatt, das die mündliche Erklärung visualisierte, als gut geeignet.[503] Sowohl die englischen als auch die deutschen methodisch relevanten Begriffe (z.B. »Knoten«; »Nodes«) werden dabei erläutert. Außerdem wird noch einmal mündlich auf mögliche Schwierigkeiten hingewiesen, die es zu vermeiden gilt. Ein Abgleich der verschiedenen Vorstudien hat gezeigt, dass dies die Rate der methodisch korrekt gefertigten Propositionen unter den Schülerantworten deutlich erhöht. Die vorgelagerte methodische Anleitung ist deshalb nicht nur sinnvoll, um den in der ersten Schüler*innen-Pilotierung noch zu beobachtenden »Zettelwust« auf dem Schülertisch zu reduzieren, sondern verbessert auch methodisch die Ergebnisse. Das Poster kann unabhängig von der technischen Ausstattung der Schulen verwendet werden. Es veranschaulicht den Aufbau einer *Concept Map* anhand eines thematisch von der Studienfrage unabhängigen Beispiels. Weil es an der Tafel befestigt wird, können die Schüler*innen es während der Fragebogenbearbeitung studieren und sich so der korrekten Methodenanwendung versichern.

501 Vgl. Anhang S. 55, 58: Erste Schüler*innen-Pilotierung S. 6 des Bogens.
502 Vgl. Anhang S. 94.
503 Vgl. Anhang S. 93.

Wie die letzte Pilotierung zeigte, hatte die Anpassung in den Vorstudien zu einer zufriedenstellenden formalen Eignung der *Concept Mapping*-Methode geführt.

5.2.1.2 Auswahl geeigneter neuralgischer Teilkonzepte

Die neuralgischen Teilkonzepte eignen sich aus formaler Sicht nahezu durchweg als Experten-*Concept Maps* für die Fragebogenerhebung. Sie alle haben weniger als 15 Knoten (vgl. Kriterium a, Kap. 5.1.1.1) und bis auf das Teilkonzept »Indien« sind in keiner *Map* »Sätze in Kästen« festgehalten (vgl. Kriterium b, Kap. 5.1.1.1). Trotz seiner konzeptionellen Eignung (vgl. Kap. 5.1.2.3) wurde das neuralgische Teilkonzept »Indien« aus diesem Grund nicht als Erhebungsinstrument für die Hauptstudie herangezogen. Die Vorstudien wiesen deutlich darauf hin, dass die sprachliche Gestaltung einiger Knoten für den Einsatz im Fragebogen unpassend war. In dem Bestreben, die Schulbuchtexte für die Schulbuchanalyse möglichst textnah zu erfassen, sind einige Knotenformulierungen lang ausgefallen. Für die Verwendung im Fragebogen eignen sich diese Knoten aus praktischen Gründen nicht: Die Schüler*innen tendierten in diesen Fällen dazu, die Formulierung (insbesondere bei der Bearbeitung von Aufgabe 1) selbstständig abzukürzen. Wie die Auswertung der Pilotierungsergebnisse deutlich gemacht hat, sollten die Schüler*innen hiervon jedoch auf jeden Fall abgehalten werden. Erstens nämlich verwenden sie (wie v.a. bei der Individualbeobachtung während der zweiten Schüler*innen-Pilotstudie auffiel) sehr viel Zeit und Energie auf das Generieren von Abkürzungen – Zeit und Energie, die doch eigentlich in die Produktion der Propositionen fließen sollte –, und zweitens ist das Auswerten der Schüler*-innen-Propositionen so nicht nur häufig recht mühsam, sondern teils gar unmöglich, denn nicht jede Abkürzung, die den Schüler*innen offenbar sinnvoll erschien, ist in ihrem Bezug rekonstruierbar. Das zeigt deutlich, dass, lässt man sich darauf ein, die Schüler*innen-Abkürzungen nutzen zu lassen, diese vorgefertigt bereitgestellt werden sollten. Gravierend dagegen spricht allerdings, dass die Verwendung von zuvor generierten Abkürzungen für die Schüler*innen zu Sinnverkürzungen führt.

Belässt man es dagegen bei sehr langen Knotenformulierungen, so scheinen viele Schüler*innen die Lust am Abschreiben der bereitgestellten Begriffe nach und nach zu verlieren. So werden schließlich weniger Propositionen produziert, worunter die Aussagekraft der Studie leidet.

Das Abschreiben der langen Knotenformulierungen, die dem Teilkonzept »Indien« entsprechen, zieht auch das Erhebungsverfahren in die Länge. Mit der Herausnahme des Teilkonzepts »Indien« entfiel die Notwendigkeit, mit Abkürzungen zu arbeiten. Der Zeitrahmen von 45 Minuten wurde von nun an problemlos eingehalten.

Der Verzicht auf das umfangreiche Teilkonzept »Indien« (vgl. 2.) ermöglichte es auch, verschiedene andere Teilkonzepte zu integrieren, ohne die Bearbeitungsdauer zu sehr auszudehnen. Damit wird auch eine aufschlussreiche Überprüfung der Referenzkonzeptvorstellungen möglich. Um die Bearbeitungszeit dennoch nicht zu lang werden und die Konzentration der Schüler*innen nicht absinken zu lassen, wurden zwei verschiedene Fragebogenversionen angefertigt. Die gleichmäßige Aufteilung der übrigen, deutlich kürzeren Teilkonzepte, die dafür notwendig ist, wurde ebenfalls durch den Verzicht auf das Teilkonzept »Indien« ermöglicht.[504] »Wilhelm II.«, »Boxer« und »Jingoism« stellen die Experten-*Concept Maps* der Fragebogenversion 1 dar, »Buren«, »Entdecker« und »Entente« die der Fragebogenversion 2. So bearbeitet die erste Gruppe ein in beiden Schulbuchkontexten unterschiedlich erzähltes, ein allein im deutschen Referenzkonzept relevantes und ein ausschließlich im englischen Rahmen eruiertes Teilkonzept, und die zweite Gruppe bearbeitet ein je unterschiedlich erzähltes und zwei nur im deutschen Referenzkonzept enthaltene Teilkonzepte. Und schließlich entfielen durch den Verzicht auf »Indien« praktische Probleme wie die ungleich lange Bearbeitungsdauer der Gruppen, die sich in der ersten Pilotierung als sehr ungünstig dargestellt hatten.

Während der Hauptstudie zeigte sich, dass die Bearbeitungszeit durch den Verzicht auf das Teilkonzept »Indien« und die gleichmäßige Aufteilung des verbleibenden Materials so sehr gesunken war, dass die beiden Fragebogenversionen im zweiten Schulhalbjahr der Hauptuntersuchung um je eine Experten-*Concept Map* ergänzt werden konnten. So produzierten die Schüler*innen, die ab Februar 2017 befragt wurden, insgesamt vier Teilkonzepte im deutschen und im englischen sprachlichen Rahmen. Das Schüler*innen-Verständnis vom deutschen und englischen Referenzkonzept konnte hier also insgesamt anhand von acht repräsentativen Teilkonzepten (vgl. Kap. 5.1.2) überprüft werden, so dass die Prüfungsgrundlage noch breiter wurde.

Zusammenfassend ist in Bezug auf die formalen Kriterien also festzuhalten, dass lediglich neuralgische Teilkonzepte als Experten-*Concept Maps* im Fragebogen verwendet werden, deren Knoten- und Kantenformulierungen kurz genug sind. Neben dem dadurch bedingten Verzicht auf »Indien« hatten die formalen Kriterien keine weiteren Auswirkungen auf die Nutzbarmachung der neuralgischen Teilkonzepte als Experten-*Concept Maps*. Formale Eignung war also, abgesehen von dieser einen Ausnahme, bereits gegeben.

504 In der ersten Schüler*innen-Pilotierung gab es noch drei Fragebogenversionen. Die Teilkonzepte waren ungleich auf sie verteilt: Version 1: »Entente«, »jingoim«, »Entdecker«. Version 2: »Buren«, »Wilhelm II.«. Version 3: »Boxer«, »Indien«. Die Reduktion auf nur zwei Versionen ermöglichte durch die Erhöhung der Teilstichprobengröße schneller statistische Vergleichbarkeit.

5.2.1.3 Aufgabenformen

Die Aufgaben des Fragebogens mussten, wie die Pilotierungen zeigten, im Einzelnen noch angepasst werden, um die Konzeptwahrnehmung, -differenzierung und -koordination erfolgreich erheben zu können. Auf die relevantesten formalen Anpassungen wird im Folgenden eingegangen:

In Aufgabe 1 zur Konzeptwahrnehmung hat sich die alphabetische Anordnung der Knoten und Kanten in der *parking lot*, die auf inhaltliche Lenkung der Schüler*innen verzichtet, bewährt.

Die ergänzende Aufgabe, die es den Schüler*innen ermöglichte, einzelne Begriffe anzugeben, die sie womöglich nicht kennen, lautete ursprünglich: »Streiche in allen Tabellen [...] die Knoten/Kanten durch, die du nicht kennst.« Das erwies sich als schwierig, weil die Schüler*innen – trotz des Hinweises, dass sie die angegebenen Begriffe häufiger als nur einmal verwenden dürfen – die Begriffe oft durchstrichen, wenn sie sie als Knoten oder Kanten bereits verwendet hatten. Der folgende, veränderte Arbeitsauftrag erwies sich als besser geeignet: »Kreuze die Knoten und Kanten an, die du nicht kennst.«

Aufgabe 2 zur Prüfung der Differenzierung, die als solche in den finalen Fragebogen Eingang fand, wurde im Rahmen der Vorstudien noch als Aufgabe zur Untersuchung der Koordination verwendet. Die ursprünglich verwendete Differenzierungsaufgabe erwies sich aus verschiedenen Gründen als insgesamt nicht gut geeignet. Gestellt wurde die Aufgabe wie in Abbildung 38 gezeigt.

Sie erwies sich jedoch, wie gesagt, als ungeeignet – und zwar offensichtlich, weil die Schüler*innen ihre selbst generierten *Maps* bewerten mussten. Die Antwortmöglichkeiten, die ihnen geboten wurden, waren so formuliert, dass sie ihre eigene zuvor erbrachte Leistung schon dann als defizitär wahrnahmen, wenn *Map A* und *Map B* sich nicht entsprachen. Die Antworten wiesen in diesem Fall darauf hin, dass die Schüler*innen sich offenbar für ihre vermeintlichen Defizite rechtfertigen wollten. Die wohl noch beste Antwort schien zu sein, dass ihnen die Vokabeln unbekannt gewesen wären. Marginalien, die die Schüler*innen dazu setzten, machten deutlich, dass es sich hierbei i.d.R. um eine persönliche Schutzbehauptung handelte. Eine eigentlich auf Inhaltlich-Strukturelles zielende Aufgabe führte so durch den Rückbezug auf die selbst erstellten *Maps* zu einer auf »nur sprachlich« Problematisches verweisenden Antwort.

Stattdessen war es, wie die Pilotierungsergebnisse zeigten, gut möglich, die in den Vorstudien noch zur Prüfung der Koordination verwendete Aufgabe in ähnlicher Form als Aufgabe zur Prüfung der Differenzierung zu nutzen (vgl. Abbildung 39).

Diese Aufgabe bezog sich von vornherein auf eine Experten-*Concept Map*, die mithilfe einer Ankreuzaufgabe bearbeitet werden sollte. Zunächst lauteten die Ankreuzmöglichkeiten hier: Das Konzept passt »O in ein deutsches Schulbuch«;

1. Kreuze je Zutreffendes an.

O Meine *Map A* entspricht hinsichtlich der Knoten/Verknüpfungen meiner *Map B*.

O Meine *Map A* entspricht hinsichtlich der Knoten/Verknüpfungen nicht meiner *Map B*.
Es gibt Unterschiede, weil...
O ich die entsprechende Vokabel nicht kannte
O ich diese Knoten/Verknüpfungen bei einer *Map* vergessen habe.
O ich finde, dass diese Knoten/Verknüpfungen nur für eine *Map* wichtig sind.

Abbildung 38: Beispiel für den ersten Entwurf der Differenzierungsaufgabe. Aufgrund der Pilotierungsergebnisse wurde sie in dieser Form verworfen.

In Schulbücher finden Konzepte Eingang, auf die man sich in einer Gesellschaft einigen kann.

1. Kreuze an, ob das jeweils abgebildete Konzept inhaltlich besser in ein deutsches oder in ein englisches Schulbuch passt, bzw. ob es weder in ein deutsches noch in ein englisches Schulbuch passt.

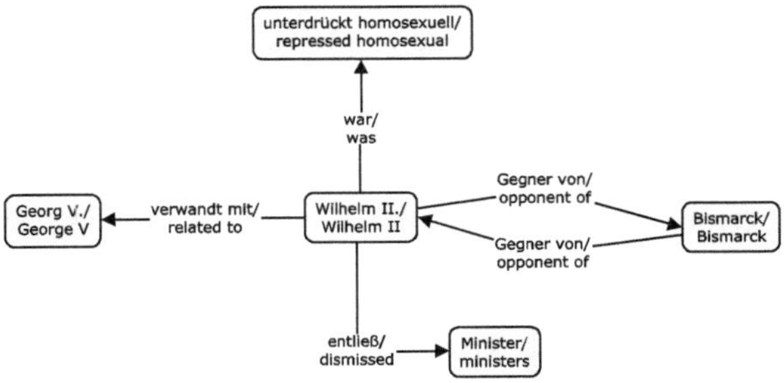

O deutsches Schulbuch
O englisches Schulbuch
O weder in ein deutsches noch in ein englisches Schulbuch

2. Markiere je den Bereich der *Concept Map*, der dich zu deiner Entscheidung bewegt hat.

Abbildung 39: Beispiel für in den Vorstudien noch zur Prüfung der Koordination verwendete Aufgabe. Diese Aufgabe diente als Grundlage für die Gestaltung der Aufgabe 2 zur Konzeptdifferenzierung in der Hauptstudie.

»O in ein englisches Schulbuch«; »O weder in ein deutsches noch in ein englisches Schulbuch«. Diese dritte Ankreuzmöglichkeit wurde nach der ersten Pilotierung und im Zuge der Anpassung der Aufgabe zur Prüfung der Differenzierung geändert in: Das Konzept passt »O in beide Schulbücher«. Dieser Unterschied ergibt sich aus dem differierenden Verwendungszweck der Aufgabe. Als sie noch die Koordination abbilden sollte, hätte ein Kreuz bei dieser dritten Antwortmöglichkeit bedeutet, dass die antwortende Schülerin oder der antwortende Schüler die *Map* als unpassend für beide Schulbücher empfindet. Die entsprechende Deutung wäre gewesen, dass sie oder er die Legitimität eines Konzeptes nicht (an-)erkennt. Nun, da die Aufgabe die Differenzierungsfähigkeit aufzeigen soll, bedeutet das Ankreuzen der dritten – angepassten –Antwortmöglichkeit, dass ganz bewusst nicht differenziert wird.

Grundsätzlich zielte das Einfügen einer dritten Antwortmöglichkeit darauf, eine Ratewahrscheinlichkeit von 50 % zu vermeiden. Bei der Auswertung der Schülerantworten zur neuen Differenzierungsaufgabe aber fiel in der nun folgenden Pilotierungsphase auf, dass offensichtlich alle Schüler*innen das Bedürfnis hatten, mindestens einmal ein Kreuz bei der Antwortmöglichkeit »das Konzept passt in beide Schulbücher« zu setzen. Zu vermuten ist, dass dies nicht immer auf eine nicht vorhandene Differenzierungsfähigkeit schließen lässt, sondern dass die Aufgabengestaltung diese Antworttendenzen evoziert hat. Außerdem ist es wohl einfacher, ein Kreuz bei »beide« zu setzen, weil man sich nicht aktiv für eines und damit gegen ein anderes Konzept zu entscheiden braucht. Darauf weist auch eine Erfahrung aus der ersten Pilotierung hin: Hier fehlte die dritte Antwortmöglichkeit, was einige Studienteilnehmer dazu bewog, einfach beide Möglichkeiten anzukreuzen. Bei einem solchen Antwortverhalten liegt offenbar ein bewusster Entscheidungsvorgang zugrunde. Man entscheidet sich bewusst gegen die Alternative und für zwei Kreuze. Das Nicht-Differenzieren ist also ein nachweislich aktiver Akt.

Die Entwicklung der Aufgabe 3 zur Prüfung der Koordination war eine logische Konsequenz aus der Veränderung von Aufgabe 2. Nachdem sich in den Pilotierungen herausgestellt hatte, dass die Aufgabe, die ursprünglich zur Prüfung der Konzeptkoordination entworfen worden war, sich offenbar für die Prüfung der Konzeptdifferenzierung eignet, wurde eine weitere, spezifischer auf die Konzeptkoordination zielende Aufgabe in den Fragebogen integriert. Den Schüler*innen wurde nun sowohl das aus dem deutschen als auch das aus dem englischen Referenzkonzept ermittelte Teilkonzept zu einem in beiden kulturellen Rahmen vorzufindenden Thema vorgelegt (»Buren/Boers« in dem einen Fragebogen, »Wilhelm II./Wilhelm II« in dem anderen).[505] Die Schüler*innen

505 Die neue Aufteilung der Experten-*Concept Maps* auf zwei Fragebogenversionen nach der Herausnahme des Teilkonzepts »Indien« wurde also so gestaltet, dass den Schüler*innen die

sollten nun anhand dieser Experten-*Concept Maps* angeben, ob eines der präsentierten Konzepte »richtig« ist. Als Alternative stand zur Verfügung: »Das kommt darauf an.«

Eine Sorge vor der Ausgabe der neuen Aufgabenkonzeptionen war, dass die Schüler*innen bei der Aufgabenkoordination schon zu sehr darauf »hingetrimmt« sein könnten, als Antwortmöglichkeit »O Das kommt darauf an, ob ...« anzukreuzen und als Begründung die kulturelle Perspektive anzugeben, weil sie in der Differenzierungsaufgabe zuvor ja eben diesen Begründungszusammenhang als Möglichkeit kennengelernt hatten.[506] Es könnte sich in diesem Fall also um einen einfachen Transfer handeln statt um eigenes Nachdenken. Andererseits: Wäre es nicht durchaus aufschlussreich, wenn die Schüler*innen einen solchen Hinweis ebenso bereitwillig wie schnell aufgreifen und umsetzen? Denkbar wäre ja immerhin, dass Schüler*innen nach bilingualem Unterricht in diesen Fragen sensibilisiert worden sind. Die Reihung der Aufgaben in dieser Form, in der sich die interkulturelle Koordinationsaufgabe an die interkulturell angelegte Differenzierungsaufgabe anschließt, ist daher als »*Scaffold*« zu begreifen.

Die Vorgabe, in dieser Aufgabe eine offene Antwort zu formulieren, hat sich als notwendig erwiesen, um die Perspektivenkoordination aufzuzeigen. Reine Ankreuzmöglichkeiten sind dafür nicht ausreichend, denn neben der Tatsache, dass die Ratewahrscheinlichkeit bei nur drei Antwortmöglichkeiten recht hoch ist, zeigt die Analyse der Pilotierungsbögen auch, dass die Schüler*innen ihre Kreuze aus unterschiedlichen Gründen setzen. Inhaltliche, formale und strukturelle Begründungszusammenhänge, die relevant für die Frage danach sind, welche Überlegungen zu erfolgreicher Koordination führen, werden erst in den schriftlichen Antworten sichtbar. Deutlich zeichnet sich hier ab, dass eine qualitative Auswertung der schriftlichen Schüler*innen-Antworten fruchtbar sein könnte in Bezug auf die Frage danach, welche Überlegungen erfolgreiche Konzeptkoordination initiieren (und welche nicht). Eine solche Analyse kann weiterführend Einfluss nehmen auf die Gestaltung eines Geschichtsunterrichts, in dem bewusst – etwa unter Betonung inhaltlicher oder aber struktureller Aspekte – auf Koordination hingearbeitet werden kann.

Teilkonzepte »Buren/Boers«, »Entdecker« und »Entente« (und im zweiten Halbjahr »Reforms«) in der ersten, die Teilkonzepte »Wilhelm II./Wilhelm II«, »Boxer« und »Jingoism« (und »Herero« im zweiten Halbjahr) in der zweiten Fragebogenversion vorgelegt wurden.

506 Wörtlich heißt es hier: »In Schulbücher finden Konzepte Eingang, auf die man sich in einer Gesellschaft einigen kann.«

5.2.2 Konzeptionelle Gestaltung

Schon die Pilotierungen haben gezeigt, dass sich das *Concept Mapping*-Verfahren unter Verwendung der ausgewählten neuralgischen Teilkonzepte als Erhebungsmethode eignet.

In Aufgabe 1 sind die Teilkonzepte zur Untersuchung der Konzeptwahrnehmung dann geeignet, wenn sie die Schüler*innen dazu anregen, eigene *Concept Maps* zu produzieren. Das gilt für die in beiden Sprachen relevanten Teilkonzepte für das Deutsche und das Englische, für die in nur einem sprachlichen Rahmen relevanten zumindest für diesen. Dass ein neuralgisches Teilkonzept nicht geeignet ist, zeigt sich sehr explizit in schriftlichen Schüler*innen-Reaktionen wie »no idea«, »dazu weiß ich nichts« oder auch in dem Fall, dass die Schüler*innen weder im einen noch im anderen kulturellen Rahmen irgendwelche Propositionen produzieren. In Aufgabe 2 und 3 sind die Teilkonzepte zur Untersuchung der Konzeptdifferenzierung dann geeignet, wenn sie die Schüler*innen dazu anregen, die präsentierten Experten-*Concept Maps* Schulbuchkontexten zuzuordnen. Zur Untersuchung der Konzeptkoordination in Aufgabe 3 eignen sich die Teilkonzepte, wenn sie die Schüler*innen dazu anregen, die beiden präsentierten Experten-*Concept Maps* zu bewerten. Zwar entspricht die Aufgabenform 3 in der ersten Schüler*innen-Pilotierung nicht der in der zweiten Vorstudie mit Schüler*innen (vgl. Kap. 5.2.1), die präsentierten Experten-*Concept Maps* aber sind dieselben. So können beide Erhebungen herangezogen werden, um die Eignung der gewählten Teilkonzepte anhand der Schüler*innen-Reaktionen zu untersuchen. Die Auswertung ergibt das in Tabelle 4 festgehaltene Bild.

Tabelle 4: Bearbeitungsraten der ersten Vorstudie mit Schüler*innen zur konzeptionellen Eignung der ausgewählten neuralgischen Teilkonzepte für die Fragebogenerhebung. 79 Schüler*innen nahmen an der ersten Schüler*innen-Pilotierung teil, davon 51 monolingual und 28 bilingual unterrichtete Schüler*innen. Die Angabe der Produktion eigener *Concept Maps* erfolgt, wenn die Schüler*innen in Aufgabe 1 in einem der sprachlich-kulturellen Rahmen eigene *Concept Maps* anfertigten und in Aufgabe 2 und 3 je mindestens eine Ankreuzmöglichkeit für das jeweilige Konzept auswählten.

	Schüler*innen-Gruppe	**n**	**Bearbeitung**		
			Aufgabe 1	**Aufgabe 2**	**Aufgabe 3**
Entente	Bilingual	10	100 %	100 %	100 %
	Monolingual	17	88 %	82 %	82 %
Boxer	Bilingual	9	89 %	89 %	89 %
	Monolingual	16	94 %	100 %	75 %

(Fortsetzung)

	Schüler*innen-Gruppe	n	Bearbeitung		
			Aufgabe 1	Aufgabe 2	Aufgabe 3
Jingoism	Bilingual	10	100 %	100 %	100 %
	Monolingual	17	94 %	82 %	82 %
Entdecker	Bilingual	10	100 %	100 %	100 %
	Monolingual	17	94 %	76 %	76 %
Buren	Bilingual	9	100 %	100 %	100 %
	Monolingual	18	94 %	100 %	88 %
Wilhelm II.	Bilingual	9	100 %	89 %	100 %
	Monolingual	18	89 %	89 %	83 %
Indien	Bilingual	9	89 %	78 %	89 %
	Monolingual	16	81 %	100 %	75 %

Wie die Analyse der Antworten aus der ersten Schüler*innen-Pilotierung zeigt, eignen sich alle Teilkonzepte gut für den Einsatz in der Hauptstudie. Über 75 % der Schüler*innen bearbeiteten die Aufgaben in allen Fällen. Das Teilkonzept »Indien« scheint etwas weniger anregend gewirkt zu haben als alle anderen. In einigen Fällen waren Teilkonzepte, die für die Prüfung der Konzeptdifferenzierung als möglicherweise weniger anregend gelten müssen, bei der Prüfung der Konzeptwahrnehmung besonders geeignet (z. B. »Buren«).

Für einen Vergleich von bilingual und monolingual unterrichteten Schüler*-innen zeichnet sich ab, dass mögliche Unterschiede anhand dieser Teilkonzepte nachweisbar sein könnten. In dieser ersten Schüler*innen-Pilotierung antworteten die bilingual unterrichteten Schüler*innen tendenziell in einem höheren Maße als die monolingual unterrichteten Schüler*innen. Das gilt für alle Aufgaben zu allen Teilkonzepten. Lediglich das aus dem deutschen Referenzkonzept ermittelte Teilkonzept »Boxer« sprach die monolingual unterrichteten Schüler*-innen offenbar stärker an.

Nach einer weiteren Anpassung der Fragebögen (z.B. Herausnahme des Teilkonzepts »Indien«, vgl. Kap. 5.2.1 und Kap. 5.2.3) ergab die abschließende Pilotierung mit Schüler*innen zur Frage nach der Eignung der Teilkonzepte für die Hauptstudie das in Tabelle 5 festgehaltene Bild.

Tabelle 5: Bearbeitungsraten der zweiten Vorstudie mit Schüler*innen zur konzeptionellen Eignung der ausgewählten neuralgischen Teilkonzepte für die Fragebogenerhebung. An der zweiten Schüler*innen-Pilotierung nahmen 5 monolingual unterrichtete Schüler*-innen teil. Die Angabe der Produktion eigener *Concept Maps* erfolgt, wenn die Schüler*-innen in Aufgabe 1 in einem der sprachlich-kulturellen Rahmen eigene *Concept Maps* anfertigten und in Aufgabe 2 und 3 je mindestens eine Ankreuzmöglichkeit für das jeweilige Konzept auswählten.

	n	**Bearbeitung**		
		Aufgabe 1	**Aufgabe 2**	**Aufgabe 3**
Entente	3	100 %	100 %	100 %
Boxer	2	100 %	100 %	100 %
Jingoism	2	100 %	100 %	100 %
Entdecker	3	100 %	100 %	100 %
Buren	2	100 %	100 %	100 %
Wilhelm II.	2	100 %	100 %	100 %

Wie die Analyse der Schüler*innen-Antworten aus den beiden relevanten Pilotierungsphasen zeigt, eignen sich alle Teilkonzepte unter konzeptionellen Gesichtspunkten gut für den Einsatz in der Hauptstudie. Sechs Teilkonzepte wurden zweifach daraufhin geprüft. Die anschließend noch ergänzten zwei Teilkonzepte (»Herero«, »Reformen«) wurden nach demselben Muster aus den Schulbüchern erhoben und unter demselben Kriterium der Anwendbarkeit durch die Schüler*innen in der Hauptstudie überprüft. Beide Konzepte haben sich als ähnlich gut geeignet erwiesen wie die zuvor untersuchten.

Zusammenfassend ist festzustellen, dass nicht alle Teilkonzepte unter konzeptionellen Gesichtspunkten als gleichermaßen ideal gelten können (vgl. insbesondere Tabelle 4). Doch machen die Pilotierungsergebnisse auch deutlich, dass sie sich für die Untersuchung von Konzeptwahrnehmung, -differenzierung und -koordination durchweg als ausreichend valide erweisen konnten.

Inhalt der Hauptstudie wird es sein zu prüfen, ob dieses Produzieren von Propositionen in irgendeiner Form an deutsche und englische konzeptuelle

Darstellungen gebunden ist und ob diese spezifische Anbindung ihrerseits auf die vorangegangene Unterrichtserfahrung zurückzuführen ist.

5.2.3 Sprachliche Gestaltung

Auch aus sprachlicher Sicht galt es zu prüfen, welche der neuralgischen Teilkonzepte sich als Experten-*Concept Map* für die Fragebogenerhebung eignen. Dabei waren verschiedene sprachliche Anpassungen vorzunehmen. In der Hauptstudie jedoch ließ sich die Eignung der bis dahin entwickelten Formulierungen auf breiter Datenbasis überprüfen und bestätigen.

Besonderen Einfluss auf die Gestaltung der Experten-*Concept Maps* hatten die drei oben genannten sprachlichen Prämissen (vgl. Kap. 5.1.3).

5.2.3.1 Konzeptbildungsrelevanz, Anwendbarkeit, Vergleichbarkeit

Als Prämisse 1) wurde die Konzeptbildungsrelevanz der Begriffe, die möglichst wortgetreu aus den Schulbuchformulierungen beizubehalten waren, verfolgt (Kap. 5.1.3.1). Diese Prämisse hatte Auswirkungen auf die Formulierung aller Experten-*Concept Maps*. Es galt hier insbesondere zu prüfen, ob die als Knoten und Kanten ausgewählten Begriffe konzeptbildungsrelevant sind – und zwar idealerweise in der Art, dass sie im Deutschen in anderen Sinnzusammenhängen stehen als im Englischen. So galt es etwa festzustellen, ob die Knoten »Wilhelm II.« und »Bismarck« für das aus dem deutschen Referenzkonzept entnommene neuralgische Teilkonzept bildungsrelevant sind, während im englischen Pendant die Knoten »Wilhelm II« und »ministers« konzeptbildungsrelevant sein sollten (vgl. Kap. 5.1.2).

Prämisse 2) bezog sich auf die Anwendbarkeit der Knoten und Kanten, nach der die Kanten zwischen möglichst vielen Knoten Anwendung finden können sollen (Kap. 5.1.3.2). Diese Prämisse drückt sich auf drei Weisen in den Experten-*Concept Maps* aus. Sie konnte (1.) zum Ausschluss unpassender neuralgischer Teilkonzepte führen; ihr wurde (2.) entsprochen, indem Knoten- und Kantenformulierungen angepasst wurden. Und (3.) war die Erweiterung um Distraktoren eine effektive Möglichkeit, um Teilkonzepte als Experten-*Concept Maps* nutzbar zu machen.

Die Anwendung der zweiten sprachlichen Prämisse hat bei dem neuralgischen Teilkonzept »Indien« dazu geführt, dass sich die Kantenformulierungen sehr weit von der ursprünglich präziseren Verbverwendung im Schulbuch entfernte, da die Knoten dieses Teilkonzepts von sehr unterschiedlicher Art waren. Die hohe Diversität der Knoten zeigt sich dabei auch schon in den sehr langen Formulierungen. Die Tatsache, dass ein Kürzen der Formulierungen nicht möglich war, zeigt an, dass sich diese Knoten kaum als solche eignen. Sie stellen nämlich, wie die genauere Analyse zeigt, ganze Zusammenhänge dar[507] – Zusammenhänge, die eigentlich doch erst in der Propositionsform sichtbar werden sollen. Ein Knoten wie beispielsweise »Dankbarkeit für das britische Bemühen um ein besseres Verhältnis zum indischen Volk« ist damit zwar direkt aus dem (englischen) Schulbuch entnommen, impliziert aber so viele Aussagen, dass er weder methodisch zum *Concept Mapping*-Verfahren passt noch praktisch von den Schüler*innen in seiner vollen Aussagekraft verstanden und verwendet werden konnte. Das neuralgische Teilkonzept »Indien« war also aus der Studie herauszunehmen (1.).

Im englischen neuralgischen Teilkonzept »Boers« war es nötig, einen Knoten anders als im originären Schulbuchtext zu formulieren (2.). Hier heißt es im ursprünglichen Darstellungstext: »Then army reports showed that about 40 per cent of army recruits for the Boer War were unfit for service.«[508] Der sich daraus ergebende Knoten »unfit for service«, der ausschließlich im Kontext von »Kriegsdienst« zu verstehen ist und damit einen Staat voraussetzt, in dem es einen solchen gibt, kann in diesem Fall ausschließlich auf die Briten bezogen werden. Um der Prämisse der vielfachen Verwendungsmöglichkeit der *Concept Map*-Formulierungen nachzukommen, musste diese Formulierung als Knoten im Fragebogen also angepasst werden. Als »unfit for combat« ist er allgemeiner gehalten und kann nicht nur auf die »Briten«, sondern auch auf die »Buren« zutreffen. Hier wurde also die Knotenformulierung aufgrund der zweiten Prämisse (und entgegen der ersten) angepasst.

Als eng verwandt erweist sich hier ein weiteres Beispiel (3.): die Anpassung einer Kantenformulierung. Auch die im englischen neuralgischen Teilkonzept »Wilhelm II« relevante Kantenformulierung »related to« stellte eine Schwierigkeit für die Gestaltung der Experten-*Concept Map* dar. »Related to« kann sowohl im Sinne einer Blutsverwandtschaft als auch im Sinne von »hat zu tun mit« oder »hängt zusammen mit« übersetzt werden. Eine ebenso frei assoziierbare Kante im Deutschen zu finden war schwierig, denn das Deutsche »verwandt mit« ist deutlich enger an menschliche Verwandtschaftsverhältnisse geknüpft. Andersherum kann man die Proposition »Wilhelm II. / war verwandt mit / Georg V.« nicht synonym setzen mit »Wilhelm II. / hat zu tun mit / Georg V.« oder gar mit »Wilhelm II. / hängt zusammen mit / Georg V.«. Um eine simple Zuordnung der deutschsprachig präsentierten Knoten zu vermeiden, war hier deshalb auch das Einfügen eines Distraktors nötig. So fand der Begriff »Christian X.« als Knoten Eingang in die Erhebungsbögen. Ohne diesen Knoten nämlich wäre es ein

507 Dasselbe Problem tritt auch bei der Vereinfachung der korrekteren Proposition »jingoism / was / British public's support of aggressive foreign policy« auf.

508 Edexcel GCSE History B, S. 135. Hervorhebung durch CL.

Leichtes, alle die Personen als »verwandt mit«-einander zu kennzeichnen, die eine royale Zahl hinter ihrem Namen tragen.

Vielfache Anwendbarkeit der Knoten- und Kantenformulierungen im Deutschen und im Englischen wurde also auf zweifache Weise gewährleistet: durch die Anpassung von Knoten- und Kantenformulierungen und durch das Einführen von Distraktoren. Die Pilotierungsdaten wie auch die Daten der Hauptstudie belegen die Eignung der so gestalteten Knoten- und Kantenformulierungen.[509]

Die Vergleichbarkeit der Formulierungen war aufgrund von Prämisse 3) zu erzielen, nach der eine gewisse Vergleichbarkeit zwischen den Kanten und Knoten zwischen dem Deutschen und dem Englischen gewährleistet sein sollte (Kap. 5.1.3.3). Die Berücksichtigung dieser Prämisse führte dazu, dass die neuralgischen Teilkonzepte »Wilhelm II./Wilhelm II« und »Jingoism« wie folgt angepasst wurden: Bei dem Versuch, Begriffe und deren spezifische Verwendung in beiden Sprachen gleichermaßen »natürlich« zur Verfügung zu stellen, treten sprachliche Eigenarten des Englischen und des Deutschen sehr deutlich zutage. Veranschaulichen lässt sich dies an den Formulierungen des im Deutschen und Englischen unterschiedlich erzählten »Wilhelm II./Wilhelm II«-Konzepts:

Im Englischen fand die Formulierung »Wilhelm II was a repressed homosexual« Eingang in das Teilkonzept.[510] Als Referenzproposition war eine unmittelbare Übernahme dieser englischen Schulbuchformulierung nicht möglich. Die Übertragung ins Deutsche funktioniert hier nämlich kaum, da das Deutsche bei der Beschreibung der sexuellen Orientierung in der Regel nicht von der Person spricht, sondern von dem Umstand – also nicht von »dem Homosexuellen«, sondern von »der Homosexualität«. Entsprechend heißt es eher, jemand leide unter seiner »unterdrückten Homosexualität«, als dass jemand als »unterdrückt Homosexueller« beschrieben würde (genau genommen transportiert diese Formulierung sogar einen ganz anderen Inhalt).

Um dieser Schwierigkeit zu begegnen, wurde die nominalisierte und personalisierte Form (»repressed homosexual«) im englischen Teilkonzept grundsätzlich beibehalten. Lediglich der unbestimmte Artikel »a« wurde entfernt. Dadurch ist die Formulierung zwar etwas bruchstückhafter, aber weil die Methode eine solche bruchstückhafte Formulierung nahelegt, gleichwohl methodisch korrekt. Gleichzeitig ermöglicht das Auslassen des Artikels ein Verständnis des Knotens als Adverb – eine Lesart, die für das Englische zwar ganz und gar untypisch ist, die aber der deutschen Formulierung deutlich näher kommt. Auf diese Weise kann – wenn schon nicht von »unterdrückter Homosexualität« – dann doch davon gesprochen werden, dass Wilhelm II. »unterdrückt homose-

509 Weitere Distraktoren sind: »pursuit of happiness« im »Jingoism«-Konzept und »Christian X./Christian X« im »Wilhelm II./Wilhelm II«-Konzept.

510 AQA GCSE History, S. 55.

xuell« war. Die entsprechende Proposition lautet im Deutschen »Wilhelm II. / war / unterdrückt homosexuell«. Interessant ist bei dieser Formulierung der Propositionen in beiden Sprachen, dass die Schwierigkeit da auftritt, wo personalisierte Beschreibung im Englischen strukturellen Vorstellungen im Deutschen gegenübersteht. In diesem Punkt zeigt sich die offenbar grundsätzlich unterschiedliche Sicht auf die Dinge auch auf grammatischer Ebene (vgl. Kap. 5.1.2., Deutungsmuster 2).

Die Prämisse der Vergleichbarkeit erforderte es also, grammatische Anpassungen vorzunehmen. Die Schüler*innen sollten den Inhalt im Deutschen ebenso produzieren können wie im Englischen; auch dann, wenn dieser Inhalt für das aus dem deutschen Schulbuchrahmen ermittelte Teilkonzept keine Relevanz hat. In dem hier vorgestellten Beispiel etwa würde die Schüler*innen-Proposition »Wilhelm II / was / repressed homosexual« als korrekte Referenzproposition, das deutsche Pendant »Wilhelm II. / war / unterdrückt homosexuell« aber als Interferenzproposition (vgl. Kap. 6.3.1.2) gewertet werden.

Damit ist die Knotenformulierung »unterdrückt homosexuell« im Deutschen ein Residualbegriff. Insbesondere diese Residualbegriffe waren diejenigen, bei denen sich aus den Pilotierungserkenntnissen Anpassungen der Knoten- und Kantenformulierungen ergaben. Während z.B. diese aus dem Englischen übersetzte Knotenformulierung im deutschen »Wilhelm II.«-Konzept in den ersten Pilotierungen noch lautete »verkappt homosexuell«, wurde sie aufgrund häufiger Wortnachfragen für die Hauptstudie angepasst zu »unterdrückt homosexuell«.

Ob Prämissen 1–3 bei der Gestaltung der Experten-*Concept Maps* nach den Anpassungen, die während der und durch die Pilotierungen vorgenommen wurden, erfolgreich umgesetzt wurden, so dass die Methode sich für die Hauptstudienerhebung tatsächlich eignete, zeigen die statistischen Auswertungen der in der Hauptstudie selbst generierten Daten. Nach Prämisse 1 sind die schließlich im *parking lot*-Verfahren für Aufgabe 1 als Knoten und Kanten bereitgestellten Begriffe für die Konzeptbildung zentral. Die Kenntnis dieser Begriffe sollte sich also positiv auf die Konzeptbildung auswirken. Dabei sollten im Deutschen andere Begriffe als im Englischen relevant sein, damit der Unterschied zwischen den kulturellen Deutungsmustern zum Ausdruck kommt. Denkbar ist auch, dass eine graduelle Abstufung der konzeptbildungsrelevanten Begriffe, eine »Unterscheidung zwischen dem Kern und der Peripherie«[511], sichtbar wird. Es gilt also, die Relevanz der konzeptbildenden Begriffe bezüglich der Stellung im deutschen und englischen neuralgischen Teilkonzept mit der Schüler*innen-Kenntnis und -Konzeptbildung abzugleichen. Dagegen muss gelten, dass Distraktoren (vgl.

511 *Joachim Rohlfes:* Beobachtungen zur Begriffsbildung in der Geschichtswissenschaft. In: *Eberhard Jäckel/Ernst Weymar* (Hrsg.): Die Funktion der Geschichte in unserer Zeit. Stuttgart 1975, S. 59–73, hier S. 62

Prämisse 2) wie auch Residuen (vgl. Prämisse 3) die Konzeptbildung negativ beeinflussen. Schüler*innen sollten die Konzepte also stets umso besser bilden können, je unbekannter die Distraktoren und Residuen ihnen sind. Die (vermeintliche) Kenntnis dieser Begriffe sollte stets einen negativen Einfluss auf die Konzeptbildung haben.

Der auf der Grundlage der Hauptstudiendaten geführte Nachweis zu diesen drei Prämissen stellt die Validierung der sprachlichen Gestaltung der Experten-*Concept Maps* dar und belegt damit die Eignung der Methode als ganzer. Dies soll im Folgenden gezeigt werden, zunächst anhand der konzeptbildungsrelevanten Begriffe und sodann anhand der Residuen und Distraktoren.

5.2.3.2 Konzeptbildungsrelevante Begriffe, Distraktoren und Residuen

Die Datenlage nach der Durchführung der Hauptstudie macht den Nachweis möglich, dass die ausgewählten Begriffe tatsächlich einen signifikanten Einfluss auf die Konzeptbildung im Deutschen und im Englischen haben. Der Zusammenhang kann für die Begriffe in den sprachlich-kulturellen Teilkonzepten geprüft werden, in denen sie relevant sind. So kann beispielsweise der Begriff »Europäische Großmächte« hinsichtlich seiner Konzeptbildungsrelevanz für das in der deutschen Imperialismuserzählung relevante Teilkonzept »Boxer« untersucht werden; nicht untersucht wird dagegen der englische, entsprechend übersetzte Begriff »European powers«, weil es hierfür schlicht kein englisches Konzept gibt.[512]

Distraktoren wurden wo nötig eingefügt, um einen Rateerfolg bei der Propositionsproduktion zu minimieren. Im ganzen Fragebogen gibt es drei Distraktoren, davon zwei im Englischen, einen im Deutschen. Als Residuen werden solche Begriffe bezeichnet, die als Knoten oder Kanten lediglich im anderssprachigen Konzept relevant sind. Insgesamt weist der Fragebogen zwölf Residualbegriffe auf, davon acht in den deutschen Teilkonzepten und vier in den englischen. Sowohl Distraktoren als auch Residuen werden hinsichtlich ihres Einflusses auf die Konzeptbildung getestet.

Der Frage nach der Eignung der konzeptbildungsrelevanten Begriffe, der Distraktoren und der Residuen wird auf der Grundlage der Schüler*innen-Antworten zu den Aufgaben nachgegangen, die sich auf die Experten-*Concept Maps* beziehen, die sowohl im Deutschen als auch im Englischen relevante Themen behandeln. Das gilt – unter Berücksichtigung sekundärer Propositionen – für drei im Fragebogen enthaltene Konzepte: »Wilhelm II./Wilhelm II«, »Buren/Boers«, »Entente/Entente«. Für die statistische Prüfung der sprachlichen

512 Tabelle 6 zeigt deshalb lediglich die Begriffe auf, die in den neuralgischen Teilkonzepten beider Sprachen vorkommen.

Formulierungen werden nun alle Schüler*innen-Antworten untersucht, die auf die beiden Arbeitsaufträge in Aufgabe 1 zurückgehen: a) »Erstelle deinem Empfinden nach korrekte und vollständige *Concept Maps*« und b) »Kreuze die Knoten/Kanten an, die du nicht kennst.« Die Antworten zu a) werden mithilfe des Anteils an produzierten Referenzpropositionen pro Konzept erfasst. Wenn das Teilkonzept aus vier Referenzpropositionen besteht, kann ein Schüler*innen 0, 1, 2, 3 oder 4 dieser Propositionen produzieren und damit 0, 25, 50, 75 oder 100 % des Konzepts aufzeigen. Zwischen diesen Werten (sowohl den absoluten als auch den prozentualen) liegt je der gleiche Abstand (1 oder 25 %). Die für a) ermittelte Variable ist also intervallskaliert. Die Antworten zu b) können pro Begriff erfasst werden, indem geprüft wird, ob der Knoten/die Kante angekreuzt wurde oder nicht. Die für b) ermittelte Variable ist damit nominalskaliert. Um einen Zusammenhang zwischen diesen beiden Variablen nachweisen zu können, wird der Kendall'sche Rangkorrelationskoeffizient (Kendall'sches Tau) bestimmt. Der Rangkorrelationskoeffizient kann Werte von -1 bis +1 annehmen. Bei positiven Werten besteht ein positiver Zusammenhang zwischen den beiden gemessenen Variablen, bei negativen ein negativer. Im untersuchten Bespiel bedeutet das: Ein negativer Zusammenhang zwischen der Nicht-Kenntnis eines Begriffs (dafür stehen die Kreuze bei Aufgabe b)) und der Konzeptbildung bedeutet zugleich, dass der Begriff konzeptbildungsrelevant ist.

Tabelle 6 bietet eine Übersicht über die konzeptbildungsrelevanten Fachbegriffe, die Distraktoren und Residuen pro Teilkonzept im Deutschen und im Englischen. Deren Eignung geht aus Tabelle 6 unmittelbar hervor.

Die Daten deuten klar auf eine Eignung der gewählten konzeptbildungsrelevanten Begriffe hin: Eine Kenntnis dieser Begriffe geht einher mit einer erfolgreichen Konzeptbildung. Die Distraktoren und Residuen, für die signifikante Ergebnisse erzielt wurden, zeigen dagegen einen negativen Zusammenhang mit den Konzeptbildungen auf. Konzeptbildungsrelevante Begriffe, Distraktoren und Residuen erfüllen damit ihren methodischen Zweck.

Die Eignung der konzeptbildungsrelevanten Begriffe als solcher war anzunehmen, wenn im Deutschen andere Begriffe konzeptbildungsrelevant sind als im Englischen. Bei den beiden auf primären Referenzpropositionen fußenden Teilkonzepten »Wilhelm II.« und »Buren« sind ebensolche Unterschiede klar nachzuweisen. So ist etwa die Wortkenntnis »Bismarck« im Deutschen für die Schüler*innen konzeptbildungsrelevant; im Englischen wirkt sich entsprechend die Kenntnis des Begriffs »ministers« positiv auf die Konzeptbildung aus. Die deutsche Proposition »Wilhelm II. / entließ / Bismarck« findet damit in der englischen Proposition »Wilhelm II / dismissed / ministers« ihr Pendant. Lediglich bei dem Teilkonzept »Entente« sind solche Unterschiede nicht in vergleichbarem Maße feststellbar. Das liegt daran, dass es sich hierbei um ein im Englischen nur sekundäres Teilkonzept handelt, das auf lediglich zwei sekundären Propositionen beruht.[513] Der Begriff »Entente Cordiale« ist damit, ebenso wie der Begriff »Fashoda Incident«, im englischen Rahmen ein Residualbegriff. Die statistisch ermittelten Zusammenhänge zeigen eindrücklich, dass eine Nicht-Kenntnis dieser Begriffe im Englischen mit einer erfolgreichen englischen Konzeptbildung einhergeht. Als Residualbegriffe erfüllen demnach auch sie ihren methodischen Zweck. Dasselbe konnte für den Distraktor »Christian X.« im deutschen »Wilhelm II.«-Konzept signifikant nachgewiesen werden.

Tabelle 6: Der Zusammenhang zwischen der Wortkenntnis und der Konzeptbildung der Teilkonzepte, die im Deutschen und im Englischen aus den Schulbüchern eruiert werden konnten, ist gekennzeichnet: (+) Je häufiger ein Begriff als unbekannt gekennzeichnet wurde, desto schwächer wurde das ihn enthaltende Konzept produziert. (-) Je häufiger ein Begriff als unbekannt gekennzeichnet wurde, desto stärker wurde das ihn enthaltende Konzept gebildet. Die Tabelle zeigt deutlich: Ein negativer Zusammenhang besteht lediglich bei Distraktoren und Residuen, ein positiver allein bei konzeptbildungsrelevanten Begriffen.

Sprachlicher Rahmen	**Teilkonzept**	**Fachbegriff**	**Kendall'sche Tau**	**Fachbegriff und Konzeptbildung Zusammenhang**
Deutsch	Wilhelm II.	Bismarck	-0,15	+
		Christian X.	0,14	-
		Wilhelm II.	-0,20	+
	Buren	Buren	-0,24	+
	Entente	Britsch-Deutsche Spannungen	-0,17	+
		Deutsch-Französische Spannungen	-0,14	+
		Britisch-Französische Spannungen	-0,16	+
		entente cordiale	-0,19	+
Englisch	Wilhelm II	ministers	-0,19	+
		Wilhelm II.	-0,18	+
		opponent of	-0,11	+
	Boers	Boers	-0,22	+
		in large parts unfit for combat	-0,14	+
	Entente	French-German tensions	-0,12	+
		British-French tensions	-0,11	+
		Fashoda incident	0,10	-
		entente cordiale	0,10	-

513 »Britsh-German tensions / ended / British-French tensions.« und »French-German tensions / ended / British-French tensions.«

5.2.3.3 Zur Zentralität der konzeptbildungsrelevanten Begriffe

Bestätigt werden konnte anhand der vorliegenden Untersuchung auch ein weiterer Punkt, auf den Joachim Rohlfes im Rahmen seiner Begriffsforschung bereits 1975 hingewiesen hat: der Aspekt der Zentralität. »Wichtig«, schrieb er, »ist [...] die Unterscheidung zwischen dem Kern und der Peripherie.«[514] Wichtig ist, insbesondere bei Fachbegriffen, den Kern »schon einmal gelernt zu haben, uns daran zu erinnern und auch eine genaue Definition in einem komplizierten, vernetzten Gebiet vortragen zu können.«[515]

Die Analyse der konzeptbildungsrelevanten Fachbegriffe stützt diese Einschätzung: In allen drei Konzepten ist sowohl im Deutschen als auch im Englischen ein bildungsrelevanter Kern deutlich zu erkennen: »Wilhelm II./Wilhelm II«, »Buren/Boers«, »Entente Cordiale«. Es scheint also so zu sein, dass die Konzeptbildung unglücklich beeinflusst wird, wenn der Kernbegriff des Konzepts unbekannt ist. Eine Ausnahme hierzu bildet allein der Fachbegriff »Entente« im Englischen. Das erklärt sich durch seinen Residuencharakter.

Die Korrelation von Wortkenntnis und Konzeptbildungserfolg der Schüler*innen zeigt damit, dass die Kernbegriffe der drei in beiden sprachlich-kulturellen Rahmen enthaltenen neuralgischen Teilkonzepte auch bei der Bearbeitung primär bildungsrelevant sind. Es ist also festzuhalten, dass der Kern der Konzepte in beiden Sprachen derselbe und dass er auch je vergleichbar relevant für eine erfolgreiche Konzeptbildung ist (vgl. Tabelle 6).

Für die weniger zentralen, vernetzenden Begriffe, die in beiden sprachlich-kulturellen Rahmen aus den Schulbüchern eruiert wurden, sind hinsichtlich der Konzeptbildungsrelevanz drei Verteilungen denkbar; und sie alle sind in der vorliegenden Untersuchung aufgetreten (vgl. Tabelle 6): a) Die Begriffe sind in beiden sprachlich-kulturellen Konzepten bildungsrelevant. Das ist etwa der Fall für »Britisch-Deutsche Spannungen« im deutschen Entente-Konzept wie auch für das Pendant »British-German tensions« im Englischen. b) Die Begriffe sind für keines der beiden Konzepte bildungsrelevant. So ist weder der Begriff »Deutsche« im deutschen Teilkonzept »Buren« noch der Begriff »Germans« im englischen Teilkonzept »Boers« signifikant konzeptbildungsrelevant. c) Die Begriffe sind in nur einem sprachlich-kulturellen Rahmen konzeptbildungsrelevant. Das heißt, sie sind wichtiger z.B. für das englische als für das deutsche Konzept; so etwa »ministers« für das englische Teilkonzept »Wilhelm II«. Im deutschen Teilkonzept »Wilhelm II.« ist der Begriff »Minister« in einer sekundären Proposition ebenfalls Teil des Referenzkonzepts, aber die Kenntnis dieses

514 *Rohlfes:* Beobachtungen. 1975, S. 62.

515 *Heiner Willenberg:* Wortschatz. In: *Eckhard Klieme/Bärbel Beck* (Hrsg.): Sprachliche Kompetenzen. Konzepte und Messung. DESI-Studie (Deutsch Englisch Schülerleistungen International). Weinheim 2017, S. 130–139, hier S. 132f.

Knotens tritt hier offenbar – und das unterstreicht seinen sekundären Charakter – auch in den Schüler*innen-Antworten nicht als konzeptbildungsrelevant hervor.

Unter sprachlichen Gesichtspunkten lässt sich damit zusammenfassen, dass die drei sprachlichen Prämissen erfolgreich umgesetzt werden konnten, und zwar unter Nutzung konzeptbildungsrelevanter Begriffe und unter Erweiterung durch Distraktoren und Residuen. Dies belegt die Auswertung der Schüler*-innen-Daten aus der Hauptstudie eindeutig.

Alles in allem ergibt sich damit: Die Eignung der *Concept Mapping*-Methode, der ausgewählten neuralgischen Teilkonzepte und der Aufgabenformen konnte formal, konzeptionell und sprachlich in drei Pilotierungen und auch unter Auswertung der Schüler*innen-Daten aus der Hauptstudie erfolgreich validiert werden. Der Fragebogen in seiner endgültigen Form eignet sich damit für die Untersuchung schülergruppenspezifischer Unterschiede im Umgang mit kulturellen Deutungsmustern.

5.3 Hauptstudie

Der für die Hauptstudie entwickelte und validierte Fragebogen wurde für die vergleichende Schüler*innen-Untersuchung im Anschluss an die durchgeführte Unterrichtseinheit zum Thema »Imperialismus« in zwei Versionen vorgelegt. Version 1 beinhaltete die neuralgischen Teilkonzepte »Buren, Entdecker, Entente«, Version 2 die neuralgischen Teilkonzepte »Wilhelm II., Boxer, Jingoism«. Im zweiten Halbjahr des Erhebungszeitraums (ab Februar 2017) wurden die Versionen jeweils um ein neuralgisches Teilkonzept ergänzt, Version 1 um »Reformen«, Version 2 um »Herero«. Die Ergänzung dieser neuralgischen Teilkonzepte, die die Deutungsmuster 3 (Internationales/Multiliteralität versus Bilateralität) und 4 (Täter/Opfer versus Sieger/Verlierer) sehr eindrücklich abbilden, war möglich, weil die Erhebung im ersten Halbjahr gezeigt hat, dass die 45-minütige Erhebungsdauer und die Konzentration der Schüler*innen eine solche zulassen würden. Außerdem wurde durchweg unterschieden zwischen Variante a und b, wobei a die Aufgaben zunächst auf Deutsch anbot, b zunächst auf Englisch.

Um statistisch repräsentative Aussagen treffen zu können, wurde eine sehr umfangreiche Stichprobe gezogen. Aufgrund der Ausdifferenzierung der Stichprobe in die drei Teilstichproben regulär, monolingual und bilingual unterrichteter Schüler*innen lassen die ermittelten Ergebnisse der Fragebogenerhebung valide Aussagen über den Einfluss bilingualen Geschichtsunterrichts auf die Konzeptwahrnehmung, -differenzierung und -koordination zu.

5.3.1 Stichprobe: Kriterien für die Teilnahme an der Fragebogenstudie

Über die Liste des Niedersächsischen Landesinstituts für schulische Qualitätsentwicklung[516] und mittels einer ausführlichen Recherche der einzelnen Schulhomepages wurden insgesamt 19 Schulen für die Studienteilnahme gewonnen. Zehn Schulen waren im städtischen, neun im ländlichen Raum verortet. Die Erhebung wurde nach entsprechender Antragstellung durch die Regionalabteilung Lüneburg der Niedersächsischen Landesschulbehörde bewilligt.

Insgesamt nahmen an der Studie 787 Schüler*innen teil, davon 366 Jungen (46 %) und 421 Mädchen, 386 Schüler*innen der 8. und 401 Schüler*innen der 9. Jahrgangsstufe. Das sind 1,1 % der Grundgesamtheit von 72.992 Schüler*innen. Bei der Grundgesamtheit handelt es sich um alle im Schuljahr 2017/18 unterrichteten Schüler*innen in der 8. und 9. Klasse an öffentlichen Gymnasien, Integrierten Gesamtschulen und Kooperativen Gesamtschulen (Gymnasialzweig) in Niedersachsen.[517]

Von den 19 Schulen sind 16 Schulen Gymnasien, zwei sind Integrierte Gesamtschulen und eine ist eine Kooperative Gesamtschule. Sechs Schulen boten lediglich deutschsprachigen, d. h. regulären Geschichtsunterricht an. 13 Schulen hatten zusätzlich zum monolingual deutschsprachigen Unterricht ein bilinguales Angebot.

Insgesamt wurden an diesen Schulen 36 Klassen befragt; davon 10 Klassen mit regulärem Unterricht, 13 Klassen mit bilingualem und 13 Klassen mit monolingualem Unterricht.

Drei Schüler*innen-Gruppen wurden befragt:
- Regulär unterrichtete Schüler*innen: Schüler*innen, die an einer Schule deutschsprachigen Geschichtsunterricht hatten, die keinen bilingualen Unterricht anbietet.
- Monolingual unterrichtete Schüler*innen: Schüler*innen, die an einer Schule deutschsprachigen Geschichtsunterricht hatten, die auch bilingualen Geschichtsunterricht anbietet.

516 *Niedersächsisches Landesinstitut für schulische Qualitätsentwicklung* (Hg.): Schulen. Gymnasien und Gesamtschulen mit bilingualem Sachfachunterricht. Online unter URL: <https://www.nibis.de/schulen_635> (Zugriff am 24.03.2023).

517 *Niedersächsisches Landesinstitut für schulische Qualitätsentwicklung* (Hg.): Statistikbroschüre ABS 2017/2018. Die niedersächsischen allgemein bildenden Schulen in Zahlen, S. 31. Online unter URL: <https://www.mk.niedersachsen.de/download/144181/Die_niedersaechsischen_allgemein_bildenden_Schulen_in_Zahlen_-_Broschuere_2017_2018.pdf. Stichtag 17.08.2017> (Zugriff am 24.03.2023). Relevant für die vorliegende Studie sind hieraus folgende Zahlen: 8. Klasse Integrierte Gesamtschule: 10.863; 9. Klasse Integrierte Gesamtschule: 9.650; 8. Klasse Kooperative Gesamtschule Gymnasialzweig: 2.448; 9. Klasse Kooperative Gesamtschule Gymnasialzweig: 2.449; 8. Klasse Gym: 24.584; 9. Klasse Gymnasium: 22.998.

- Bilingual unterrichtete Schüler*innen: Schüler*innen, die an einer Schule bilingualen Geschichtsunterricht hatten, die deutschsprachigen und bilingualen Geschichtsunterricht anbietet.

Durch die Berücksichtigung der regulär unterrichteten Schüler*innen in der Studie kann überprüft werden, ob ein *selection bias* vorliegt und wo er sich niederschlagen könnte. Bei bilingual und monolingual unterrichteten Schüler*-innen wird nämlich allgemein vermutet, dass schon vor Unterrichtsbeginn eine spezifische Selektion stattgefunden habe. Angenommen wird also, dass sich die leistungsstärkeren Schüler*innen für einen bilingualen Unterricht entscheiden, die leistungsschwächeren Schüler*innen für den monolingualen Zweig. Untersucht man zum einen bilingual unterrichtete Schüler*innen und zum anderen monolingual unterrichtete Schüler*innen, genügen diese beiden Stichproben damit nicht den Kriterien der Zufallsstichprobe, die repräsentativ für die Grundgesamtheit stehen können muss. Untersuchungsergebnisse, bei denen bilingual unterrichtete Schüler*innen besser abschneiden als die monolingual unterrichtete Vergleichsgruppe, werden also stets dahingehend eingeschränkt, dass womöglich nicht der bilinguale Unterricht für die besseren Ergebnisse ursächlich sei, sondern eben die allgemein höhere Leistungsfähigkeit der vorselektierten Schüler*innen-Gruppe.[518]

Ein Ziel der vorliegenden Studie ist es, auch in diesem Punkt zu differenzieren. Angenommen wird im Folgenden deshalb: Die bilingual unterrichteten Schüler*innen unterliegen sowohl dem *selection bias* als auch dem Einfluss des bilingualen Unterrichts. Die monolingual unterrichteten Schüler*innen unterliegen allein dem *selection bias.* Die regulär unterrichteten Schüler*innen unterliegen weder dem *selection bias* noch dem Einfluss des bilingualen Unterrichts.

Um herauszufinden, ob und wo *selection bias*-Effekte vorliegen, werden also die Ergebnisse der regulär unterrichteten Schüler*innen mit denen der monolingual unterrichteten verglichen. Wenn die Ergebnisse der monolingual unterrichteten Schüler*innen signifikant von denen der regulär unterrichteten abweichen, kann von dem Vorliegen eines *selection bias* ausgegangen werden. Denn in diesem Fall kann angenommen werden, dass die leistungsstärkeren Schüler*-innen in den bilingualen Zweig abgewandert sind und so die leistungsschwächeren zurückgelassen haben.

Um den Einfluss des bilingualen Unterrichts als ausschlaggebenden Effekt zu ermitteln, ist es notwendig, den *selection bias* als Ursache auszuschließen. Ein Effekt durch den bilingualen Unterricht ist also dann anzunehmen, wenn regulär und monolingual unterrichtete Schüler*innen in ähnlicher Weise geantwortet haben, die Antworten der bilingual unterrichteten Schüler*innen sich aber si-

518 Vgl. Kap. 2.3.

gnifikant von den erstgenannten unterscheiden. Für diesen, im geschichtsdidaktischen Rahmen gänzlich neuen methodischen Zugriff werden im Folgenden deshalb stets die regulär unterrichteten Schüler*innen mit den monolingual und bilingual unterrichteten Schüler*innen verglichen. So ist es möglich, statistische Aussagen zum Einfluss des *selection bias* bzw. dem Einfluss des bilingualen Unterrichts auszudifferenzieren und zu quantifizieren.[519]

Die Stichprobe gliederte sich dann anhand der verschiedenen vorgelegten Fragebögen[520] wie in Tabelle 7 dargestellt weiter auf.

Tabelle 7: Beschreibung der sich anhand der verschiedenen Fragebogenversionen gliedernden Stichprobe. Die Fragebogenversionen unterscheiden sich thematisch in Bezug auf die in ihnen verwendeten neuralgischen Teilkonzepte (Variante 1: »Buren, Entdecker, Entente«; Variante 2: »Wilhelm II., Boxer, Jingoism«) und hier je nach Schulhalbjahr (Halbjahr 2 ergänzt Variante 1 um »Reforms«; Variante 2 um »Herero«) sowie in Bezug auf die Sprache, der die Schüler*innen zuerst begegnen (Version a: Deutsch zuerst; Version b: Englisch zuerst).

Teilstichproben	**regulär unterrichtete Schüler*innen**				**monolingual unterrichtete Schüler*innen**				**bilingual unterrichtete Schüler*innen**			
	294				235				258			
Fragebogenversion	1a	1b	2a	2b	1a	1b	2a	2b	1a	1b	2a	2b
1. Erhebungshalbjahr	30	35	30	25	19	18	18	15	30	33	28	28
2. Erhebungshalbjahr	39	45	44	46	40	41	42	42	35	36	33	34

5.3.2 Durchführung

Die Erhebung führte ich selbst mit den Schüler*innen im Anschluss an die zuvor von der Geschichtslehrkraft gehaltene Unterrichtseinheit zum Thema »Imperialismus« durch. Um die Erhebung der Daten möglichst unmittelbar im Anschluss an diese Unterrichtseinheit zu gewährleisten, war eine zeitliche Orientierung lediglich anhand der niedersächsischen Lehrpläne nicht möglich. Zwar ist die Behandlung des Themas für die 8. Jahrgangsstufe vorgesehen, tatsächlich aber wird der Imperialismus bisweilen am Ende der 8. Jahrgangsstufe, bisweilen aber auch zu Beginn der 9. Jahrgangsstufe unterrichtet.[521] Je nach Wochenstundengestaltung der Schule variiert die tatsächliche Themenbehandlung zu-

519 Vgl. Tabelle 8.
520 Vgl. Kap. 5 und Anhang S. 68–92.
521 *Kultusministerkonferenz:* KC Ge. 2015, S. 21.

sätzlich.[522] Der Erhebungszeitraum erstreckte sich damit, nach Absprache mit den Lehrkräften, auf das Zeitfenster von Oktober 2017 bis Juni 2018.

Ich besuchte die Schulklassen in einer regulären Geschichtsunterrichtsstunde. Im Schnitt waren seit der Behandlung des Imperialismus als Unterrichtsthema zu diesem Zeitpunkt 3,7 ± 5,8 Wochen vergangen. Über die Hälfte der Befragten hatten das Thema vor weniger als einer Woche abgeschlossen. Im Mittel wurden 6,8 ± 3,2 Unterrichtsstunden auf die Behandlung des Imperialismus verwandt.

In der Regel waren die Geschichtslehrkräfte anwesend und richteten 45 Minuten der Unterrichtszeit für die Befragung der Schüler*innen ein. Das Einverständnis der Schüler*innen und ihrer Eltern war zuvor eingeholt worden. Die Fragebögen waren weder den Lehrkräften noch den Schüler*innen bekannt.

Vor der Durchführung der Erhebung wurde den Schüler*innen stets kurz die Methode »*Concept Map*« erläutert. Dabei verwies ich auf ein die Methode visualisierendes Poster[523] und orientierte mich – um die Vergleichbarkeit der Ergebnisse zu gewährleisten – an folgenden vorformulierten Stichpunkten.[524]

Auf Fragen der Schüler*innen während der Erhebung ging ich ein, soweit die Ergebnisse dadurch nicht beeinflusst werden konnten. So wurden alle methodischen Fragen auch während der Erhebung beantwortet. Fragen inhaltlicher und fachsprachlicher Art, etwa die Frage danach, wer oder was denn »Buren« gewesen seien, beantwortete ich nicht inhaltlich, sondern – erneut methodisch – mit Verweis auf die Aufgabenstellung (»Kreuze die Knoten/Kanten an, die du nicht kennst«).

Während die Schüler*innen die Aufgaben bearbeiteten, bat ich die Lehrkraft stets, einen kurzen Fragebogen zu den strukturellen Bedingungen auszufüllen, unter denen der Unterricht stattfand.[525] Dieser ergänzte die Strukturdaten, die auch mithilfe eines dem Schüler*innen-Fragebogen vorangestellten Datenblatts erhoben wurden. Zusammengefasst ergeben die so erhobenen Strukturdaten ein detailliertes Bild zur Stichprobe.

---

522 Unterschiedliche Kontextbedingungen waren etwa einstündiger Unterricht in jedem Halbjahr – oder zweistündiger Unterricht nur im 1. oder 2. Halbjahr der 8. Jahrgangsstufe; gelegentlich wurde dreistündiger Unterricht im bilingualen Zweig erteilt, so dass damit möglicherweise einhergehende zeitliche Verschiebungen der Themenbehandlungen zu berücksichtigen waren.

523 Vgl. Anhang S. 93.

524 Vgl. Anhang S. 94.

525 Vgl. 10.5.7.

6 Auswertung und Ergebnisse der Fragebogenerhebung bilingual und deutschsprachig unterrichteter Schüler*innen

Die Schüler*innen- und Lehrer*innen-Angaben wurden nach der Erhebung im *Paper Pencil*-Verfahren digitalisiert. Die von den Lehrkräften angegebenen Strukturdaten (vgl. Anhang S. 95) erlauben eine detaillierte Beschreibung der Stichprobe (vgl. Kap. 5.3.1). Die Angaben der Schüler*innen zu den Aufgaben zur Konzeptwahrnehmung, -differenzierung und -koordination lassen Rückschlüsse zu auf den geschichtsdidaktischen Wert bilingualen Geschichtsunterrichts (vgl. Kap. 2.2.2). Die Schüler*innen-Angaben wurden für die statistische Auswertung kodiert. Für Aufgabe 1 etwa wurden alle von den Schüler*innen produzierten Propositionen als vorhandene oder nicht vorhandene Referenzpropositionen erfasst oder als Fehlproposition gezählt (vgl. Kap. 6.1.1). Die Schüler*innen-Angaben zu Aufgaben 2 und 3 wurden ebenfalls mithilfe von Zahlencodes erfasst (vgl. Kap. 6.1.2). Die schriftlichen Schüler*innen-Antworten zu Aufgabe 3 wurden wörtlich übertragen. Das ermöglichte die materialbasierte Erstellung eines Kategoriensystems zur weiteren Analyse der Konzeptkoordination pro Schüler*innen-Gruppe (vgl. Kap. 6.1.3).

6.1 Auswertung

Die Ergebnisse der vergleichenden Untersuchung werden im Folgenden anhand des theoretischen Dreischritts von Konzeptwahrnehmung, -differenzierung und -koordination dargelegt. Dabei können auch weiterführende, inhaltlich für den bilingualen Geschichtsunterricht diskutierte Punkte aus der Literatur vertieft werden.

Der Vergleich zwischen bilingual, regulär und monolingual unterrichteten Schüler*innen erfolgt je quantitativ und mithilfe verschiedener statistischer Tests anhand eines hypothesengeleiteten Vorgehens. Ausgegangen wird dabei stets von der Nullhypothese, zu der eine gerichtete Gegenhypothese formuliert und geprüft wird. Die Gerichtetheit der Hypothesen ergibt sich aus den konzeptionellen Überlegungen der einschlägigen Literatur. Insgesamt prüft die vorliegende Arbeit 42 Hypothesen.[526] Sie entsprechen den vier Kriterien, die an wissenschaftliche Hypothesen angelegt werden: »1. Eine wissenschaftliche Hypothese bezieht sich auf reale Sachverhalte, die empirisch untersuchbar sind. 2. Eine wissenschaftliche Hypothese ist eine allgemein gültige, über den Einzelfall oder ein singuläres Ereignis hinausgehende Behauptung (›All-Satz‹). 3. Einer wissenschaftlichen Hypothese muss zumindest implizit die Formalstruktur eines sinnvollen Konditionalsatzes (›Wenn-dann-Satz‹ bzw. ›Je-desto-Satz‹ zugrunde liegen. 4. Der Konditionalsatz muss potenziell falsifizierbar sein, d. h., es müssen Ereignisse denkbar sein, die dem Konditionalsatz widersprechen.«[527] Zudem können sie als statistische Hypothesen formuliert werden, indem die angesprochenen Variablenbeziehungen in eine quantitative Form gebracht werden, die durch die Literatur nahegelegt wird.[528]

Aufgrund der statistischen Ergebnisse wird entweder die Nullhypothese beibehalten oder die Gegenhypothese angenommen. Bei den erhobenen Daten handelt es sich um eine Stichprobe aus der Grundgesamtheit, nicht um eine Totalerhebung. So kann es bei der Annahme der Gegenhypothese zu Fehlern erster Art (α) und bei der Beibehaltung der Nullhypothese zu Fehlern zweiter Art (β) kommen. Ein Fehler erster Art liegt vor, wenn die Gegenhypothese angenommen wird, obwohl eigentlich die Nullhypothese gilt. Ein Fehler zweiter Art bedeutet, dass die Nullhypothese beibehalten wird, obwohl in der Grundgesamtheit die Gegenhypothese gilt. Diese Fehler treten mit einer gewissen Wahrscheinlichkeit auf. Sie wird für die Fehler erster Art als Irrtumswahrscheinlichkeit berechnet (p-Wert). Mithilfe des p-Werts entscheidet man sich für die Null- oder für die Gegenhypothese: wenn p über 0,05 liegt, für die Nullhypothese; wenn p unter 0,05 liegt, für die Gegenhypothese. Diese Entscheidung beruht auf der Konvention, 5 %-Irrtumswahrscheinlichkeit als ausreichend klein anzusehen. Diese 5 %-Grenze, die angibt, ob der Unterschied zwischen den zwei verglichenen Gruppen groß genug ist, um die Gegenhypothese anzunehmen, nennt man Signifikanzniveau. In dieser Arbeit werden die p-Werte, die unter 0,05 liegen als signifikant (*), die unter 0,01 als sehr signifikant (**) und die unter 0,001 als hoch signifikant (***) angegeben.[529]

Ein Fehler zweiter Art (β-Fehler) bedeutet, dass die Nullhypothese beibehalten wird, obwohl in der Grundgesamtheit die Gegenhypothese gilt. Ein Effekt wird in den erhobenen Daten also nicht gefunden, obwohl er *de facto* vorliegt. Beim Fehler zweiter Art ist es – andersherum als noch beim Fehler erster Art – üblich,

526 Zu den statistischen Ausführungen zur Hypothesentestung vgl. grundlegend *Jürgen Bortz/ Christof Schuster:* Statistik für Human- und Sozialwissenschaftler. Berlin 2010, S. 98–116.

527 *Jürgen Bortz/Nicola Döring:* Forschungsmethoden und Evaluation für Human- und Sozialwissenschaftler. Heidelberg 2006, S. 4.

528 Ebd., S. 8.

529 *Bortz:* Statistik. 2010, S. 100.

anzugeben, wie wahrscheinlich ein Nicht-Begehen des Fehlers ist. Die Wahrscheinlichkeit, diesen Fehler nicht zu begehen, nennt man »Teststärke« (1-β). Der Grenzwert dieser Teststärke, der definiert, ab wann die Wahrscheinlichkeit, den Fehler nicht zu begehen, klein genug ist, liegt bei 0,8. Ab einem Wert, der über 0,8 liegt, ist die Wahrscheinlichkeit, einen β-Fehler zu begehen, gering und also vertretbar.[530]

Die Teststärke beantwortet hier nun die Frage danach, ob in dieser Studie durch einen β-Fehler Effekte nicht gefunden werden, obwohl es sie eigentlich gibt. Dafür muss klar sein, was »Effekte« sind. Sie können berechnet und anhand ihrer »Größe« klassifiziert werden. Jacob Cohen hat allgemein festgelegt, dass Werte (Cohens d) unter 0,2 zu gering sind, um als Effekt zu gelten, aus dem Handlungen abgeleitet werden sollten.[531] John Hattie, der Metastudien erstellt hat, die spezifisch auf die Schulpraxis bezogen sind, legt als Grenzwert (Cohens d) sogar nur 0,4 an.[532]

Einfluss auf die Teststärke haben die Effektgröße und die Stichprobengröße. Je größer diese beiden sind, desto größer ist die Teststärke. In der vorliegenden Studie kann davon ausgegangen werden, dass keine relevanten Effekte übersehen wurden. Als Grenzwert für die Effektgröße wurde mit Cohens $d < 0,2$ getestet und damit das strengere Testmaß angelegt. Und selbst für die Hypothesenprüfungen, die anhand der geringsten Stichprobenzahlen getestet wurden,[533] konnte eine ausreichende Teststärke von über 0,8 festgestellt werden.

Bei relevanten Effekten wird damit in der vorliegenden Studie in keinem Fall fälschlicherweise die Nullhypothese angenommen. Nicht-signifikante Ergebnisse der Arbeit zeigen damit, dass die Nullhypothese sich für relevante Effekte tatsächlich bewährt oder dass die Effekte so gering sind, dass daraus keine Handlungen abgeleitet werden sollten (vgl. Tabelle 8, Kap. 6.3).

Bei der Prüfung der Hypothesen zur Konzeptwahrnehmung (Aufgabe 1) werden die von den Schüler*innen produzierten Propositionen mit den Referenzpropositionen verglichen. Die Prüfung der Hypothesen zur Konzeptdifferenzierung (Aufgabe 2) erfolgt durch Auswertung der Ankreuzaufgaben zur Kontextualisierung der Referenzkonzepte. Sie werden in Zusammenhang gebracht mit den eingekreisten Referenzpropositionen. Für die Prüfung der Hypothesen zur Konzeptkoordination (Aufgabe 3) werden die schriftlichen Ant-

530 Ebd.

531 *Jacob Cohen:* Statistical Power Analysis for the Behavioral Sciences. New York 1988, S. 40.

532 *John Hattie:* Lernen sichtbar machen. Überarbeitete deutschsprachige Ausgabe von Visible Learning. Schorndorf 2014, S. 19–21.

533 Eine Teststärke über 0,8 ist für alle Effekte gegeben, denn selbst wenn für die Analyse der Referenzkonzepte, die die wenigsten Schüler*innen vorliegen hatten (»Herero«, »Reformen«), ist Cohens $w > 0,2$. Die Konventionen für die Wertbereiche sind dieselben. *Cohen:* Power. 1988, S. 227.

worten der Schüler*innen mithilfe eines Kategoriensystems erfasst und auf Grundlage der so erstellten Taxonomien quantitativ ausgewertet.

Kontextualisiert wird diese quantitative Auswertung stets anhand inhaltlicher Analysen. Mögliche strukturelle Einflüsse wurden anhand des von der Lehrkraft ausgefüllten Fragebogens erfasst.[534] Die Angaben der Schüler*innen und Lehrer*innen wurden digitalisiert. Dabei wurden zunächst die von der Lehrkraft angegebenen Strukturdaten klassenweise berücksichtigt und anschließend die Angaben der einzelnen Schüler*innen übertragen. Im Folgenden werden die Regeln zur Erfassung dieser Daten anhand des skizzierten Dreischritts vorgestellt.

6.1.1 Konzeptwahrnehmung

Die Hypothesenprüfungen zur Konzeptwahrnehmung beruhen auf der Auswertung der Antworten zu der Aufgabe, eine *Concept Map* zu erstellen, die dem eigenen Empfinden nach korrekt und vollständig ist. Hier sollten die Schüler*-innen Propositionen erstellen. Die Möglichkeiten zur Benennung ihrer Knoten und Kanten werden den Schüler*innen in einer *word bank* zur Propositionsproduktion bereitgestellt. Die Schüler*innen generierten zum einen die Referenzpropositionen der deduktiv aus den Schulbüchern gewonnenen Referenzkonzepte, zum anderen darüberhinausgehende Propositionen, die Anlass zu einer weiteren, der Auswertung vorgeschalteten induktiven Propositionsanalyse boten.

Propositionen

Die deduktiv erschlossenen Propositionen sind Referenzpropositionen aus den Referenzkonzepten. Die Referenzpropositionen der sich kulturell unterscheidenden neuralgischen Teilkonzepte ergaben sich aus der Analyse deutscher und englischer Schulbücher. Die *Concept Maps*, die dabei für jedes einzelne Schulbuch erstellt wurden, wurden vereinheitlicht, um je zu einem deutschen und einem englischen Konzept von Imperialismus zu gelangen. Die so entstandenen Propositionen sind die Referenzpropositionen des Fragebogens. Sie wurden als in den Schüler*innen-Antworten vorhanden oder nicht vorhanden erfasst. Methodisch galt es dabei, einige Sonderfälle zu berücksichtigen:

- Kanten mit zwei Pfeilen (Doppelpfeil) zählen als zwei Propositionen.
- Kanten, die zweifach beschriftet sind, zählen als zwei Propositionen.
- Sind zwei Begriffe in einen Knoten hineingeschrieben, zählt dies wie zwei Knoten.
- Knoten, die durch Kanten ohne Pfeilspitze verbunden wurden, gelten als Referenzproposition, wenn die Kantenbeschriftung ein Verb enthält, das die

534 Vgl. Anhang S. 95.

Relation eindeutig macht. Z. B. »Entdecker / zogen nach sich / Imperialismus«. Die Pluralform »zogen« klärt die intendierte Pfeilrichtung.
- Wird der zweite Knoten ohne Pfeil mit der vorhergehenden Kante zu einem Halbsatz verbunden, zählt dies als Proposition. Z. B. »Germans / fought war against / British«.
- Ein Satz, der unter Verwendung der Knoten und Kanten ohne die Form der Kästen und Pfeile steht, gilt als Proposition.

Induktiv erschlossene Propositionen gliedern sich in vier Propositionsarten. Es handelt sich dabei um synonyme, sekundäre, additive und Fehlpropositionen.[535] Bei der selbstständigen Produktion von Propositionen, die zur Überprüfung der Wahrnehmung unterschiedlicher kultureller Konzepte dient, produzierten die Schüler*innen sowohl die aus den *Concept Maps* eruierten Referenzpropositionen als auch darüberhinausgehende. Bei der Digitalisierung der Fragebögen wurden diese zusätzlichen Propositionen notiert. Eine anschließende Sichtung dieses Datenmaterials ermöglichte das induktive Erschließen weiterer für die Hypothesenprüfungen relevanter Propositionsarten. Die Propositionen, die aus den Schüler*innen-Daten ermittelt wurden und die auf den Referenzpropositionen beruhende Analyse ergänzen, lassen sich gliedern in 1) synonyme Propositionen, 2) sekundäre Propositionen, 3) additive Propositionen, 4) Fehlpropositionen.

1) Synonyme Propositionen sind Schüler*innen-Propositionen, die inhaltlich mit den Referenzpropositionen übereinstimmen. Sie werden bei den Hypothesenprüfungen als Referenzpropositionen gewertet. Beispielhaft veranschaulicht das die von einem Schüler oder einer Schülerin produzierte Proposition »Imperialismus / betrieben / europäische Großmächte«, die synonym zur Referenzproposition »europäische Großmächte / betrieben / Imperialismus« gewertet wurde.

2) Sekundäre Propositionen sind Propositionen, die von den Schüler*innen genannt und nach erneuter Einzelschulbuchprüfung, die im Anschluss an die Fragebogenerhebung als Kontrollschritt eingefügt wurde, ebenfalls in den Imperialismus-Kapiteln gefunden wurden. Sie werden bei den Hypothesenprüfungen als Referenzpropositionen gewertet. Die sekundären Propositionen sind entweder aufgrund ihres randständigen Vorkommens oder wegen wenig prägnanter Formulierungen im Schulbuch ursprünglich nicht als Referenzproposition erfasst worden. Die Referenzpropositionen gehen lediglich auf die Darstellungstexte der Schulbücher zurück. Zur Klassifizierung als sekundäre Proposition wurde auch auf die in den Quellentexten, den Bildunterschriften und allen übrigen Zusatzinformationen formulierten Inhalte zurückgegriffen. Wäh-

535 Sie werden einzeln im Anhang (S. 126–136) aufgelistet.

rend es nämlich bei der Erstellung der Referenzpropositionen darum ging, Geschichtsbilder proaktiv zu erfassen, galt es bei der Wertung als sekundäre Proposition existierende Geschichtsbilder auf Korrektheit (im Schulbuchsinne) zu prüfen.

Beispielhaft veranschaulicht dies die sekundäre Proposition »Bismarck / war / Minister«.[536] Ihr kommt in keinem Schulbuch ein bedeutungstragender Gehalt für die Erzählung des Imperialismus zu. Der Inhalt wird in nur einem deutschen Schulbuch und hier nicht im Darstellungstext, sondern in einem Quellentext, genannt. Die Aussage ist außerdem unpräzise: Ob Bismarck verstanden wird als preußischer Ministerpräsident, als Minister der auswärtigen Angelegenheiten oder gar als Kanzler des Deutschen Reiches wird nicht deutlich.

3) Additive Propositionen sind Schülerpropositionen, die in einem anderen Kapitel erzählt werden, also nicht eigentlich zum kulturellen Konzept Imperialismus gehören, aber eben auch nicht grundsätzlich »falsch« sind. Sie fanden bei der Auswertung keine Berücksichtigung, wurden also weder als Referenz- noch als Fehlproposition (als die sie ohne diese gesonderte Erhebung gezählt worden wären) gewertet. Einige Schüler*innen nutzten etwa die als Knoten und Kanten im Teilkonzept »Boxer« genannten Begriffe zur Formulierung der Proposition »Wilhelm II. / ging vor gegen / europäische Großmächte«. Ein Inhalt, der insbesondere in der Erzählung um Wilhelms Thronbesteigung relevant wird, nicht aber im Konzept »Imperialismus« und damit auch nicht im Teilkonzept »Boxer«.

4) Fehlpropositionen sind Schülerpropositionen, die über die Referenzpropositionen hinaus produziert wurden und weder als synonyme noch als sekundäre oder additive Propositionen gelten können (z. B. »Wilhelm II. / war / Bismarck«).[537]

Eine umfassende Auflistung der in den Schüler*innen-Daten gefundenen synonymen, sekundären und additiven Propositionen findet sich im Anhang.[538] Die synonymen Propositionen werden hier den jeweils entsprechenden Referenzpropositionen zugeordnet. Die sekundären und additiven Propositionen werden ebenso wie zuvor die Referenzpropositionen[539] anhand der sie im einzelnen Schulbuch widerspiegelnden Formulierungen belegt. Ein Beleg pro kulturellem Schulbuchhintergrund ist in der Regel ausreichend. Besonders unpräzise Schulbuchformulierungen werden um weitere belegende Textstellen ergänzt.

Während die Referenzpropositionen (inklusive synonymer und sekundärer Propositionen) als vorhanden oder nicht vorhanden erfasst werden, werden die

536 Vgl. Anhang S. 127.

537 *Joseph Novak/Bob Gowin:* Learning how to learn. Cambridge 1984, S. 20: »Misconceptions are usually signaled either by a linkage between two concepts that leads to a clearly false proposition or by a linkage that misses the key idea relating two or more concepts.«

538 Anhang S. 126–136.

539 Anhang S. 96–125.

Fehlpropositionen gezählt. Für die Erfassung als Fehlproposition gelten folgende Regeln:

- Kanten mit zwei Pfeilen (Doppelpfeil) zählen als zwei Propositionen.
- Kanten, die zweifach beschriftet sind, zählen als zwei Propositionen.
- Sind zwei Begriffe in einen Knoten hineingeschrieben, zählt dies wie zwei Knoten.
- Sind Kanten nicht beschriftet, zählen sie, wenn sie zwei Knoten verbinden, als Fehlproposition.
- Sind andere Knoten/Kanten verwendet worden als in der *word bank* vorgegeben, werden die diese enthaltenden Propositionen als Fehlpropositionen gezählt.
- Endet eine Proposition in einer Kante, die ein Knoten sein soll, zählt dies als Fehlproposition.
- Ist eine Kante mit einem Knoten beschriftet, zählt dies als Fehlproposition.
- Endet eine Kante in einer Kante, zählt dies als Fehlproposition.
- Sind Kanten nicht mit Pfeilen ausgestattet und verbinden zwei Kanten, zählen sie als eine Fehlproposition.

Einzelne Schülerprodukte werden nicht als Proposition erfasst. Dafür gelten folgende Regeln:

- Endet eine Kante ohne zweiten Knoten, wird keine Proposition gezählt.
- Wenn dieselbe Proposition zweimal im selben sprachlichen Rahmen produziert wurde, wird sie nur einmal gezählt.
- Ist eine Kante weder beschriftet noch mit Pfeilen ausgestattet, wird sie, auch wenn sie zwei Knoten verbindet, nicht als Proposition gezählt.

Sowohl Referenz- als auch Fehlpropositionen wurden in beiden sprachlichen Kontexten gezählt, so dass auch Übersetzungen festgestellt werden können. Dafür gelten folgende Regeln:

- Sind Kanten nicht mit Pfeilen ausgestattet und verbinden zwei Knoten, können sie nicht übersetzt werden.
- Unbeschriftete Kanten zwischen denselben Knoten in beiden Sprachen werden nicht als übersetzte Proposition gewertet.
- Wenn die Kante in nur einer Sprache einen Pfeil aufweist, kann sie nicht übersetzt werden; es sei denn, die Flexion des Verbes ermöglicht nur diese Deutung, z. B. »British-German tensions / led to / Fashoda crisis«; »Britisch-Deutsche Spannungen / führten zu / Faschoda Krise«.
- Wenn Pfeile in einem sprachlichen Rahmen in eine Richtung, im anderen in die andere zeigen, werden sie nicht übersetzt; es sei denn, es handelt sich um synonyme Propositionen.

Die Berechnungen, die zur Prüfung der Hypothesen zur Konzeptwahrnehmung durchgeführt werden, finden auf propositionaler wie auch auf konzeptueller Ebene statt.

Berechnungen
Für die Berechnungen zu Kapitel 6.3.1 werden die einzelnen von den Schüler*innen produzierten Propositionen mittels χ^2-Test untersucht. Der χ^2-Test wird gewählt, weil beide zu berücksichtigenden Variablen kategorial sind: zum einen die Unterrichtsform, zum anderen die Propositionsproduktion. Die in drei Gruppen geteilte Stichprobe (regulär, monolingual und bilingual unterrichtete Schüler*-innen) wird in Relation gesetzt zu den zwei Möglichkeiten, die es in Bezug auf die Propositionsproduktion gibt: Entweder die Proposition wird produziert oder nicht. Es ergeben sich also sechs mögliche Wertkombinationen. Diese werden daraufhin untersucht, ob die Zuordnungen zu den drei bzw. zwei Kategorien von der jeweils anderen Zuordnung abhängig sind – also z. B., ob die Schüler*innen eher bilingual (und nicht regulär oder monolingual) unterrichtet worden sind, wenn sie die Proposition produziert haben. Wenn der χ^2-Test signifikant wird (p also unter 0,05 fällt), sind die beiden Kategorien voneinander abhängig.

χ^2-Ergebnisse sind immer ungerichtet. Das bedeutet, dass ein signifikanter Unterschied etwa zwischen bilingual und monolingual unterrichteten Schüler*-innen in Bezug auf die Propositionsproduktion festgestellt werden kann, dass hierdurch aber noch nicht angezeigt wird, ob es die bilingual oder die monolingual unterrichteten Schüler*innen sind, die die Proposition signifikant häufiger produziert haben. Eine Orientierung bietet hier aber stets der Blick in die Lösungsraten selbst. Diese sind deshalb bei der Auswertung der Ergebnisse stets mit abgebildet (vgl. Tabelle 9, Tabelle 11, Tabelle 12, Tabelle 14).

Wenn Teilkonzepte verglichen werden (Hypothesen 6.3.1.2, 0, 6.3.3), werden die Konzepte ausgewählt, die für die spezifische Hypothesenprüfung relevant sind. Sie werden gleich gewertet. Das heißt, es wird zum Beispiel keine Gewichtung nach Anzahl der in ihnen enthaltenen Propositionen vorgenommen. Auch die Propositionen werden stets gleich gewertet. Das heißt, es erfolgt keine Gewichtung zwischen den Referenzpropositionen.

6.1.2 Konzeptdifferenzierung

Die Hypothesenprüfungen zur Konzeptdifferenzierung beruhen auf den Schüler*innen-Antworten zu Aufgabe 2 des Fragebogens. Nachdem den Schüler*innen hier noch einmal schriftlich erläutert wird, dass »in Schulbücher […] Konzepte Eingang [finden], auf die man sich in einer Gesellschaft einigen kann«, kreuzen sie für vier präsentierte Referenzkonzepte an, ob die ihnen dargebotenen *Concept*

Maps wohl eher in ein deutsches (1) oder in ein englisches (2) Schulbuch passen. Es ist auch möglich, bei beiden Antwortmöglichkeiten Kreuze zu setzen (3). Die Aufgabenstellung legt aber – wie die Vorstudien gezeigt haben – nahe, nur ein Kreuz zu setzen. So ist die Aufgabenstellung selbst eine *Scaffolding*-Maßnahme, die zum Differenzieren anregt. Entscheiden sich Schüler*innen dazu, beide Antwortmöglichkeiten anzukreuzen, ist das eine von der Aufgabenstellung nicht angeregte Entscheidung. Die Schüler*innen differenzieren dann aktiv und bewusst nicht.

Anschließend machen die Schüler*innen durch das Einkreisen einzelner (oder aller) Referenzpropositionen kenntlich, welche dargebotenen Sinnzusammenhänge sie zu ihrer Ankreuzentscheidung bewegt haben. Die eingekreisten Propositionen sind für die weitere Auswertung in Zahlenwerten erfasst. Gewertet werden sie nur, wenn die Einkreisung eine ganze Proposition umfasst; fehlt etwa ein Knoten, dann ist die Begründung für die Auswertung nicht mit aufgenommen.

6.1.3 Konzeptkoordination

Die Prüfung der Hypothesen zur Konzeptkoordination erfolgt aufgrund der Schüler*innen-Antworten zu Aufgabe 3 des Fragebogens. Hier werden den Schüler*innen zwei auf denselben Inhalt zielende Referenzkonzepte präsentiert, einmal in deutscher, einmal in englischer Variante (»Wilhelm II./Wilhelm II«; »Buren/Boers«). Die Schüler*innen entscheiden anhand einer Ankreuzaufgabe, ob *Concept Map A* oder *Concept Map B* »richtig« ist, oder sie kreuzen an »es kommt darauf an, ob«.

Ihre Entscheidung begründen die Schüler*innen anschließend kurz schriftlich. Die Ankreuzmöglichkeiten werden für die Datenauswertung in Zahlenwerten erfasst. Die hieran anknüpfenden schriftlich formulierten Begründungen werden wörtlich erfasst und bilden eine umfangreiche Materialgrundlage für eine qualitativ inhaltsanalytische Auswertung nach Udo Kuckartz (vgl. Kap. 6.3.3.2 und Kap. 6.3.3.3).[540] Die so qualitativ gewonnenen Daten stellen die Grundlage für die weitere quantitative Analyse zur Koordination dar.

6.2 Darstellung

Es gibt in der vorliegenden Arbeit drei Darstellungsarten, die im Folgenden genauer erklärt und anhand von Beispielabbildungen verdeutlicht werden: »Tachometer«, Balken- und Punktdiagramme sowie sogenannte Violindiagramme.

540 *Udo Kuckartz:* Qualitative Inhaltsanalyse. Methoden, Praxis, Computerunterstützung. Weinheim 2018, S. 97–160.

6.2.1 »Tachometer«

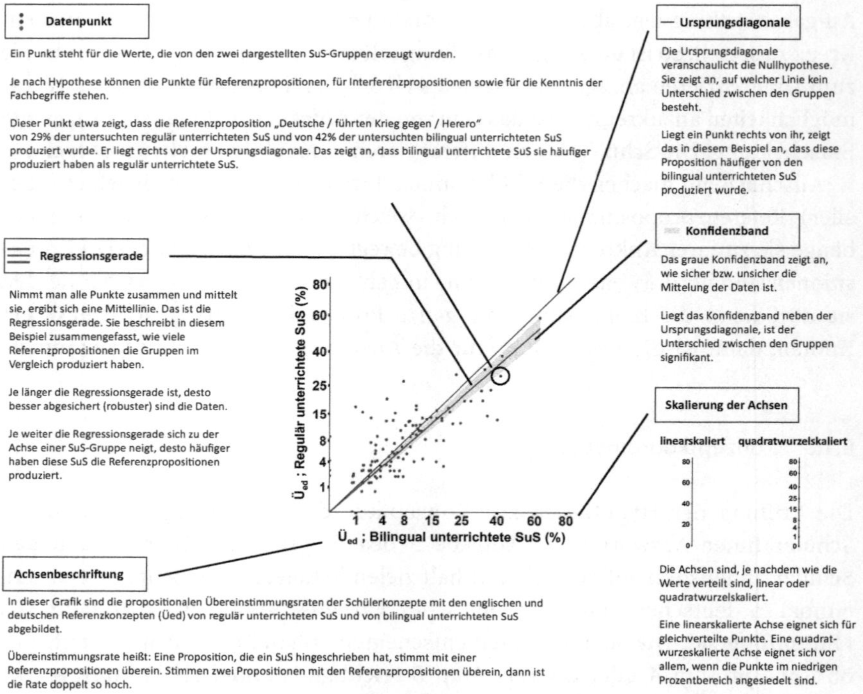

Abbildung 40: Erklärung der einzelnen Elemente in den Tachometerdarstellungen.

Für die propositionale Ergebnispräsentation zu Aufgabe 1 wurde eine einem Tachometer ähnliche Abbildungsform gewählt.[541] In diesen Abbildungen sind jeweils die Antwortraten von zwei Schüler*innen-Gruppen gegeneinander aufgetragen. Jeder Punkt entspricht einer von den Schüler*innen entsprechend der Referenzproposition produzierten Proposition. Die Verteilung der Werte liegt in der Regel im Bereich von 0–25 %. Die Achsen sind deshalb quadratwurzelskaliert, d.h. die Werte sind nicht – wie bei einer üblichen linearen Auftragung – äquidistant. Dies erlaubt die übersichtlichere Darstellung aller Punkte im Koordinatensystem, ohne die statistischen Ergebnisse zu beeinflussen. Bei gleichen Antwortraten beider verglichenen Gruppen liegt der entsprechende Punkt auf der schwarzen Diagonale im Plot. Sie beschreibt die Nullhypothese, also die Annahme, dass es keinen Unterschied zwischen den Antwortraten der Schüler*innen-Gruppen gibt. Punkte rechts unterhalb der Diagonale sind Proposi-

541 vgl. Abbildung 44, Abbildung 45, Abbildung 46, Abbildung 47, Abbildung 48, Abbildung 50, Abbildung 51, Abbildung 52.

tionen, bei denen die auf der x-Achse eingetragene Gruppe höhere Antwortraten produziert hat, Punkte links oberhalb der Diagonale stehen für Propositionen, die die Gruppe, die auf der y-Achse aufgetragen wurde, vermehrt produziert hat.

Die Regressionsgerade wurde als Gerade, die durch den Ursprung führt, angelegt. Durch diese Festlegung auf den Ursprung entsteht ein »Tachoeffekt«: Schlägt die Regressionsgerade nach unten rechts aus, hat die x-Achsen-Gruppe höhere Antwortraten erzielt, schlägt sie nach oben links aus, die y-Achsen-Gruppe. Das 95 %-Konfidenzintervall ist durch einen grauen Bereich um die Regressionsgerade veranschaulicht. Die Grenzen des grauen Bereichs zeigen also die statistische Unsicherheit zur Lage der Regressionsgeraden an. Wenn dieser graue Bereich die schwarze Diagonale nicht mehr einfasst, ist die Abweichung von ihr als signifikant zu interpretieren.

Je mehr Schüler*innen eine Proposition entsprechend der Referenzproposition produziert haben, desto weniger kann ein einziger neuer Datenpunkt das Gesamtbild ändern. Für die Darstellung heißt das: Je weiter oben rechts ein Punkt liegt, desto robuster ist das ihm zugrunde liegende Ergebnis. Die Regressionsgerade wird bis zu dem rechtesten Punkt gezeichnet, und damit zeigt die Länge der Geraden die Robustheit der zugrunde liegenden Punkte an.

Abbildung 40 zeigt die einzelnen Elemente des Tachometerdiagramms an einem Beispiel auf. Exemplarisch wird hier auf den Vergleich der regulär und bilingual unterrichteten Schüler*innen hinsichtlich ihrer Produktion der Referenzpropositionen zurückgegriffen (vgl. Kap. 6.3.1.1).

6.2.2 Balken- und Punktdiagramme

Balkendiagramme zeigen die Werte als Balken,[542] Punktdiagramme zeigen sie als Punkte[543]. Wenn Fehlerbalken dargestellt sind, zeigen sie den Standardfehler. Überlappen zwei Fehlerbalken einander, ist der Unterschied zwischen diesen beiden Werten nicht signifikant. Ob die Werte der verglichenen Gruppen sich signifikant voneinander unterscheiden, können die Fehlerbalken nicht anzeigen. Um das zu untersuchen, wird mit dem jeweils erforderlichen statistischen Test geprüft. Wo eine auf den Schüler*innen-Gruppenvergleich zielende Hypothesentestung erfolgt, werden die so ermittelten p-Werte nach den folgenden Signifikanzniveaus in den Grafiken dargestellt: signifikant: $*p < 0{,}05$, sehr signifikant: $**p < 0{,}01$, hoch signifikant: $***p < 0{,}001$.

542 Abbildung 54, Abbildung 55, Abbildung 56, Abbildung 60, Abbildung 61, Abbildung 62, Abbildung 63, Abbildung 64, Abbildung 65, Abbildung 66.

543 Abbildung 58.

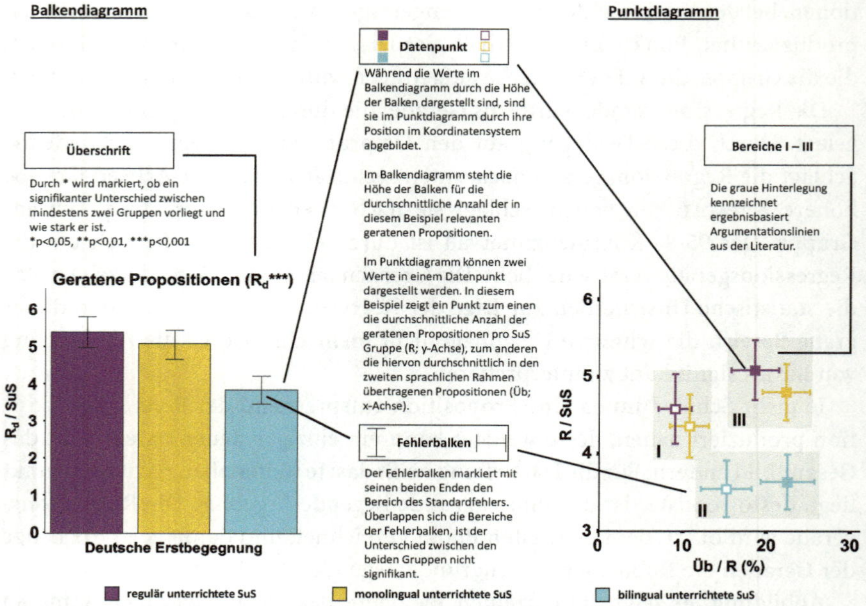

Abbildung 41: Erklärung der einzelnen Elemente in den Balken- und Punktdiagrammen.

Die in den Bildüberschriften dargestellten Signifikanzen beziehen sich auf den Vergleich von mindestens zwei Gruppen. Es ist also nicht notwendig, dass alle dargestellten Gruppen signifikant unterschiedliche Ergebnisse produziert haben, um in der Bildüberschrift Signifikanzen angeben zu können.

Die einzelnen Elemente der in dieser Arbeit genutzten Balken- und Punktdiagramme werden in Abbildung 41 noch einmal beispielhaft erläutert. Exemplarisch wurde hier auf die Untersuchung zur sogenannten »Verarbeitungstiefe« zurückgegriffen. Operationalisiert wurde sie durch die Erfassung »geratener« und hiervon dann in den zweiten sprachlichen Rahmen »übertragener« Propositionen pro Schüler*innen-Gruppe (vgl. Kap. 6.3.1.4).

6.2.3 Violindiagramme

Violindiagramme zeigen zugleich Mittelwerte als Punkte und die Häufigkeitsverteilungen der Einzelwerte als Flächen an.[544] Die Fehlerbalken der Mittelwerte geben das jeweilige Konfidenzintervall von 95 % an. Die Flächen der Violinen sind normiert und somit gleich groß. Das ermöglicht einen unmittelbaren Ver-

544 Abbildung 49.

gleich der Häufigkeitsverteilungen. Die Darstellung der ermittelten p-Werte erfolgt bei vorliegender Signifikanz analog zu der bei den Balken- und Punktdiagrammen.

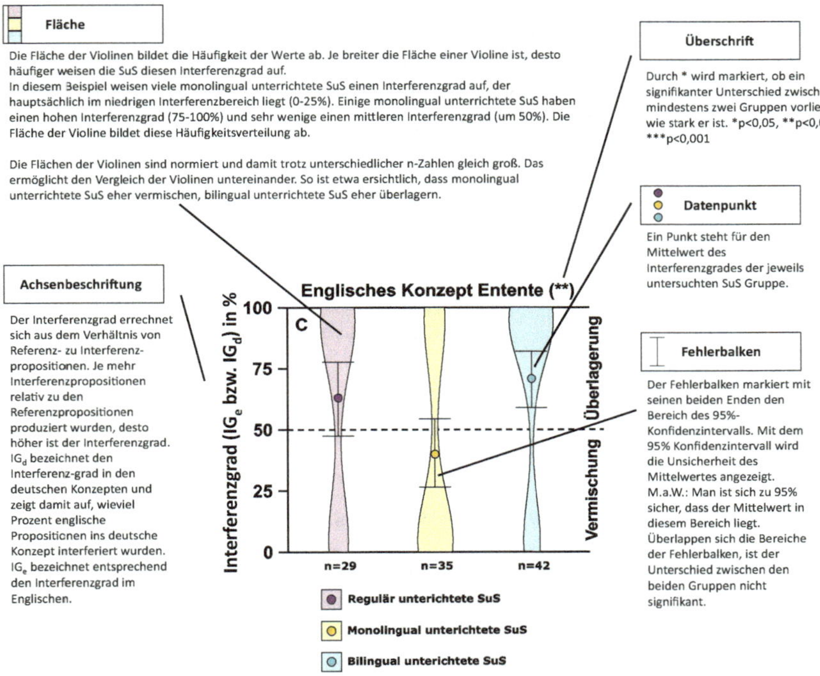

Abbildung 42: Erklärung der einzelnen Elemente in den Violindiagrammen.

Abbildung 42 zeigt die einzelnen Elemente eines solchen Violindiagramms vor dem Hintergrund der in der vorliegenden Arbeit genutzten Daten zum sogenannten »Interferenzgrad« auf. Untersucht wird hier anhand von »Interferenzpropositionen«, ob bilingual unterrichtete Schüler*innen deutsche und englische Konzepte stärker »durcheinanderbringen« als die beiden Vergleichsgruppen (vgl. Kap. 6.3.1.2).

6.3 Ergebnisse

Insgesamt prüft die vorliegende Arbeit 42 Hypothesen, die auf der Grundlage der einschlägigen Forschungsliteratur formuliert und in dieser Form für die Analyse der Studiendaten operationalisiert wurden. Die Kategorisierung der Hypothesen, die sich in ihrer Nummerierung niederschlägt, bündelt die unterschiedlichen Fragen, die an bilingualen Unterricht gestellt werden, thematisch und ermöglicht so einen geordneten Überblick und strukturierten Zugriff. Die Systematik dieser Kategorisierung legt die drei Formen des Umgangs mit Konzepten (Wahrnehmung, Differenzierung, Koordination) zugrunde, die auch schon leitend für den Aufbau des Fragebogens waren. Weitere Forschungsfragen an bilingualen Unterricht lassen sich hieran anknüpfend anhand der operationalisierten Hypothesen zu thematischen Einheiten gruppieren. Diese thematische Gruppierung wird im Folgenden auch in den strukturierenden Überschriften aufgegriffen. Beispielhaft wird die Nummerierung der Hypothesen, die diese Systematik ausdrückt, in Abbildung 43 veranschaulicht.

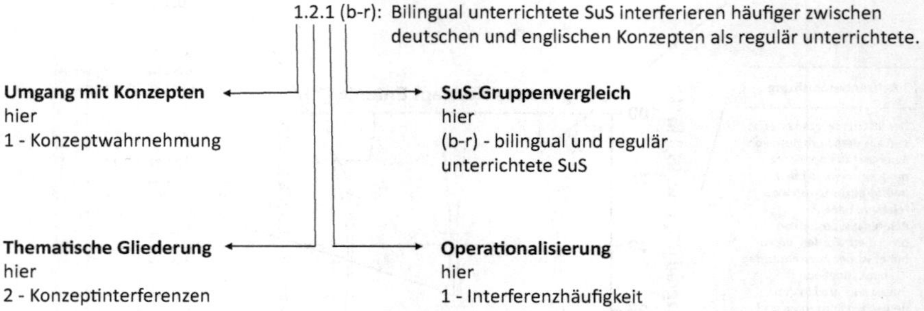

Abbildung 43: Systematik der Hypothesenkategorisierung anhand der Nummerierungen.

Viele der geprüften Hypothesen konnten bestätigt werden und zeigen so spezifische Unterschiede zwischen regulär, monolingual und bilingual unterrichteten Schüler*innen. Oft galt es aber auch, die Nullhypothese beizubehalten. Wenn die in den Daten erkennbaren Effekte auf Unterschiede zwischen den Schüler*innen-Gruppen hinweisen, erlaubt es die Studienanlage auch, die möglichen Einflussfaktoren genauer zu bestimmen. Konkret wurde hier – und das ist, wie gesagt, ein Novum in der geschichtsdidaktischen empirischen Forschung zum bilingualen Unterricht – der Einfluss eines möglichen *selection bias* durch die Aufnahme der regulär unterrichteten Schüler*innen-Gruppe als Teilstichprobe kontrolliert. Wo dem *selection bias* Wirkmacht zukommt, wird er im Folgenden als Einflussfaktor benannt. Andersherum lassen sich so auch Rückschlüsse ziehen auf einen tatsächlich durch bilingualen Unterricht induzierten Unterschied. Tabelle 8 gibt einen ersten Überblick über die untersuchten Hypothesen, die festgestellten Effekte und Ergebnisse der Hypothesenprüfungen und über die eruierten Einflussfaktoren.

Tabelle 8: Übersicht über die im Folgenden geprüften Hypothesen unter Angabe der festgestellten Effekte, der daraus abzuleitenden Ergebnisse in Bezug auf die Hypothesenprüfungen und unter Berücksichtigung der möglichen Einflussfaktoren. Die Nummerierung der Hypothesen berücksichtigt die unterschiedlichen Gruppenvergleiche. „b-r“: bilingual unterrichtete Schüler*innen versus regulär unterrichtete Schüler*innen. „b-m“: bilingual unterrichtete Schüler*innen versus monolingual unterrichtete Schüler*innen. „bg“ bilingual unterrichtete Schüler*innen mit geringem englischen Spracheinsatz versus „bm“ bilingual unterrichtete Schüler*innen mit gemäßigtem englischen Spracheinsatz versus „bh“ bilingual unterrichtete Schüler*innen mit hohem englischen Spracheinsatz.

Nr.	Hypothese	Effekt	Ergebnis	Einfluss	Kapitel
1.1.1 (b-r)	Die Übereinstimmung der Schülerkonzepte mit den englischen und deutschen Referenzkonzepten ist bei bilingual unterrichteten Schüler*innen höher als bei regulär unterrichteten.	Entsprechender Effekt	Bestätigung der Hypothese	*selection bias*	6.3.1.1.1
1.1.1 (b-m)	Die Übereinstimmung der Schülerkonzepte mit den englischen und deutschen Referenzkonzepten ist bei bilingual unterrichteten Schüler*innen höher als bei monolingual unterrichteten.	Entsprechender Effekt	Bestätigung der Hypothese	*selection bias*	6.3.1.1.1

(Fortsetzung)

Nr.	Hypothese	Effekt	Ergebnis	Einfluss	Kapitel
1.1.2 (b-r)	Die Übereinstimmung der englischen Schülerkonzepte mit den englischen Referenzkonzepten ist bei bilingual unterrichteten Schüler*innen höher als bei regulär unterrichteten.	Kein Effekt oder ein zu geringer Effekt	Beibehaltung der Nullhypothese	-	6.3.1.1.2
1.1.2 (b-m)	Die Übereinstimmung der englischen Schülerkonzepte mit den englischen Referenzkonzepten ist bei bilingual unterrichteten Schüler*innen höher als bei monolingual unterrichteten.	Kein Effekt oder ein zu geringer Effekt	Beibehaltung der Nullhypothese	-	6.3.1.1.2
1.1.3 (b-r)	Die Übereinstimmung der deutschen Schülerkonzepte mit den deutschen Referenzkonzepten ist bei regulär unterrichteten Schüler*innen höher als bei bilingual unterrichteten.	Gegensätzlicher Effekt	-	bilingualer Unterricht	6.3.1.1.3

(Fortsetzung)

Nr.	Hypothese	Effekt	Ergebnis	Einfluss	Kapitel
1.1.3 (b-m)	Die Übereinstimmung der deutschen Schülerkonzepte mit den deutschen Referenzkonzepten ist bei monolingual unterrichteten Schüler*-innen höher als bei bilingual unterrichteten.	Gegensätzlicher Effekt	-	bilingualer Unterricht	6.3.1.1.3
1.2.1 (b-r)	Bilingual unterrichtete Schüler*innen interferieren häufiger zwischen deutschen und englischen Konzepten als regulär unterrichtete.	Entsprechender Effekt	Bestätigung der Hypothese	bilingualer Unterricht	6.3.1.2.1
1.2.1 (b-m)	Bilingual unterrichtete Schüler*innen interferieren häufiger zwischen deutschen und englischen Konzepten als monolingual unterrichtete.	Entsprechender Effekt	Bestätigung der Hypothese	bilingualer Unterricht	6.3.1.2.1
1.2.2 (b-r)	Bilingual unterrichtete Schüler*innen interferieren stärker zwischen deutschen und englischen Konzepten als regulär unterrichtete.	Entsprechender Effekt	Bestätigung der Hypothese	bilingualer Unterricht	6.3.1.2.3

(Fortsetzung)

Nr.	Hypothese	Effekt	Ergebnis	Einfluss	Kapitel
1.2.2 (b-m)	Bilingual unterrichtete Schüler*innen interferieren stärker zwischen deutschen und englischen Konzepten als monolingual unterrichtete.	Entsprechender Effekt	Bestätigung der Hypothese	bilingualer Unterricht	6.3.1.2.3
1.3.1 (b-r)	Die Kenntnis der deutschen und englischen historischen Fachsprache ist bei bilingual unterrichteten Schüler*innen ausgeprägter als bei regulär unterrichteten.	Gegensätzlicher Effekt	-	bilingualer Unterricht	6.3.1.3.1
1.3.1 (b-m)	Die Kenntnis der deutschen und englischen historischen Fachsprache ist bei bilingual unterrichteten Schüler*innen ausgeprägter als bei monolingual unterrichteten.	Kein Effekt oder ein zu geringer Effekt	Beibehaltung der Nullhypothese	*selection bias*	6.3.1.3.1

(Fortsetzung)

Nr.	Hypothese	Effekt	Ergebnis	Einfluss	Kapitel
1.3.2 (b-r)	Die Kenntnis der englischen historischen Fachsprache ist bei bilingual unterrichteten Schüler*innen ausgeprägter als bei regulär unterrichteten.	Gegensätzlicher Effekt	-	bilingualer Unterricht	6.3.1.3.2
1.3.2 (b-m)	Die Kenntnis der englischen historischen Fachsprache ist bei bilingual unterrichteten Schüler*innen ausgeprägter als bei monolingual unterrichteten.	Kein Effekt oder ein zu geringer Effekt	Beibehaltung der Nullhypothese	monolingual unterrichtete Schüler*innen: *selection bias* bilingual unterrichtete Schüler*innen: bilingualer Unterricht	6.3.1.3.2
1.3.3 (b-r)	Die Kenntnis der deutschen historischen Fachsprache ist bei regulär unterrichteten Schüler*innen ausgeprägter als bei bilingual unterrichteten.	Entsprechender Effekt	Bestätigung der Hypothese	bilingualer Unterricht	6.3.1.3.3

(Fortsetzung)

Nr.	Hypothese	Effekt	Ergebnis	Einfluss	Kapitel
1.3.3 (b-m)	Die Kenntnis der deutschen historischen Fachsprache ist bei monolingual unterrichteten Schüler*innen ausgeprägter als bei bilingual unterrichteten.	Kein Effekt oder ein zu geringer Effekt	Beibehaltung der Nullhypothese	monolingual unterrichtete Schüler*innen: *selection bias* bilingual unterrichtete Schüler*innen: bilingualer Unterricht	6.3.1.3.3
1.4.1	Im Deutschen überwiegt im Vergleich zum Englischen ein ratendes Erläutern.	Entsprechender Effekt	Bestätigung der Hypothese	-	6.3.1.4.1
1.4.2	Bei englischsprachiger Erstbegegnung ist die Gedächtnisleistung profunder.	Gegensätzlicher Effekt	-	-	
1.4.3 (b-r)	Bei bilingual unterrichteten Schüler*innen ist ein ratendes Erläutern im Englischen stärker ausgeprägt als bei regulär unterrichteten.	Gegensätzlicher Effekt	-	bilingualer Unterricht	6.3.1.4.2

(Fortsetzung)

Nr.	Hypothese	Effekt	Ergebnis	Einfluss	Kapitel
1.4.3 (b-m)	Bei bilingual unterrichteten Schüler*innen ist ein ratendes Erläutern im Englischen stärker ausgeprägt als bei monolingual unterrichteten.	Gegensätzlicher Effekt	-	bilingualer Unterricht	6.3.1.4.2
1.4.4 (b-r)	Bei bilingual unterrichteten Schüler*innen ist die Gedächtnisleistung bei englischsprachiger Erstbegegnung profunder als bei regulär unterrichteten.	Entsprechender Effekt	Bestätigung der Hypothese	bilingualer Unterricht	6.3.1.4.2
1.4.4 (b-m)	Bei bilingual unterrichteten Schüler*innen ist die Gedächtnisleistung bei englischsprachiger Erstbegegnung profunder als bei monolingual unterrichteten.	Entsprechender Effekt	Bestätigung der Hypothese	bilingualer Unterricht	6.3.1.4.2
1.4.5 (b-r)	Bei bilingual unterrichteten Schüler*innen ist ein ratendes Erläutern im Deutschen geringer ausgeprägt als bei regulär unterrichteten.	Entsprechender Effekt	Bestätigung der Hypothese	bilingualer Unterricht	6.3.1.4.3

(Fortsetzung)

Nr.	Hypothese	Effekt	Ergebnis	Einfluss	Kapitel
1.4. (b-m)	Bei bilingual unterrichteten Schüler*innen ist ein ratendes Erläutern im Deutschen geringer ausgeprägt als bei monolingual unterrichteten.	Entsprechender Effekt	Bestätigung der Hypothese	bilingualer Unterricht	6.3.1.4.3
1.4.6 (b-r)	Bei bilingual unterrichteten Schüler*innen ist die Gedächtnisleistung bei deutschsprachiger Erstbegegnung profunder als bei regulär unterrichteten.	Kein Effekt oder ein zu geringer Effekt	Beibehaltung der Nullhypothese	-	6.3.1.4.3
1.4.6 (b-m)	Bei bilingual unterrichteten Schüler*innen ist die Gedächtnisleistung bei deutschsprachiger Erstbegegnung profunder als bei monolingual unterrichteten.	Kein Effekt oder ein zu geringer Effekt	Beibehaltung der Nullhypothese	-	6.3.1.4.3

(Fortsetzung)

Nr.	Hypothese	Effekt	Ergebnis	Einfluss	Kapitel
1.4.7 (bg-bm)	Bei bilingual unterrichteten Schüler*innen mit einem geringen englischen Spracheinsatz im Geschichtsunterricht ist ein ratendes Erläutern im Englischen stärker ausgeprägt als bei bilingual unterrichteten Schüler*innen mit gemäßigtem englischen Spracheinsatz.	Entsprechender Effekt	Bestätigung der Hypothese	englischer Spracheinsatz	0
1.4.7 (bm-bh)	Bei bilingual unterrichteten Schüler*innen mit einem gemäßigten englischen Spracheinsatz im Geschichtsunterricht ist ein ratendes Erläutern im Englischen geringer ausgeprägt als bei bilingual unterrichteten Schüler*innen mit hohem englischen Spracheinsatz.	Entsprechender Effekt	Bestätigung der Hypothese	englischer Spracheinsatz	0

(Fortsetzung)

Nr.	Hypothese	Effekt	Ergebnis	Einfluss	Kapitel
1.4.8 (bg-bm)	Bei bilingual unterrichteten Schüler*innen mit einem geringen englischen Spracheinsatz im Geschichtsunterricht ist die Gedächtnisleistung bei englischsprachiger Erstbegegnung marginaler als bei bilingual unterrichteten Schüler*innen mit gemäßigtem englischen Spracheinsatz.	Kein Effekt oder ein zu geringer Effekt	Beibehaltung der Nullhypothese	-	0
1.4.8 (bm-bh)	Bei bilingual unterrichteten Schüler*innen mit einem gemäßigten englischen Spracheinsatz im Geschichtsunterricht ist die Gedächtnisleistung bei englischsprachiger Erstbegegnung profunder als bei bilingual unterrichteten Schüler*innen mit hohem englischen Spracheinsatz.	Kein Effekt oder ein zu geringer Effekt	Beibehaltung der Nullhypothese	-	0

(Fortsetzung)

Nr.	Hypothese	Effekt	Ergebnis	Einfluss	Kapitel
2.1 (b-r)	Bilingual unterrichtete Schüler*innen differenzieren häufiger als regulär unterrichtete Schüler*innen.	Kein Effekt oder ein zu geringer Effekt	Beibehaltung der Nullhypothese	-	0
2.1 (b-m)	Bilingual unterrichtete Schüler*innen differenzieren häufiger als monolingual unterrichtete.	Kein Effekt oder ein zu geringer Effekt	Beibehaltung der Nullhypothese	-	0
2.2 (b-r)	Bilingual unterrichtete Schüler*innen ordnen die Referenzkonzepte häufiger korrekt dem sprachlich-kulturellen Referenzrahmen zu, aus dem sie entnommen wurden, als regulär unterrichtete.	Kein Effekt oder ein zu geringer Effekt	Beibehaltung der Nullhypothese	-	0
2.2 (b-m)	Bilingual unterrichtete Schüler*innen ordnen die Referenzkonzepte häufiger korrekt dem sprachlich-kulturellen Referenzrahmen zu, aus dem sie entnommen wurden, als monolingual unterrichtete.	Kein Effekt oder ein zu geringer Effekt	Beibehaltung der Nullhypothese	-	0

(Fortsetzung)

Nr.	Hypothese	Effekt	Ergebnis	Einfluss	Kapitel
2.3 (b-r)	Ein größerer Anteil der bilingual unterrichteten Schüler*innen differenziert begründet im Vergleich zu dem Anteil der regulär unterrichteten.	Entsprechender Effekt	Bestätigung der Hypothese	bilingualer Unterricht	0
2.3 (b-m)	Ein größerer Anteil der bilingual unterrichteten Schüler*innen differenziert begründet im Vergleich zu dem Anteil der monolingual unterrichteten.	Entsprechender Effekt	Bestätigung der Hypothese	bilingualer Unterricht	0
3.1 (b-r)	Bilingual unterrichtete Schüler*innen koordinieren häufiger erfolgreich zwischen sprachlich-kulturell gebundenen Konzepten als regulär unterrichtete.	Kein Effekt oder ein zu geringer Effekt	Beibehaltung der Nullhypothese	-	6.3.3.1
3.1 (b-m)	Bilingual unterrichtete Schüler*innen koordinieren häufiger erfolgreich zwischen sprachlich-kulturell gebundenen Konzepten als monolinguale	Kein Effekt oder ein zu geringer Effekt	Beibehaltung der Nullhypothese	-	6.3.3.1

(Fortsetzung)

Nr.	Hypothese	Effekt	Ergebnis	Einfluss	Kapitel
3.2 (b-r)	Bilingual unterrichtete Schüler*innen wählen häufiger als regulär unterrichtete die strukturelle Begründungslinie und koordinieren damit erfolgreich.	Kein Effekt oder ein zu geringer Effekt	Beibehaltung der Nullhypothese	-	6.3.3.2
3.2 (b-m)	Bilingual unterrichtete Schüler*innen wählen häufiger als monolingual unterrichtete die strukturelle Begründungslinie und koordinieren damit erfolgreich.	Kein Effekt oder ein zu geringer Effekt	Beibehaltung der Nullhypothese	-	6.3.3.2
3.3 (b-r)	Bei erfolgreicher Koordination reflektieren bilingual unterrichtete Schüler*innen häufiger kulturell als regulär unterrichtete.	Kein Effekt oder ein zu geringer Effekt	Beibehaltung der Nullhypothese	-	6.3.3.3
3.3 (b-m)	Bei erfolgreicher Koordination reflektieren bilingual unterrichtete Schüler*innen häufiger kulturell als monolingual unterrichtete.	Kein Effekt oder ein zu geringer Effekt	Beibehaltung der Nullhypothese	-	6.3.3.3

6.3.1 Konzeptwahrnehmung

»Geschichte hat es stets mit […] Alteritätserfahrung, also der Erfahrung von Andersartigkeit zu tun.«[545] Michele Barricelli führt dazu konzeptionell aus: Damit das »›Fremde‹ erkannt, kontextualisiert, relativiert wird, muss man daneben, vielleicht sogar zuerst das Eigene, also die muttersprachliche Weltsicht kennen und kategorisch fassen.«[546]

Für den bilingualen Geschichtsunterricht ist denkbar, dass bilingual unterrichtete Schüler*innen »das Eigene« und »das Fremde« besser kennen als die lediglich auf Deutsch unterrichteten. So vermutet etwa Fiona Gallagher: »The lexicon of each system is informed and enriched by knowledge of the other, leading to greater depth and breadth of […] concept mapping resources.«[547]

Einzeln betrachtet: Dass »das Fremde« eher im bilingualen als im deutschsprachigen Geschichtsunterricht angelegt wird, darüber scheint in der konzeptionellen Literatur weitgehend Einigkeit zu herrschen. So wird angenommen, dass der »bilinguale Geschichtsunterricht […] durch die Verfremdung [der Inhalte] durch die [fremde englische] Sprache […] die andere Perspektive sichtbar macht«[548]. Diese andere Perspektive könne sich z. B. dadurch zeigen, dass »die [bilingualen] Schüler […] die jeweilige Nationalgeschichte um den Blick von außen [ergänzen].«[549] Und auch erste empirische Befunde deuten darauf hin, dass bilingual unterrichtete Schüler*innen diesen »Blick von außen« ganz besonders aufweisen müssten. So gaben Schüler*innen – wie ihre Lehrkräfte – in Gruppendiskussionen an, dass im bilingualen Unterricht das »Ziel des Kennenlernens von anderen Perspektiven«[550] verfolgt werde. Angenommen wird

---

545 *Michael Sauer:* Geschichte unterrichten. Eine Einführung in die Didaktik und Methodik. Seelze 2015, S. 76.

546 *Michele Barricelli/Ulrich Schmieder:* Über Nutzen und Nachteil des bilingualen Sachfachunterrichts. Fremdsprachen- und Geschichtsdidaktik im Dialog. In: *Daniela Caspari* (Hg.): Bilingualer Unterricht macht Schule. Beiträge aus der Praxisforschung. Frankfurt a. M. 2009, S. 205–220, hier S. 209; ebenso *Bettina Alavi* (Hg.): Geschichtsunterricht in der multiethnischen Gesellschaft. Eine fachdidaktische Studie zur Modifikation des Geschichtsunterrichts aufgrund migrationsbedingter Veränderungen. Frankfurt a. M. 1998, S. 58.

547 *Fiona Gallagher/Gerry Colohan:* T(w)o and fro: using the L1 as a language teaching tool in the CLIL classroom. In: The Language Learning Journal 45, 2017, H. 4, S. 485–498, hier S. 488.

548 *Heike Rautenhaus:* Prolegomena zu einer Didaktik des bilingualen Sachfachunterrichts. Beispiel: Geschichte. In: *Gerhard Bach/Susanne Niemeier* (Hrsg.): Bilingualer Unterricht. Grundlagen, Methoden, Praxis, Perspektiven. Frankfurt a. M. 2002, S. 115–126, hier S. 118.

549 *Alexandra Sefrin:* Der bilinguale Unterricht. Herausforderung und Chance für den Geschichtsunterricht. Erfahrungen und Überlegungen aus der Praxis. In: Zeitschrift für Geschichtsdidaktik 8, 2002, S. 73–86, hier S. 77.

550 *Bettina Deutsch:* Mehrsprachigkeit durch bilingualen Unterricht? Analysen und Sichtweisen aus europäischer Bildungspolitik, Fremdsprachendidaktik und Unterrichtspraxis. Frankfurt a. M. 2016, S. 245f.

also, dass bilingual unterrichtete Schüler*innen sprachlich-kulturell »fremde« Konzepte besonders gut abbilden können.

Uneinigkeit herrscht in der einschlägigen konzeptionellen Literatur indes in der Frage, welche Rückwirkungen der bilinguale Unterricht auf »das Eigene« haben mag. Als »das Eigene« wird etwa eine in gewisser Weise als deutsch wahrgenommene Geschichtserzählung verstanden. Während zum Beispiel Barricelli und Rautenhaus – wie bereits angeklungen ist – anscheinend von einer Vermittlung sowohl des »Fremden« als auch des »Eigenen« im bilingualen Unterricht ausgehen, fürchtet etwa Wolfgang Hasberg, dass »das kulturelle Gedächtnis der Herkunftsgesellschaft« im bilingualen Geschichtsunterricht zu kurz kommen könne.[551] Wieder andere gehen ganz im Gegenteil davon aus, dass das Eigene durch die Anwendung der fremden Sprache sogar vertieft kennengelernt wird.[552]

Zusammenfassend also: In der konzeptionellen Literatur herrschen die unterschiedlichsten, untereinander konkurrierenden Vorstellungen. Angenommen wird, 1) dass der bilinguale Geschichtsunterricht ein Nebeneinander zweier gleichermaßen naheliegender Konzepte eher befördert als der rein deutschsprachige, 2) dass er das fremde – hier das im englischen Rahmen vorzufindende – Konzept näherlegt als der deutschsprachige Geschichtsunterricht und/oder 3) dass er ein im Deutschen entworfenes Konzept entweder weniger nahelegt[553] oder genauso nahelegt[554] wie oder gar näherlegt[555] als der rein deutschsprachige Geschichtsunterricht. All das gilt es – wie die Vielfalt der konzeptionellen Standpunkte verdeutlicht – empirisch zu prüfen.

6.3.1.1 Kenntnis kultureller Konzepte

Ob bilingual unterrichtete Schüler*innen »das Eigene« *und* »das Fremde« besser kennen als die deutschsprachig unterrichteten, wird in unmittelbarer Anknüpfung an die Literatur und anhand der hier ebenfalls genannten Überprüfungsfaktoren untersucht: »[...] each system is informed and enriched by knowledge

551 *Wolfgang Hasberg:* Historisches Lernen im bilingualen Geschichtsunterricht (?). In: *Andreas Bonnet/Stephan Breidbach* (Hrsg.): Didaktiken im Dialog. Konzepte des Lehrens und Wege des Lernens im bilingualen Sachfachunterricht. Frankfurt a. M. 2004, S. 221–236, hier S. 231.

552 *Stefanie Lamsfuß-Schenk:* Fremdverstehen im bilingualen Geschichtsunterricht. Eine Fallstudie. Frankfurt a. M. 2008, S. 196, S. 253f.; *Susanne Niemeier:* Bilingualismus und »bilinguale« Bildungsgänge aus kognitiv-linguistischer Sicht. In: *Gerhard Bach/Susanne Niemeier* (Hrsg.): Bilingualer Unterricht. Grundlagen, Methoden, Praxis, Perspektiven. Frankfurt a. M. 2010, S. 27–50, hier S. 46. Empirisch geprüft wird diese Annahme in der vorliegenden Arbeit anhand von Hypothesen 1.1.4.

553 *Hasberg:* Geschichtsunterricht. 2004, S. 231.

554 *Barricelli:* Dialog. 2009, S. 209; *Rautenhaus:* Prolegomena. 2010, S. 118.

555 *Lamsfuß-Schenk:* Fremdverstehen. 2008, S. 196; *Niemeier:* Bilingualismus. 2010, S. 46.

of the other, leading to greater depth and breadth of [...] concept mapping resources.«[556] Weisen also die *Concept Maps* der bilingual unterrichteten Schüler*innen im Englischen und Deutschen eine bessere Qualität auf als die der deutschsprachig unterrichteten? »Tiefe« und »Breite« der *Concept Maps* werden im Folgenden hypothesengeleitet anhand der Übereinstimmung der Schüler- mit den Referenzkonzepten geprüft. Zugrunde liegt dieser Prüfung die Frage danach, ob die Schüler*innen ein Konzept vom Imperialismus konstruieren, das eher dem im deutschen oder eher dem im englischen Referenzrahmen vorgefundenen entspricht, oder ob sie beide Erzählweisen auch selbst konstruieren.

6.3.1.1.1 Englische und deutsche Referenzkonzepte

Hypothese 1.1.1 (b-r): Die Übereinstimmung der Schülerkonzepte mit den englischen und deutschen Referenzkonzepten ist bei den befragten bilingual unterrichteten Schüler*innen höher als bei den regulär unterrichteten.

Die Hypothese bewährt sich.

Hypothese 1.1.1 (b-m): Die Übereinstimmung der Schülerkonzepte mit den englischen und deutschen Referenzkonzepten ist bei den befragten bilingual unterrichteten Schüler*innen höher als bei den monolingual unterrichteten.

Die Hypothese bewährt sich.

Referenzpropositionen konstituieren das aus den Schulbüchern ermittelte Referenzkonzept. Die Schüler*innen-Propositionen machen das Schüler*innen-Konzept aus. Zur Prüfung der Hypothesen 1.1.1 wurden die Übereinstimmungsraten von Schüler- und Referenzpropositionen im Deutschen und Englischen ermittelt ($Ü_{ed}$). Abbildung 44 zeigt diese Übereinstimmungsraten im Vergleich der drei untersuchten Schüler*innen-Gruppen.

Im Vergleich der Gruppen zeigt sich, dass die befragten bilingual unterrichteten Schüler*innen die englischen und deutschen Referenzpropositionen signifikant häufiger produzieren als die regulär (Abbildung 44A) und monolingual (Abbildung 44B) unterrichteten. Abbildung 44C weist darauf hin, dass hier ein *selection bias* vorliegen könnte.

Die Hypothesen 1.1.1 (b-r) und 1.1.1 (b-m) bewähren sich also: Die Übereinstimmung der englischen und deutschen Schülerkonzepte mit den Referenzkonzepten ist bei den bilingual unterrichteten Schüler*innen der repräsentativen Stichprobe signifikant höher als bei denen, die deutschsprachigen Geschichtsunterricht hatten – sei es im regulären, sei es im monolingualen Unterricht.

556 *Gallagher:* T(w)o. 2017, S. 488.

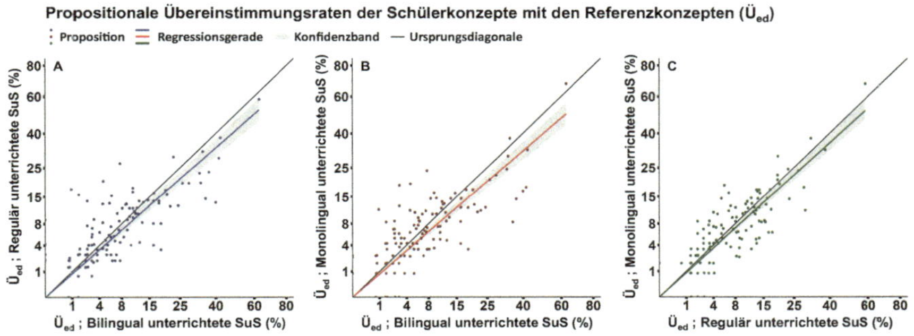

Abbildung 44: Die propositionalen Übereinstimmungsraten der Schülerkonzepte mit den englischen und deutschen Referenzkonzepten ($Ü_{ed}$) und die entsprechenden linearen Regressionsgeraden mit dem je zugehörigen Konfidenzband im Vergleich der Teilstichproben: A) Regulär unterrichtete Schüler*innen produzieren signifikant weniger Referenzpropositionen als bilingual unterrichtete. B) Monolingual unterrichtete Schüler*innen produzieren signifikant weniger Referenzpropositionen als bilingual unterrichtete. C) Monolingual unterrichtete Schüler*innen produzieren signifikant weniger Referenzpropositionen als regulär unterrichtete. Die schwarze Diagonale beschreibt als Ursprungsgerade die – hier verworfene – Nullhypothese.

Im Folgenden schließt sich eine Untersuchung der »concept mapping resources«[557] getrennt nach der Kenntnis »des Fremden« und »des Eigenen« an.[558] Hypothesengeleitet wird zunächst geprüft, ob bilingual unterrichtete Schüler*-innen tatsächlich eher über »die fremde Perspektive«, über »den Blick von außen« verfügen als deutschsprachig unterrichtete.[559]

6.3.1.1.2 Englische Referenzkonzepte

Hypothese 1.1.2 (b-r): Die Übereinstimmung der englischen Schülerkonzepte mit den englischen Referenzkonzepten ist bei den befragten bilingual unterrichteten Schüler*innen höher als bei den regulär unterrichteten.

Die Hypothese bewährt sich nicht. Die Nullhypothese wird beibehalten.

Hypothese 1.1.2 (b-m): Die Übereinstimmung der englischen Schülerkonzepte mit den englischen Referenzkonzepten ist bei den befragten bilingual unterrichteten Schüler*innen höher als bei den monolingual unterrichteten.

Die Hypothese bewährt sich nicht. Die Nullhypothese wird beibehalten.

---

557 Ebd.

558 *Barricelli:* Dialog. 2009, S. 209.

559 *Sefrin:* Unterricht. 2002, S. 77.

Für die Prüfung von Hypothesen 1.1.2 wurden – analog zur Untersuchung der Hypothesen 1.1.1 – die Übereinstimmungsraten von Schüler- und Referenzpropositionen im Englischen ermittelt ($Ü_e$).

Abbildung 45 zeigt diese Übereinstimmungsraten im Vergleich der drei untersuchten Schüler*innen-Gruppen.

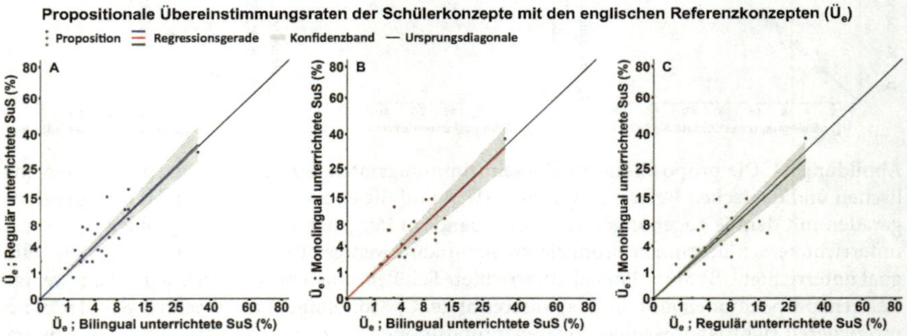

Abbildung 45: Die propositionalen Übereinstimmungraten der Schülerkonzepte mit den englischen Referenzkonzepten ($Ü_e$) und die entsprechenden linearen Regressionsgeraden mit dem je zugehörigen Konfidenzband im Vergleich der Teilstichproben: A) Regulär unterrichtete Schüler*innen produzieren vergleichbar häufig englische Referenzpropositionen wie bilingual unterrichtete. B) Monolingual unterrichtete Schüler*innen produzieren die englischen Referenzpropositionen in vergleichbarem Maße wie bilingual unterrichtete. C) Monolingual unterrichtete Schüler*innen produzieren vergleichbar erfolgreich englische Referenzpropositionen wie regulär unterrichtete. Die Regressionsgerade mit ihren Konfidenzbändern schließt die Ursprungsdiagonale ein und zeigt so die Beibehaltung der Nullhypothese an.

Abbildung 45 zeigt, dass es in der Produktion der englischen Referenzpropositionen keinen signifikanten Unterschied zwischen den drei untersuchten Gruppen gibt. Die bilingual unterrichteten Schüler*innen der Stichprobe scheinen damit englische Konzepte nicht erfolgreicher abzubilden als die befragten regulär (Abbildung 45A) oder monolingual (Abbildung 45B) unterrichteten Schüler*innen. Ein *selection bias* liegt anscheinend nicht vor (Abbildung 45C).

Die Hypothesen 1.1.2 (b-r) und 1.1.2 (b-m) bewähren sich also nicht. Die Nullhypothese wird beibehalten. Die Übereinstimmung der englischen Schülerkonzepte mit den englischen Referenzkonzepten ist bei den bilingual unterrichteten Schüler*innen nicht signifikant höher als bei den Schüler*innen, die deutschsprachigen Geschichtsunterricht hatten – sei es im regulären, sei es im monolingualen Unterricht.

6.3.1.1.3 Deutsche Referenzkonzepte

Zur zielgerichteten Hypothesenformulierung wurde für die Untersuchung der Frage danach, inwiefern bilingual unterrichtete Schüler*innen eher mehr oder weniger über »das Eigene« (hier also über ein dem ermittelten deutschen Referenzkonzept entsprechendes Konzept zum Imperialismus) verfügen, davon ausgegangen, dass bilingual unterrichtete Schüler*innen eine geringere Kenntnis der für die deutsche Erzählung als spezifisch ermittelten Sinnzusammenhänge aufweisen als deutschsprachig unterrichtete. Damit wurde Wolfgang Hasbergs These von dem Verlust des »kulturelle[n] Gedächtnis[ses] der Herkunftsgesellschaft«[560] als hypothesenleitender Ansatz gewählt. Genauso gut hätten die Hypothesen auch andersherum und damit in Anknüpfung an Stefanie Lamsfuß-Schenk formuliert werden können.[561] Die Ergebnisse geben unabhängig von der Fragerichtung zu allen drei in der konzeptionellen Literatur vorzufindenden Überlegungen – dem Verlust, dem potenziellen Gewinn und der in vergleichbarem Maße ausgeprägten Kenntnis der deutschen Konzepte – Auskunft.

Hypothese 1.1.3 (b-r): Die Übereinstimmung der deutschen Schülerkonzepte mit den deutschen Referenzkonzepten ist bei den befragten regulär unterrichteten Schüler*innen höher als bei den bilingual unterrichteten.

Die Hypothese bewährt sich nicht.

Hypothese 1.1.3 (b-m): Die Übereinstimmung der deutschen Schülerkonzepte mit den deutschen Referenzkonzepten ist bei den befragten monolingual unterrichteten Schüler*innen höher als bei bilingual unterrichteten.

Die Hypothese bewährt sich nicht.

Die Prüfung der Hypothesen 1.1.3 wurde analog zu der der Hypothesen 1.1.1 durchgeführt. Hier wurden die Übereinstimmungsraten von Schüler- und Referenzpropositionen im Deutschen ermittelt ($\ddot{U}_d$). Abbildung 46 zeigt diese Übereinstimmungsraten im Vergleich der drei untersuchten Gruppen.

Die propositionalen Übereinstimmungsraten der Schülerkonzepte mit den deutschen Referenzkonzepten unterscheiden sich bei einem Vergleich der regulär (Abbildung 46A) und monolingual (Abbildung 46B) unterrichteten Schüler*innen mit den bilingual unterrichteten Schüler*innen signifikant. Die bilingual unterrichteten Schüler*innen der Stichprobe produzieren signifikant häufiger deutsche Referenzpropositionen als die Schüler*innen beider deutschsprachig unterrichteter Vergleichsgruppen. Regulär und monolingual unterrichtete Schüler*innen bilden die Sinnzusammenhänge, die das deutsche Referenzkonzept kennzeichnen, vergleichbar ab (vgl. Abbildung 46C). Ein *selection bias* liegt hier demnach offenbar nicht vor.

So wird die Nullhypothese nicht beibehalten. Die Hypothesen 1.1.3 bewähren sich jedoch auch nicht. Stattdessen ist die Übereinstimmung der Schülerkon-

560 *Hasberg:* Geschichtsunterricht. 2004, S. 231.

561 *Lamsfuß-Schenk:* Fremdverstehen. 2008, S. 196; *Niemeier:* Bilingualismus. 2010, S. 46.

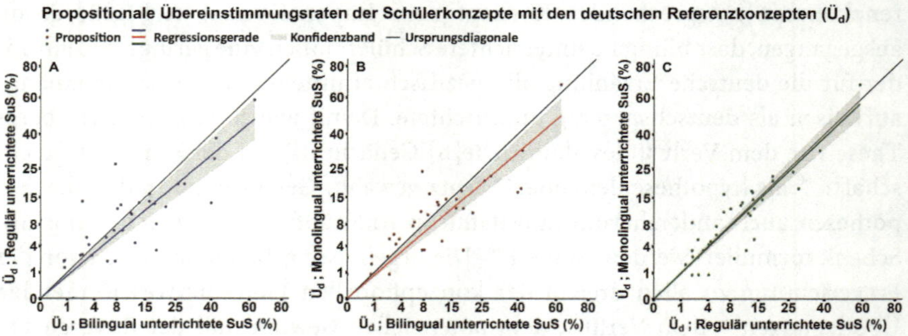

Abbildung 46: Die propositionalen Übereinstimmungraten der Schülerkonzepte mit den deutschen Referenzkonzepten ($Ü_d$) und die entsprechenden linearen Regressionsgeraden mit dem je zugehörigen Konfidenzband im Vergleich der Teilstichproben: A) Regulär unterrichtete Schüler*innen produzieren signifikant seltener deutsche Referenzpropositionen als bilingual unterrichtete. B) Monolingual unterrichtete Schüler*innen produzieren signifikant seltener deutsche Referenzpropositionen als bilingual unterrichtete. C) Monolingual unterrichtete Schüler*innen produzieren vergleichbar erfolgreich deutsche Referenzpropositionen wie regulär unterrichtete. Die schwarze Diagonale beschreibt als Ursprungsgerade die Nullhypothese, die für A und B verworfen, für C beibehalten werden kann.

zepte mit den deutschen Referenzkonzepten bei den bilingual unterrichteten Schüler*innen statistisch signifikant höher.

6.3.1.1.4 Diskussion: Kenntnis kultureller Konzepte

Die Ergebnisse zu den Hypothesen 1.1.1 belegen zunächst die Annahme aus der Literatur, dass bilingual unterrichtete Schüler*innen »das Eigene« und »das Fremde« besser kennen als die auf Deutsch unterrichteten Vergleichsgruppen.[562]

Untersucht man den Unterschied zwischen den Übereinstimmungsraten der verschiedenen Schüler*innen-Gruppen genauer und prüft ihn in Bezug auf die Kenntnis »des Eigenen« und »des Fremden« getrennt, ist jedoch erstaunlich, dass der Unterschied offenbar nicht auf einer besseren Wahrnehmung der englischen Perspektive auf Imperialismus beruht. Das erstaunt vor allem vor dem Hintergrund der in diesem Punkt recht konsensualen konzeptionellen Literatur, die davon ausgeht, dass der »bilinguale Geschichtsunterricht […] durch die Verfremdung durch die Sprache […] die andere Perspektive sichtbar macht«[563], wie auch unter Bezugnahme auf erste empirische Erkenntnisse zu den auch von Schüler*innen wahrgenommenen Intentionen der Lehrkräfte, fremde Perspektiven im bilingualen Geschichtsunterricht besonders zu akzentuieren[564]. Die Annahme, dass bilingual unterrichtete Schüler*innen sprachlich-kulturell

562 *Lamsfuß-Schenk:* Fremdverstehen. 2008, S. 196; *Niemeier:* Bilingualismus. 2010, S. 46.
563 *Rautenhaus:* Prolegomena. 2010, S. 118.
564 *Deutsch:* Mehrsprachigkeit. 2016, S. 245f.

»fremde« Konzepte besonders gut abbilden könnten, kann hier empirisch nicht bestätigt werden. Die Kenntnis der englischen Perspektive zum Imperialismus unterscheidet sich nicht signifikant in Abhängigkeit von der Frage danach, ob die Schüler*innen bilingual, regulär oder monolingual unterrichtet wurden.

Stattdessen wurde der signifikante Unterschied der propositionalen Übereinstimmungsraten durch die vermehrte Referenzpropositionsproduktion der bilingual unterrichteten Schüler*innen im Deutschen erzeugt. Offensichtlich hilft der bilinguale Unterricht den Schüler*innen dabei, das Konzept vom »Eigenen« vergleichsweise profunder auszubilden.

Die Frage, wie es dazu kommen kann, beantwortet die vorliegende Studie selbstverständlich nicht. Michele Barricelli vermutet: »Damit jedoch der produktive Umgang mit Alteritätserfahrung überhaupt möglich und also das ›Fremde‹ erkannt, kontextualisiert, relativiert wird, muss man daneben, vielleicht sogar zuerst das Eigene, also die muttersprachliche Weltsicht kennen und kategorisch fassen.«[565] Münzt man diese hermeneutischen Überlegungen entwicklungspsychologisch um, wäre vielleicht denkbar, dass die bilingual unterrichteten Schüler*innen in der 8./9. Klasse sich noch in einer Entwicklungsphase hin zu einem »produktiven Umgang mit Alteritätserfahrung« befinden. Bis zu dieser Entwicklungsstufe jedenfalls scheinen sie v. a. »das Eigene« auszuprägen – was ihnen unter den Bedingungen des bilingualen Unterrichts besser gelingt als den Schüler*innen, die ausschließlich auf Deutsch unterrichtet wurden. Wolfgang Hasbergs Sorge, dass »das kulturelle Gedächtnis der Herkunftsgesellschaft«[566] zu kurz kommen könnte, spiegelt sich in den Daten dieser Studie jedenfalls nicht wider. Stattdessen unterstützen die vorliegenden Ergebnisse womöglich die Deutung von Lamsfuß-Schenk, die annimmt, dass das Eigene durch die Anwendung der fremden Sprache vertieft kennengelernt wird.[567]

In jedem Fall können die Ergebnisse als ein Indiz dafür angesehen werden, dass den in repräsentativem Umfang befragten Schüler*innen im bilingualen Unterricht nicht spezifisch englische Sinnbildungen zum Imperialismuskonzept nahegelegt wurden, sondern dass ihnen nach dieser Unterrichtsform eine dem deutschen Referenzkonzept entsprechende Perspektive naheliegender erscheint. Ist es demnach für die Ausbildung von Fremdkonzepten gleichgültig, ob deutschsprachiger oder bilingualer Unterricht stattgefunden hat? Lernen die Schüler*innen auch im bilingualen Unterricht dasselbe, nämlich das »Eigene«, nur vertiefter als im rein deutschsprachigen?

565 *Barricelli:* Dialog. 2009, S. 209; *Alavi:* Multiethnisch. 1998, S. 58.

566 *Hasberg:* Geschichtsunterricht. 2004, S. 231.

567 *Lamsfuß-Schenk:* Fremdverstehen. 2008, S. 196; *Niemeier:* Bilingualismus. 2010, S. 46. Empirisch geprüft wird diese Annahme in der vorliegenden Arbeit anhand von Hypothesen 1.1.4.

Einen qualitativen Einblick zu diesen Fragen bietet die rein quantitative, alle Teilkonzepte übergreifende Analyse nicht. Er ergibt sich vielmehr aus der anschließenden, ebenso quantitativ wie auch inhaltlich ausgerichteten Untersuchung der einzelnen Propositionen.

Inhaltliche Analyse der signifikant unterschiedlich produzierten Referenzpropositionen
In fünf Fällen gibt es hinsichtlich ihrer Übereinstimmungsrate von Schüler- und Referenzpropositionen zwischen den drei befragten Gruppen (regulär, monolingual, bilingual unterrichtete Schüler*innen) signifikante Unterschiede (vgl. Tabelle 9).

Tabelle 9: Signifikant unterschiedliche propositionale Übereinstimmungsraten von Schüler- und primären Referenzpropositionen (Ü) der regulär, monolingual und bilingual unterrichteten Schüler*innen. Die Gruppe, deren Übereinstimmungsrate signifikant von denen der anderen abweicht, ist mit einem (+) gekennzeichnet. Der Freiheitsgrad für $\chi 2$ ist 2. *p < 0,05, **p < 0,01, ***p < 0,001.

Referenzproposition					**χ^2, p**	**N**	**Ü (%) Regulär**	**Mono-lingual**	**Bi-lingual**
Entente	1	Französisch-Deutsche Spannungen	führten zu	entente cordiale	6,9 *	397	8	12	19+
Entente	2	Britisch-Deutsche Spannungen	führten zu	entente cordiale	26,1 ***	397	3	3	19+
Boxer	3	Verträge	machten abhängig	China	6,0 *	385	12+	3	8
Herero	4	Herero	starben in	Wüste	17,7 ***	239	13	17	40+
Herero	5	Deutsche	führten Krieg gegen	Herero	10,1 **	239	29	18	42+

Die fünf signifikant unterschiedlich produzierten Propositionen stammen aus drei verschiedenen Teilkonzepten – »Entente«, »Boxer«, »Herero«. Es fällt auf, dass ausschließlich deutsche Propositionen gruppenspezifisch signifikant unterschiedlich produziert wurden, keine einzige aus dem englischen Referenzkonzept entnommene Proposition. Damit können die Überlegungen, die an eine potenziell vermehrte Produktion dieser englischen Propositionen durch bilingual unterrichtete Schüler*innen geknüpft wurden, in der vorliegenden Studie nicht nachgewiesen werden (vgl. Kap. 5.1.2).

Vier dieser fünf Propositionen sind signifikant häufiger von den bilingual unterrichteten Schüler*innen produziert worden als von den beiden Vergleichsgruppen (vgl. Tabelle 9, Propositionen 1, 2, 4, 5). Dass diese vier Propositionen alle aus der deutschen Schulbuchdarstellung stammen, kann ein Indiz dafür sein, dass im bilingualen Geschichtsunterricht, der dieser Untersuchung vorausging, deutsche Sinnzusammenhänge – womöglich in englischer Sprache – unterrichtet werden, nicht aber vermehrt englische.[568]

Die bereits bei der Auswahl des neuralgischen Teilkonzepts »Entente« angeführte Überlegung, dass im bilingualen Geschichtsunterricht internationalen Beziehungen besondere Relevanz beigemessen werden könnte, lässt sich anhand der qualitativ-inhaltlichen Auswertung der sich gruppenspezifisch signifikant unterscheidenden Übereinstimmungsraten bestätigen.[569] Die dem deutschen Referenzkonzept entnommenen Propositionen, die die bilingual unterrichteten Schüler*innen vergleichsweise häufig produzieren, sind insbesondere solche, die internationale Beziehungen zwischen einzelnen europäischen Nationalstaaten ausdrücken (vgl. Deutungsmuster 3, »Internationales«). Bilingual unterrichtete Schüler*innen weisen eine Übereinstimmungsrate von 19 % auf, regulär unterrichtete Schüler*innen produzieren nur zu 8 % und monolingual unterrichtete zu 12 % die Referenzproposition, die deutsch-französische Politik thematisiert (vgl. Tabelle 9, Proposition 1). Noch eklatanter (vgl. hoher χ^2-Wert) ist der Unterschied zwischen den Schüler*innen-Gruppen, wenn deutsch-englische Interaktion den Kern der Referenzproposition bildet (vgl. Tabelle 9, Proposition 2): Hier produzieren die befragten bilingual unterrichteten Schüler*innen die Proposition sechsmal häufiger als die beiden Vergleichsgruppen. Ein Blick auf diese Propositionen zeigt also, dass der Fokus im bilingualen Unterricht womöglich tatsächlich verstärkt auf historische Erzählungen gelegt wird, die die Interaktion zwischen Ausgangs- und Zielkultur behandeln.[570] Dafür scheinen zwei verschiedene Ursachen denkbar zu sein: Möglicherweise lässt sich diese Fokussierung auf eine Annäherung an die britische Erinnerungskultur zurückführen.[571] Möglicherweise aber ist auch allein die Tatsache dafür verantwortlich zu machen,

568 Vgl. hierzu die Ergebnisse aus Kap. 6.3.1.1. Dazu auch schon *Eva Schneider:* Von hybriden Schülerinnen und Schülern in Dritten Räumen. Rekonstruktion kultureller Bildungsprozesse im bilingualen Unterricht. Wiesbaden 2018, S. 406: »Die Befunde dieser Studie belegen so die Vermutung […], dass der bilinguale Unterricht nicht als neue Schule kultureller Bildung verstanden werden kann, da kulturelle Bildung kein Automatismus in diesem Unterricht ist.«

569 Vgl Kap. 5.1.2.1 zur »Entente«-Konzeptauswahl.

570 Vgl. Kap. 4.3.2.3.

571 Dagegen sprechen allerdings die Ergebnisse der Hypothesenprüfung 1.1.2.

dass das Kerncurriculum mit seinen Vorgaben zur Materialauswahl genau diese Fokussierung für den bilingualen Unterricht vorgibt.[572]

Es bleibt die Frage, ob aufgrund einer solchen Fokussierung bestimmte Sinnzusammenhänge im bilingualen Geschichtsunterricht weniger stark angelegt werden.[573] Mit anderen Worten: Wird anderswo gekürzt, wenn ein Schwerpunkt auf (bilaterale) internationale Themen gelegt wird? Die ergänzende Analyse der Proposition, die die regulär unterrichteten Schüler*innen im Vergleich zu den anderen beiden Gruppen besonders häufig produziert haben, gibt Hinweise (vgl. Tabelle 9, Proposition 3): Sie stammt aus dem deutschen Teilkonzept »Boxer« und qualifiziert die internationalen Beziehungen zwischen China und den Kolonialmächten: »Verträge / machten abhängig / China«. Diese Beziehungen scheinen ein weder im mono- noch im bilingualen Unterricht vergleichsweise plausibel gemachtes Themenfeld zu sein.

Zusammengenommen weisen die derart signifikant unterschiedlich produzierten Propositionen (Tabelle 9, Propositionen 1, 2, 3) also darauf hin, dass der inhaltliche Fokus im der Untersuchung vorangegangenen bilingualen Unterricht auf die Interaktion der Ausgangs- mit der Zielkultur (in diesem Fall Großbritannien) gerichtet wird, während andere (internationale) Beziehungsgeschichten tendenziell in geringerem Umfang behandelt werden.[574]

Daneben tritt ein weiterer, womöglich struktureller Unterschied zutage. Untersucht man die beiden weiteren Propositionen, die von den Gruppen signifikant unterschiedlich produziert wurden (vgl. Tabelle 9, Proposition 4, 5), fällt auf, dass die bilingual unterrichteten Schüler*innen die Täterrolle der Deutschen und die Opferrolle der Herero besonders betonen (Deutungsmuster 4, »Täter/Opfer«): »Deutsche / führten Krieg gegen / Herero«. »Herero / starben in / Wüste«.

In entschlossener Zuwendung zu dem im deutschen Geschichtsbuch verankerten monologischen Erinnern (nach dem allein die Deutschen einen Angriffskrieg gegen die Herero, die Herero aber ihrerseits einen Verteidigungskrieg gegen die Deutschen geführt haben) haben die befragten bilingual unterrichteten

---

572 Zur Übernahme des britischen Fachdiskurses durch bilingualen Unterricht: *Bärbel Diehr:* Doppelte Fachliteralität im bilingualen Unterricht. Theoretische Modelle für Forschung und Praxis. In: *Dies./Angelika Preisfeld/Lars Schmelter* (Hrsg.): Bilingualen Unterricht weiterentwickeln und erforschen. Frankfurt a. M. 2016, S. 57–84, hier S. 74; Zur Beschreibung des britischen Fachdiskurses als tendenziell bikulturell: *André Keil:* Der Erste Weltkrieg in der britischen Erinnerungskultur. In: *Monika Fenn/Christiane Kuller* (Hrsg.): Auf dem Weg zu einer transnationalen Erinnerungskultur? Schwalbach 2016, S. 97–117, hier S. 112f. Zu den Vorgaben der Kerncurricula für bilingualen Unterricht vgl. *Kultusministerkonferenz* (Hg.): Kerncurriculum für das Gymnasium Schuljahrgänge 5–10. Geschichte. Hannover 2015, S. 26.

573 *Wolfgang Hasberg:* Historisches lernen – bilingual? Vorgaben für den englischsprachigen Geschichtsunterricht kritisch gelesen. In: *Petra Bosenius* (Hg.): Der bilinguale Unterricht Englisch aus der Sicht der Fachdidaktiken. Trier 2007, S. 37–63, hier S. 54.

574 Vgl. Kap. 4.3.2.3. Entsprechende Anmerkungen und Bedenken in: *Hasberg:* Geschichtsunterricht. 2004, S. 231f.

Schüler*innen die festgeschriebene deutsche Rollenzuweisung verinnerlicht. Anders als angenommen hat in diesem Fall das Konzept der Zielsprache das der Ausgangssprache also weder ersetzt noch bereichert, sondern – überraschenderweise – verstärkt! Über die Gründe für dieses außerhalb jedes Erwartungshorizonts liegende Ergebnis lässt sich vorläufig nur spekulieren. Einerseits könnte es sein, dass die Schüler*innen – gerade vor dem Hintergrund der deutschen monolithischen Täter-/Opfererzählung ein differenzierendes, dialogisches Erinnern als durchschaubare Selbstrechtfertigung deuten und sich daher umso entschlossener der zur Verfügung stehenden Deutungsalternative zuwenden. Andererseits könnte es natürlich auch sein, dass auch der bilinguale Unterricht im Wesentlichen schlicht deutsche Konzepte vermittelt.

Unter diesen Aspekten bleiben also weitere empirische Studien mit breiterer Datenbasis notwendig.[575]

6.3.1.1.5 Fazit: Kenntnis kultureller Konzepte

Die bilingual unterrichteten Schüler*innen der hier untersuchten repräsentativen Stichprobe erzielen signifikant höhere Übereinstimmungsraten zwischen Schüler- und Referenzkonzept als die regulär und monolingual unterrichteten Schüler*innen (Hypothese 1.1.1, Abbildung 44). Das gründet auf der nachweislich profunderen Kenntnis der deutschen Referenzkonzepte (Hypothese 1.1.3, Abbildung 46). Hinsichtlich der Kenntnis englischer Konzepte gibt es keine signifikanten Gruppenunterschiede (Hypothese 1.1.2, Abbildung 45). Dass bestimmte deutsche Sinnzusammenhänge den befragten bilingual unterrichteten Schüler*innen deutlich plausibler erscheinen als den Vergleichsgruppen, kann – wie die inhaltliche Analyse der Propositionen aufzeigen konnte (vgl. Tabelle 9) – ein Hinweis auf eine bestimmte thematische Fokussierung im bilingualen Geschichtsunterricht sein.

Ob und wie »die eigene Erzählung« durch bilingualen Unterricht beeinflusst wird, wird im Folgenden durch die Prüfung der Hypothesen 1.2 spezifiziert.

6.3.1.2 Konzeptinterferenzen

Dass der Einsatz einer Fremdsprache im bilingualen Unterricht Einfluss auf die Konzepte der Schüler*innen hat, ist in der Literatur zum Thema Konsens. Manche begrüßen diesen Einfluss unter dem Stichwort der Perspektivenerweiterung: »In jüngster Zeit konnten internationale Studien […] den Nachweis erbringen, dass sich in bilingualen Sprechern bereits vorhandene Konzepte

575 *Manfred Wildhage/Edgar Otten* (Hrsg.): Praxis des bilingualen Unterrichts. Berlin 2003, S. 84; *Martin Schlutow:* Geschichte bilingual unterrichten. Didaktische Grundlagen und methodische Zugänge. Schwalbach/Ts. 2016, S. 24.

dergestalt wandeln, dass sie Merkmale der konzeptuellen Systeme der zweiten Sprache aufweisen. [...] Der Vorteil der Perspektivenerweiterung durch bilingualen Fachunterricht wäre demnach eine Funktion der sprachlich vermittelten Begegnung mit Denkweisen, die einer anderen kulturell geprägten Sichtweise entstammen.«[576] Andere stehen ebendiesem sprachlich-kulturellen Einfluss deutlich kritischer gegenüber, wie etwa Wolfgang Hasberg, der die Ansicht vertritt, dass »der zweisprachige Geschichtsunterricht in besonderer Weise die Chance zur multiperspektivischen Verflüssigung der herkunftsgeprägten Werthaltungen bietet«[577] und in diesem Zusammenhang – wie bereits angeführt – auch befürchtet, dass die im Unterricht zu leistende Einführung in »das kulturelle Gedächtnis der Herkunftsgesellschaft«[578] Schaden nehmen könne. Susanne Niemeier rät aus demselben Grund dazu, deutsche Geschichte auf Deutsch, englische Geschichte auf Englisch zu unterrichten, um Konzeptinterferenz, d. h. »die Vermischung und Überlagerung von Konzepten [zu] vermeiden«[579]. Kommt es zu Konzeptinterferenz, so vermutet Niemeier, dass es insbesondere »die zweite konzeptuelle Welt [sei, die] häufigen Interferenzen aus der ersten konzeptuellen Welt ausgesetzt« werde, »aus dem einfachen Grund, dass die erste konzeptuelle Welt schon so sehr tief verankert ist«[580].

Ob der bilinguale im Vergleich zum monolingualen Unterricht tatsächlich »in besonderer Weise die Chance« bietet, Konzepte zu »vermischen« oder zu »überlagern«, prüfen die Hypothesen 1.2. Dabei schließt sich die vorliegende Studie in der Begrifflichkeit Niemeier an, insofern sie ebenfalls mit dem Begriff der »Interferenz« bzw. mit dem von ihm abgeleiteten Verb »interferieren« arbeitet. Mangels eines ähnlich »praktischen«, kurzen, leicht verwendbaren und dennoch zutreffenden deutschen Ausdrucks wird dieses Verb jedoch in transitiver Funktion benutzt. Ich werde also im Folgenden danach fragen, ob »Schüler*innen interferieren«, sei es in der Form, dass sie zwei Konzepte vermischen, sei es in der, dass sie das eine mit dem anderen überlagern.

Die Hypothesen 1.2.1 vergleichen die Häufigkeit, mit der die drei befragten Schüler*innen-Gruppen interferieren, und qualifizieren die Interferenzrichtung (Deutsch zu Englisch oder Englisch zu Deutsch). Die Hypothesen 1.2.2 spezifizieren den Grad der Interferenz und zeigen so auf, ob und wann Konzepte vermischt oder überlagert werden.

576 *Diehr:* Fachliteralität. 2016, S. 60f.; *Monika Fenn/Christian Kuller* (Hrsg.): Auf dem Weg zur transnationalen Erinnerungskultur? Konvergenzen, Interferenzen und Differenzen der Erinnerung an den Ersten Weltkrieg im Jubiläumsjahr 2014. Schwalbach/Ts. 2016, S. 15f.

577 *Hasberg:* Geschichtsunterricht. 2004, S. 231.

578 Ebd.

579 *Niemeier:* Bilingualismus. 2010, S. 42.

580 Ebd., S. 44.

6.3.1.2.1 Interferenzhäufigkeit

Hypothese 1.2.1 (b-r): Die befragten bilingual unterrichteten Schüler*innen interferieren häufiger zwischen deutschen und englischen Konzepten als die regulär unterrichteten.

Die Hypothese bewährt sich.

Hypothese 1.2.1 (b-m): Die befragten bilingual unterrichteten Schüler*innen interferieren häufiger zwischen deutschen und englischen Konzepten als die monolingual unterrichteten.

Die Hypothese bewährt sich.

Um die Hypothesen 1.2.1 zu prüfen, wurden die Antwortraten zu den Interferenzpropositionen der regulär unterrichteten Schüler*innen und die der monolingual unterrichteten Schüler*innen mit denen der bilingual unterrichteten verglichen (Abbildung 47).

Interferenzen können nur dann auftreten, wenn überhaupt mindestens eine deutsche oder eine englische Proposition im jeweils anderen kulturellen Konzept produziert wurde. Eine spezifisch englische Referenzproposition etwa, die im Deutschen produziert wurde, ist in diesem deutschen Rahmen eine Interferenzproposition. Wenn Schüler*innen gar keine Proposition produziert haben – d. h. weder eine deutsche noch eine englische Referenz- bzw. Interferenzproposition angegeben haben –, kann keine Interferenz vorliegen. Fehlpropositionen werden nicht berücksichtigt, denn sie sind kein Indikator für eine Interferenz zwischen den sprachlich-kulturell gerahmten Konzepten. Dasselbe gilt für additive Propositionen. Gemeinsame Propositionen, solche also, die es im deutschen Konzept als deutsche und im englischen als englische gibt, können nicht interferieren.

Für die Prüfung dieser Hypothesen eignen sich vor diesem Hintergrund die Teilkonzepte »Wilhelm II.«, »Buren« und »Entente«: Bei dem Teilkonzept »Wilhelm II.« können die aus dem englischen Referenzkonzept entnommenen Propositionen ins Deutsche und die aus dem deutschen stammenden ins Englische interferiert werden. Aus dem englischen Teilkonzept »Boers« können die englischen Referenzpropositionen ins Deutsche und aus dem deutschen Teilkonzept »Entente« die deutschen propositionalen Sinnzusammenhänge ins Englische interferiert werden.[581] Der Fragebogen erfasst insgesamt 14 mögliche

581 »Entente« kann hier als Grundlage für die Ermittlung von Konzeptinterferenz herangezogen werden, weil es im Englischen durch zwei sekundäre Propositionen vorliegt (vgl. Kap. 6.1.1 und Anhang S. 133–135).

Interferenzpropositionen, davon acht, die vom Englischen ins Deutsche, und sechs, die vom Deutschen ins Englische interferiert werden können.[582]

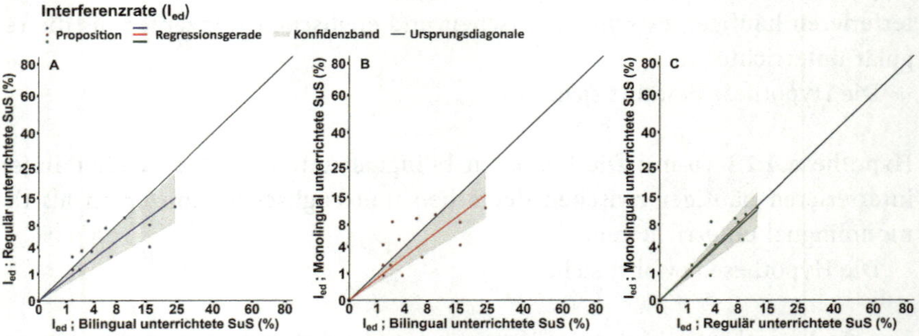

Abbildung 47: Vergleich der Interferenzraten (I_{ed}) regulär, bi- und monolingual unterrichteter Schüler*innen hinsichtlich ihrer Konzeptinterferenz und die entsprechende Regressionsgerade mit dem zugehörigen Konfidenzintervall. A) Regulär unterrichtete Schüler*innen produzieren signifikant seltener Interferenzpropositionen als bilingual unterrichtete. B) Monolingual unterrichtete Schüler*innen interferieren signifikant seltener als bilingual unterrichtete. C) Zwischen den Interferenzraten monolingual und regulär unterrichteter Schüler*innen ist kein signifikanter Unterschied festzustellen. Die schwarze Diagonale beschreibt als Ursprungsgerade die Nullhypothese, die für A und B verworfen, für C beibehalten werden kann.

Im Vergleich der Schüler*innen-Gruppen zeigt sich, dass die befragten bilingual unterrichteten Schüler*innen signifikant häufiger Interferenzpropositionen produzieren als die untersuchten regulär (Abbildung 47A) und monolingual (Abbildung 47B) unterrichteten Schüler*innen. Ein *selection bias* scheint nicht vorzuliegen (Abbildung 47C).

Die Hypothesen 1.2.1 (b-r) und 1.2.1 (b-m) bewähren sich also: Die Annahme, dass die bilingual unterrichteten Schüler*innen signifikant häufiger zwischen deutschen und englischen Konzepten interferieren als Schüler*innen, die

582 Insgesamt können acht englische und sechs deutsche Propositionen in das je andere kulturelle Referenzkonzept übertragen werden. Dann gelten sie als Interferenzpropositionen. Sie werden im Folgenden anhand der sie beinhaltenden Konzepte dargelegt. »Wilhelm II./ Wilhelm II« beinhaltet drei englische und zwei deutsche potenzielle Interferenzpropositionen. Im Englischen: »Wilhelm II / was / repressed homosexual«; »Wilhelm II / dismissed / ministers«; »Wilhelm II / related to / George V« / »George V / related to / Wilhelm II«; im Deutschen: »Wilhelm II. / entließ / Bismarck«; »Bebel / Gegner von / Wilhelm II«; Das Konzept »Buren/Boers« beinhaltet fünf potenzielle Interferenzpropositionen aus dem Englischen: »British / were / in large parts unfit for combat«; »Boers / fought a war against / British«; »Boers / deprived through / clearance programme«; »Boers / were / farmers«; »Boers / deprived through / British«; Das deutsche Konzept »Entente« beinhaltet vier potenzielle Interferenzpropositionen: »Entente cordiale / beendete / Faschoda Krise«; »Deutsch-Französische Spannungen / führten zu / entente cordiale«; »Britisch-Deutsche Spannungen / führten zu / entente cordiale«; »entente cordiale / beendete / Britisch-Französische Spannungen«.

deutschsprachigen Geschichtsunterricht hatten - sei es im regulären, sei es im monolingualen Unterricht -, trifft zu.

6.3.1.2.2 Interferenzrichtung

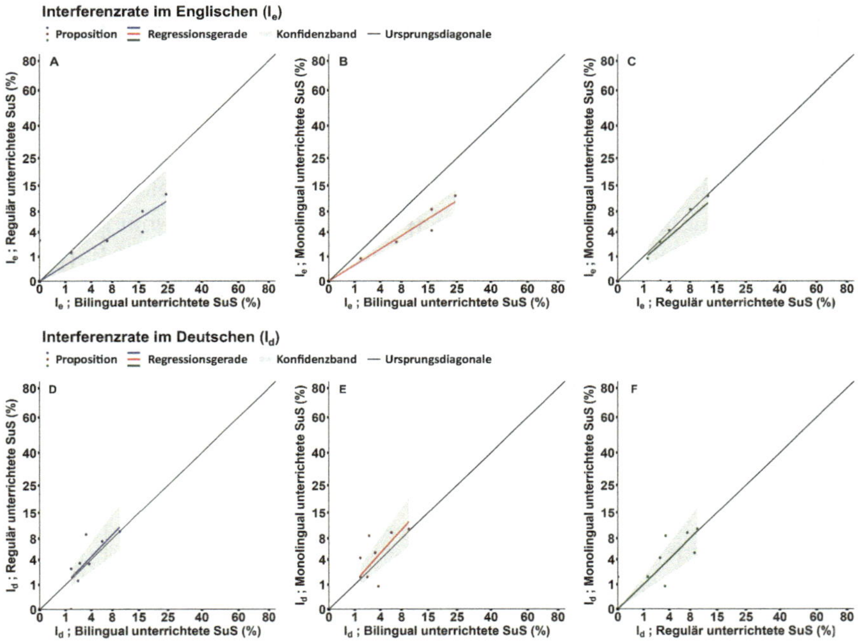

Abbildung 48: Interferenzrate im Englischen, I_e (A–C): Deutsche Interferenzpropositionen im englischen Konzept, aufgetragen im Vergleich der Interferenzraten der drei untersuchten Schüler*innen-Gruppen: A) Regulär unterrichtete Schüler*innen produzieren signifikant weniger deutsche Propositionen im Englischen als bilingual unterrichtete. B) Monolingual unterrichtete Schüler*innen produzieren signifikant seltener deutsche Propositionen im englischen Konzept als bilingual unterrichtete. C) Zwischen monolingual und regulär unterrichteten Schüler*innen ist hinsichtlich der Produktion deutscher Interferenzpropositionen kein signifikanter Unterschied feststellbar. Interferenzrate im Deutschen I_d (D–F): Englische Interferenzpropositionen im deutschen Konzept, aufgetragen im Vergleich der Interferenzraten der drei untersuchten Schüler*innen-Gruppen: Ein signifikanter Unterschied zwischen regulär und bilingual (D), monolingual und bilingual (E) und monolingual und regulär (F) unterrichteten Schüler*innen ist nicht feststellbar.

Um nun konkreter zu untersuchen, ob es insbesondere »die zweite konzeptuelle Welt [ist, die] häufigen Interferenzen aus der ersten konzeptuellen Welt ausgesetzt«[583] wird, wird die Interferenzrichtung geprüft. Es gilt anhand der Interferenzraten der drei Schüler*innen-Gruppen zu untersuchen, ob die bilingual

583 *Niemeier:* Bilingualismus. 2010, S. 44.

unterrichteten Schüler*innen der Stichprobe im Vergleich zu den regulär und monolingual unterrichteten eher aus der englischen Referenzerzählung stammende im deutschen Rahmen produzieren (I_d) und ob sie vermehrt Propositionen, die allein aus der Analyse der deutschen Schulbücher gewonnen wurden, im Englischen (I_e) produzieren. Das ist die gerichtete Interferenz.

Der Vergleich der von den Schüler*innen-Gruppen produzierten Interferenzpropositionen zeigt, dass die bilingual unterrichteten Schüler*innen der Stichprobe signifikant häufiger als die monolingual und regulär unterrichteten englische Interferenzpropositionen im Deutschen produzieren (Abbildung 48A–C). Im Englischen dagegen gibt es keinen signifikanten Unterschied zwischen den Interferenzraten der drei Gruppen (Abbildung 48D–E). Die regulär und monolingual unterrichteten Schüler*innen interferieren weder vom Deutschen ins Englische noch vom Englischen ins Deutsche unterschiedlich (Abbildung 48C, F). Die festgestellten Interferenzunterschiede im Vergleich mit den bilingual unterrichteten Schüler*innen können also auf die bilinguale Unterrichtsform zurückgeführt werden, die der Untersuchung voranging.

Es scheint also so zu sein, dass bilingual unterrichtete Schüler*innen signifikant häufiger Konzepte interferieren, und zwar – wie von Niemeier bereits vermutet – in der Art, dass »die zweite konzeptuelle Welt« häufiger Interferenzen aus der ersten ausgesetzt ist.

6.3.1.2.3 Interferenzgrad

Wie stark diese Interferenz je nach Unterrichtserfahrung ausgeprägt ist, ob also bilingual unterrichtete Schüler*innen Konzepte stärker vermischen oder überlagern als die Vergleichsgruppen, wird im Folgenden untersucht, indem die Interferenzgrade (IG) verglichen werden. Operationalisiert wird das in den Hypothesen 1.2.2 wie folgt:

Hypothese 1.2.2 (b-r): Die befragten bilingual unterrichteten Schüler*innen interferieren stärker zwischen deutschen und englischen Konzepten als die regulär unterrichteten.

Die Hypothese bewährt sich.

Hypothese 1.2.2 (b-m): Die befragten bilingual unterrichteten Schüler*innen interferieren stärker zwischen deutschen und englischen Konzepten als die monolingual unterrichteten.

Die Hypothese bewährt sich.

Für die Ermittlung eines Interferenzgrades stehen die oben beschriebenen 14 möglichen Interferenzpropositionen unter Rückbindung an insgesamt 42 primäre und sekundäre Referenzpropositionen der diese Prüfung ermöglichenden Teilkonzepte (»Wilhelm II.«, »Buren«, »Entente«) zur Verfügung.[584] Zur Auswertung der Hypothesen 1.2.2 wird der Interferenzgrad wie folgt berechnet:

$$IG_d = \frac{E}{E+D}$$

$$IG_e = \frac{D}{E+D}$$

IG_d bezeichnet den Interferenzgrad in den Konzepten, die anhand der Schulbuchanalyse als allein im deutschen Referenzrahmen vorliegend ermittelt wurden. IG_d zeigt damit auf, wieviel Prozent englische Propositionen in ein originär spezifisch im deutschen Rahmen vorzufindendes Konzept eingeflossen sind. D steht für die im deutschen Referenzkonzept ermittelten deutschen Propositionen. E steht für die im englischen Referenzkonzept ermittelten englischen Propositionen. IG_e ist entsprechend.

Die Interferenzpropositionen können zu einer Konzeptvermischung oder -überlagerung führen. Ein Konzept ist vermischt, wenn mindestens eine Proposition aus der einen kulturellen Perspektive in das Konzept der anderen kulturellen Perspektive integriert ist und es gilt als vermischt bis zu einem 50 % Anteil fremder Propositionen. Bei mehr als 50 % fremden Propositionen gilt es als überlagert. Überlagert ist ein Konzept also immer dann, wenn mehr Propositionen aus dem jeweils kulturell anderen Rahmen vorliegen. Am Beispiel des deutschen konzeptuellen Rahmens lässt sich das auf einer Skala von 0–100 % mathematisch veranschaulichen (vgl. Tabelle 10).

Tabelle 10: Der Interferenzgrad kann bemessen werden auf einer Skala von 0–100 %. Im Bereich 0–50 % gilt das Konzept als »vermischt«, von 51–100 % als »überlagert«. 1 wird dabei angenommen als geringste Propositionsproduktionsmöglichkeit. Natürlich können die Schüler*innen auch mehr Propositionen produzieren.

Deutsche Referenzproposition	0	0	1
Englische Interferenzproposition	0	1	1
Rechenergebnis	–	100 %	50 %
Wertung des Rechenergebnisses	Nichtberücksichtigung	Konzeptüberlagerung	Konzeptvermischung

Untersucht man nun die vier Teilkonzepte hinsichtlich des Interferenzgrades im Vergleich der drei Gruppen, zeigt sich das in Abbildung 49 dargestellte Ergebnis.

Das dem deutschen Referenzkonzept entnommene Teilkonzept »Buren« ist am stärksten von Interferenz betroffen (Abbildung 49A). Bei allen drei untersuchten Schüler*innen-Gruppen ist das Konzept englisch überlagert. Das englische Teilkonzept »Entente« wurde von den regulär und bilingual unterrichteten

584 Vgl. Anm. 582.

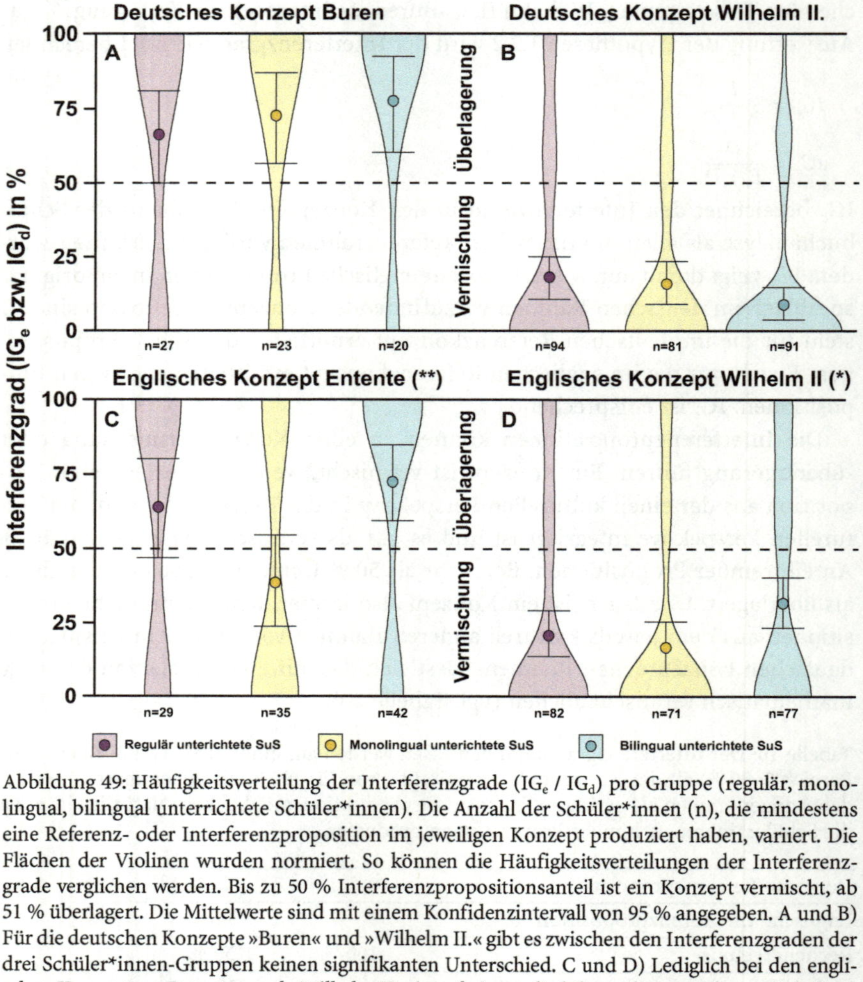

Abbildung 49: Häufigkeitsverteilung der Interferenzgrade (IG_e / IG_d) pro Gruppe (regulär, monolingual, bilingual unterrichtete Schüler*innen). Die Anzahl der Schüler*innen (n), die mindestens eine Referenz- oder Interferenzproposition im jeweiligen Konzept produziert haben, variiert. Die Flächen der Violinen wurden normiert. So können die Häufigkeitsverteilungen der Interferenzgrade verglichen werden. Bis zu 50 % Interferenzpropositionsanteil ist ein Konzept vermischt, ab 51 % überlagert. Die Mittelwerte sind mit einem Konfidenzintervall von 95 % angegeben. A und B) Für die deutschen Konzepte »Buren« und »Wilhelm II.« gibt es zwischen den Interferenzgraden der drei Schüler*innen-Gruppen keinen signifikanten Unterschied. C und D) Lediglich bei den englischen Konzepten »Entente« und »Wilhelm II.« interferieren die bilingual unterrichteten Schüler*-innen signifikant stärker als die regulär und die monolingual unterrichteten. *$p < 0,05$, **$p < 0,01$, ***$p < 0,001$.

Schüler*innen ebenfalls tendenziell überlagert, von den monolingual unterrichteten Schüler*innen stark vermischt (Abbildung 49C). Die Lage der Konfidenzintervalle gibt einen Hinweis darauf, dass der signifikante Unterschied der drei Gruppen vor allem auf einen Unterschied zwischen den befragten bilingual unterrichteten Schüler*innen einerseits und den monolingual unterrichteten Schüler*innen andererseits zurückzuführen ist. Dasselbe gilt – weniger stark ausgeprägt – für die Interferenz des englischen Konzepts »Wilhelm II«. Das Teilkonzept »Wilhelm II.« konnte sowohl im Deutschen als auch im Englischen

Interferenzen aus dem jeweils anderen sprachlich-kulturellen Konzept ausgesetzt sein. Interessanterweise ist dieses, in beiden kulturellen Rahmen unterschiedlich erzählte Konzept bei allen Schüler*innen-Gruppen am geringsten interferiert – das dann aber von den meisten Schüler*innen insgesamt (vgl. n in Abbildung 49). Alle drei Schüler*innen-Gruppen tendieren hier also am ehesten zur Anlage eines zweiten Konzepts neben dem ersten.

Signifikante Unterschiede zwischen den Interferenzgraden der drei Schüler*-innen-Gruppen treten bei den beiden Konzepten auf, die spezifisch für das englische Referenzkonzept sind. Es sind hier stets die bilingual unterrichteten Schüler*innen der Stichprobe, die anteilig signifikant mehr deutsche Propositionen produzieren als die regulär oder die monolingual unterrichteten. Zwischen den regulär und monolingual unterrichteten Schüler*innen ist kein signifikanter Unterschied in Bezug auf den Interferenzgrad feststellbar. Ein *selection bias* scheint also nicht vorzuliegen. Bei den Konzepten, die dem deutschen Referenzkonzept entnommen wurden, ergibt sich kein signifikanter Gruppenunterschied hinsichtlich des Interferenzgrades. Damit bestätigt auch die anteilige Messung der Interferenzgrade unter den Hypothesen 1.2.2, was schon die Prüfung der Interferenzhäufigkeit unter den Hypothesen 1.2.1 gezeigt hat: Die bilingual unterrichteten Schüler*innen der hier untersuchten repräsentativen Stichprobe tendieren besonders dazu, deutsche Inhalte im englischen Rahmen zu produzieren.

6.3.1.2.4 Diskussion: Konzeptinterferenzen

Diese Ergebnisse kann man nun – positiver – als »Perspektivenerweiterung«[585] oder – negativer – als »multiperspektivisch verflüssigt«[586] bewerten. Keinesfalls lässt sich bestätigen, dass »das kulturelle Gedächtnis der Herkunftsgesellschaft«[587] im bilingualen Geschichtsunterricht zu kurz käme. Wo eine solche Erweiterung/Verflüssigung greift, zeigt die inhaltliche Analyse der signifikant unterschiedlich produzierten Interferenzpropositionen.

Inhaltliche Analyse der signifikant unterschiedlich produzierten Interferenzpropositionen

Anhand der inhaltlichen Analyse der Interferenzpropositionen, die die befragten bilingual unterrichteten Schüler*innen signifikant häufiger produziert haben als die Vergleichsgruppen, können Rückschlüsse darauf gezogen werden, welche Inhalte aus der »zweiten konzeptuellen Welt« bei diesen bilingual unterrichteten Schüler*innen so viel Wirkmacht entfalten, dass sich ihre »erste konzeptuelle Welt« tendenziell vermischt oder sie gar überlagert wird. Es handelt sich hier um

585 *Diehr:* Fachliteralität. 2016, S. 60f.
586 *Hasberg:* Geschichtsunterricht. 2004, S. 231.
587 Ebd.

zwei Propositionen, eine davon stammt aus dem deutschen »Entente«-Konzept, eine aus dem deutschen Konzept »Wilhelm II.« (vgl. Tabelle 11).

Tabelle 11: Signifikant unterschiedliche Interferenzraten (I) der regulär, monolingual und bilingual unterrichteten Schüler*innen. Der Freiheitsgrad für $\chi 2$ ist 2. Die Signifikanzen sind wie folgt angegeben: *$p < 0{,}05$, **$p < 0{,}01$, ***$p < 0{,}001$. Die Interferenzrate der bilingual unterrichteten Schüler*innen weicht signifikant von denen der anderen Schüler*innen-Gruppen ab (+).

Interferenzproposition			χ^2, p	N	I (%) Regulär	Mono-lingual	Bi-lingual
Entente	1	Britisch-Deutsche Spannungen → führten zu → entente cordiale	17,0 *	397	4	4	16+
Wilhelm II.	2	Wilhelm II. → entließ → Bismarck	9,2 *	385	12	12	24+

Wie schon bei der inhaltlichen Analyse der unter Hypothese 1.1 relevant gewordenen Propositionen wurde auch hier die Proposition »Britisch-Deutsche Spannungen / führten zu / entente cordiale« von den bilingual unterrichteten Schüler*-innen der Stichprobe besonders häufig produziert. Als signifikant häufiger produzierte Interferenzproposition kann ihr sogar noch mehr Relevanz für das Imperialismuskonzept der bilingual unterrichteten Schüler*innen beigemessen werden. Sie empfinden diese Proposition offenbar als so relevant, dass sie sie nicht nur im deutschen Konzept signifikant häufiger aktivieren als die Vergleichsgruppen (vgl. Tabelle 9, Proposition 2), sondern sie produzieren sie als Interferenzproposition auch da noch signifikant häufiger, wo sie eigentlich nicht mehr hingehört – im englischen konzeptuellen Rahmen (vgl. Tabelle 11, Proposition 1). Es handelt sich hierbei wieder um eben die Proposition, die europäische Internationalität thematisiert, und zwar mit dem besonderen Fokus auf die im bilingualen Unterricht als Ausgangs- und Zielkultur erfassten Akteure (Deutungsmuster 3). Das untermauert die bereits durch Hypothesenprüfung 1.1 nahegelegte Annahme, dass es gerade die britisch-deutschen Beziehungen sind, denen im vorangegangenen bilingualen Unterricht besondere Relevanz beigemessen wurde.[588]

Auch die zweite von den hier untersuchten bilingual unterrichteten Schüler*-innen signifikant häufiger produzierte deutsche Interferenzproposition »Wilhelm / entließ / Bismarck« ist im Zuge einer inhaltlichen Analyse für die vergleichende Untersuchung des kulturellen Lernens im bilingualen Geschichtsunterricht auf-

588 Näheres zum entsprechenden Deutungsmuster in Kap. 4.3.2.3 und in Kap. 5.1.2.3.

schlussreich (vgl. Tabelle 11, Proposition 2). In ihr drückt sich die deutsche Tendenz zur strukturgeschichtlichen Darstellung aus, die der im Englischen tendenziell personalisierten Geschichtsdarstellung entgegensteht (Deutungsmuster 2). Wie in Kap. 5.1.2.3 dargelegt, wurde die Proposition »Wilhelm II. / entließ / Bismarck« als Ausdruck ebendieser deutschen Darstellungsform ausgewählt. Die Tatsache, dass bilingual unterrichtete Schüler*innen sie nun auch im englischen Rahmen besonders häufig produzieren – signifikant häufiger als die Vergleichsgruppen –, weist darauf hin, dass bilingualer Unterricht es nicht unbedingt nahelegt, »Gepflogenheiten im Fachdiskurs der Zielsprache«[589] vermehrt aufzugreifen. Vielmehr bleibt es in Bezug auf die Darstellung des Imperialismus bei diesem Teilkonzept offenbar bei den Gepflogenheiten eines deutschen Fachdiskurses.[590]

Mit Blick auf die geringe Datenbasis der vorliegenden Untersuchung in dieser qualitativen Analyse einzelner propositionaler Sinnzusammenhänge bleiben weitere empirische Studien notwendig, um den Einfluss von bilingualem Geschichtsunterricht auf die konzeptuellen Vorstellungen der Schüler*innen festzustellen; sowohl in Bezug auf die Relevanz von bilateral-internationalen Beziehungen als auch in Hinblick auf die Frage danach, ob bilingualer Unterricht strukturgeschichtliche Erklärungsmuster, wie sie für den deutschen Fachdiskurs typisch sind, beibehält oder zugunsten einer tendenziell personalisierten Darstellung hiervon abweicht.

6.3.1.2.5 Fazit: Konzeptinterferenzen

Die Untersuchung der Interferenzpropositionsproduktion zeigt, dass die bilingual unterrichteten Schüler*innen der Stichprobe signifikant häufiger interferieren als die befragten regulär oder monolingual unterrichteten Schüler*innen (Hypothesen 1.2.1; vgl. Abbildung 47). Dabei werden Sinnzusammenhänge, die die Schulbuchanalyse allein für den deutschen Rahmen aufzeigte, im englischen Rahmen produziert; die »zweite konzeptuelle Welt« wird also in besonderem Maße Interferenzen aus der ersten ausgesetzt (vgl. Abbildung 48). Konzepte, die nur in einem sprachlich-kulturellen Rahmen Interferenzen ausgesetzt sind, werden eher überlagert; Konzepte, die beidseitig interferiert werden können, werden lediglich vermischt – und das in nur sehr geringem Maße (Hypothese 1.2.2; Abbildung 49). Zusammenfassend gilt: Die bilingual unterrichteten Schüler*innen interferieren signifikant häufiger und stärker als die monolingual und regulär unterrichteten, und zwar, indem sie deutsche Propositionen im Englischen produzieren.

Susanne Niemeiers Vermutung, dass es insbesondere »die zweite konzeptuelle Welt [sei, die] häufigen Interferenzen aus der ersten konzeptuellen Welt ausge-

589 *Diehr:* Fachliteralität. 2016, S. 74.

590 Vgl. zu den typisch deutschen und typisch englischen Deutungsmustern in diesem Punkt Kap. 4.3.2.2.

setzt« werde, ist damit bestätigt. Das sei der Fall, weil »die erste konzeptuelle Welt schon so sehr tief verankert ist«.[591] Daneben erscheinen auch inhaltliche Argumente plausibel (vgl. Kap. 6.3.1.2.4). Woraus diese »tiefe Verankerung« resultiert, wird deshalb im Folgenden unter den Hypothesen 1.3 in Hinblick auf den möglichen Einfluss der Kenntnis historischer Fachbegriffe spezifisch untersucht.

6.3.1.3 Historische Fachbegriffskenntnis

Dass der Einsatz einer Fremdsprache fremde Begriffe und Konzepte zugänglich macht und so »Sachkompetenz« fördert, gilt Ana Halbach und Stephan-Alexander Ditze »inzwischen sogar als gesichert«.[592] Empirische Untersuchungen unterstützen dies: Viola Vockrodt-Scholz und Wolfgang Zydatiß ermittelten im Rahmen der DEZIBEL-Studie den Wortschatz als die effektstärkste Einzelvariable für den Zusammenhang von sprachlichen und sachfachrelevanten Kompetenzen.[593] Historische Sachkompetenz bedeutet in diesem Zusammenhang, das hinter den Begriffen stehende Konzept zu erfassen.[594] Dass der Begriffsarbeit gerade im bilingualen Unterricht eine hohe Relevanz für die Ausbildung und Verankerung von Konzepten zugesprochen wird, belegen auch die von Bettina Deutsch empirisch erhobenen Daten. »Vor allem das kontrastive Begriffslernen [wird von den Lehrkräften] als Methode angeführt, welches sich vor allem im bilingualen Unterricht besonders anböte, um anhand der Sprache unterschiedliche Konzepte und Deutungen kennenzulernen.«[595] Der im bilingualen Geschichtsunterricht vermittelte Wortschatz sei also im Ergebnis »erweitert« und »fachsprachlich differenzierter und präziser« als der im monolingualen Unterricht angelegte.[596]

591 *Niemeier:* Bilingualismus. 2010, S. 44.

592 *Ana Halbach/Stephan-Alexander Ditze* (Hrsg.): Bilingualer Sachfachunterricht CLIL im Kontext von Sprache, Kultur und Multiliteralität. Frankfurt a. M. 2009, S. 223f.

593 *Viola Vockrodt-Scholz/Wolfgang Zydatiß:* Zur Interdependenz von Englisch- und Sachfachkompetenzen im bilingualen Unterricht. Ein empirischer Beitrag zur »Schwellen-Hypothese«. In: Zeitschrift für Fremdsprachenforschung 18, 2007, H. 2, S. 209–236, hier S. 227f. Ähnlich: *Susanne Staschen-Dielmann:* Narrative Kompetenz im bilingualen Geschichtsunterricht. Didaktische Ansätze zur Förderung der schriftlichen Diskursfähigkeit. Frankfurt a. M. 2012, S. 179f.

594 *Carola Gruner:* Kompetenzorientiertes Lernen im bi-lingualen Geschichtsunterricht. In: Zeitschrift für Geschichtsdidaktik 8, 2009, S. 40–51, hier S. 47; *Carola Gruner:* Entwicklung historischer Begriffs- und Strukturierungskompetenz im bilingualen Geschichtsunterricht. Analysebeispiel aus einer empirischen Studie. In: *Saskia Handro/Bernd Schönemann* (Hrsg.): Geschichte und Sprache. Berlin 2010, S. 93–112, hier S. 102.

595 *Deutsch:* Mehrsprachigkeit. 2016, S. 245.

596 *Bärbel Kuhn:* Bilingualer Geschichtsunterricht. In: *Ulrich Mayer* (Hg.): Wörterbuch Geschichtsdidaktik. Schwalbach/Ts. 2014, S. 36.

In der Regel beziehen sich diese Bewertungen auf den englischen, zum Teil auf den bilingualen Fachwortschatz. Der Erwerb eines deutschen Fachwortschatzes im bilingualen Unterricht wird dagegen gemeinhin in Frage gestellt. Bettina Alavi berichtet von der fehlenden deutschen Fachbegriffskenntnis einer Studentin, die als Schülerin bilingual unterrichtet wurde.[597] Grund dafür sei, dass der bilinguale Unterricht in der Praxis »lange Zeit als monolingualer Fachunterricht in einer Fremdsprache verstanden« wurde[598] – und von den unterrichtenden Lehrkräften auch heute noch verstanden wird.[599] »Ob […] Transfer von in der Fremdsprache erworbenen fachlichen Kenntnissen auf die Schulsprache Deutsch ohne unterrichtliche Maßnahmen stattfindet«[600], ist für fachsprachliche Begriffe fraglich. Einleuchtend argumentiert Bärbel Diehr: »Der Fachterminus fehlt […] in der L1, sofern er nicht gezielt in den Unterricht eingebunden wird.«[601] Das besondere Potenzial bilingualen Unterrichts aber sollte sich »insbesondere im Aufbau der doppelten Fachliteralität und des bilingualen Lexikons der Lernenden zeigen«.[602] Deshalb »erscheinen der zweisprachige Erwerb von Fachkonzepten und Fachbegriffen […] besonders forschungswürdig«.[603] Die vorliegende Studie untersucht ihn im Vergleich von bilingual und deutschsprachig unterrichteten Schüler*innen.[604] Die Hypothesen werden in Rückbindung an die Literatur formuliert. Es wird also davon ausgegangen, dass bilingualer Unterricht tendenziell einen ausgeprägteren bilingualen (Hypothesen 1.3.1) und einen ausgeprägteren englischen Fachwortschatz (Hypothesen 1.3.2) begünstigt, während er für den deutschsprachigen womöglich negative Folgen hat (Hypothesen 1.3.3).

Anders als in bisherigen empirischen Studien zur Sprachkenntnis bilingual unterrichteter Schüler*innen[605] wird hier explizit die Angabe der Schüler*innen zu ihrer Kenntnis und ihre Fähigkeit zur Vernetzung historischer Fachbegriffe untersucht. »Historischer Fachwortschatz« wird definiert nach Heiner Willenberg – als Wörter, die »einen sehr speziellen, engen Ausschnitt der Welt [bezeichnen], den aber meistens sehr genau […]. Hier können wir nicht mehr vermuten, wir sollten die Bedeutung wissen. Das heißt, unsere Anstrengung

---

597 *Bettina Alavi:* Begriffsbildung im Geschichtsunterricht. In: *Uwe Uffelmann/Manfred Seidenfuß* (Hrsg.): Verstehen und Vermitteln. Idstein 2004, S. 39–61, hier S. 39.

598 *Diehr:* Fachliteralität. 2016, S. 63; *Andreas Bonnet:* Kompetenz durch Bedeutungsaushandlung. Ein integratives Modell für Bildung und sachfachliches Lernen im bilingualen Unterricht. In: *Ders./Stephan Breidbach* (Hrsg.): Konzepte des Lehrens und Wege des Lernens im bilingualen Sachfachunterricht. Frankfurt a. M. 2004, S. 114–126, hier S. 117f.

599 *Diehr:* Fachliteralität. 2016, S. 63.

600 Ebd., S. 64.

601 Ebd., S. 71.

602 Ebd., S. 61f.

603 Ebd.

604 Zum zweisprachigen Erwerb der Fachkonzepte im entsprechenden Vergleich s. Hypothesenprüfung 1.

605 Vgl. Kap. 2.3.1.

besteht darin, dieses Wort schon einmal gelernt zu haben, uns daran zu erinnern und auch eine genaue Definition in einem komplizierten, vernetzten Gebiet vortragen zu können.«[606] Die vorliegende Studie untersucht die Kenntnis der Fachsprache, die es ermöglicht, die Unterschiede zwischen dem Imperialismuskonzept im Deutschen und Englischen zu formulieren.

Um die Kenntnis historischer Fachbegriffe zu prüfen, wurden die Schüler*-innen-Antworten zu folgendem Arbeitsauftrag ausgewertet: »Kreuze die Knoten/Kanten an, die du nicht kennst.« Die Fachbegriffskenntnis ergibt sich also aus den nicht angekreuzten Knoten und Kanten. Es ist der relative Anteil der nicht angekreuzten Fachbegriffe.

6.3.1.3.1 Englische und deutsche Fachbegriffskenntnis

Hypothese 1.3.1 (b-r): Die Kenntnis der deutschen und englischen historischen Fachbegriffe ist bei den befragten bilingual unterrichteten Schüler*innen ausgeprägter als bei den regulär unterrichteten.

Die Hypothese bewährt sich nicht.

Hypothese 1.3.1 (b-m): Die Kenntnis der deutschen und englischen historischen Fachbegriffe ist bei den befragten bilingual unterrichteten Schüler*innen ausgeprägter als bei den monolingual unterrichteten.

Die Hypothese bewährt sich nicht.

Die regulär unterrichteten Schüler*innen geben an, insgesamt die meisten Fachbegriffe sowohl im Deutschen als auch im Englischen zu kennen (Abbildung 50A, C). Die Annahme, dass die bilingual unterrichteten Schüler*innen über eine ausgeprägtere bilinguale Fachsprachenkenntnis verfügen (Hypothese 1.3.1 (b-r)), wird in den vorliegenden Daten also nicht bestätigt. Das Gegenteil ist entsprechend der Schüler*innen-Selbstauskunft der Fall.

Zwischen der Kenntnis der historischen Fachbegriffe (Hypothese 1.3.1 (b-m)) der mono- und bilingual unterrichteten Schüler*innen der Stichprobe ist kein signifikanter Unterschied nachweisbar. Ein besonders ausgeprägtes »bilinguales Lexikon« bilingual unterrichteter Schüler*innen ist also auch bei diesem Vergleich empirisch nicht feststellbar (Abbildung 50B).

Der Vergleich der regulär mit den monolingual unterrichteten Schüler*innen-Antworten weist auf einen *selection bias* hin. Der Vergleich der regulär mit den

606 *Heiner Willenberg:* Wortschatz. In: *Eckhard Klieme/Bärbel Beck* (Hrsg.): Sprachliche Kompetenzen. Konzepte und Messung. DESI-Studie (Deutsch Englisch Schülerleistungen International). Weinheim 2017, S. 130–139, hier S. 132f.

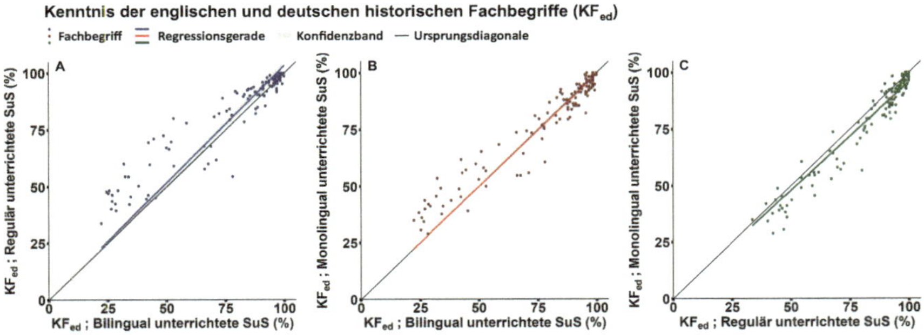

Abbildung 50: Kenntnis der englischen und deutschen historischen Fachbegriffe (KF_{ed}) und die entsprechenden linearen Regressionsgeraden mit dem je zugehörigen Konfidenzband im Vergleich der Teilstichproben: A) Regulär unterrichtete Schüler*innen geben signifikant häufiger als bilingual unterrichtete an, die englischen und deutschen Fachbegriffe zu kennen. B) Monolingual unterrichtete Schüler*innen geben vergleichbar häufig wie bilingual unterrichtete an, die englischen und deutschen Fachbegriffe zu kennen. C) Monolingual unterrichtete Schüler*innen geben signifikant seltener an, die englischen und deutschen Fachbegriffe zu kennen als regulär unterrichtete Schüler*innen. Die schwarze Diagonale beschreibt als Ursprungsgerade die Nullhypothese, die für A und C verworfen, für B beibehalten werden kann.

bilingual unterrichteten Schüler*innen-Antworten weist auf einen negativen Einfluss des bilingualen Unterrichts auf die doppelte Fachsprachenkenntnis hin.

Im Folgenden schließt sich eine Untersuchung des »bilingualen Lexikons« getrennt nach der Kenntnis der historischen Fachsprache im Englischen und im Deutschen an.

6.3.1.3.2 Englische Fachbegriffskenntnis

Hypothese 1.3.2 (b-r): Die Kenntnis der englischen historischen Fachbegriffe ist bei den befragten bilingual unterrichteten Schüler*innen ausgeprägter als bei den regulär unterrichteten.

Die Hypothese bewährt sich nicht.

Hypothese 1.3.2 (b-m): Die Kenntnis der englischen historischen Fachbegriffe ist bei den befragten bilingual unterrichteten Schüler*innen ausgeprägter als bei den monolingual unterrichteten.

Die Hypothese bewährt sich nicht.

Auch die Kenntnis der historischen Fachbegriffe im Englischen unterscheidet sich signifikant zwischen den Gruppen, allerdings nicht in der Weise, die die Literatur nahelegt und die die Hypothesenformulierung bestimmt hat. Nicht die bilingual unterrichteten Schüler*innen der Stichprobe, sondern die regulär unterrichteten geben signifikant häufiger an, die englischen Fachbegriffe zu kennen (Abbil-

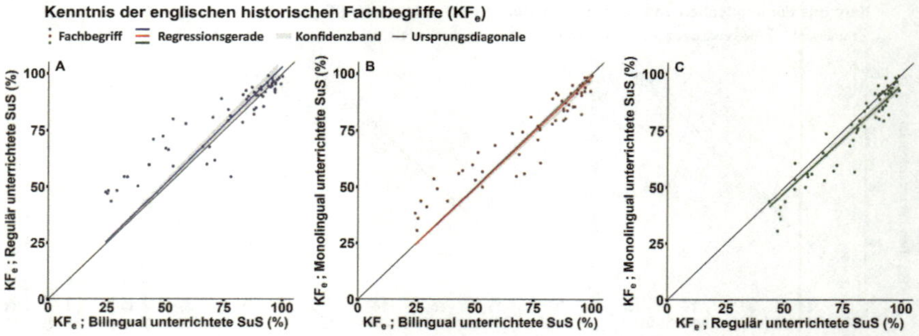

Abbildung 51: Kenntnis der englischen historischen Fachbegriffe (KF_e) und die entsprechenden linearen Regressionsgeraden mit dem je zugehörigen Konfidenzband im Vergleich der Teilstichproben: A) Regulär unterrichtete Schüler*innen geben signifikant häufiger als bilingual unterrichtete an, die englischen Fachbegriffe zu kennen. B) Monolingual unterrichtete Schüler*innen geben vergleichbar häufig wie bilingual unterrichtete an, die englischen Fachbegriffe zu kennen. C) Monolingual unterrichtete Schüler*innen geben signifikant seltener an, die englischen Fachbegriffe zu kennen als regulär unterrichtete. Die schwarze Diagonale beschreibt als Ursprungsgerade die Nullhypothese, die für A und C verworfen, für B beibehalten wird.

dung 51A). Das gilt auch für den Vergleich mit monolingual unterrichteten Schüler*innen (Abbildung 51C). Die Annahme, dass bilingual unterrichtete Schüler*-innen über eine ausgeprägtere Fachbegriffskenntnis im Englischen verfügen (Hypothesen I.3.2), widerlegen die vorliegenden – auf Selbstauskünften der Schüler*innen beruhenden – Daten.

Zwischen mono- und bilingual unterrichteten Schüler*innen ergibt sich aus den Daten kein Kenntnisunterschied (Abbildung 51B). Auch in diesem gruppenspezifischen Vergleich ist eine ausgeprägtere Kenntnis der englischen Fachsprache für die bilingual unterrichteten Schüler*innen nicht feststellbar. Damit greifen dieselben Überlegungen wie schon bei Hypothesen 1.3.2: Der Vergleich der regulär mit den monolingual unterrichteten Schüler*innen-Antworten weist darauf hin, dass die monolingual unterrichteten Schüler*innen einem *selection bias* unterliegen. Der Vergleich der Antworten der regulär mit denen der bilingual unterrichteten Schüler*innen deutet irritierenderweise auf einen negativen Effekt des bilingualen Unterrichts auf die Angabe zur englischen Fachsprachenkenntnis hin.

Erwartet wurde ein solcher Effekt explizit für die deutsche Fachsprachenkenntnis, die im Folgenden geprüft wird.

6.3.1.3.3 Deutsche Fachbegriffskenntnis

Hypothese 1.3.3 (b-r): Die Kenntnis der deutschen historischen Fachbegriffe ist bei den befragten regulär unterrichteten Schüler*innen ausgeprägter als bei den bilingual unterrichteten.

Die Hypothese bewährt sich.

Hypothese 1.3.3 (b-m): Die Kenntnis der deutschen historischen Fachbegriffe ist bei den befragten monolingual unterrichteten Schüler*innen ausgeprägter als bei den bilingual unterrichteten.

Die Hypothese bewährt sich nicht.

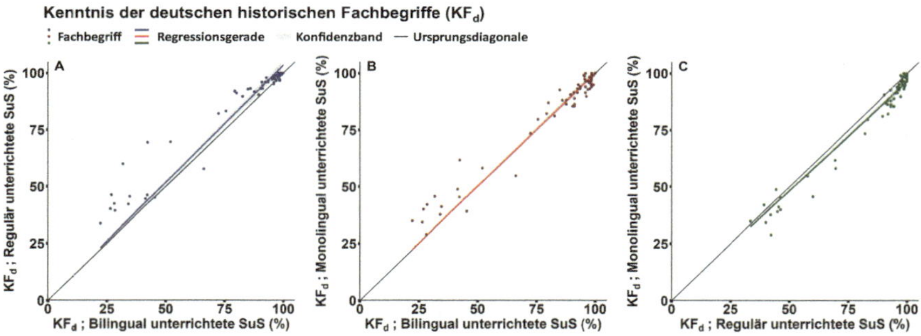

Abbildung 52: Kenntnis der deutschen historischen Fachbegriffe (KF_d) und die entsprechenden linearen Regressionsgeraden mit dem je zugehörigen Konfidenzband im Vergleich der Teilstichproben: A) Regulär unterrichtete Schüler*innen geben signifikant häufiger als bilingual unterrichtete an, die deutschen Fachbegriffe zu kennen. B) Monolingual unterrichtete Schüler*innen geben vergleichbar häufig wie bilingual unterrichtete Schüler*innen an, die deutschen Fachbegriffe zu kennen. C) Monolingual unterrichtete Schüler*innen geben signifikant seltener als regulär unterrichtete an, die englischen Fachbegriffe zu kennen. Die schwarze Diagonale beschreibt als Ursprungsgerade die Nullhypothese, die für A und C verworfen, für B beibehalten wird.

Der Vergleich der deutschen Fachbegriffskenntnis pro Gruppe zeigt, dass die regulär unterrichteten Schüler*innen angeben, vergleichsweise die meisten historischen Fachbegriffe zu kennen (Abbildung 52A, C). Kein Kenntnisunterschied zeigt sich bei dem Vergleich der Antwortraten der mono- und bilingual unterrichteten Schüler*innen (Abbildung 52B). Hypothese 1.3.3 (b-r) wurde also bestätigt, Hypothese 1.3.3 (b-m) dagegen bewährt sich nicht.

Diese Ergebnisse legen damit erneut nahe, dass die befragten monolingual unterrichteten Schüler*innen einem *selection bias* unterliegen, der die geringere Kenntnis der deutschen Fachsprache im Vergleich zu den regulär unterrichteten Schüler*innen begründet. Bilingual unterrichtete Schüler*innen könnten die

Kenntnis deutscher Fachbegriffe – wie in der Literatur vermutet und anekdotisch belegt – im bilingualen Unterricht einbüßen.

Die untersuchten regulär unterrichteten Schüler*innen geben an, die historischen Fachbegriffe im Deutschen und im Englischen vergleichsweise am besten zu kennen. Zwischen der Kenntnis historischer Fachbegriffe bi- und monolingual unterrichteter Schüler*innen ist in der Stichprobe kein signifikanter Unterschied feststellbar; weder im Deutschen, noch im Englischen.

6.3.1.3.4 Diskussion: Historische Fachbegriffskenntnis

Erklärt man die Ergebnisse der monolingual unterrichteten Schüler*innen stets mit dem Vorliegen eines *selection bias* (vgl. Abbildung 50C, Abbildung 51C, Abbildung 52C), bleibt die Frage, warum die bilingual unterrichteten Schüler*-innen in allen sprachlichen Rahmen angeben, geringere fachsprachliche Kenntnisse zu haben als die regulär unterrichteten Schüler*innen. Insbesondere für das Englische verwundert dies; zumal etwa im Rahmen der DEZIBEL-Studie mit insgesamt 164 befragten Schüler*innen zumindest für das Englische scheinbar das Gegenteil nachgewiesen wurde. »Jeder zweite Proband in den ›bilingualen Zügen‹ hat […] eine höhere lexikogrammatische Kompetenz als ein(e) Schüler(in) der gymnasialen Regelklassen.«[607] Noch mehr: Beim »Wortschatz [gebe es gar] den größten Unterschied […] überhaupt«.[608]

Zwei Erklärungen sind denkbar. Eine methodenkritische bezieht sich auf die im Fragebogen gestellte Aufgabe »Kreuze die Knoten/Kanten in der Tabelle an, die du nicht kennst.« Denkbar wäre, dass bilingual unterrichtete Schüler*innen fleißiger ankreuzen als die Vergleichsgruppen. Denkbar ist aber v.a. auch, dass die bilingual unterrichteten Schüler*innen der Stichprobe gerade wegen verstärkter Begriffsarbeit sensibilisiert für die Arbeit mit Begriffen sind und deshalb kritischer prüfen, ob sie ein Wort »kennen«. Denn »Kennen« kann hier durchaus unterschiedlich verstanden werden in einem Spektrum von »schon einmal gehört haben« bis zu »sinnvoll erklären können«. Möglicherweise gehen die bilingual unterrichteten Schüler*innen also härter mit sich ins Gericht als die deutschsprachig unterrichteten Vergleichsgruppen.

Eine andere Erklärung dafür, dass bilingual unterrichtete Schüler*innen angeben vergleichsweise wenige der genannten Begriffe zu kennen könnte darin liegen, dass die vorgegebenen Wörter historischen Fachwortschatz darstellen. In den bisherigen Studien zu einem spezifischen durch bilingualen Unterricht ausgebildeten Wortschatz, blieb dieser historische Fachwortschatz unberück-

607 *Wolfgang Zydatiß:* Deutsch-Englische Züge in Berlin (DEZIBEL). Eine Evaluation des bilingualen Sachfachunterrichts an Gymnasien. Kontext, Kompetenzen, Konsequenzen. Frankfurt a. M. 2007, S. 211.

608 Ebd., S. 209f.

sichtigt.[609] Er wurde in zwei Sprachen erstmals in der vorliegenden Studie untersucht. Der »Aufbau eines bilingualen Lexikons«[610] zum Erwerb von Fachbegriffen – wie Bärbel Diehr ihn als mögliches Ergebnis von bilingualem Unterricht skizziert hat – konnte hier empirisch nachgewiesen werden. Allerdings scheint für ein solches bilinguales Lexikon nicht der bilinguale Geschichtsunterricht einen Fachwortschatz zu vermitteln, der »erweitert«, »fachsprachlich differenzierter und präziser«[611] ist, sondern der reguläre. Diese Ergebnisse stützen die empirischen Erkenntnisse von Jochen Rehbein, der schon 1987 feststellte, dass »die Vermittlung *fachlicher* Inhalte in der Muttersprache [...] dennoch zu besserer Performanz in der Fremdsprache führen kann.«[612] »Offenbar können, wenn das Verstehen in der Muttersprache gewährleistet ist, die Sprachfähigkeiten in der zweiten Sprache freigesetzt werden, die zunächst nicht vorhanden zu sein scheinen. Die muttersprachlichen Fähigkeiten aktivieren offensichtlich latent Fähigkeiten auch in der zweiten Sprache.«[613] Was aber muss in der Muttersprache eher verstanden sein, um in der zweiten Sprache möglicherweise vergleichsweise stark freigesetzt werden zu können? Eine inhaltliche Analyse gibt im Folgenden Hinweise. Sie untersucht, welche historischen Fachbegriffe in welcher Art gruppenspezifisch signifikant unterschiedlich bekannt sind.

609 Zydatiß wählt zwar die Formulierung »Sachfachkompetenzen« und benennt Geschichte als eines der untersuchten Sachfächer (S. 273), macht aber doch deutlich, dass eine »einzelfachbezogene Leistungskontrolle« nicht konzipiert wurde, sondern »transferfähige Kompetenzen zur Grundlage einer fächerübergreifenden Leistungskontrolle« gemacht wurden (S. 274). Diese »transferfähigen Kompetenzen« erblickt er in einer sich in Unteraspekte gliedernden »Textkompetenz«. Zydatiß nennt es lieber »Diskurskompetenz« oder »sachfachbezogene Diskurskompetenz« (S. 275). Gemeint bleibt damit aber ein Textverständnis im Weitesten Sinne. Spezifisch historisch ist hieran nichts. Zum selben Ergebnis kommt *Elke Müller-Schneck:* Chancen und Probleme eines bilingualen deutsch-englischen Geschichtsunterrichts an Gymnasien in Nordrhein-Westfalen. In: Geschichte, Politik und ihre Didaktik 28, 2000, H. 1/2, S. 41–46. Der bilinguale Geschichtsunterricht erweitere, so gaben die von ihr befragten Lehrkräfte an, den kommunikativen Wortschatz. Eine fachsprachliche Differenzierung aber entwickele er nur mäßig. Dazu: *Wolfgang Hasberg:* Bilingualer Geschichtsunterricht und historisches Lernen. Möglichkeiten und Grenzen. In: Internationale Schulbuchforschung 26, 2004, H. 2, S. 119–139, hier S. 129.

610 *Diehr:* Fachliteralität. 2016, S. 61f.

611 *Kuhn:* Geschichtsunterricht. 2009, S. 36.

612 So interpretiert in: *Claudia Bohrmann-Linde:* Auf dem Weg zu einer Fachdidaktik Bilingualer Chemieunterricht. In: *Bärbel Diehr/Lars Schmelter* (Hrsg.): Bilingualen Unterricht weiterdenken. Programme, Positionen, Perspektiven. Frankfurt a. M. 2012, S. 183–200, hier S. 187. Hervorhebung CL.

613 *Jochen Rehbein:* Diskurs und Verstehen. Zur Rolle der Muttersprache bei der Textverarbeitung in der Zweitsprache. In: *Ernst Apeltauer* (Hg.): Gesteuerter Zweitsprachenerwerb. München 1987, S. 113–172, hier S. 165.

Inhaltliche Analyse der Kenntnis historischer Fachbegriffe

Anhand der vier Deutungsmuster, die die inhaltliche Analyse strukturieren (1) »Prozess versus Statik«; (2) »Strukturgeschichte versus Personalisierung«; (3) »Internationales/Multilateralität versus Bilateralität«; (4) »Täter/Opfer versus Sieger/Verlierer«, lassen sich die signifikant unterschiedlich produzierten historischen Fachbegriffe näher untersuchen.[614] Die statistisch signifikanten Testergebnisse veranschaulicht Tabelle 12.

Für die meisten deutschen (vier von sechs: Tabelle 12, Begriffe 1, 3, 4, 6) und die meisten englischen (sieben von neun: Tabelle 12, Begriffe 7, 8, 10, 11, 12, 14, 15) Fachbegriffe geben die bilingual unterrichteten Schüler*innen im Vergleich am seltensten an, den Begriff zu kennen. Am häufigsten geben die regulär unterrichteten Schüler*innen an, die Fachbegriffe beider sprachlich-kultureller Rahmen zu kennen (vgl. Tabelle 12, Begriffe 1, 2, 3, 5, 6, 7, 8, 9, 10, 11, 12, 14, 15).

Tabelle 12: Signifikant unterschiedliche Kenntnis der historischen Fachbegriffe (KF) im Vergleich der regulär, monolingual und bilingual unterrichteten Schüler*innen pro Teilkonzept. Die Teilkonzepte sind für den sprachlich-kulturellen Rahmen (D – Deutsch/E – Englisch) angegeben, in dem die Fachbegriffskenntis sich gruppenspezifisch signifikant unterscheidet. Der Freiheitsgrad für $\chi 2$ ist 2. *p < 0,05, **p < 0,01, ***p < 0,001. Die graue Hinterlegung spiegelt die Rangfolge der Kenntnisraten wider.

					KF (%)		
Teilkonzept, D/E		**Historischer Fachbegriff**	**χ^2, p**	**N**	**Regulär**	**Mono-lingual**	**Bi-lingual**
Boxer, D	1	Boxer	9,0 *	385	70	58	52
	2	Wilhelm II.	6,2 *	385	94	86	91
Buren, D	3	Buren	8,0 *	402	42	29	28
Entdecker, D	4	Disraeli	6,0 *	402	34	35	22
	5	Kaufleute	6,8 *	402	99	93	98
Entente, D	6	Faschoda Krise	11,3 **	397	46	40	27
Jingoism, E	7	Jingoism	14,6 ***	383	48	36	26
	8	music hall song	19,0 ***	383	71	57	45
	9	resulted from	9,3 **	402	92	79	84
Boers, E	10	Boers	16,1 ***	402	47	30	25
	11	clearance programme	8,5 **	402	60	56	43
	12	deprived through	8,2 **	402	66	65	51
	13	fought a war against	7,5 *	402	95	92	99
Reforms, E	14	Crimean war	14,7 ***	232	80	57	53
Wilhelm II, E	15	repressed homosexual	11,6 **	385	78	68	58

Diese auf die Fachbegriffe fokussierten gruppenspezifischen Unterschiede lassen sich für den Vergleich der regulär und monolingual unterrichteten Schüler*-

614 Distraktoren und Residuen (vgl. Kap. 5.1.3.2 und 5.1.3.3) wurden hier nicht berücksichtigt.

innen anhand eines möglichen *selection bias* erklären. Wie bereits bei der quantitativen Analyse stellt sich aber auch hier die Frage, warum die bilingual unterrichteten Schüler*innen eine derart geringe Kenntnis der historischen Fachbegriffe in beiden sprachlich-kulturellen Rahmen angeben. Das erstaunt hier insbesondere, da die eklatantesten Gruppenunterschiede ($p < 0{,}001$) stets im englischen Rahmen vorliegen und zwar in der Weise, dass die bilingual unterrichteten Schüler*innen angeben, die englischen Fachbegriffe am seltensten zu kennen. Die regulär unterrichteten geben an, sie am häufigsten zu kennen (Tabelle 12, Begriffe 7, 8, 10, 14). Inhaltliche Stringenz zu ermitteln, scheint kaum möglich. Es ist offenbar nicht so, als ließen sich alle den bilingual unterrichteten Schüler*innen besonders unbekannten Fachbegriffe einem oder zwei für die inhaltliche Analyse identifizierten Deutungsmustern zuordnen.[615] Damit fällt es schwer, das sich hier im fachsprachlichen Vergleich der Gruppen von den bilingual unterrichteten Schüler*innen angegebene Defizit zur Fachbegriffskenntnis auf einen konkreten inhaltlichen Schwerpunkt zurückzuführen oder zu begrenzen. Festzuhalten bleibt: Die bilingual unterrichteten Schüler*innen geben im Schüler*innen-Gruppenvergleich am seltensten an, die historischen Fachbegriffe zu kennen; und das in beiden sprachlich-kulturellen Rahmen. Möglich scheint so, dass im bilingualen Unterricht grundsätzlich (und nicht themenbedingt) weniger Fachbegriffe vermittelt werden – und zwar nicht nur im Deutschen[616], sondern auch im Englischen[617].

Für die deutsche Fachbegriffskenntnis kann aufgrund der vorliegenden Daten davon ausgegangen werden, dass der »Fachterminus [...] in der L1 [fehlt], sofern er nicht gezielt in den Unterricht eingebunden wird«.[618] Der anekdotische Bericht von Bettina Alavi und die Einzelfallbeschreibung Wolfgang Hasbergs werden hier anhand der quantitativen Untersuchung mit großer Stichprobenzahl empirisch gestützt.[619]

In Bezug auf die nach Selbsteinschätzung defizitäre Fachbegriffskenntnis bilingual unterrichteter Schüler*innen im Englischen kann unter Rückbindung an Überlegungen aus der Literatur sehr vorsichtig ebenfalls gemutmaßt werden,

615 Vgl. Kap. 4.3.2.

616 Wie bereits befürchtet wurde: *Alavi:* Begriffsbildung. 2004, S. 39; *Hasberg:* Geschichtsunterricht. 2004, S. 231 f.; 2. *Diehr:* Fachliteralität. 2016, S. 71.

617 *Susanne Grindel/Simone Lässig:* Unternehmer und Staat in Europäischen Schulbüchern. Deutschland, England und Schweden im Vergleich. Braunschweig 2007, S. 91: »Deutsche Schulbücher legen besonderes Gewicht auf die Grundlagenbildung: Drei Viertel der Schulbücher informieren differenziert über die Grundbegriffe der Wirtschaftsordnung [...] Englische Schulbücher rücken dagegen weniger die systematischen Fragen in den Blick, sie gehen eher am Einzelfall orientiert vor. Das führt dazu, dass nur rund ein Sechstel differenziert und zusammenhängend über die Grundbegriffe der Wirtschaft informiert.«

618 *Diehr:* Fachliteralität. 2016, S. 71.

619 *Alavi:* Begriffsbildung. 2004, S. 39; *Hasberg:* Geschichtsunterricht. 2004, S. 231 f.

dass das »limitierte Aufmerksamkeitsquantum«[620] der Schüler*innen im bilingualen Unterricht anderweitig – nämlich (allgemein-)fremdsprachlich – gebunden ist. Das könnte die im gruppenspezifischen Vergleich defizitäre Kenntnis historischer Fachbegriffe erklären.

Die Analyse der angegebenen Fachbegriffskenntnis deutschsprachig unterrichteter Schüler*innen zeigt, dass es offenbar keinen spezifischen inhaltlichen Zusammenhang zwischen dem Erwerb der Fachbegriffskenntnis im Deutschen und einer Freisetzung der Sprachfähigkeiten im Englischen gibt. Es sind m.a.W. nicht dieselben Fachbegriffe im Deutschen, die diese Schüler*innen auch im Englischen signifikant häufiger als bekannt angeben. Tatsächlich scheinen die »muttersprachlichen Fähigkeiten [wenn überhaupt, dann] *latent* Fähigkeiten auch in der zweiten Sprache«[621] zu aktivieren.

Verbindet man nun die Ergebnisse bisheriger empirischer Studien zu den sprachlichen Kenntnissen bilingual unterrichteter Schüler*innen[622] mit der Ergebnisanalyse der vorliegenden Untersuchung, ergibt sich folgendes Bild: Sprachlich wird im bilingualen Unterricht eine allgemeinsprachliche Kompetenz im Englischen im Vergleich zum monolingualen Unterricht besonders gefördert. In fachsprachlicher Hinsicht aber profitieren die bilingual unterrichteten Schüler*innen weder im Englischen noch im Deutschen. Womöglich zeichnet sich in dieser Studie gar das Gegenteil ab.[623] Zwar kann man versuchen, die Ankreuzhäufigkeit der bilingual unterrichteten Schüler*innen mit sekundären Faktoren zu erklären. So mag man etwa annehmen, dass ihr Ankreuzverhalten auf eine stärkere Reflexion der vorgelegten Begriffe zurückzuführen sein könnte. Am Ergebnis würde sich damit jedoch nichts ändern: Wie flüchtig sie über die vorgelegten Begriffe hinweggeglitten sein mögen oder wie gründlich sie sie reflektiert haben – in jedem Fall spiegeln ihre Antworten auf rein sachlicher Ebene Erfolge oder eben Misserfolge des bilingualen Unterrichts wider.

Eine andere Lesart der hier ermittelten Ergebnisse ist die, dass die befragten bilingual unterrichteten Schüler*innen den Arbeitsauftrag gewissenhafter ausgeführt haben als die Vergleichsgruppen. Das kann bedeuten, dass sie aus reinem Fleiß mehr Begriffe angekreuzt als die regulär unterrichteten Schüler*innen, so dass der Eindruck einer vergleichsweise verringerten Fachbegriffskenntnis entsteht. So konstatiert etwa Lamsfuß-Schenk eine »besondere Anstrengungsbereitschaft« bilingual unterrichteter Schüler*innen. Dies setzt sie jedoch nicht in

620 *Beate Helbig:* Das bilinguale Sachfach Geschichte. Eine empirische Studie zur Arbeit mit französischsprachigen (Quellen-)Texten. Tübingen 2001, S. 106.

621 *Rehbein:* Verstehen. 1987, S. 165. Hervorhebung CL.

622 Vgl. 2.2.1.1 und Kap. 2.2.1.2.

623 Vor diesem Hintergrund lassen sich auch die für die bilingual unterrichteten Schüler*innen sehr positiven Deutungen von Stefanie Lamsfuß-Schenk anders interpretieren, *Lamsfuß-Schenk:* Fremdverstehen. 2008, S. 181.

Relation zu der Anstrengungsbereitschaft monolingual unterrichteter Schüler*-innen. Dass monolingual und regulär unterrichtete Schüler*innen weniger anstrengungsbereit seien, kann für die Populationen dieser Fragebogenstudie jedenfalls an diesem Punkt der Erhebung nicht grundsätzlich festgestellt werden: Ein vergleichbares Richtmaß für die Leistungsbereitschaft der drei Gruppen bei der Beantwortung der ersten Fragebogeneinheit ist die allgemeine Propositionsproduktion inklusive der Fehlpropositionen.[624] Hier gibt es zwischen monolingual und regulär unterrichteten Schüler*innen keinen nennenswerten Unterschied (294 reguläre Schüler*innen: 3714 Propositionen; 235 monolinguale Schüler*innen: 2903 Propositionen). Regulär unterrichtete Schüler*innen produzieren im Mittel 12,63 Propositionen. Monolingual unterrichtete Schüler*-innen produzieren im Mittel 12,35. Interessanterweise produzieren bilingual unterrichtete Schüler*innen (258 bilinguale Schüler*innen: 2924 Propositionen) im Schnitt nur 11,33 Propositionen; also durchschnittlich signifikant weniger als die beiden Vergleichsgruppen ($p < 0{,}05$).

Ein gewissenhafteres Ausfüllen wäre auch dann festzustellen, wenn die bilingual unterrichteten Schüler*innen den Arbeitsauftrag »Kreuze alle Knoten/Kanten in der Tabelle an, die du nicht kennst« strenger ausgelegt hätten als die deutschsprachig unterrichteten. Denkbar ist das z. B. dann, wenn man davon ausgeht, dass im bilingualen Unterricht eine elaboriertere Begriffsarbeit stattfindet, die dann ein strikteres Urteil dazu, ab wann man einen Begriff wirklich kennt, nach sich ziehen könnte.[625]

Dass der irritierenden Angabe der befragten bilingual unterrichteten Schüler*innen zur vergleichsweise geringen Kenntnis ihrer englischen und deutschen Fachbegriffskenntnis diese verschiedenen Erklärungen zugrunde gelegt werden können, macht deutlich, dass hier vertiefende Forschung notwendig ist. An diesem Punkt der Arbeit zeigt sich, dass expliziter danach gefragt werden muss, wie die Selbsteinschätzung der Schüler*innen in Bezug auf ihre Fachbegriffskenntnis zustande kommt und inwiefern das mit dem spezifischen vorausgegangenen Unterricht zusammenhängt.

6.3.1.3.5 Fazit: Historische Fachbegriffskenntnis

Die befragten bilingual unterrichteten Schüler*innen geben häufig an, die englischen und deutschen Fachbegriffe nicht zu kennen (Hypothese 1.3.1; vgl. Abbildung 50A, B). Sowohl im Englischen (Hypothese 1.3.2; vgl. Abbildung 51A, C)

624 Für diesen Leistungsbereitschaftsvergleich werden alle Schüler*innen-Untersuchungsgruppen herangezogen – sowohl die, die im ersten Schulhalbjahr, als auch die, die im zweiten Halbjahr befragt wurden. So kann die maximale Stichprobengröße dieser Studie genutzt werden. Die Propositionen zu »Herero« und »Reformen« wurden, weil sie eine Ergänzung des Bogens lediglich im zweiten Halbjahr darstellten, nicht berücksichtigt.

625 *Deutsch:* Mehrsprachigkeit. 2016, S. 245.

als auch im Deutschen (Hypothese 1.3.3; vgl. Abbildung 52A, C) geben die regulär unterrichteten Schüler*innen an, über einen signifikant ausgeprägteren historischen Fachwortschatz zu verfügen. Eine inhaltliche Einschränkung der von den bilingual unterrichteten Schüler*innen angegebenen defizitären Kenntnis historischer Fachbegriffe ist kaum möglich (vgl. Tabelle 12).

Es ist davon auszugehen, dass es nicht die besonders profunde Kenntnis der Fachbegriffe ist, die es den bilingual unterrichteten Schüler*innen der Stichprobe ermöglicht, die Konzepte im Deutschen vergleichsweise erfolgreich zu bilden (vgl. Abbildung 46). Um diesen Erfolg zu begründen, soll deshalb im Folgenden vom Gegenteil ausgegangen werden: Nicht sprachliche Vertrautheit, sondern fremdsprachliche Fremdheit führen zu der – auch in den vorliegenden Daten (Abbildung 48) – beobachteten »vertieften Verankerung der ersten konzeptuellen Welt« bilingual unterrichteter Schüler*innen.[626] Die Hypothesen 1.4 prüfen diesen theoretisch konstruierten Zusammenhang. Sie untersuchen im Allgemeinen unter Berücksichtigung aller Schüler*innen-Antworten (Hypothesen 1.4.1 und 1.4.2) und im Besonderen in Bezug auf den Gruppenvergleich (Hypothesen 1.4.3, 1.4.4, 1.4.5, 1.4.6, 1.4.7, 1.4.8) die in der Literatur wie folgt vorzufindende Kettenfrage: Führt der Einsatz der Fremdsprache zu einer vergleichsweise hohen Konzentration und Fokussierung und infolgedessen zu einer »vertieften Verankerung« der »ersten konzeptuellen Welt«?[627]

6.3.1.4 Verarbeitungstiefe

Die Hypothesen 1.4 fußen auf der theoretischen Annahme, dass es einen grundsätzlichen Zusammenhang zwischen Sprache und Raten sowie Sprache und Abspeichern gibt: Im Deutschen überwiege ein »oberflächliches«[628], »ratendes Erläutern«, weil »die Schüler [sich] spontaner äußern und der Denkprozess erst […] nach der jeweiligen Aussage einsetzt«[629]. Im Englischen werde dagegen wegen einer sprachlichen »Verstehensbarriere« vergleichsweise wenig geraten,[630] und dies auf der Grundlage sorgfältiger Überlegung. Das so Geratene werde »zielgerichtet formuliert«[631] und sei dann »vertieft elaboriert«[632]. In dieser Arbeit werden die in der Literatur bemühten Begriffe der »vertieften

626 *Niemeier:* Bilingualismus. 2010, S. 44; *Lamsfuß-Schenk:* Fremdverstehen. 2008, S. 250.
627 *Anne Ingrid Kollenrott:* Sichtweisen auf deutsch-englisch bilingualen Geschichtsunterricht. Eine empirische Studie mit Fokus auf interkulturelles Lernen. Frankfurt a. M. 2008, S. 215.
628 *Lamsfuß-Schenk:* Fremdverstehen. 2008, S. 249.
629 *Gruner:* Begriffskompetenz. 2010, S. 111.
630 *Lamsfuß-Schenk:* Fremdverstehen. 2008, S. 184.
631 *Gruner:* Begriffskompetenz. 2010, S. 111.
632 *Lamsfuß-Schenk:* Fremdverstehen. 2008, S. 250.

Elaboration«[633], der »Verarbeitungstiefe«[634] und der »Verankerungstiefe«[635] unter dem Begriff der »Gedächtnisleistung« zusammengefasst. Das erlaubt zweierlei: Zum einen wird die Untersuchung dieser Annahme wieder zurückgeführt zu den Ursprüngen ihrer Idee. Dieter Wolff hat den Begriff der »Verarbeitungstiefe« 1997 in die Diskussion um bilinguales Lernen eingebracht. Er entnahm ihn der Forschung der Psychologen Fergus Craik und Robert S. Lockhart. Sie sahen Lernen – und damit die Verarbeitungstiefe – ausschließlich als Gedächtnisleistung an.[636] Zum zweiten eignet sich dieser Begriff besonders für eine operationalisierte Testung.[637]

Die zwei Argumentationslinien, die in der Literatur zum bilingualen Unterricht und seinem potenziellen Einfluss auf die Gedächtnisleistung angeführt werden, lassen sich wie folgt zusammenfassen: Sprachliche Fremdheit führe zu inhaltlicher Fokussierung.[638] Diese drücke sich in quantitativ geringem Output aus, der jedoch in großen Teilen im Gedächtnis verankert werde. Sprachliche Vertrautheit dagegen führe zu einer gewissen Beliebigkeit,[639] die sich in einem quantitativ hohen Output ausdrücke, der jedoch nur in geringem Maße im Gedächtnis verankert werde. Beliebigkeit bedeutet auch, dass unbedacht irgendetwas (und davon dann beliebig viel) produziert wird, so dass es auch aus diesen Gründen nicht tiefer im Gedächtnis verankert werde.

Die einzelnen Schritte dieser Argumentationslinien lassen sich anhand operationalisierter Hypothesen untersuchen. Abbildung 53 veranschaulicht zum einen die je dreischrittigen Argumentationslinien aus der Literatur (schwarz) und zeigt zum anderen auf, wie die Argumentationsschritte in der vorliegenden Studie empirisch geprüft werden (grau).

Die Argumentationslinien werden anhand der Hypothesen 1.4 zunächst grundsätzlich unter Berücksichtigung aller Schüler*innen-Antworten untersucht (1.4.1, 1.4.2). So kann ein prinzipieller Zusammenhang von Sprachver-

---

633 Ebd; *Dieter Wolff:* Fremdsprachenlernen als Konstruktion. Grundlagen für eine konstruktivistische Fremdsprachendidaktik. Frankfurt a. M. 2002, S. 41.

634 *Stephan Breidbach:* Bilinguales Lehren und Lernen. Was hat das Denken mit Sprechen und Sprache zu tun? In: Praxis Fremdsprachenunterricht 3, 2006, H. 6, S. 10–15, hier S. 11f.; *Wildhage:* Praxis. 2009, S. 81; *Gallagher:* T(w)o. 2017, S. 488; *Lena Heine:* Problem Solving in a Foreign Language. Berlin 2010, S. 188; *Petra Beetz/Gabriele Blell/Dagmar Klose:* Den Anderen ein Stück näher: Fremdverstehen in bilingualen Lehr- und Lernkontexten Geschichte – Englisch. In: *Gabriele Blell/Rita Kupetz* (Hrsg.): Bilingualer Sachfachunterricht und Lehrerausbildung für den bilingualen Unterricht. Frankfurt 2005, S. 15–50, S. 42.

635 *Niemeier:* Bilingualismus. 2010, S. 44.

636 *Breidbach:* Sprache. 2006, S. 41.

637 *Heine:* Problem Solving. 2010, S. 209; *Lamsfuß-Schenk:* Fremdverstehen. 2008, S. 247f.; *Ulrich Wannagat:* Bilingualer Geschichtsunterricht im internationalen Fokus. Eine Vergleichsstudie zur Unterrichtspraxis in Deutschland und Hongkong. Frankfurt a. M. 2010, S. 223.

638 *Gruner:* Begriffskompetenz. 2010, S. 111.

639 *Lamsfuß-Schenk:* Fremdverstehen. 2008, S. 249.

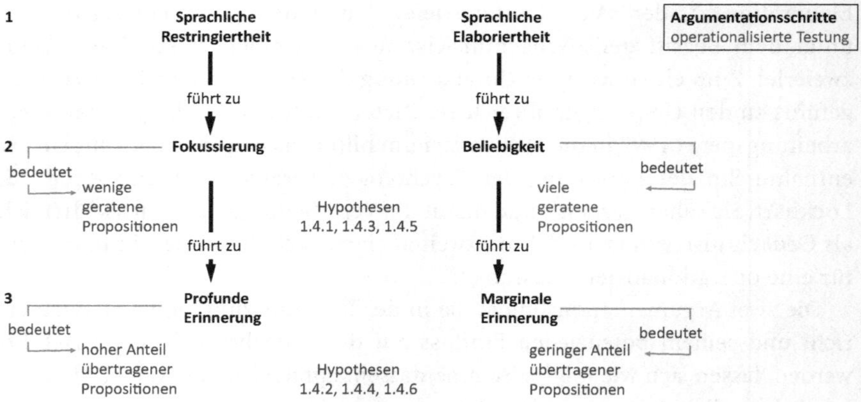

Abbildung 53: Argumentationslinien aus der Literatur (schwarz) in je drei Argumentationsschritten dargestellt (1–3). Die anhand der geratenen und übertragenen Propositionen operationalisierte Überprüfung der Argumentationsschritte ist unter Angabe der entsprechenden Hypothesen angegeben (grau).

wendung und Gedächtnisleistung festgestellt werden. Wie dieser Zusammenhang mit der vorgeschalteten Unterrichtsform einhergeht, wird anschließend gruppenspezifisch für die regulär, monolingual und bilingual unterrichteten Schüler*innen der Stichprobe nachvollzogen (1.4.3, 1.4.4 und 1.4.5, 1.4.6). Für den bilingualen Geschichtsunterricht wird mithilfe von Hypothesen 1.4.7 und 1.4.8 der englische Spracheinsatz zusätzlich qualifizierend untersucht.

Operationalisiert wird die Prüfung der einzelnen Argumentationsschritte (vgl. Abbildung 53) allein anhand der geratenen Propositionen, d.h. anhand der von den Schüler*innen produzierten Fehlpropositionen. Denn grundsätzlich gilt: Generieren die Schüler*innen viele Fehlpropositionen, dann haben sie viel geraten; produzieren sie wenige, dann haben sie wenig geraten. Die Anzahl der Fehlpropositionen erlaubt es also, Argumentationsschritt 2 zu überprüfen. Für die Untersuchung von Argumentationsschritt 3 wird angenommen, dass sich Gedächtnisleistung in der Übertragungsrate der produzierten Fehlpropositionen von einem sprachlichen Rahmen in den anderen zeigt. Eine marginale Gedächtnisleistung drückt sich aus in einem geringen Anteil an Fehlpropositionen, die aus dem ersten sprachlichen Rahmen in den zweiten übertragen wurden. Profunde Gedächtnisleistung schlägt sich in hohen Übertragungsraten nieder. Referenzpropositionen – also die den Referenzkonzepten entsprechenden Propositionen – werden bei diesen Hypothesenprüfungen explizit nicht berücksichtigt, weil sie den Schüler*innen aus dem vorgeschalteten Unterricht plausibel erscheinen könnten (vgl. dafür Hypothese 1.1.1–1.1.3).

Grundsätzlich und gruppenspezifisch werden diese Argumentationslinien für das Englische und das Deutsche überprüft. Ob es je nach sprachlich-kulturellem

Rahmen einen Unterschied hinsichtlich des »ratenden Erläuterns« durch die Schüler*innen gibt, wird getestet, indem die Anzahl der Fehlpropositionen bei deutscher Erstbegegnung der bei englischer Erstbegegnung gegenübergestellt wird. Erstbegegnung bedeutet, dass die Schüler*innen den Teilkonzepten beim Ausfüllen des Fragebogens zunächst auf Deutsch bzw. – das gilt für die Vergleichsgruppe – zunächst auf Englisch begegnet sind, bevor sie sie dann in der je anderen Sprache noch einmal produzieren konnten.[640] Diese erneute Produktion im zweiten sprachlichen Rahmen ist ein Indikator für die an die sprachliche Erstbegegnung geknüpfte Gedächtnisleistung.

Ob Schüler*innen bei deutscher sprachlicher Erstbegegnung grundsätzlich eher raten als bei englischer, sich dafür aber dann in geringerem Maße an das selbst Geratene erinnern,[641] wird mithilfe der folgenden Hypothesen (1.4.1, 1.4.2) für alle befragten Schüler*innen ermittelt. Ob die Schüler*innen im Deutschen besonders ausgiebig raten (vgl. Hypothese 1.4.1), weil sie – so die entsprechende Argumentationslinie – mit dem Deutschen eng vertraut sind, zeigt der Vergleich der bei deutscher Erstbegegnung produzierten geratenen Propositionen mit der Anzahl an geratenen Propositionen, die Schüler*innen bei englischer Erstbegegnung produzieren. Angenommen wird, dass Schüler*innen bei deutscher Erstbegegnung signifikant mehr geratene Propositionen produzieren als bei englischer. Ob die Gedächtnisleistung bei englischsprachiger Erstbegegnung profunder ist als bei deutschsprachiger (vgl. Hypothese 1.4.2), zeigt der Anteil der vom ersten in den zweiten sprachlichen Rahmen übertragenen geratenen Propositionen. Er müsste bei englischer Erstbegegnung höher sein als bei deutscher.

6.3.1.4.1 Sprachverwendung und Verarbeitungstiefe

Hypothese 1.4.1: Im Deutschen überwiegt im Vergleich zum Englischen ein ratendes Erläutern.

Die Hypothese bewährt sich.

Hypothese 1.4.2: Bei englischsprachiger Erstbegegnung ist die Gedächtnisleistung profunder.

Die Hypothese bewährt sich nicht.

Abbildung 54 veranschaulicht die Ergebnisse der Datenauswertung. Der t-Test weist nach, dass in der deutschen Sprache mit durchschnittlich 4,84 Propositionen signifikant mehr geratene Propositionen produziert werden als in der englischen (durchschnittlich 4,49 Propositionen, vgl. Abbildung 54A). Das kann

640 Vgl. Aufbau der Fragenbögen in Kap. 5 und im Anhang S. 68–92.

641 *Gruner:* Begriffskompetenz. 2010, S. 111.

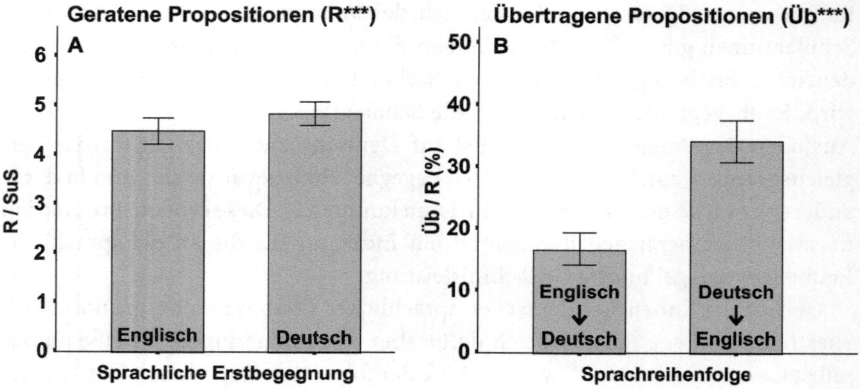

Abbildung 54: A) Anzahl geratener Propositionen aller Schüler*innen (R) bei englischer und deutscher Erstbegegnung. Im Deutschen raten die Schüler*innen signifikant mehr als im Englischen. B) Die anteilige Übertragung der geratenen Propositionen (Üb) vom Englischen ins Deutsche, beziehungsweise vom Deutschen ins Englische. Aus dem Deutschen übertragen die Schüler*innen signifikant mehr Geratenes als aus dem Englischen. **p < 0,05, **p < 0,01, ***p < 0,001.

– greift man auf die oben veranschaulichten Argumentationslinien aus der einschlägigen Literatur zurück – als Indiz für die (fach-)sprachliche Vertrautheit der Schüler*innen im Deutschen und ihre Fremdheit gegenüber dem Englischen gewertet werden (vgl. Abbildung 53). Hypothese 1.4.1 bewährt sich damit.

Hypothese 1.4.2 dagegen bewährt sich nicht. Die Schüler*innen raten bei deutscher Erstbegegnung nämlich nicht nur signifikant mehr Propositionen (vgl. Abbildung 54A), sondern sie übertragen hiervon auch anteilig mehr Propositionen ins Englische (vgl. Abbildung 54B). Das zeigt der Vergleich mit den Schüler*innen, die von den vergleichsweise wenigen geratenen englischen Propositionen (vgl. vgl. Abbildung 54A) auch weniger ins Deutsche übertragen (vgl. Abbildung 54B). Dieser Übertragungsunterschied ist signifikant: Der durchschnittliche Anteil übertragener Propositionen ist bei deutscher Erstbegegnung 31 %; bei englischer Erstbegegnung nur 15 %.

Die in der Literatur formulierte These, dass der Einsatz der englischen Sprache wegen sprachlicher Fremdheit zu besonders hoher Konzentration und daran anknüpfend zu profunder Gedächtnisleistung führe (vgl. Abbildung 53), kann hier also nicht bestätigt werden. Möglich wäre indessen, dass die Annahme, sprachliche Fremdheit führe zu profunder Erinnerung, zwar nicht für die Gesamtheit der Stichprobe gilt, wohl aber für bilingual unterrichtete Schüler*innen. Denkbar ist nämlich, dass die bilingual unterrichteten Schüler*innen im Englischen bereits über eine messbar höhere (allgemein-)sprachliche Kompetenz verfügen als die regulär und monolingual unterrichteten Schüler*innen.[642] Eine derart höhere sprachliche Vertrautheit müsste sich für die bilingual unterrichteten Schüler*innen bei einer vergleichenden Prüfung in einer erhöhten Produktion geratener Propositionen bei englischer Erstbegegnung niederschlagen (vgl. Hypothesen 1.4.3). Auch wäre mit einer daran geknüpften, vergleichsweise hohen Übertragungsrate in den deutschen sprachlichen Rahmen zu rechnen (vgl. Hypothesen 1.4.4). Diese Frage wird im Folgenden gestellt.

6.3.1.4.2 Englische Sprachverwendung und Verarbeitungstiefe

Hypothese 1.4.3 (b-r): Bei den befragten bilingual unterrichteten Schüler*innen ist ein ratendes Erläutern im Englischen stärker ausgeprägt als bei den regulär unterrichteten.

Die Hypothese bewährt sich nicht.

Hypothese 1.4.3 (b-m): Bei den befragten bilingual unterrichteten Schüler*innen ist ein ratendes Erläutern im Englischen stärker ausgeprägt als bei den monolingual unterrichteten.

Die Hypothese bewährt sich nicht.

Hypothese 1.4.4 (b-r): Bei den befragten bilingual unterrichteten Schüler*innen ist die Gedächtnisleistung bei englischsprachiger Erstbegegnung profunder als bei den regulär unterrichteten.

Die Hypothese bewährt sich.

Hypothese 1.4.4 (b-m): Bei den befragten bilingual unterrichteten Schüler*innen ist die Gedächtnisleistung bei englischsprachiger Erstbegegnung profunder als bei den monolingual unterrichteten.

Die Hypothese bewährt sich.

Die Ergebnisse der Datenauswertung zu den Hypothesen 1.4.3 und zu den Hypothesen 1.4.4 sind in Abbildung 55 veranschaulicht.

Die bilingual unterrichteten Schüler*innen der Stichprobe raten im Englischen nicht – wie in Hypothese 1.4.3 angenommen – mehr als die beiden Vergleichsgruppen. Tatsächlich raten sie signifikant weniger (durchschnittlich: 3,81 Propositionen) als die monolingual (4,69; $p = 0{,}002$) und als die regulär unterrichteten Schüler*innen (4,98; $p < 0{,}001$) (vgl. Abbildung 55A). Die t-Test Signifikanzen weisen also einen entgegengesetzten Zusammenhang auf: Nicht die

642 Vgl. Kap. 2.3.1.

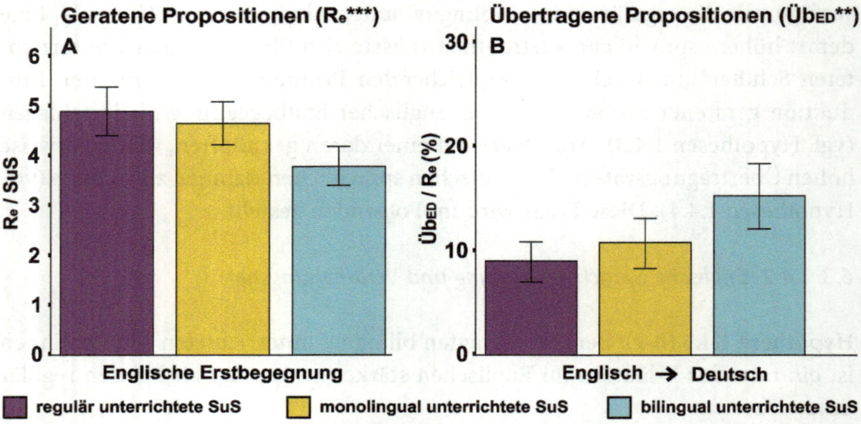

Abbildung 55: A) Anzahl geratener Propositionen regulär, monolingual und bilingual unterrichteter Schüler*innen bei englischer Erstbegegnung (R_e) und B) die anteilige Übertragung der im Englischen geratenen Propositionen ins Deutsche ($Üb_{ED}$) pro Gruppe. A) Regulär und monolingual unterrichtete Schüler*innen raten im Englischen signifikant mehr als bilingual unterrichtete. B) Regulär und monolingual unterrichtete Schüler*innen übertragen anteilig signifikant weniger im Englischen geratene Propositionen ins Deutsche als bilingual unterrichtete. $^*p < 0,05$, $^{**}p < 0,01$, $^{***}p < 0,001$.

bilingual unterrichteten Schüler*innen tendieren dazu, im Englischen mehr zu raten, sondern die regulär und die monolingual unterrichteten Schüler*innen.

Die bilingual unterrichteten Schüler*innen der Stichprobe übertragen durchschnittlich 15 % der im Englischen geratenen Propositionen. Die monolingual unterrichteten Schüler*innen übertragen mit anteilig durchschnittlich 11 % (p = 0,009) und die regulär unterrichteten mit 9 % (p = 0,002) signifikant weniger geratene Propositionen aus dem Englischen ins Deutsche (vgl. Abbildung 55B). Die bilingual unterrichteten Schüler*innen weisen damit anteilig deutlich höhere Übertragungsraten aus dem Englischen auf. Die Hypothesen 1.4.4 bewähren sich also: Bei den bilingual unterrichteten Schüler*innen ist die Gedächtnisleistung bei englischsprachiger Erstbegegnung profunder als bei den regulär und monolingual unterrichteten Schüler*innen.

Im Folgenden wird der Einfluss der deutschsprachigen Erstbegegnung auf das Rateverhalten und die Gedächtnisleistung pro Gruppe untersucht. Angenommen wird, dass bilingual unterrichtete Schüler*innen die für ein »ratendes Erläutern« nötigen fachsprachlichen Kompetenzen im Deutschen in geringerer Form aufweisen als die regulär und monolingual unterrichteten Schüler*innen.[643] Eine derartige sprachliche Fremdheit der bilingual unterrichteten Schüler*innen

643 vgl. passend dazu Abbildung 52A; *Alavi:* Begriffsbildung. 2004, S. 39; *Hasberg:* Geschichtsunterricht. 2004, S. 231 f.; *Diehr:* Fachliteralität. 2016, S. 71.

müsste sich bei einer vergleichenden Prüfung niederschlagen in einer verringerten Produktion geratener Propositionen bei deutscher Erstbegegnung (vgl. Hypothesen 1.4.5). Äquivalent zur Argumentationslinie, die die Hypothesen 1.4.4 bedingen, wird auch hier angenommen, dass eine verringerte (fach-)sprachliche Kenntnis im Deutschen (vgl. Abbildung 52A) zu Fokussierung führt, die sich in besonders profunder Gedächtnisleistung widerspiegelt (vgl. Abbildung 53). Die bilingual unterrichteten Schüler*innen sollten damit anteilig signifikant mehr der im Deutschen geratenen Propositionen in den englischen sprachlichen Rahmen übertragen als die Vergleichsgruppen (vgl. Hypothesen 1.4.6).

6.3.1.4.3 Deutsche Sprachverwendung und Verarbeitungstiefe

Hypothese 1.4.5 (b-r): Bei den befragten bilingual unterrichteten Schüler*innen ist ein ratendes Erläutern im Deutschen geringer ausgeprägt als bei den regulär unterrichteten.

Die Hypothese bewährt sich.

Hypothese 1.4.5 (b-m): Bei den befragten bilingual unterrichteten Schüler*innen ist ein ratendes Erläutern im Deutschen geringer ausgeprägt als bei den monolingual unterrichteten.

Die Hypothese bewährt sich.

Hypothese 1.4.6 (b-r): Bei den befragten bilingual unterrichteten Schüler*innen ist die Gedächtnisleistung bei deutschsprachiger Erstbegegnung profunder als bei den regulär unterrichteten.

Die Hypothese bewährt sich nicht.

Hypothese 1.4.6 (b-m): Bei den befragten bilingual unterrichteten Schüler*innen ist die Gedächtnisleistung bei deutschsprachiger Erstbegegnung profunder als bei den monolingual unterrichteten.

Die Hypothese bewährt sich nicht.

Die Ergebnisse der Datenauswertung zu Hypothesen 1.4.5 und 1.4.6 werden in Abbildung 56 veranschaulicht.

Ein Vergleich mit den Propositionen, die bei deutscher Erstbegegnung geraten wurden, zeigt an, dass derselbe Unterschied, der für den englischen Rahmen beschrieben wurde, auch hier gilt. Die bilingual unterrichteten Schüler*innen nutzen die deutsche Fachsprache signifikant seltener zum Erraten von Propositionen (3,89) als die regulär (5,45; $p < 0{,}001$) oder monolingual unterrichteten (5,14; $p < 0{,}001$). Zwischen dem Rateverhalten der regulär und monolingual unterrichteten Schüler*innen ist kein signifikanter Unterschied nachweisbar.

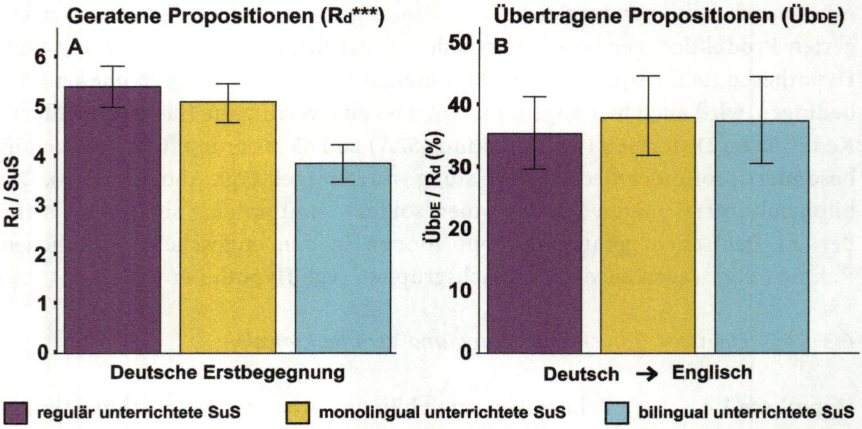

Abbildung 56: A) Anzahl geratener Propositionen regulär, monolingual und bilingual unterrichteter Schüler*innen bei deutscher Erstbegegnung (R_d) und B) die anteilige Übertragung der im Deutschen geratenen Propositionen ins Englische ($Üb_{DE}$) pro Gruppe. A) Regulär und monolingual unterrichtete Schüler*innen raten im Deutschen signifikant mehr als bilingual unterrichtete. B) Regulär, monolingual und bilingual unterrichtete Schüler*innen übertragen anteilig vergleichbar geratene Propositionen aus dem Deutschen ins Englische. $^{*}p < 0{,}05$, $^{**}p < 0{,}01$, $^{***}p < 0{,}001$.

Die Annahme, dass die historisch fachsprachlichen Kompetenzen der bilingual unterrichteten Schüler*innen, die für ein »ratendes Erläutern« im Deutschen nötig sind, in geringerer Form ausgebildet seien als die der regulär und monolingual unterrichteten Schüler*innen, wird damit von den vorliegenden Daten gestützt. Hypothesen 1.4.5 bewähren sich.

Bei der Übertragung vom Deutschen ins Englische dagegen gibt es keine signifikanten Unterschiede zwischen der Übertragungsrate der bilingual (21 %), der regulär (20 %) und der monolingual (22 %) unterrichteten Schüler*innen. Die Gedächtnisleistung der drei Untersuchungsgruppen ist bei deutschsprachiger Erstbegegnung also vergleichbar. Die fachsprachliche Fremdheit der bilingual unterrichteten Schüler*innen im Deutschen führt damit offenbar nicht zu einer profunden Gedächtnisleistung. Hypothesen 1.4.6 bewähren sich nicht.

6.3.1.4.4 Diskussion: Verarbeitungstiefe

Nach dieser empirischen Prüfung der Hypothesen 1.4.3–1.4.6 kann die Einordnung der gruppenspezifisch ermittelten Ergebnisse in die Annahmen der Literatur erfolgen (vgl. Abbildung 57).

Deutlich wird, dass die Studienergebnisse die Argumentationslinie in Bezug auf die bilingual unterrichteten Schüler*innen im Englischen widerspiegeln. Die Prüfungen der Hypothesen 1.4.3 zeigen, dass die englische Fachsprache den bilingual unterrichtete Schüler*innen offenbar noch eher fremd ist und dass sie sich deshalb beim Raten von Propositionen im Englischen zurückhalten (vgl. Abbildung 55A). Dafür aber arbeiten sie anscheinend fokussiert und erinnern sich schließlich profund an Erarbeitetes (vgl. Abbildung 55B). Die in Bezug auf bilingual unterrichtete Schüler*innen in der einschlägigen Literatur angeführte Argumentationslinie kann in der vorliegenden Studie also, wie gesagt, bestätigt werden.

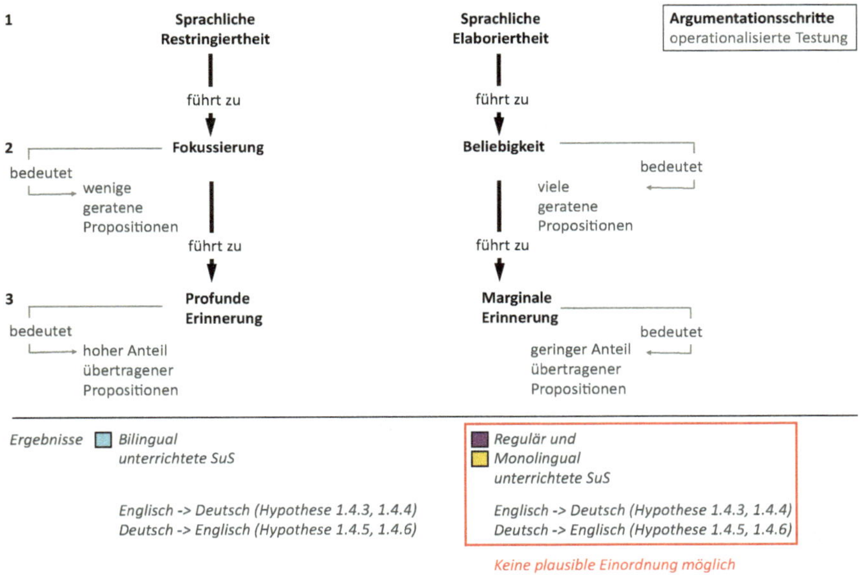

Abbildung 57: Einordnung der ermittelten Ergebnisse aus Hypothesen 1.4.3–1.4.6 (kursiv) in die Argumentationslinien aus der Literatur (schwarz). Die anhand der geratenen und übertragenen Propositionen operationalisierte Überprüfung der Argumentationsschritte ist angegeben (grau).

Irritierend wirken dagegen die Untersuchungsergebnisse der monolingual und regulär unterrichteten Schüler*innen. Wendet man die für die bilingual unterrichteten Schüler*innen in der Literatur etablierten Argumentationsmuster auf diese deutschsprachig unterrichteten Schüler*innen an und ordnet die erzielten Untersuchungsergebnisse nach demselben Muster ein (vgl. Abbildung 57) dann müssten regulär und monolingual unterrichtete Schüler*innen, weil sie viele Propositionen raten (vgl. Abbildung 55A), mit der englischen Fachsprache eng vertraut sein, denn diese enge Vertrautheit sollte es der These zufolge sein, die eine gewisse Beliebigkeit bei der Produktion vieler geratener Propositionen erzeugt und in einer marginalen Gedächtnisleistung mündet (vgl. Abbildung 55B). Dass deutschsprachig unterrichtete Schüler*innen mit der englischen Fachsprache besonders eng vertraut sein sollten, ist zwar grundsätzlich denkbar,[644] aber nicht plausibel. Auch weisen vergleichbare empirische Studien zur allgemeinsprachlichen Englischkompetenz deutschsprachig unterrichteter Schüler*-innen vielmehr auf sprachliche Mängel hin.[645] In die hier bisher angeführten Argumentationslinien aus der Literatur lassen sich die vorliegenden Ergebnisse regulär und monolingual unterrichteter Schüler*innen bei englischer Erstbegegnung also nicht sinnvoll einordnen. Die Ergebnisse dieser beiden Schüler*-innen-Gruppen für die deutsche Erstbegegnung können mit dem vorgegebenen Schema überhaupt nicht in Einklang gebracht werden.

Offenbar muss das Schema also angepasst werden. Eine Zusammenstellung der bisher ermittelten Ergebnisse gibt Aufschluss darüber, wie diese Anpassung aussehen könnte.

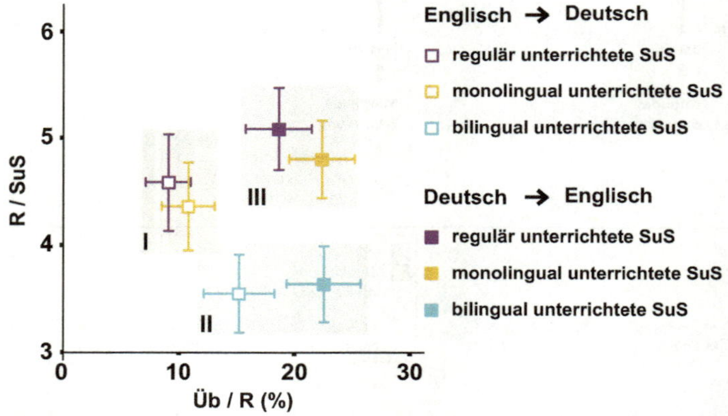

Abbildung 58: Die geratenen Propositionen (R) und die übertragenen Propositionen (Üb) der Schüler*innen lassen sich in drei Bereiche unterteilen. I) Regulär und monolingual unterrichtete Schüler*innen raten viel und übertragen wenig bei englischer Erstbegegnung. II) Bilingual unterrichtete Schüler*innen raten im Englischen und Deutschen wenig und übertragen vergleichsweise viel. III) Regulär und monolingual unterrichtete Schüler*innen raten im Deutschen viel und übertragen viel.

Abbildung 58 zeigt die deutsche und die englische Erstbegegnung in Zusammenhang mit der Anzahl geratener Propositionen und ihrer jeweiligen Übertragungsrate pro Gruppe. Eindrucksvoll verdeutlicht die Grafik unter Berücksichtigung des Standardfehlers, dass sich die zuvor bereits näher beschriebenen Studienergebnisse in drei Koordinatenbereiche gliedern. Der erste Bereich (I) zeigt ein hohes Rateverhalten und geringe Übertragung der regulär und monolingual unterrichteten Schüler*innen bei englischer Erstbegegnung an. Im

644 vgl. dazu passend Hypothesen 1.3.2, Abbildung 51.
645 Vgl. Kap. 2.3.1 und 2.3.2.

zweiten Bereich (II) ist angezeigt, dass die bilingual unterrichteten Schüler*innen im Englischen und Deutschen raten und je vergleichsweise viel übertragen. Im dritten Bereich (III) zeigt sich ein hohes Rateverhalten und eine ebenfalls hohe Übertragung der regulär und monolingual unterrichteten Schüler*innen bei deutscher Erstbegegnung.

Diese Bereiche bilden damit drei mögliche Argumentationslinien ab, die die bisher aus der Literatur herangezogenen in zwei Punkten ergänzen: Zum ersten wird angenommen, dass sprachliche Fremdheit überfordern kann, was sich in einer Beliebigkeit beim Raten von vielen Propositionen ausdrückt und in einer marginalen Gedächtnisleistung, also der Produktion nur weniger übertragener Propositionen, mündet. Zum zweiten soll angenommen werden, dass sprachliche Vertrautheit zu Reichhaltigkeit bei der Produktion geratener Propositionen führen kann, die mit einer hohen Gedächtnisleistung – und damit vielen in den zweiten sprachlichen Rahmen übertragenen Propositionen – einhergeht. Grafisch lässt sich das Schema auf der Grundlage der vorliegenden Studienergebnisse entsprechend ergänzen und reorganisieren (vgl. Abbildung 59).

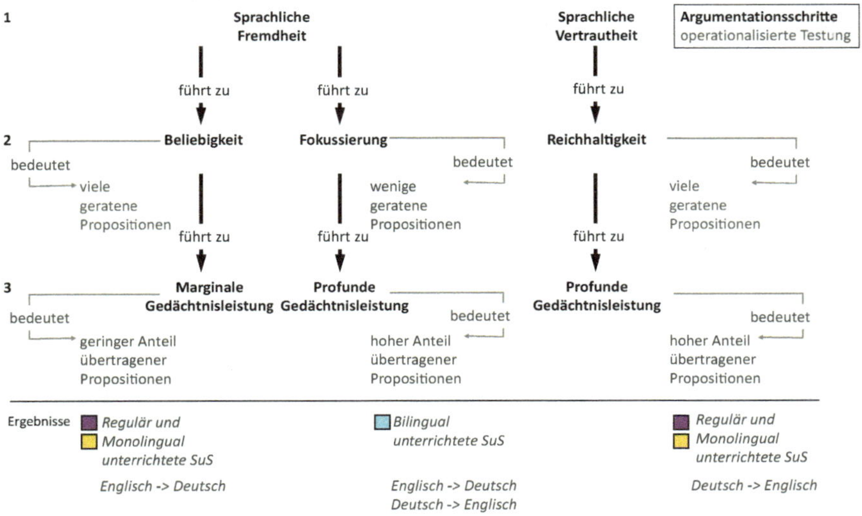

Abbildung 59: Einordnung der Untersuchungsergebnisse zu Hypothesen 1.4.3, 1.4.4 und 1.4.5, 1.4.6 in die ergänzten und reorganisierten Argumentationslinien aus der einschlägigen Literatur (vgl. Abbildung 53). Die Ergebnisse (kursiv) geben für die unterschiedlichen Gruppen an, am Ende welcher Argumentationslinie sie für welchen Fall der sprachlichen Erstbegegnung stehen. Bilingual unterrichtete Schüler*innen produzieren wenig geratene Propositionen im Englischen und im Deutschen und übertragen auch nur wenige davon in den je anderen sprachlich-kulturellen Rahmen. Regulär und monolingual unterrichtete Schüler*innen produzieren im Englischen viele geratene Propositionen, übertragen aber nur wenige davon. Im Deutschen produzieren regulär und monolingual unterrichtete Schüler*innen viele geratene Propositionen und übertragen sie anteilig auch stark.

Eine solche Ergänzung und Reorganisation veranschaulicht – womöglich plausibler –, dass die englischsprachige Fremdheit der regulär und monolingual unterrichteten Schüler*innen die Produktion vieler geratener Propositionen im Englischen bedingt haben könnte. Beliebiges wurde dann geraten und marginal erinnert. Auch die Tatsache, dass die regulär und monolingual unterrichteten Schüler*innen im Deutschen mehr Propositionen geraten und ins Englische übertragen haben als die bilingual unterrichteten, scheint auf der Grundlage dieses ergänzten und reorganisierten Schemas plausibel: Vergleichsweise reichhaltige deutsche Fachsprachenkenntnisse ermöglichen sowohl ein umfangreiches Raten (vgl. Abbildung 55A) als auch eine hohe Übertragungsrate (vgl. Abbildung 55B).

Die drei auf der Grundlage dieser Ergebnisse ermittelten Argumentationslinien (vgl. Abbildung 59) lassen sich in reorganisierter Form schematisch so fassen, dass von links nach rechts ein Kompetenzzuwachs erkennbar wird, der sich auf den beiden Ebenen – Raten und Gedächtnisleistung – dreistufig gestaltet:

Stufe 1 ist gekennzeichnet durch eine auf fachsprachliche Fremdheit zurückzuführende Beliebigkeit im Umgang mit Unverstandenem und eine daran gekoppelte marginale Gedächtnisleistung.[646]

Stufe 2 zeichnet sich aus durch eine auf fachsprachliche Fremdheit zurückgehende Zurückhaltung im Umgang mit Inhalten, die die Schüler*innen aufgrund besonderer Anstrengung durchdrungen und daher solide im Gedächtnis abgespeichert haben.[647]

Stufe 3 stellt den reichhaltigen Umgang mit Durchdrungenem und die daran gekoppelte profunde Gedächtnisleistung dar, die sich auf fachsprachliche Vertrautheit zurückführen lassen.

Threshold Hypothesis

Diese drei Stufen finden sich bereits in der zuerst von Jim Cummins formulierten *threshold hypothesis*. Cummins geht davon aus, dass es eine untere (*lower proficiency threshold*) und eine obere zweitsprachliche Kompetenzschwelle (*higher proficiency threshold*) gibt.[648] Die *threshold hypothesis* besagt, dass ein sprachli-

646 »[It] is certainly not the case that a high degree of difficulty in the input information does always lead to a more intense semantic processing. Here, we still lack knowledge about how well the language proficiency needs to be developed in order to trigger the conceptual processes, and when the learners are overchallenged to a degree that makes them stop the task processing altogether. This question is particularly interesting for the development of didactic material for different learner groups, and has to be investigated empirically as well.« *Heine:* Problem Solving. 2010, S. 188.

647 *Lamsfuß-Schenk:* Fremdverstehen. 2008, S. 184.

648 *James Cummins:* The Influence of Bilingualism on Cognitive Growth: A Synthesis of Research Findings and Explanatory Hypotheses. Working Papers on Bilingualism 9, 1976, S. 2–

ches Kompetenzniveau in der zweiten Sprache unterhalb der unteren Schwelle den Schüler*innen eher schadet, während eines oberhalb der oberen Schwelle ihnen eher nutzt.[649] Zwischen diesen beiden Schwellen existieren diese Effekte nicht. Diese (doppelte) Schwellenhypothese scheint bei dem fachsprachlichen Vergleich regulär und monolingual unterrichteter Schüler*innen mit bilingual unterrichteten Schüler*innen zu greifen, wenn sowohl der englischsprachige als auch der deutschsprachige Rahmen Berücksichtigung findet:

Die bisher erzielten Studienergebnisse zu Hypothesen 1.4.3–1.4.6 weisen bezüglich der fachlichen Zweitsprachkompetenz darauf hin, dass die zwei Schwellen zwischen Stufe 1 und 2 und zwischen Stufe 2 und 3 zu verorten sind. Die Ergebnisse, die ein regulärer und monolingualer Unterricht mit 0 % englischem und 100 % deutschem Spracheinsatz erzielt, können nun verglichen werden mit einem Spektrum an englischem und deutschem Spracheinsatz im bilingualen Geschichtsunterricht. Um die sprachlichen Schwellenwerte zu definieren, die die Schüler*innen-Gruppen offenbar unterscheiden, ist zunächst der minimale und der maximale englische Spracheinsatz im bilingualen Unterricht zu erfassen. Der von den Schüler*innen geschätzte englische Sprachanteil im aktuellen bilingualen Geschichtsunterricht ermöglicht das. Dieser je individuell geschätzte Wert wird pro Klasse gemittelt. Die mittlere Standardabweichung beträgt 10,3. Es ergibt sich also ein Klassenwert bezüglich des englischen Sprachanteils im bilingualen Geschichtsunterricht.[650] Der so festgestellte minimale englische Spracheinsatz im bilingualen Geschichtsunterricht liegt bei 71 %.[651] Maximal werden 91 % Englisch gesprochen. Um die Stufen abzubilden,

---

44; *James Cummins:* Linguistic Interdependence and the Educational Development of Bilingual Children. In: Review of Educational Research 49, 1979, H. 2, S. 222–251.

649 *Cummins:* Influence. 1976, S. 4, 25.

650 Weil hier die historische Fachsprache (nach *Willenberg:* Wortschatz. 2017, S. 132f.) untersucht wird, wird der englische Spracheinsatz im Englischunterricht oder andere vergleichbare Faktoren wie z. B. Auslandsaufenthalte der Schüler*innen explizit nicht berücksichtigt. Die Berücksichtigung der vorangegangenen Jahre bilingualer Geschichtsunterrichtserfahrung in Kombination (Multiplikation) mit dem geschätzten Fremdspracheneinsatz im aktuellen bilingualen Unterricht im Klassenmittel wäre für die vorliegende fachsprachliche Untersuchung eine denkbare alternative Variable. Allerdings wäre eine solche englische Sprachkompetenz zwar im Fach Geschichte ausgebildet worden, wäre aber ebenfalls allgemeinerer Art, als der hier im Sinne Willenbergs ausgewählte, themenorientierte Ansatz. Die dieser Arbeit zugrunde liegende Fachsprachendefinition ist enger gefasst.

651 Das bestätigen an anderer Stelle bereits ausgesprochene Empfehlungen zum Spracheinsatz im bilingualen Unterricht: Müller-Schneck etwa empfiehlt für den bilingualen Unterricht, 20–30 % Deutsch zu verwenden. In: *Elke Müller-Schneck:* Bilingualer Geschichtsunterricht. Theorie, Praxis, Perspektiven. Frankfurt a. M. 2012, S. 297. Kritisch dazu: *Wolfgang Hasberg:* Sprache(n) und Geschichte. Grundlegende Annotationen zum historischen Lernen in bilingualer Form. In: Zeitschrift für Geschichtsdidaktik 1, 2002, S. 52–72, hier S. 58.

die in der threshold Hypothese beschrieben werden, ist es in der empirischen Literatur zu diesem Thema etabliert, die Stichprobe in Terzile zu unterteilen.[652]

In Bezug auf den Übergang von Stufe 1 zu Stufe 2 ermöglicht ein Zielspracheneinsatz von mindestens 71 % also ein fachsprachliches Kompetenzniveau, auf dem die sprachliche Fremdheit im Englischen nicht mehr zu Beliebigkeit (Stufe 1), sondern zu Fokussierung (Stufe 2) führt. Das nötige fachsprachliche englische Kompetenzniveau, Cummins' *lower proficiency level*, liegt also zwischen 0 % (Angabe regulär und monolingual unterrichteter Schüler*innen im Englischen) und 71 % (geringste Angabe bilingual unterrichteter Schüler*innen) englischem Fachspracheinsatz im Geschichtsunterricht.[653]

Weiterführend – von Stufe 2 zu Stufe 3 – stellt sich sodann die Frage, ab welchem fachsprachlichen Kompetenzniveau die sprachliche Fremdheit umschlägt in sprachliche Vertrautheit. Dafür ist ein Zielspracheinsatz von über 91 % (höchste Angabe bilingual unterrichteter Schüler*innen) bis zu 100 % (Angabe regulär und monolingual unterrichteter Schüler*innen im Deutschen) nötig.

Diese Angaben liefern ein Raster, das zwar die Gruppen und den jeweiligen Spracheinsatz berücksichtigt, in Bezug auf den bilingualen Unterricht aber noch sehr grob ausfällt. Während nämlich alle regulär und monolingual unterrichteten Schüler*innen 0 % Englisch und 100 % Deutsch im Geschichtsunterricht sprechen, zeigt die Angabe eines maximalen und eines minimalen englischen Spracheinsatzes der befragten bilingual unterrichteten Schüler*innen, dass der englische Spracheinsatz im bilingualen Unterricht ein Spektrum darstellt.

Die Analyse dieses Spektrums ermöglicht es, Cummins' *threshold hypothesis* vertiefend auf den bilingualen Geschichtsunterricht anzuwenden. So kann empirisch geprüft werden, ob – zum Ersten – »ein bilingualer Unterricht für die Lernenden eher von Schaden als von Nutzen« ist, wenn eine untere zweitsprachliche Kompetenzschwelle nicht erreicht wird.[654] Zum Zweiten wird so untersucht, ob die »stärker analytisch geprägte Sprachbewusstheit«[655] oberhalb einer zweiten Kompetenzschwelle eine erhöhte kognitive Leistung im Sachfach begünstigt.[656]

Um die *threshold hypothesis* für einen differenzierten Blick auf den englischen Spracheinsatz im bilingualen Geschichtsunterricht nutzbar zu machen, soll also

652 *Vockrodt-Scholz:* Interdependenz. 2007, S. 225f.

653 Eine genauere Eingrenzung in weiteren Arbeiten, die sich auf bilingualen Geschichtsunterricht beziehen und so die Fachsprache fokussieren ist wünschenswert. Studien zum allgemeinen englischen Spracheinsatz und fachlichen Leistungen kommen zu vergleichbaren Ergebnissen: *Vockrodt-Scholz:* Interdependenz. 2007, S. 230; *Charles Alderson:* Assessing Reading. Cambridge 2000, S. 104.

654 *Vockrodt-Scholz:* Interdependenz. 2007, S. 211; *Heine:* Problem Solving. 2010, S. 188.

655 *Vockrodt-Scholz:* Interdependenz. 2007, S. 212.

656 *Cummins:* Interdependence. 1979, S. 230.

davon ausgegangen werden, dass hier ebenfalls ein *lower proficiency level* und ein *higher proficiency level* in Bezug auf das fachliche Lernen nachweisbar sind. Plausibel erscheint, dass ein geringer englischer Spracheinsatz im bilingualen Geschichtsunterricht zu einem Verbleiben unterhalb des *lower proficiency level*, ein erhöhter englischer Spracheinsatz zu einem Erreichen des *higher proficiency level* führt. Die Antworten der bilingual unterrichteten Schüler*innen werden entsprechend kleinschrittiger untersucht und wie folgt operationalisiert: Ein *lower proficiency level* im Englischen drückt sich – wie oben – aus in einer Beliebigkeit bei dem Raten vieler Propositionen und einer daran geknüpften marginalen Übertragung, die Rückschlüsse auf eine geringe Gedächtnisleistung zulässt. Die Antworten der bilingual unterrichteten Schüler*innen mit geringem englischen Spracheinsatz sollten also vergleichbar sein mit denen der regulär und monolingual unterrichteten Schüler*innen bei englischer Erstbegegnung. Das *higher proficiency level* im Englischen wird – wie bisher – als erreicht angenommen, wenn Propositionen reichhaltig geraten und profund in den zweiten sprachlichen Rahmen, also ins Deutsche, übertragen werden. Die Antworten der bilingual unterrichteten Schüler*innen mit hohem englischem Spracheinsatz sollten vergleichbar sein mit denen der regulär und monolingual unterrichteten Schüler*innen bei deutscher Erstbegegnung.

Passend zu dieser die Schüler*innen in drei *proficiency level* Gruppen teilenden *threshold hypothesis* und in Anlehnung an erste empirische Erhebungen zum Zusammenhang von englischer Sprachkompetenz und »sachfachbezogenen Diskurskompetenzen«[657] wird zunächst der Spracheinsatz im bilingualen Geschichtsunterricht zur Eruierung unterschiedlicher *proficiency levels* in Terzilen untersucht.

Die Einteilung in drei vergleichbar große Gruppen ermöglicht es so, zu bestimmen, was ein »geringer« (1. Terzil 71 %–79 %, n = 41), was ein »gemäßigter« (2. Terzil 79 %–83 %, n = 40) und was ein »hoher« (3. Terzil 83 %–91 %, n = 41) englischer Spracheinsatz im praktizierten bilingualen Geschichtsunterricht ist.

Tabelle 13: Englischer Spracheinsatz im bilingualen Geschichtsunterricht nach der Einteilung der Schüler*innen in Terzile. Die Angaben der einzelnen Schüler*innen wurden pro Klasse gemittelt.

Terzil	**Englischer Spracheinsatz**	**Englischer Spracheinsatz (%)**	**n (bilingual unterrichtete Schüler*innen)**
1	hoch	71–79	41
2	gemäßigt	80–83	40
3	gering	84–91	41

657 *Vockrodt-Scholz:* Interdependenz. 2007, S. 225f.

Auf dieser Grundlage wird also die *lower* und *higher threshold hypothesis* anhand der Hypothesen 1.4.7 und 1.4.8 auf den bilingualen Geschichtsunterricht angewendet. Die entsprechend der Präsentation der Arbeit nummerierten Hypothesen werden im Folgenden ergänzt durch die Bezeichnungen »bg« (geringer englischer Spracheinsatz), »bm« (gemäßigter englischer Spracheinsatz) und »bh« (hoher englischer Spracheinsatz). Sie prüfen vergleichend diese drei bilingual unterrichteten Schüler*innen-Gruppen in Bezug auf das ratende Erläutern und eine daran geknüpfte Gedächtnisleistung.

Hypothese 1.4.7 (bg-bm): Bei den befragten bilingual unterrichteten Schüler*innen mit einem geringen englischen Spracheinsatz im Geschichtsunterricht ist ein ratendes Erläutern im Englischen stärker ausgeprägt als bei den befragten bilingual unterrichteten Schüler*innen mit gemäßigtem englischen Spracheinsatz.

Die Hypothese bewährt sich.

Hypothese 1.4.7 (bm-bh): Bei den befragten bilingual unterrichteten Schüler*innen mit einem gemäßigten englischen Spracheinsatz im Geschichtsunterricht ist ein ratendes Erläutern im Englischen geringer ausgeprägt als bei den befragten bilingual unterrichteten Schüler*innen mit hohem englischen Spracheinsatz.

Die Hypothese bewährt sich.

Hypothese 1.4.8 (bg-bm): Bei den befragten bilingual unterrichteten Schüler*innen mit einem geringen englischen Spracheinsatz im Geschichtsunterricht ist die Gedächtnisleistung bei englischsprachiger Erstbegegnung marginaler als bei den befragten bilingual unterrichteten Schüler*innen mit gemäßigtem englischen Spracheinsatz.

Die Hypothese bewährt sich nicht.

Hypothese 1.4.8 (bm-bh): Bei den befragten bilingual unterrichteten Schüler*innen mit einem geringen englischen Spracheinsatz im Geschichtsunterricht ist die Gedächtnisleistung bei englischsprachiger Erstbegegnung profunder als bei den befragten bilingual unterrichteten Schüler*innen mit hohem englischen Spracheinsatz.

Die Hypothese bewährt sich nicht.

Die Ergebnisse der Datenauswertung zu Hypothesen 1.4.7 und 1.4.8 werden in Abbildung 60 veranschaulicht.

Die Untersuchung der Anzahl geratener Propositionen pro Terzil zeigt, dass die befragten bilingual unterrichteten Schüler*innen, die angeben, einen gerin-

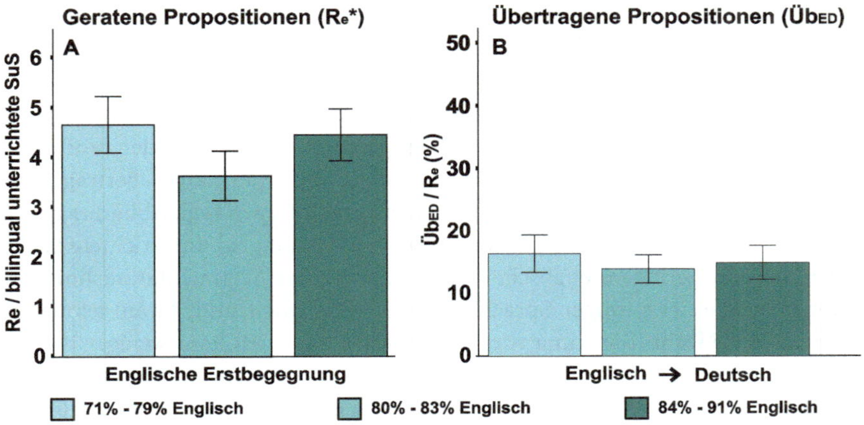

Abbildung 60: A) Anzahl geratener englischer Propositionen bilingual unterrichteter Schüler*-innen mit im Geschichtsunterricht vorausgegangenem geringen, gemäßigten und hohen englischen Spracheinsatz bei englischer Erstbegegnung (R_e) und B) die anteilige Übertragung der im Englischen geratenen Propositionen ins Deutsche ($Üb_{ED}$) pro Gruppe. A) Bilingual unterrichtete Schüler*innen mit geringem englischen Spracheinsatz raten im Englischen signifikant mehr als bilingual unterrichtete Schüler*innen mit gemäßigtem englischen Spracheinsatz. Bilingual unterrichtete Schüler*innen mit gemäßigtem englischen Spracheinsatz raten signifikant weniger Propositionen als die bilingual unterrichteten Schüler*innen mit hohem englischen Spracheinsatz. B) Bilingual unterrichtete Schüler*innen mit geringem, gemäßigtem und hohem englischen Spracheinsatz übertragen vergleichbar viele geratene Propositionen aus dem Englischen ins Deutsche. *p < 0,05, **p < 0,01, ***p < 0,001.

gen englischen Spracheinsatz von 71–79 % Englisch im aktuellen Geschichtsunterricht zu erfahren, bei englischer Erstbegegnung im Mittel signifikant mehr Propositionen raten (4,6) als die bilingual unterrichteten Schüler*innen der Stichprobe, die einen gemäßigten englischen Spracheinsatz in ihrem Geschichtsunterricht identifiziert haben (80–83 %; 3,2). Bilingual unterrichtete Schüler*innen, die mit 84–91 % Englisch im aktuellen bilingualen Geschichtsunterricht einen hohen englischen Sprachanteil erfahren, produzieren wiederum signifikant mehr geratene Propositionen als die zweite Terzilgruppe (4,4) (vgl. Abbildung 60A). Hypothesen 1.4.7 bewähren sich also. Die Argumentationslinien, die für den Vergleich von deutschsprachig und bilingual unterrichteten Schüler*innen plausibel scheinen, können also – wie angenommen – offenbar auch für den Vergleich der befragten bilingual unterrichteten Schüler*innen untereinander herangezogen werden. Ein englischer Spracheinsatz bis 79 % ist demnach noch zu gering, um Sicherheit im Umgang mit der englischen Fachsprache zu gewährleisten. Das Raten ist Beliebigkeit geschuldet. Ein englischer Spracheinsatz von 80–83 % führt zu Fokussierung bei dem Raten von Sinnzusammenhängen, und ein englischer Sprachanteil von über 84 % ist ausreichend, um sprachlich elaboriert vielfältig Sinnzusammenhänge produzieren zu können.

Zweitsprachliche Kompetenzschwellen könnten so im Sinne einer *lower level proficiency* bei 79 % englischem Spracheinsatz und im Sinne einer *higher level proficiency*[658] bei 84 %, englischem Spracheinsatz ausgemacht werden.

Die Argumentationsschritte Beliebigkeit, Fokussierung, Reichhaltigkeit werden aber erst in Kombination mit der Frage nach marginaler oder profunder Gedächtnisleistung als Argumentationslinien komplettiert. Die Übertragungsraten unterscheiden sich nicht zwischen den Terzilgruppen (vgl. Abbildung 60B; 1. Terzil: 16 %, 2. Terzil: 14 %; 3. Terzil: 15 %). Um bilingual unterrichtete Schüler*innen mit geringem englischen Spracheinsatz der Argumentationslinie zuzuordnen, die bei geringer Sprachkenntnis Beliebigkeit und daran geknüpfte marginale Gedächtnisleistung vorsieht, müssten sie signifikant weniger Propositionen übertragen als die des zweiten Terzils. Damit die Schüler*innen des zweiten Terzils der Argumentationslinie Fokussierung und daran geknüpfter profunder Gedächtnisleistung zugeordnet werden können, müssten sie wiederum signifikant weniger Propositionen übertragen als die des dritten Terzils. Derartige Signifikanzen und auch ein derartiger Trend sind nicht erkennbar. Hypothesen 1.4.8 bewähren sich damit nicht. Der Vergleich der Antworten bilingual unterrichteter Schüler*innen nach englischem Spracheinsatz anhand von Terzilen zeigt damit zusammenfassend weder ein *lower* noch ein *higher proficiency level* an, das die Erinnerung bei englischem Spracheinsatz eher schadhaft oder eher nützlich beeinflussen würde.[659]

Öffnet man diesen Vergleich von bilingualen Terzilgruppen noch einmal und bezieht die Antworten der regulär und monolingual unterrichteten Schüler*-innen in diesen weiteren Vergleich ein, zeigt sich zur Frage der Gedächtnisleistung zweierlei: zum einen, dass es im bilingualen Geschichtsunterricht offenbar keinen englischen Spracheinsatz gibt, der die Gedächtnisleistung der bilingual unterrichteten Schüler*innen für das Englische so hemmt, dass sie der der regulär und monolingual unterrichteten Schüler*innen im Englischen entspricht: Auch bei lediglich 71–79 % englischem Spracheinsatz übertragen bilingual unterrichtete Schüler*innen 16 % der geratenen Propositionen vom Englischen ins Deutsche, während regulär unterrichtete Schüler*innen nur 9 % und monolingual unterrichtete nur 11 % erinnern. Zum anderen ist kein englischer Spracheinsatz feststellbar, der die Erinnerungsleistung der bilingual unterrichteten Schüler*innen für das Englische so fördert, dass sie der der regulär und monolingual unterrichteten Schüler*innen im Deutschen entspricht: Auch bei 84–91 % englischem Spracheinsatz erinnern sich bilingual unterrichtete Schüler*innen an

658 Wobei »*higher*« in diesem Zusammenhang lediglich als Gegenüberstellung zu »*lower*« zu verstehen ist, nicht in Bezug auf ein vergleichendes Ergebnis zwischen bilingual und monolingual im Deutschen unterrichteten Schüler*innen.

659 *Vockrodt-Scholz:* Interdependenz. 2007, S. 211f.; *Heine:* Problem Solving. 2010, S. 188.

lediglich 15 % der im Englischen geratenen Propositionen, während regulär unterrichtete Schüler*innen 20 % und monolingual unterrichtete Schüler*innen 22 % der von ihnen im Deutschen geratenen Propositionen übertragen. Denkbar bleibt, dass ein solcher *lower proficiency threshold* unter 71 % englischem Spracheinsatz und ein entsprechender *higher proficiency threshold* oberhalb von 91 % englischem Spracheinsatz liegt. Ein derart geringer bzw. hoher englischer Spracheinsatz konnte in der gezogenen Stichprobe für keine bilingual unterrichtete Klasse ermittelt werden.[660]

6.3.1.4.5 Fazit: Verarbeitungstiefe

Ein Vergleich der drei Gruppen unter Berücksichtigung deutscher und englischer Fachsprache kann für die bilingual unterrichtete Schüler*innen-Gruppe also die in der Literatur angeführte Argumentationslinie zur Gedächtnisleistung bestätigen: Die Fremdheit der Fachsprache führt bei bilingual unterrichteten Schüler*innen zu einem reduzierten Rateverhalten und einer profunden Verarbeitung.[661] Interessanterweise gilt dies für das Englische ebenso wie für das Deutsche. Hier liegt der Rückschluss auf ein im Vergleich zu regulär und monolingual unterrichteten Schüler*innen vermindertes deutsches Fachsprachenniveau der bilingual unterrichteten Schüler*innen nahe.[662]

Die vorliegenden Ergebnisse qualifizieren diese Argumentationslinie außerdem und geben damit erste Antworten zu einem bisherigen Forschungsdesiderat[663]: Der Einsatz der Fremdsprache scheint nicht grundsätzlich zu einer fokussierten Durchdringung der Inhalte und einer so bedingten besonderen Verarbeitungstiefe zu führen.[664] Vielmehr gelten offenbar zwei Einschränkungen: Zum einen müssen die Schüler*innen die englische Fachsprache zu einem gewissen Grad im Unterricht kennengelernt haben.[665] Ab 71 % englischem Spracheinsatz scheint dieser Grad erreicht zu sein.[666] Zum anderen erreichen die Schüler*innen im bilingualen Unterricht, der der repräsentativen Stichprobe zugrunde liegt, weder im Deutschen noch im Englischen den Grad an sprachli-

660 Dazu passt die Erhebung von Wannagat, der einen maximalen englischen Spracheinsatz von 93 % im bilingualen Unterricht der 10. Jahrgangsstufe festgestellt hat. *Wannagat:* Vergleichsstudie. 2010, S. 99, 132.

661 z. B.: *Lamsfuß-Schenk:* Fremdverstehen. 2008, S. 250; *Wildhage:* Praxis. 2009, S. 81; *Niemeier:* Bilingualismus. 2010, S. 44.

662 Z. B. *Hasberg:* Möglichkeiten. 2004, S. 130. Passend fügen sich in diese Deutung auch die Ergebnisse zu Hypothesen 1.3.1.

663 *Heine:* Problem Solving. 2010, S. 188.

664 Vgl. auch *Lamsfuß-Schenk:* Fremdverstehen. 2008, S. 254.

665 *Cummins:* Interdependence. 1979, S. 229f.: *lower proficiency level.*

666 Entsprechende Befunde auch schon in: *Müller-Schneck:* Perspektiven. 2006, S. 297.

cher Vertrautheit, den die befragten monolingual und regulär unterrichteten Schüler*innen im Deutschen erreichen.[667]

6.3.1.5 Fazit: Konzeptwahrnehmung

Die bilingual unterrichteten Schüler*innen der Stichprobe können die aus dem englischen Schulbuchkontext eruierten Referenzkonzepte nicht erfolgreicher, die deutschen Referenzkonzepte dagegen signifikant erfolgreicher bilden als die befragten monolingual und regulär unterrichteten Schüler*innen (Hypothesen 1.1.1, 1.1.2 und 1.1.3). Zugleich vermischen und überlagern die bilingual unterrichteten Schüler*innen die aus dem deutschen Schulbuch entnommenen Referenzkonzepte bei der aktiven Propositionsproduktion deutlich häufiger und stärker als die Vergleichsgruppen (Hypothesen 1.2.1 und 1.2.2). Die »erste konzeptuelle Welt« ist damit eher Interferenzen ausgesetzt, aber auch besonders ausgeprägt. Der besondere Erfolg der bilingual unterrichteten Schüler*innen bei der deutschen Konzeptbildung beruht offenbar nicht darauf, dass sie die deutschen Fachbegriffe besser kennen (Hypothese 1.3.3).[668] Ausschlaggebend scheint eher zu sein, dass ihnen die entsprechenden Sinnzusammenhänge plausibler erscheinen – und das v.a. da, wo internationale, v.a. bilaterale Beziehungen relevant sind, und da, wo Deutsche als Täter auftreten (vgl. Inhaltliche Analyse). Zudem ist denkbar, dass die erfolgreiche deutsche Konzeptbildung der hier untersuchten bilingual unterrichteter Schüler*innen auf einer besonders profunden Verarbeitungstiefe der unterrichteten Inhalte beruht (Hypothesen 1.4.1, 1.4.2, 1.4.3 und 1.4.4). Diese wird durch den Einsatz der Fremdsprache aber offenbar nicht bedingungslos verbessert (Hypothesen 1.4.5 und 1.4.6). Voraussetzung scheint das Erreichen einer bestimmten zweitsprachlichen Kompetenzschwelle in der Fremdsprache zu sein (Hypothesen 1.4.7 und 1.4.8). Diese Schwelle ist im untersuchten bilingualen Geschichtsunterricht mit einem minimal festgestellten englischen Spracheinsatz von 71 % erreicht. Eine ähnlich profunde Gedächtnisleistung wie die der regulär und monolingual unterrichteten Schüler*innen, der der Einsatz des Deutschen im Unterricht vorausgegangen

667 Diese Ergebnisse stützen die empirischen Befunde von *Andreas Bonnet:* Towards an Evidence Base for CLIL. How to Integrate Qualitative and Quantitative as well as Process, Product and Participant Perspectives in CLIL Research. In: International CLIL Research Journal 1, 2012, H. 4, S. 66–78, hier S. 68; Konzeptionell erklärt dies Phänomen z.B. Barricelli in: *Michele Barricelli/Falk Zwicker:* Different words, possible worlds. Zum Problem des code-switching im bilingualen Geschichtsunterricht. In: Zeitschrift für Geschichtsdidaktik 1, 2002, S. 14–24, hier S. 22.

668 Auch die englischen Fachbegriffe kennen die bilingual unterrichteten Schüler*innen nicht besser (vgl. Hypothesen 1.3.1 und 1.3.2).

ist, konnte für keinen englischen Spracheinsatz im bilingualen Geschichtsunterricht festgestellt werden (Hypothesen 1.4.7 und 1.4.8).

Die in der konzeptionellen Literatur spezifisch für den bilingualen Geschichtsunterricht entworfenen fachlichen Ziele wurden in Teilen erreicht. Die fachliche Bereicherung um eine konzeptuell im Englischen verankerte Geschichtserzählung, über die bilingual unterrichtete Schüler*innen aktiv verfügen könnten, fehlt ihnen offenbar noch. Ob sie diese zweite kulturelle Erzählung erfolgreicher *erkennen* können, wird die Prüfung der Hypothesen 2 zeigen.

6.3.2 Konzeptdifferenzierung

Wolfgang Edelstein u. a. unterscheiden aus sozialpsychologischer Perspektive »(a) Perspektivendifferenzierung, d.i. das Wissen um die Differenz zweier Perspektiven, (b) Perspektivenübernahme, d.i. die inhaltliche Ausgestaltung der fremden Perspektive, (c) Perspektivenkoordinierung, d.i. die auf einer Meta-Ebene vollzogene Integration inhaltlich unterschiedlicher Perspektiven.«[669] Auch in der Geschichtsdidaktik gilt die Perspektivendifferenzierung, das »kategorische Fassen« von »Eigenem« und »Fremdem«, als Voraussetzung für die Koordination verschiedener Perspektiven.[670] »Eigenes« muss also bekannt sein, »Fremdes« erkannt werden.[671]

Dem zweisprachigen Geschichtsunterricht wird hierfür eine besondere Rolle zugeschrieben: Anders als der monolinguale Unterricht zwinge er zum Vergleich.[672] So werde durch die Thematisierung des »Anderen« auch das »Eigene« klarer konturiert.[673] Inhaltlich ausgestaltet wird das »Eigene« und »Fremde« im deutsch-englisch bilingualen Geschichtsunterricht in spezifisch interkultureller Weise: Es gilt, eine im Deutschen und eine im Englischen verfasste Perspektive auf Geschichte zu kennen und zu kontrastieren. Bilingual unterrichtende Lehrkräfte verfolgen dieses Ziel explizit[674] und scheinen es zu erreichen. Erste Beobachtungen, die »vor allem qualitativer Natur« waren, zeigten, dass bilingual unterrichtete Schüler*innen »einen höheren Grad an Bewusstheit im Umgang

669 *Wolfgang Edelstein/Monika Keller/Karl Wahlen:* Entwicklung sozialkognitiver Prozesse. Eine theoretische und empirische Rekonstruktion. In: *Dieter Geulen* (Hg.): Perspektivenübernahme und soziales Handeln. Texte zur sozial-kognitiven Entwicklung. Frankfurt a. M. 2005, S. 15–50.

670 Z. B. *Barricelli:* Dialog. 2009, S. 209.

671 Ebd.

672 *Herbert Christ:* Zweimal hinschauen. Geschichte bilingual lernen. In: *Lothar Bredella* (Hg.): Wie ist Fremdverstehen lehr- und lernbar? Vorträge aus dem Graduiertenkolleg »Didaktik des Fremdverstehens«. Tübingen 2000. S. 43–83, hier S. 78.

673 Z. B. *Barricelli:* Code-Switiching. 2002, S. 20; *Christ:* Zweimal. 2000, S. 53f.

674 *Kollenrott:* Sichtweisen. 2008, S. 138.

mit ›Eigenem‹ und ›Fremdem‹ aufweisen«.[675] In qualitativ-explorativen Studien zeigt sich, dass bilingual unterrichtete Schüler*innen »eine etwas stärkere Perspektivendifferenzierung« vornehmen als monolingual unterrichtete.[676] Eine repräsentative statistische Prüfung steht noch aus. Sie erfolgt hier anhand der Hypothesen 2. Sie prüfen, ob die bilingual unterrichteten Schüler*innen der repräsentativen Stichprobe unterschiedliche Konzepte eher kategorial fassen und damit häufiger (Hypothesen 2.1), korrekter (Hypothesen 2.2) und begründeter (Hypothesen 2.3) zwischen zwei Perspektiven differenzieren als die befragten regulär und monolingual unterrichteten Schüler*innen.

6.3.2.1 Häufigkeit, Korrektheit, Begründetheit

Die Konzeptdifferenzierung der drei Gruppen wird anhand der drei Faktoren »Häufigkeit«, »Korrektheit« und »Begründetheit« der Differenzierungsentscheidungen untersucht. Differenziert wurde, wenn bei Aufgabe 2 des Fragebogens entweder das deutsche oder das englische Schulbuch als Referenzrahmen für ein Konzept angegeben wurde. Wurden beide oder wurde keines der beiden möglichen Schulbücher angekreuzt, galt die Antwort als nicht differenziert. Die Ergebnisse werden gesammelt in Abbildung 61 dargestellt.

Ob der bilinguale Geschichtsunterricht die Kontrastierung zweier Konzepte näherlegt als ein rein deutschsprachiger, etwa, weil er »zum Vergleich zwingt«, prüfen die Hypothesen 2.1.

Hypothese 2.1 (b-r): Die befragten bilingual unterrichteten Schüler*innen differenzieren häufiger als die regulär unterrichteten.

Die Hypothese bewährt sich nicht.

Hypothese 2.1 (b-m): Die befragten bilingual unterrichteten Schüler*innen differenzieren häufiger als die monolingual unterrichteten.

Die Hypothese bewährt sich nicht.

Inhaltlich ausgestaltet werden die Perspektiven im bilingualen Unterricht durch das Deutsche und das Englische. Empirisch zu prüfen ist damit, ob bilingual unterrichtete Schüler*innen die ihnen präsentierten, aus dem deutschen Schulbuch entnommenen Referenzkonzepte eher dem deutschen Referenzrahmen und ob sie die entsprechenden englischen Referenzkonzepte eher dem englischen Referenzrahmen zuordnen als die deutschsprachig unterrichteten Schüler*innen. Das untersuchen die Hypothesen 2.2.

---

675 *Lamsfuß-Schenk:* Fremdverstehen. 2008, S. 248f.

676 *Clemen:* Bilingual. 2007, S. 723.

Hypothese 2.2 (b-r): Die befragten bilingual unterrichteten Schüler*innen ordnen die Referenzkonzepte häufiger korrekt dem sprachlich-kulturellen Referenzrahmen zu, aus dem sie entnommen wurden, als die regulär unterrichteten.

Die Hypothese bewährt sich nicht.

Hypothese 2.2 (b-m): Die befragten bilingual unterrichteten Schüler*innen ordnen die Referenzkonzepte häufiger korrekt dem sprachlich-kulturellen Referenzrahmen zu, aus dem sie entnommen wurden, als die monolingual unterrichteten.

Die Hypothese bewährt sich nicht.

Ausgehend von der einschlägigen Forschungsliteratur wird außerdem angenommen, dass bilingual unterrichtete Schüler*innen ihre Differenzierungsentscheidungen eher begründen als regulär und monolingual unterrichtete.[677] Lars Schmelter beschreibt diese »begründete Auswahl« als einen Prozess des Verstehens der eigenen Erkenntnis(wege) und der kritisch reflektierten Einordnung dieser Erkenntniswege in bestehende Konzepte.[678] Angenommen wird, dass bilingual unterrichtete Schüler*innen signifikant häufiger begründen können, warum sie eine bestimmte *Concept Map* einem bestimmten kulturellen Erzählrahmen zuordnen als regulär und monolingual unterrichtete. Die Hypothesen 2.3 prüfen diese Annahme.

Hypothese 2.3 (b-r): Ein größerer Anteil der befragten bilingual unterrichteten Schüler*innen differenziert begründet im Vergleich zu dem Anteil der regulär unterrichteten.

Die Hypothese bewährt sich.

Hypothese 2.3 (b-m): Ein größerer Anteil der befragten bilingual unterrichteten Schüler*innen differenziert begründet im Vergleich zu dem Anteil der monolingual unterrichteten.

Die Hypothese bewährt sich.

Die empirische Prüfung dieser drei Hypothesen zur Differenzierung (2.1–2.3) erfolgt unter Verwendung aller Schüler*innen-Antworten zu Aufgabe 2 des

677 Die im bilingualen Geschichtsunterricht besonders angestrebte Ausbildung der interkulturellen Kompetenz stärke das sog. »Interpretieren und In-Beziehung-Setzen«. Vgl. *Kollenrott:* Sichtweisen. 2008, S. 156–158; *Michael Byram:* Teaching and Assessing Intercultural Communicative Competence. Clevedon 1997, S. 49–54.

678 *Lars Schmelter:* Zwei Sprachen, ein Verfahren? Diagnostik und Leistungsbewertung im bilingualen Unterricht. In: *Bärbel Diehr/Angelika Preisfeld/Lars Schmelter* (Hrsg.): Bilingualen Unterricht weiterentwickeln und erforschen. Frankfurt a. M. 2016, S. 125–147, hier S. 133.

Fragebogens. Zwar wurden je nach Fragebogenversion[679] unterschiedliche Referenzkonzepte einem sprachlich-kulturellen Rahmen zugeordnet, aber alle Schüler*innen hatten die Möglichkeit, vier Referenzkonzepte zu verorten. Eine systematische Verschiebung der möglichen Ankreuzungshäufigkeiten durch zwei Fragebogenversionen ist damit vermieden.

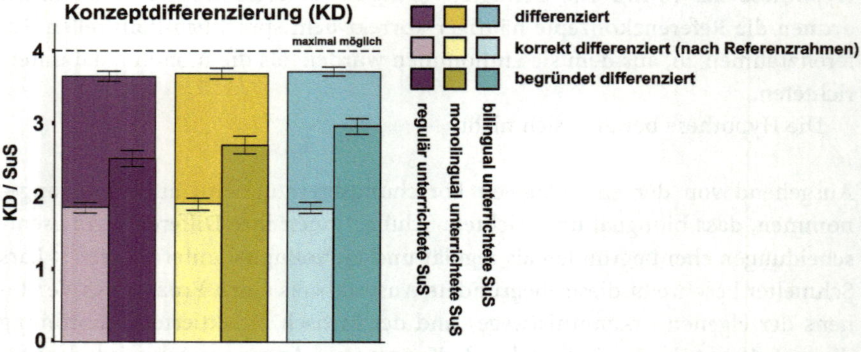

Abbildung 61: Konzeptdifferenzierung (KD) im Vergleich regulär, monolingual und bilingual unterrichteter Schüler*innen: Differenzierung zwischen den Referenzkonzepten (mittel), korrekte Einordnung in den sprachlich-kulturellen Referenzrahmen (hell) und Begründung der Differenzierungsentscheidung (dunkel). Ein signifikanter Unterschied besteht bei der Begründung der Differenzierungsentscheidungen zwischen regulär (**) und monolingual (*) unterrichteten Schüler*innen einerseits und bilingual unterrichteten Schüler*innen andererseits. $^{*}p < 0{,}05$, $^{**}p < 0{,}01$, $^{***}p < 0{,}001$.

Die Konzeptdifferenzierung (KD) der regulär, monolingual und bilingual unterrichteten Schüler*innen ist in Bezug auf die Frage danach, ob die Schüler*innen überhaupt differenzieren (Hypothesen 2.1), in Hinblick auf die Einordnung des jeweiligen Referenzkonzepts in seinen ursprünglichen sprachlich-kulturellen Referenzrahmen (Hypothesen 2.2) und in Bezug auf eine Begründung dieser Differenzierungsentscheidung (Hypothesen 2.3) in Abbildung 61 aufgetragen.

Für die Prüfung der Hypothesen 2.1 wurden die Schüler*innen-Antworten als differenzierende gewertet, die entweder das deutsche oder das englische Schulbuch als Referenzrahmen für ein Konzept angaben. Für den Fall, dass beide oder keines der beiden möglichen Schulbücher angekreuzt wurden, galt die Antwort als nicht differenziert. Berechnet wurde so zunächst die durchschnittliche Anzahl an Differenzierungen pro Schüler*innen-Gruppe. Die Schüler*innen aller drei Gruppen differenzieren durchschnittlich 3,5-mal. In den vorliegenden Daten ist also keine signifikant stärkere Differenzierung der bilingual unterrichteten Schüler*innen feststellbar.

679 Vgl. Kap. 5 und Anhang S. 68–92.

Die Prüfung der Hypothesen 2.2 schließt an dieses Ergebnis an. Wenn die Schüler*innen differenzieren, haben sie die Möglichkeit, das vorliegende Konzept dem deutschen oder dem englischen Referenzrahmen zuzuordnen. Bei bloßem Raten ist also davon auszugehen, dass 50 % der Schüler*innen-Antworten richtig und 50 % falsch sind. Die Differenz zwischen durchschnittlich korrekter und durchschnittlich falscher Differenzierung ist damit der Anteil, der nicht geraten wurde. Lediglich 1,6 % der regulär unterrichteten Schüler*innen-Antworten, 3,2 % der monolingual unterrichteten Schüler*innen-Antworten und 0,6 % der bilingual unterrichteten Schüler*innen-Antworten weichen von dieser Rate ab. Die Daten zeigen damit, dass regulär, monolingual und bilingual unterrichtete Schüler*innen – alle vergleichbar – *raten*, aus welchem sprachlich-kulturellen Rahmen ein Referenzkonzept stammen könnte.

Mithilfe der Hypothesen 2.3 wurde geprüft, wie die Schüler*innen ihre Differenzentscheidung begründen. Als Begründung wird die Einkreisung eines bestimmten *Concept Map*-Bereiches gewertet. Der Unterschied zwischen dem Begründungsumfang bilingual unterrichteter Schüler*innen (durchschnittlich 2,8 eingekreiste Propositionen) und monolingual unterrichteter Schüler*innen (durchschnittlich 2,5 eingekreiste Propositionen) ist signifikant ($p = 0{,}049$); genauso wie der zwischen bilingual und regulär (durchschnittlich 2,4 eingekreiste Propositionen) unterrichteten Schüler*innen ($p = 0{,}002$). Zwischen monolingual und regulär unterrichteten Schüler*innen zeigt der t-Test keinen signifikanten Unterschied hinsichtlich der bewussten Differenzierung.

Die bilingual unterrichteten Schüler*innen der Stichprobe differenzieren vergleichbar stark wie die regulär und monolingual unterrichteten (2.1). Dabei ordnen sie die Referenzkonzepte genauso wenig treffsicher dem deutschen oder dem englischen Rahmen zu wie die beiden deutschsprachig unterrichteten Schüler*innen-Gruppen (2.2). Sie begründen ihre Differenzierungsentscheidung jedoch signifikant häufiger (2.3).

Die Untersuchung zu Hypothesen 2 zeigt damit, ob eine Begründung vorgenommen wurde und wie häufig dies im Schüler*innen-Gruppenvergleich geschah. Dabei ist zur Qualität der Begründung, die pro Schüler*innen-Gruppe ebenfalls variieren kann, noch keine Aussage getroffen worden. Die folgende inhaltliche Analyse untersucht diese Frage nach der Qualität der Begründungen vertiefend im Vergleich der Schüler*innen-Gruppen.

Inhaltliche Analyse zur Begründung der Differenzierungen

Der einzige Unterschied, der hinsichtlich einer Perspektivendifferenzierung zwischen den drei untersuchten Schüler*innen-Gruppen statistisch signifikant ist, liegt bei der Begründung der Differenzierungsentscheidung vor. Eine inhaltliche Analyse dieser Begründungen ist deshalb von Interesse. Dabei soll hier nicht untersucht werden, ob die Begründungen als sachlich korrekt gelten können. Es geht stattdessen um das Heranziehen der aus dem deutschen und dem englischen Schulbuch eruierten Referenzpropositionen zur Begründung der Entscheidung dafür, ob es sich um deutsche oder englische Referenzkonzepte handelt. Die vergleichsweise häufigere Begründung der Differenzierung durch die befragten bilingual unterrichteten Schüler*innen ist möglicherweise darauf zurückzuführen, dass sie sowohl deutsche Referenzpropositionen für die Einordnung eines deutschen Konzepts in den deutschen Referenzrahmen anführen als auch englische Referenzpropositionen als Begründung für die Einordnung des englischen Konzepts in den englischen Rahmen. Regulär und monolingual unterrichtete Schüler*innen könnten sich auf deutsche Propositionen für deutsche Einordnungen beschränken.

Überprüfen lässt sich diese These anhand des Begründungsverhaltens der drei Gruppen zu dem Referenzkonzept, das im Deutschen und Englischen relevant ist und aus je verschiedenen Propositionen besteht[680]: »Wilhelm II./Wilhelm II«.

Tabelle 14: Tendenziell unterschiedlich häufig von den Gruppen für die Differenzierungsentscheidung herangezogene Propositionen. Die Sprache der Propositionen entspricht ihrem Referenzrahmen. Unter »Wilhelm II.« und »Wilhelm II« wurde in den deutschen Rahmen, unter Wilhelm II in den englischen Rahmen begründend eingeordnet. Die Gruppe, deren Übereinstimmungsrate von denen der anderen Gruppen abweicht, ist mit (+) gekennzeichnet. Der Freiheitsgrad für $\chi2$ ist 2. *$p < 0,05$, **$p < 0,01$, ***$p < 0,001$.

				Schüler*innen (n und %)		
Begründungsproposition			χ^2, p	Regulär	Mono-lingual	Bi-lingual
Wilhelm II.	1	Wilhelm II. – entließ → Bismarck	5,6 0,06	n = 6 2,04	n = 15⁺ 6,38	n = 8 3,1
Wilhelm II.	2	Wilhelm II. – entließ → Bismarck	13,6 0,001	n = 8 2,72	n = 0 0	n = 15⁺ 5,81
	3	Wilhelm II – dismissed → ministers	3,4 0,18	n = 4 1,36	n = 7 2,98	n = 9⁺ 3,49

Tabelle 14 zeigt die Propositionen aus dem »Wilhelm II./Wilhelm II«-Konzept auf, die die bilingual unterrichteten Schüler*innen im Gruppenvergleich besonders häufig bzw. besonders selten zur Begründung ihrer Differenzierungsentscheidung verwendet haben.

680 Das zweite im Deutschen und Englischen relevante Konzept »Buren/Boers« besteht im Deutschen lediglich aus auch im englischen Konzept enthaltenen Propositionen.

Festzuhalten ist zunächst, dass die Schüler*innen aller drei Gruppen fast keine Proposition signifikant unterschiedlich häufig als Begründung für die Differenzierungsentscheidung heranziehen (vgl. Tabelle 14). Lediglich in einem Fall liegt ein signifikanter Unterschied vor. Wegen der sehr geringen Fallzahlen ist die Analyse aber mit Vorsicht zu betrachten. Es scheint vielmehr, als verweise keine Gruppe vergleichsweise besonders häufig begründend auf eine inhaltliche Erzählung, um ein bestimmtes Konzept als englisch oder deutsch zu bestimmen. Interessant ist, dass die größten Begründungsunterschiede zwischen den Gruppen sich in lediglich einer inhaltlichen Proposition niederschlagen (vgl. Tabelle 14); nämlich in der, die die Entlassung entweder Bismarcks oder beliebiger Minister durch »Wilhelm II./Wilhelm II« thematisiert. Sowohl für den deutschen als auch für den englischen sprachlich-kulturellen Rahmen und sowohl für die deutschsprachig als auch für die bilingual unterrichteten Schüler*-innen ist diese inhaltliche Ausgestaltung offenbar relevant für das Erschließen und die Begründung der jeweiligen Perspektive.

Diese Propositionen wurden für die vergleichende Fragebogenuntersuchung ausgewählt, weil die dem deutschen Referenzkonzept entnommene Proposition »Wilhelm II. / entließ / Bismarck« mit der in ihr zum Ausdruck kommenden Gegensätzlichkeit zweier Politiken prägnant das typisch Strukturelle an dieser im deutschen vorherrschenden Geschichtsdarstellung aufzeigt. Die dem englischen Referenzrahmen entnommene Proposition »Wilhelm II / dismissed / ministers« dagegen veranschaulicht die Beliebigkeit, mit der Wilhelm II nach Gutdünken gewaltet habe. Das kennzeichnet diese Proposition als Ausdruck der im englischen Rahmen deutlich personalisierten Geschichtsdarstellung (vgl. Deutungsmuster 2). Angenommen wurde, dass die monolingual und regulär unterrichteten Schüler*innen eher zu einer strukturgeschichtlichen deutschen, die bilingual unterrichteten Schüler*innen sowohl zu dieser deutschen als auch zu einer personalisierten englischen Geschichtsdarstellung neigen könnten.

Tatsächlich werden die beiden relevanten Propositionen zu »Wilhelm II./ Wilhelm II« hier nun auf unterschiedliche Weise zur Begründung für die Klassifizierung der Konzepte als deutsch oder englisch herangezogen: Monolingual unterrichtete Schüler*innen deuten die Erzählung von der Entlassung Bismarcks durch Wilhelm II. eher als eine deutsche Darstellung (vgl. Tabelle 14, Proposition 1). Bilingual unterrichtete Schüler*innen deuten die englische Erzählung, in der Wilhelm II beliebige Minister entlässt, aufgrund dieser englischen Proposition (vgl. Tabelle 14, Proposition 3) tendenziell häufiger als englisch. Das entspricht den Erwartungen. Irritierend wirkt, dass bilingual unterrichtete Schüler*innen dieselbe deutsche Proposition, die die monolingual unterrichteten nachweislich dazu veranlasste, das deutsche Konzept in den deutschen Referenzrahmen einzuordnen, als Begründung anführen, um das »Wilhelm II.«-Konzept im englischen Referenzrahmen zu verorten (vgl. Tabelle 14, Proposition 2). Allein hier ergibt sich ein statistisch signifikanter Gruppenunterschied. Sowohl englische als auch deutsche Propositionen werden demnach von bilingual unterrichteten Schüler*innen genutzt, um Konzepte im Englischen zu kontextualisieren. Bilingual unterrichtete Schüler*innen ziehen also nicht deutsche Begründungen für Deutsches heran; zwar messen sie deutschen Propositionen offenbar Begründungsrelevanz bei, missdeuten sie aber als englische.

Dies Beispiel veranschaulicht, dass bestimmte deutsche Begründungszusammenhänge den Schüler*innen offenbar sowohl nach deutschsprachigem als auch nach bilingualem Unterricht bekannt sind und relevant erscheinen. Nach bilingualem Unterricht aber scheint in Hinblick auf die deutschen Propositionen eine gewisse Unsicherheit zu bestehen, ob die als relevant wahrgenommenen Inhalte deutsche oder englische Erzählungen markieren.

6.3.2.2 Diskussion: Konzeptdifferenzierung

Die inhaltliche Analyse lässt damit Rückschlüsse auf die konzeptionellen Überlegungen in der einschlägigen Literatur zu: Sie weist darauf hin, dass der bilinguale Unterricht »das Andere« inhaltlich und als Begründungsziel zumindest punktuell tatsächlich näherlegt als der deutschsprachige Unterricht. Dass »das Andere« und »das Eigene« in ihm noch klarer zu konturieren ist,[681] zeigt die inhaltliche Analyse indes auch. Soll bilingualer Unterricht die Schüler*innen also dazu befähigen, neben (zusätzlichen) englischen auch (noch) deutsche Erzählmuster als solche zu erkennen, ist offenbar ein konturierterer interkultureller Vergleich notwendig.

6.3.2.3 Fazit: Konzeptdifferenzierung

Während statistisch kein signifikanter Unterschied zwischen der Perspektivendifferenzierung der befragten bilingual und regulär bzw. monolingual unterrichteten Schüler*innen in Bezug auf Häufigkeit (Hypothesen 2.1) und Korrektheit (Hypothesen 2.2) festgestellt werden konnte[682], zeigen die Daten, dass die bilingual unterrichteten Schüler*innen ihre Entscheidungen signifikant häufiger inhaltlich begründen als die beiden Vergleichsgruppen (Hypothesen 2.3). In dieser »begründeten Auswahl« zeigt sich möglicherweise ein Prozess des Verstehens der eigenen Erkenntnis(wege) und der kritisch reflektierten Einordnung

681 Z. B. *Barricelli:* Code-Switching. 2002, S. 20; *Christ:* Zweimal. 2000, S. 53f.

682 Entsprechend: *Wolfgang Edelstein/Monika Keller/Karl Wahlen:* Entwicklung sozialkognitiver Prozesse. Eine theoretische und empirische Rekonstruktion. In: *Dieter Geulen* (Hg.): Perspektivenübernahme und soziales Handeln. Texte zur sozial-kognitiven Entwicklung. Frankfurt a. M. 2005, S. 15–50.

dieser Erkenntniswege in bestehende Konzepte.[683] Die kritisch reflektierte Einordnung dieser Erkenntniswege bedeutet im bilingualen Kontext: Einordnung in den deutschsprachigen und in den englischsprachigen Rahmen prägende Geschichtskonzepte. Bilingualer Geschichtsunterricht scheint also die Begründung, respektive die Reflexion, des eigenen Erkenntnisprozesses in Bezug auf die Frage danach, was deutschsprachige und was englischsprachige Geschichtskonzepte kennzeichnet – zumindest in Ansätzen – fördern zu können.

Der beschriebene Erkenntnisprozess ist im bilingualen Geschichtsunterricht, das zeigte die inhaltliche Analyse, auf das Englische ausgerichtet. Bilingual unterrichtete Schüler*innen zielen offenbar auf die Einordnung der Konzepte in den englischen Kontext, auch dann, wenn ihnen tatsächlich deutsche Referenzpropositionen bekannt und relevant scheinen.[684] Für Rückschlüsse auf die Gestaltung des aktuell praktizierten bilingualen Unterrichts lässt sich daraus womöglich ableiten, dass den Schüler*innen deutsche Inhalte (vgl. Hypothesen 1.1.2) vermittelt werden, die ihnen als englische erscheinen. In dem Fall wäre der bilinguale Geschichtsunterricht nicht eigentlich bikulturell angelegt. Dann könnte er auch nicht in besonderem Maße interkulturelle Koordination fördern. Das prüfen im Weiteren die Hypothesen 3.

6.3.3 Konzeptkoordination

»Ob [...] der Einsatz einer Fremdsprache im Geschichtsunterricht die Standpunktreflexion günstig beeinflusst oder ob er ihr hinderlich im Wege steht, entzieht sich einstweilen der empirisch gesicherten Argumentation.«[685] Standpunktgebundenheit drückt sich aus in einer spezifischen Perspektive. Diese Perspektive zu reflektieren bedeutet, Reflexionsdimensionen anzulegen, die das Erkennen der Möglichkeit der Angemessenheit verschiedener Perspektiven anbahnen können. Wenn aufgrund dieses einmal vollzogenen Reflexionsprozesses mehr als nur eine Perspektive als möglicherweise angemessen angesehen wird, ist das Perspektivenkoordination.[686] Verschiedene Perspektiven schlagen sich in unterschiedlichen

683 *Schmelter:* Diagnostik. 2016, S. 133.

684 Dazu passen auch die Erkenntnisse zu den Hypothesen 1.1.2, 1.2.1 und 1.2.2.

685 *Hasberg:* Geschichtsunterricht. 2004, S. 233.

686 Koordination ist ein in der Fremdsprachendidaktik gängiger Begriff, der auch für geschichtsdidaktische Zielbestimmungen hinsichtlich bilingualen Unterrichts vermehrt Verwendung findet. Etwa in: *Beetz:* Fremdverstehen. 2005, S. 33f.; *Laurenz Volkmann:* History is bunk? Von der Gefahr des Verschwindens historischer Dimensionen im kompetenzorientierten Englischunterricht. In: *Michael Sauer* u. a. (Hrsg.): Geschichte im interdisziplinaren Diskurs. Grenzziehungen – Grenzüberschreitungen – Grenzverschiebungen. Göttingen 2016, S. 85–102, hier S. 101.

Konzepten von Vergangenem nieder.[687] Als Spezifikum wird dem bilingualen Geschichtsunterricht zugeschrieben, solche Konzeptunterschiede zu fokussieren, die sprachlich-kulturell verfasst sind.[688] Günstigen Einfluss auf das historische Lernen hätte der bilinguale Geschichtsunterricht dann, wenn diese unterschiedlichen Konzepte reflektiert und auf dieser Grundlage koordiniert würden.

Seit Wolfgang Hasbergs Verweis auf fehlende Empirie in diesem Bereich sind drei Untersuchungen zum Thema erschienen; davon zwei auf geschichtsdidaktischen Überlegungen fußende explorativ-qualitative:

1) Petra Beetz, Gabriele Blell und Dagmar Klose vergleichen in ihrer Studie auf Deutsch und auf Englisch verfasste Texte von 25 Schüler*innen.[689] Ihre Annahme, dass die auf Englisch verfassten Schüler*innen Texte mehr Perspektivenübernahme/-koordination aufweisen als die deutschsprachigen, wurde bestätigt: In englischer Sprache sind die Schüler*innen »flexibler mit Perspektivenkoordination […] umgegangen«.[690]

2) Franziska Clemen und Michael Sauer verglichen die Schülertexte aus einer bilingual mit denen aus einer monolingual unterrichteten Klasse in Bezug auf eine erfolgreiche Perspektivenübernahme.[691] Das Ziel der Perspektivenübernahme sollte, wie das gewählte Kategoriensystem verdeutlicht, die Koordination mehrerer Perspektiven sein. Ihr Ergebnis: »Die Schülerinnen und Schüler der bilingualen Klasse [… zeigten] eine höhere Qualität der verstehenden Identifikation […].«[692] Die Autoren vermuten, dass das an einem »gewissen Trainingseffekt« liegen könne.[693] »Möglicherweise greift hier die These, der Sprachwechsel sei ein symbolischer Akt, der die Übernahme einer anderen Weltsicht erleichtere. Demnach wären die bilingual unterrichteten Probanden bereits durch die Arbeitssprache im Vorteil.«[694]

3) Die dritte empirische Studie, auf die in der einschlägigen Literatur wiederholt eingegangen wird und die als auf die Koordination kultureller Konzepte zielend

687 *Diehr:* Fachliteralität 2016, S. 57–84; *Christine Pflüger:* Historische und historiographische Konzepte im bilingualen Geschichtsunterricht. In: Entwurf eines Modells der mentalen Repräsentation. In: *Christophe Losfeld/Eva Leitzke-Ungerer* (Hrsg.): Hundert Jahre danach … La Grande Guerre: Konzepte und Vorschläge für den Französischunterricht und den bilingualen Geschichtsunterricht. Stuttgart 2016, S. 233–252, hier S. 234f.; *Peter Lee:* Understanding History. In: *Peter Seixas* (Hg.): Theorizing Historical Consciousness. Toronto 2004, S. 129–164, hier S. 131.

688 *Barricelli:* Dialog. 2009, S. 205–220.

689 *Beetz:* Fremdverstehen. 2005.

690 Ebd., S. 33f. Perspektivenkoordination definieren die Autorinnen als die Summe der Übernahme einer fremden Perspektive und Perspektivenwechsel (S. 34).

691 *Clemen:* Bilingual. 2007.

692 Ebd., S. 723.

693 Ebd.

694 Ebd., S. 722.

verstanden werden könnte, stammt von Stefanie Lamsfuß-Schenk.[695] Lamsfuß-Schenk stellt fest, dass bilingual unterrichtete Schüler*innen Perspektivität bewusster wahrnehmen[696], eine »spezifische qualitative Ausprägung des Fremdverstehens« aufweisen[697] sowie über ein »höheres prozedurales Wissen über Strategien zur Konstruktion des Perspektivenwechsels« verfügen.[698] Wolfgang Hasberg kritisiert sehr zurecht, dass Lamsfuß-Schenk »aufgrund ihrer fehlenden Nähe zum geschichtsdidaktischen Diskurs die Kategorien, die sie untersuchen [möchte], historiologisch nicht präzise genug« erfasst.[699] Das gilt insbesondere für ihr Verständnis von Perspektivenwechseln bzw. für die Übernahme einer fremden Perspektive, die Lamsfuß-Schenk dann als gegeben sieht, wenn die Schüler*innen in ihren eigenen Produkten sprachlich möglichst nah am Quellentext bleiben.[700] Auch die Ambiguitätstoleranz, die Voraussetzung für eine Konzeptkoordination sei, ersetzt sie irritierenderweise durch »die enger umrissene Kategorie ›besondere Anstrengungsbereitschaft‹«[701] und deutet sie so als die Kompetenz, es auszuhalten, wenn ein »fremdsprachige[r] Text [zu] durchsuchen [ist] und gleichzeitig zu akzeptieren [ist], dass Großteile des Textes zumindest vorübergehend unverstanden bleiben«.[702] Ihre Studienergebnisse, aufgrund derer sie einen bilingualen Geschichtsunterricht als besonders förderlich für ein erfolgreiches Fremdverstehen bewertet[703], sind auf der Grundlage dieser Definitionen zu verstehen.

Diese drei empirischen Studien ergänzt die folgende Analyse durch auf geschichtsdidaktischen Kategorien fußende und statistisch repräsentative Ergebnisse.[704] Verglichen werden regulär, monolingual und bilingual unterrichtete Schüler*innen hinsichtlich ihres Koordinationserfolgs (6.3.3.1), ihrer Koordinationsbegründung (6.3.3.2), und ihrer Reflexion dieser Koordination (6.3.3.3). Die Datengrundlage stellen die Schüler*innen-Antworten zu Aufgabe 3 des Fragebogens dar. Anhand von zwei präsentierten Referenzkonzepten entschieden die Schüler*innen hier, welches der beiden Konzepte »richtig« sei. In Fragebogenversion 1 wurden den Schüler*innen das aus der Schulbuchanalyse ermittelte deutsche und das entsprechende englische Referenzkonzept »Wilhelm II./Wilhelm II« präsentiert; in Fragebogenversion 2 lagen ihnen das ebenso eruierte deutsche Referenzkonzept »Buren« und das englische »Boers« vor. Die Schüler*innen konnten zwischen drei Ankreuzmöglichkeiten wählen: »*Map A* ist

695 *Lamsfuß-Schenk:* Fremdverstehen. 2008.
696 Ebd., S. 160.
697 Ebd., S. 251.
698 Ebd., S. 160.
699 *Hasberg:* Historisches. 2007, S. 38.
700 *Lamsfuß-Schenk:* Fremdverstehen. 2008, S. 177.
701 Ebd., S. 88.
702 Ebd., S. 99.
703 Ebd., S. 254.
704 Auf das Forschungsdesiderat verweist auch *Zydatiß:* DEZIBEL. 2007, S. 126f.

richtig«, »*Map B* ist richtig« und »Das kommt darauf an«. Anschließend begründeten die Schüler*innen ihre Ankreuzentscheidung kurz schriftlich.

Zur Untersuchung der Koordination ist eine Einbeziehung der ausformulierten schriftlichen Schülerantworten zwingend. Eine sich lediglich auf die Ankreuzaufgaben beschränkende Analyse genügt nicht. Anhand von zwei Schüler*innen-Antworten kann das exemplarisch veranschaulicht werden: Gibt ein*e Schüler*in an, »*Map A*« sei richtig, begründet dies dann aber – wie im Datensatz aufgetreten – wie folgt: »*Map A* ist richtig, weil es in diesem Zusammenhang so in Deutschland beigebracht wird und in England wäre diese *Map* nicht richtig«, dann ist erkennbar, dass er erfolgreich koordiniert: Er erkennt an, dass zwei Erzählungen angemessen sein können. Andersherum können Schüler*innen, die die Antwortmöglichkeit »Es kommt darauf an« gewählt haben und dann ausführen »ob die Briten das getan haben, was in B steht«, nicht zur Gruppe der Schüler*innen gezählt werden, die Koordination erfolgreich durchführen. Hier liegt ja offenbar ein Richtig/Falsch-Denken zugrunde, das der vorangestellten Definition von erfolgreicher Koordination zuwiderläuft. Aus diesem Grund werden im Zuge der folgenden Hypothesenprüfungen lediglich die Schüler*innen-Antworten zur Auswertung herangezogen, die eine schriftliche Begründung der Ankreuzentscheidung enthalten.

6.3.3.1 Erfolgreiche Koordination

Erfolgreiche Koordination drückt sich aus in dem reflektierten Erkennen der Möglichkeit der Angemessenheit von mehr als einer Erzählung. Angenommen wird auf der Grundlage der oben angeführten ersten empirischen Erkenntnisse, dass die bilingual unterrichteten Schüler*innen im Vergleich zu den regulär und monolingual unterrichteten häufiger erfolgreich koordinieren.

Hypothese 3.1 (b-r): Die befragten bilingual unterrichteten Schüler*innen koordinieren häufiger erfolgreich zwischen sprachlich-kulturell gebundenen Konzepten als die regulär unterrichteten.

Die Hypothese bewährt sich nicht

Hypothese 3.1 (b-m): Die befragten bilingual unterrichteten Schüler*innen koordinieren häufiger erfolgreich zwischen sprachlich-kulturell gebundenen Konzepten als die monolingual unterrichteten.

Die Hypothese bewährt sich nicht.

Von insgesamt 787 Schüler*innen (294 regulär, 235 monolingual und 258 bilingual unterrichtete Schüler*innen), die die Stichprobe ausmachen, haben sich

694 Schüler*innen schriftlich geäußert und werden hier berücksichtigt (255 regulär, 209 monolingual und 230 bilingual unterrichtete Schüler*innen).

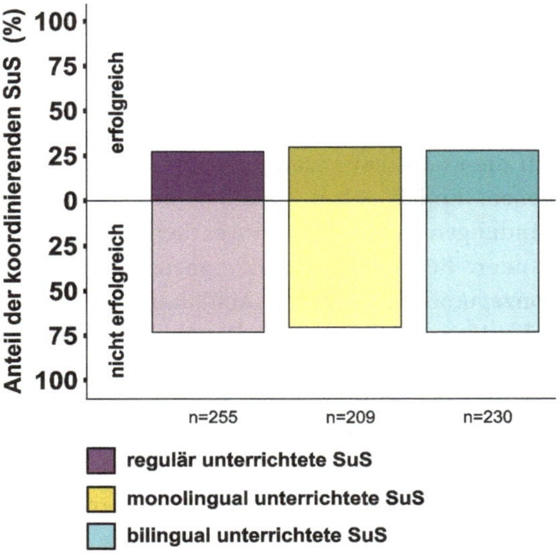

Abbildung 62: Koordination zwischen sprachlich-kulturell gebundenen Konzepten pro regulär, monolingual und bilingual unterrichteter Schüler*innen Gruppe. Einen signifikanten Unterschied zwischen den Gruppen gibt es hinsichtlich des Koordinationserfolgs nicht. Alle Schüler*innen koordinieren vergleichbar erfolgreich (27–29 %).

Von diesen 694 Schüler*innen haben 192 erfolgreich koordiniert. Sie haben also schriftlich zum Ausdruck gebracht, dass möglicherweise mehr als eine Erzählung angemessen sein kann. Von diesen 192 Schüler*innen wurden 68 Schüler*innen regulär (27 %), 61 monolingual (29 %) und 63 bilingual (27 %) unterrichtet (vgl. Abbildung 62). Ein signifikanter Unterschied zwischen den Schüler*innen-Gruppen ist damit hinsichtlich einer erfolgreichen Koordination nicht feststellbar ($p = 0{,}83$). Die Annahme, dass bilingualer Geschichtsunterricht eine erfolgreiche Perspektivenkoordination eher anbahne als deutschsprachiger Geschichtsunterricht, kann hier also nicht bestätigt werden.

6.3.3.2 Begründete Koordination

Erfolgreiche Perspektivenkoordination, also das Erkennen, dass mehr als nur eine Perspektive angemessen sein kann, zeigt sich in erfolgreicher Konzeptkoordination. Dass verschiedene Konzepte angemessen sein könnten, wird durch Reflexion erkennbar. Eine »objektive Reflexion [wird in Gang gesetzt] in der Auseinandersetzung mit den wertbesetzten Zeugnissen der Vergangenheit. [Ziel ist,] vernünftig begründete[...] Unterschiedlichkeit an[zu]erkennen, [zu] respektieren und [zu] garantieren.«[705] Wie aber begründet man diese wahrgenommene Unterschiedlichkeit nun »vernünftig«? Eine Analyse der Schüler*-innen-Antworten im vorliegenden Datenmaterial gibt Aufschluss.

Inhaltliche Analyse der Begründungslinien

Die Auswertung der Schüler*innen-Begründungen für ihre koordinierende Wahl zeigt, dass den Schüler*innen für die Koordinationsaufgabe vier Begründungszusammenhänge relevant schienen. Einige davon scheinen im Sinne Klaus Bergmanns »vernünftige« Begründungen zu sein, die ein Anerkennen verschiedener Konzepte ermöglichen. Andere Begründungslinien eignen sich offenbar weniger für eine erfolgreiche Konzeptkoordination (vgl. Abbildung 63).

Um die Begründungslinien, die die Schüler*innen im Datenmaterial für die Koordination der sprachlich-kulturell gebundenen Konzepte nutzen, kategorial zu fassen, wurde auf der Grundlage einer induktiven Analyse der schriftlichen Schüler*innen-Antworten ein Analyseraster nach Udo Kuckartz angelegt.[706] Die induktive Analyse ergab so eine Taxonomie, die die von den Schüler*innen angeführten Begründungszusammenhänge in analytischen Kategorien[707] erfasst. So entstanden in einem ersten Schritt aus den Schüler*innen-Antworten Kategorien, in einem zweiten wurden die Schüler*innen-Antworten diesen zugeordnet.

Die Zuordnung wurde anschließend geprüft, indem alle einer Kategorie zugeordneten Antworten miteinander abgeglichen wurden. Das war besonders für die Zuordnung der doppelt kodierten Antworten relevant; für solche Fälle also, in denen eine schriftliche Antwort zwei Kategorien zugeordnet wurde.[708] Fiel die doppelt kodierte Antwort dabei im Vergleich mit den anderen in dieser Weise kategorial gekennzeichneten Antworten als unpassend auf, wurde sie aus der entsprechenden Kategorie entfernt.[709] Inhaltliche Kohärenz konnte so doppelperspektivisch sichergestellt werden. Die kategoriale Trennschärfe und kohärente Zuordnung der Schüler*innen-Antworten wurden in dieser Weise zunächst durch die Forscherin selbst geprüft.

705 *Klaus Bergmann:* Multiperspektivität. In: *Ders.* u. a. (Hrsg.): Handbuch der Geschichtsdidaktik. Seelze 1997, S. 301–303, hier S. 302f.

706 *Kuckartz:* Inhaltsanalyse. 2018, S. 97–160.

707 Ebd., S. 43.

708 Prinzipiell ist eine solche Doppelkodierung freilich auf dieser Ebene möglich und ihre Sinnhaftigkeit im Einzelfall zu prüfen. Vgl. ebd., S. 81.

709 So wurde z. B. eine Schüler*innen-Antwort zunächst als »universal« und als »strukturell« kodiert. Dann wurden zunächst alle Schüler*innen-Antworten, die unter die Kategorie »universal« gefasst wurden und dann alle der Kategorie »strukturell« auf dieselbe Weise quergelesen. Eine einzelne Antwort wurde so bei der Prüfung von zwei Kategorien berücksichtigt.

Anschließend wurde die entwickelte Taxonomie von einer zweiten Person in Bezug auf ihre Anwendbarkeit und Plausibilität geprüft, indem die Zuordnung der Schüler*innen-Antworten von ihr ein zweites Mal in einem unabhängigen Kodierprozess vorgenommen wurde.[710] Anschließend wurde die Taxonomie diskursiv unter den Kodierer*innen verhandelt. Die integrierte, konsensual ermittelte Kategorisierung und die Zuordnung der Schüler*innen-Antworten zu den so plausibilisierten Kategorien stellten die Grundlage für die weitere Analyse dar.[711]

Aus diesem Analyseprozess konnten vier Begründungslinien identifiziert werden: universal, formal, inhaltlich, strukturell.

Im Sinne der qualitativen Inhaltsanalyse sind sie im Folgenden definiert und mithilfe eines Ankerbeispiels belegt. Die Ankerbeispiele sind die schriftlichen Schüler*innen-Antworten, die je einen der drei einleitend formulierten Sätze vervollständigen: »*Map A* ist richtig, weil …«, »*Map B* ist richtig, weil …« »Das kommt darauf an, ob …«. Für eine bessere Lesbarkeit ergänze ich die Ankerbeispiele um diese einleitenden Formulierungen.

- Universal: Schülerantworten ohne Bezug zur Aufgabe, die allgemeingültig und deshalb universell anwendbar sind.
  Ankerbeispiel: *Map A* ist richtig, weil »… ich weiß es nicht und habe es nicht verstanden«
- Formal: Schülerantworten, die sich auf die Gestaltung der *Concept Maps* und auf deren (fehlende) Ausführlichkeit beziehen, die sich niederschlägt in Informationsreichtum, Größe und Verzweigtheit.
  Ankerbeispiel: *Map B* ist richtig, weil »… jeder Knoten nur zwei Kanten hat.«
- Inhaltlich: Schülerantworten, die auf den Inhalt der Maps abzielen, also mindestens einen Knoten, eine Kante oder eine Proposition inhaltlich nutzen bzw. sie in eigenen Worten umschreiben.
  Ankerbeispiel (Proposition): Das kommt darauf an, ob »… Wilhelm II. Bismarck entlassen hat und sich damit überall Feinde gemacht hat.«
  Ankerbeispiel (eigene Worte): *Map A* ist richtig, weil »… er Stress mit Bismarck hatte und er der Minister war, den er entließ.«
- Strukturell: Schülerantworten, die eine Intention (des Erzählers) oder Erwartung (des Rezipienten) beschreiben. Intention und Erwartung liegen dabei außerhalb der eigentlichen Erzählung. Sie können so auf die Standortgebundenheit von Erzähler und Rezipient hinweisen. Wird allein diese erkennbar, ist die Schülerantwort ebenfalls strukturell.
  Ankerbeispiel (Intention/Erwartung): Das kommt darauf an, ob »… man eine bestimmte *Map* will.«

710 *Kuckartz:* Inhaltsanalyse. 2018, S. 48f.
711 Ebd., S. 105.

Ankerbeispiel (Standortgebundenheit): *Map B* ist richtig, weil »… wir es in Geschichte gelernt haben, denn manche sehen es aus einer anderen Perspektive.«

Diese vier Begründungslinien konnten also mithilfe der qualitativen Inhaltsanalyse nach Udo Kuckartz induktiv aus den Schülerantworten eruiert werden. Zu untersuchen, wie diese Begründungslinien mit der Koordination der Schüler*innen einhergehen, ermöglicht es, »vernünftige« Begründungen zu bestimmen (vgl. Abbildung 63). Dabei werden alle Schüler*innen-Antworten – unabhängig von der vorangegangenen Unterrichtserfahrung – berücksichtigt. Weil die schriftlichen Antworten einiger Schüler*innen mehr als nur eine Begründungslinie enthalten, kann die Stichprobenzahl die Zahl der untersuchten Schüler*innen überschreiten. Hat z.B. ein*e Schüler*in sowohl inhaltlich als auch strukturell begründet und damit erfolgreich koordiniert, dann ist die Antwort zweimal aufgeführt – einmal im inhaltlichen Erfolgsfall und einmal im strukturellen.

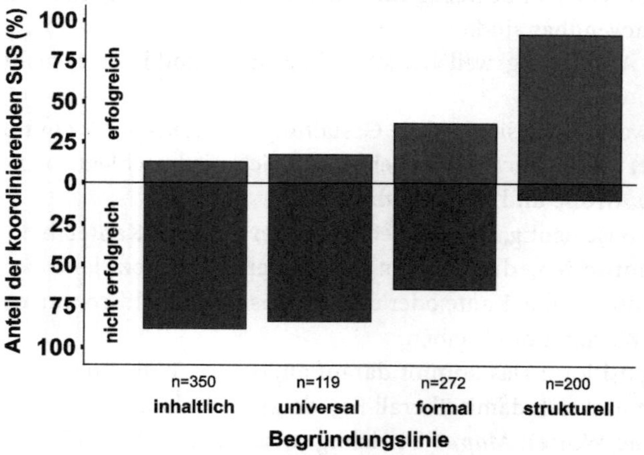

Abbildung 63: Koordination zwischen sprachlich-kulturell gebundenen Konzepten anhand der vier identifizierten Begründungslinien universal, formal, inhaltlich und strukturell. Oberhalb der x-Achse ist der Koordinationserfolg aller Schüler*innen prozentual dargestellt, unterhalb der x-Achse ist der Misserfolg der Koordination pro Begründungslinie dargestellt. Auf den ersten Blick wird so vergleichend deutlich, dass die strukturelle Begründungslinie, wenn sie gewählt wurde, am häufigsten zu einem Koordinationserfolg führt. Durch die angegebenen Stichprobengrößen, die sich auf die Häufigkeit der zur Konzeptkoordination angeführten Begründungslinien beziehen, wird auch erkennbar, welche Begründungslinien vergleichsweise häufig angeführt wurden.

Die meisten Schüler*innen tendieren offenbar dazu, ihre Koordinationsentscheidung mit inhaltlichen Überlegungen zu begründen (n = 350). Indem sie etwa darauf verweisen, dass Wilhelm II. Bismarck entlassen hat, entscheiden sie, welches der Konzepte »richtig« ist oder ob beide »richtig« sein könnten. Damit koordinieren sie nur zu 13 % erfolgreich. Die wenigsten Schüler*innen wählen eine universale Begründungslinie, die keinen Bezug zur Aufgabe hat (n = 119). Der Anteil der so erfolgreich koordinierenden Schüler*innen ist mit dem der inhaltlich begründend koordinierenden Schüler*innen vergleichbar (16 %) – und damit vergleichbar gering. 37 % der Schüler*innen, die eine formale Begründungslinie anführen, indem sie auf die Gestaltung der *Concept Map* eingehen, zeigen, dass sie erkennen, dass möglicherweise mehr als nur ein Konzept angemessen sein kann. Diese Begründung wurde von den Schüler*innen am zweithäufigsten gewählt. Die strukturelle Begründungslinie, die in 200 von 941 Angaben gewählt wurde, bahnt Koordination offenbar besonders erfolgreich an: Wenn Schüler*innen ihre Entscheidung strukturell begründen, dann koordinieren sie zu 90 % erfolgreich.

Strukturell zu begründen, bedeutet, die Intention des Erzählers oder die Erwartung des Rezipienten anzuführen, um die Koordinationsentscheidung zu reflektieren. Die Standortgebundenheit von Erzähler und Rezipient ist relevant. Koordinationserfolg bedeutet ein Erkennen der Möglichkeit der Legitimität verschiedener Konzepte. Definitorische Nähe springt ins Auge. Es ist aber auch – das zeigen die Analysen – möglich, die strukturelle Begründungslinie zu wählen und damit nicht zu koordinieren. Dann etwa, wenn nur der eigene Standpunkt einbezogen wird. Das aus dem Datenmaterial entnommene Beispiel »ähnlich hatten wir das im Unterricht« zeigt das deutlich.

Festzuhalten bleibt: Eine »vernünftige« Begründung, die Konzeptkoordination durch Reflexion erfolgreich anbahnt, ist die strukturelle Begründung. Die Unterschiedlichkeit der Konzepte scheinen Schüler*innen insbesondere dann anzuerkennen und zu reflektieren, wenn sie die Intention des Erzählers oder die Erwartungshaltung der Rezipienten mitdenken.

Im Folgenden wird also ausgehend von den qualitativ erhobenen Beobachtungen anderer Studien angenommen, dass die bilingual unterrichteten Schüler*innen die strukturelle Begründungslinie besonders häufig wählen und damit erfolgreich koordinieren. Diese Begründungslinie nämlich ist schon definitorisch perspektivisch ausgerichtet und nahegelegt wurde, dass bilingual unterrichtete Schüler*innen geübter darin sein könnten, Perspektiven zu übernehmen und den Kontext, in dem Interpretationen erfolgen, in ihre Urteilsüberlegungen mit einzubeziehen.[712] Empirisch wird deshalb im Folgenden gefragt, ob bilingual unterrichtete Schüler*innen die besonders erfolgversprechende Begründungslinie »strukturell« im Vergleich zu den deutschsprachig unterrichteten Schüler*innen signifikant häufiger nutzen und damit erfolgreich koordinieren.

712 Z. B. *Beetz:* Fremdverstehen. 2005, S. 34. Christ macht das an den curricularen Vorgaben für den bilingualen Unterricht in NRW fest: *Christ:* Zweimal. 2000, S. 53–57.

Hypothese 3.2 (b-r): Die befragten bilingual unterrichteten Schüler*innen wählen häufiger als die regulär unterrichteten die strukturelle Begründungslinie und koordinieren damit erfolgreich.

Die Hypothese bewährt sich nicht.

Hypothese 3.2 (b-m): Die befragten bilingual unterrichteten Schüler*innen wählen häufiger als die monolingual unterrichteten die strukturelle Begründungslinie und koordinieren damit erfolgreich.

Die Hypothese bewährt sich nicht.

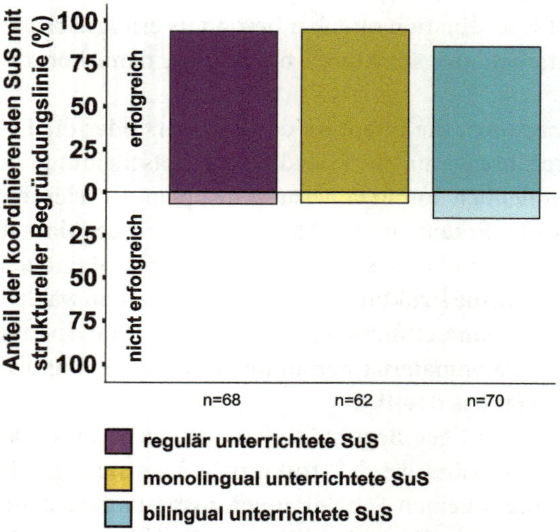

Abbildung 64: Koordination zwischen sprachlich-kulturell gebundenen Konzepten pro regulär, monolingual und bilingual unterrichteter Schüler*innen Gruppe bei der Wahl der strukturellen Begründungslinie. Einen signifikanten Unterschied zwischen den Gruppen gibt es nicht. Alle Schüler*innen haben unter Verwendung der strukturellen Begründungslinie vergleichbar koordiniert (84–93 %). Die angegebenen Stichprobenzahlen zeigen, dass die strukturelle Begründungslinie von allen drei Schüler*innen-Gruppen vergleichbar häufig gewählt wurde.

Ob die bilingual unterrichteten Schüler*innen der Stichprobe die für die Konzeptkoordination nachweislich besonders erfolgreiche Begründungslinie signifikant häufiger wählen und dabei Erfolg haben als die deutschsprachig unterrichteten Vergleichsgruppen, zeigt der schülergruppenspezifische Vergleich zur Wahl der strukturellen Begründungslinie. 63 regulär, 58 monolingual und 59 bilingual unterrichtete Schüler*innen haben die strukturelle Begründungslinie gewählt und waren mit dieser Wahl erfolgreich. Damit koordinierten 92 % der regulär unterrichteten Schüler*innen bei der Wahl der strukturellen Begründungslinie erfolgreich, 93 % der monolingual und 84 % der bilingual unterrichteten Schüler*innen. Zwischen den Schüler*innen-Gruppen gibt es keine signifikanten Unterschiede (p = 0,14).

Die Prüfung der Hypothesen 3.2 zeigt also, dass die befragten bilingual unterrichteten Schüler*innen nicht signifikant häufiger die strukturelle Begründungslinie wählen, die nachweislich zu erfolgreicher Koordination führt. Alle drei Schüler*innen-Gruppen begründen ihre Anerkennung der Unterschiedlichkeit verschiedener Konzepte vergleichbar häufig strukturell.

6.3.3.3 Reflektierte Koordination

Die strukturelle Begründungslinie, die die erfolgreiche Koordination bedingt (vgl. Kap. 6.3.3.2), wird von den untersuchten Schüler*innen aufgrund spezifischer Überlegungen gewählt. Auch diese können den vorliegenden Daten entnommen und mithilfe der qualitativen Inhaltsanalyse ausgewertet werden.

Inhaltliche Analyse der reflexiven Anlässe

Vertiefend erlauben es die erhobenen Daten, qualitativ inhaltsanalytisch zu untersuchen, welche Überlegungen dazu führen, dass die Schüler*innen eine strukturelle Begründungslinie wählen und damit erfolgreich koordinieren: Die Intention/Erwartung und die Standortgebundenheit können verschiedentlich bedingt sein. Diese unterschiedlichen reflexiven Anlässe – die Überlegungen, die dazu führen, die Koordinationsentscheidung strukturell zu begründen – sind ebenfalls in den Schüler*innen-Daten enthalten. Als Subkategorien zur zuvor ermittelten Begründungslinie und analytischen Hauptkategorie »strukturell« konnten sie analog zu den oben beschriebenen methodischen Verfahren ermittelt werden.[713]

In inhaltlicher Ausrichtung wurden die reflexiven Anlässe induktiv aus den Schüler*innen-Daten erhoben und in einem Kategoriensystem erfasst.[714] Dafür wurden (wie auch bisher) alle Schüler*innen-Antworten – unabhängig von der vorangegangenen bilingualen, monolingualen oder regulären Unterrichtserfahrung – berücksichtigt. Sechs Subkategorien konnten durch die induktive Analyse des schriftlichen Schüler*innen-Materials ermittelt werden. Sie stellen das Produkt eines Analyseprozesses dar, der – wie oben im Zuge der Hauptkategorienerstellung beschrieben – durch eine zweite Person kontrolliert, plausibilisiert und im Dialog konsensual validiert wurde.

Im Folgenden sind diese Subkategorien, die die sogenannten »reflexiven Anlässe« kategorisch fassen, definiert und mithilfe eines Ankerbeispiels belegt, das den schriftlichen Schüler*innen-Antworten entnommen wurde. Die

713 *Kuckartz:* Inhaltsanalyse. 2018, S. 83–88; Kap. 6.3.3.2.
714 *Kuckartz:* Inhaltsanalyse. 2018, S. 97–160.

schriftlichen Antworten der Schüler*innen vervollständigten auch in diesem Fall je einen der drei einleitend formulierten Sätze: »*Map A* ist richtig, weil ...«, »*Map B* ist richtig, weil ...«, »Das kommt darauf an, ob ...«. Bei erfolgreicher Koordination wurde in der Regel auf den abwägenden Einleitungssatz »Das kommt darauf an, ob ...« zurückgegriffen. Für eine bessere Lesbarkeit werden die Ankerbeispiele um diese einleitenden Formulierungen ergänzt.

- Gestaltung: Ursächlich für die Angabe der Begründungslinie »strukturell« ist das Eingehen auf die Gestaltung der *Concept Maps* und deren (fehlende) Ausführlichkeit, die sich niederschlägt in Informationsreichtum, Größe und Verzweigtheit.
  Ankerbeispiel: Das kommt darauf an, ob ... »man mehr Informationen will oder weniger.«
- Inhalt: Ursächlich für die Angabe der Begründungslinie »strukturell« ist das Eingehen auf den Inhalt der *Concept Maps*. Mindestens ein Knoten, eine Kante oder eine Proposition wird inhaltlich genutzt bzw. in eigenen Worten umschrieben.
  Ankerbeispiel: Das kommt darauf an, ob ... »man etwas zu Bismarck lernen möchte oder zu Wilhelm II.«
- Kultur: Ursächlich für die Angabe der Begründungslinie »strukturell« ist das Eingehen auf den deutschen und englischen Bezugsrahmen.
  Ankerbeispiel: Das kommt darauf an, ob ... »man es im deutschen oder im englischen Unterricht lernt.«
- Persönlicher Bezug: Ursächlich für die Angabe der Begründungslinie »strukturell« ist das Eingehen auf die persönliche Erfahrung/Lebenswelt.
  Ankerbeispiel: Das kommt darauf an, ob ... »man das im Unterricht behandelt hat.«
- Temporales: Ursächlich für die Angabe der Begründungslinie »strukturell« ist das Eingehen auf eine zeitliche Dimension.
  Ankerbeispiel: Das kommt darauf an, ob ... »man es in der heutigen oder damaligen Zeit ist.«
- Unspezifisches: Ursächlich für die Angabe der Begründungslinie »strukturell« ist das Eingehen auf eine Intention/Erwartung und Standortgebundenheit, die nicht näher definiert wird.
  Ankerbeispiel: Das kommt darauf an, [ob] ... »aus welcher Perspektive man es betrachtet.«

Wie schon bei der Auswertung der Schüler*innen-Antworten in Bezug auf die vier Begründungslinien festzustellen war, kann eine Schüler*innen-Antwort auch in Bezug auf den reflexiven Anlass mehreren Kategorien zugeordnet werden. Die Stichprobenzahl kann die Zahl der untersuchten Schüler*innen deshalb überschreiten. Ob die reflexiven Anlässe eher mit Koordinationserfolg oder -misserfolg einhergehen, zeigt Abbildung 65.

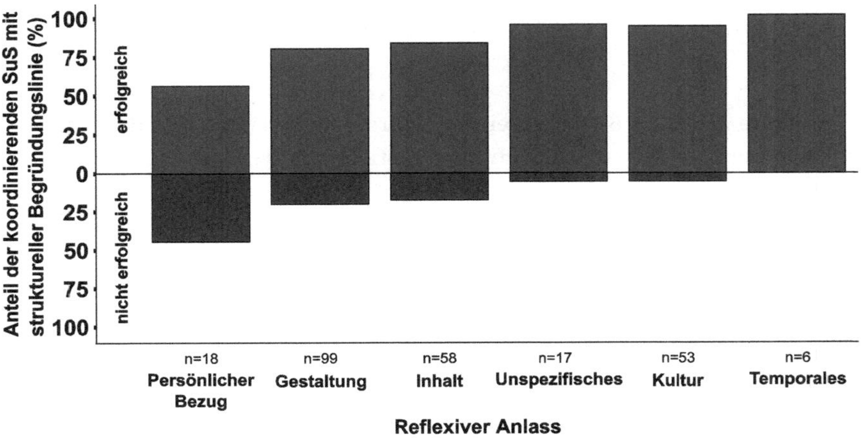

Abbildung 65: Koordination zwischen sprachlich-kulturell gebundenen Konzepten aufgrund der strukturellen Begründungslinie unter Berücksichtigung der sechs verschiedenen reflexiven Anlässe. Die sechs identifizierten reflexiven Anlässe – Gestaltung, Inhalt, Kultur, Persönlicher Bezug, Temporales und Unspezifisches – sind hier oberhalb der x-Achse in Bezug auf den gemessenen Koordinationserfolg prozentual aufgetragen. Unterhalb der x-Achse ist erkennbar, welcher reflexive Anlass die Schüler*innen prozentual weniger erfolgreich hat koordinieren lassen.

Es zeigt sich, dass die Kategorie »Kultur« die Schüler*innen-Antworten besonders häufig zur Reflexion veranlasst (n = 53) und die Wahl der strukturellen Begründungslinie bedingt, die wiederum besonders häufig Koordinationserfolg bedeutet (98 %).[715] Prägnanter ließe sich formulieren: Ein Nachdenken über kulturelle Bezugsrahmen scheint den koordinierenden Umgang mit verschiedenen Konzepten besonders erfolgreich anzubahnen. Das ist es auch, was aus geschichtsdidaktischer Sicht für einen bilingualen Geschichtsunterricht sprechen würde: Kulturelle Reflexion könnte hier besonders nahegelegt werden.[716] Sie könne aber, so der gängige Einwand, ja auch im deutschsprachigen Unterricht nahegelegt werden.[717] Ob also bilingualer Unterricht nun eher als deutschsprachiger Anlass gibt, kulturell zu reflektieren, wird im Folgenden anhand der Hypothesen 3.3 geprüft. Angenommen wird, dass die bilingual unterrichteten Schüler*innen geübter darin sind, kulturell begründet Perspektiven zu wechseln,

715 Für die reflexiven Anlässe »Temporales« und »Unspezifisches« gilt das auch. Die Stichprobenzahlen sind aber in beiden Fällen zu gering, um eine valide Aussage zu ermöglichen.
716 *Beetz:* Fremdverstehen. 2005, S. 34; *Clemen:* Bilingual. 2007, S. 723.
717 *Hasberg:* Historisches. 2007, S. 46; *Christ:* Zweimal. 2000, S. 77.

Standpunkte einzunehmen und deshalb Konzepte zu koordinieren.[718] Der Anteil der bilingual unterrichteten Schüler*innen, die hier die Kategorie »Kultur« zum Reflexionsanlass gewählt und so erfolgreich koordiniert haben, sollte also den der regulär und monolingual unterrichteten Schüler*innen signifikant übertreffen.

Hypothese 3.3 (b-r): Bei erfolgreicher Koordination reflektieren die befragten bilingual unterrichteten Schüler*innen häufiger kulturell als die regulär unterrichteten.

Die Hypothese bewährt sich nicht.

Hypothese 3.3 (b-m): Bei erfolgreicher Koordination reflektieren die befragten bilingual unterrichteten Schüler*innen häufiger kulturell als die monolingual unterrichteten.

Die Hypothese bewährt sich nicht.

Die folgenden Daten ergeben sich aus einer multikausalen Anlage der aus den Schüler*innen-Antworten in Form von Kategorien eruierten reflexiven Anlässe. Wenn also in einer Antwort sowohl strukturell-kulturell als auch strukturell-persönlich argumentiert wird, wird sie hier mit aufgeführt.

Von 68 regulär unterrichteten Schüler*innen, die strukturell begründet koordiniert haben, haben 18 Schüler*innen kulturell reflektiert; 15 erfolgreich. Von 62 monolingual unterrichteten Schüler*innen haben 19 kulturell reflektiert und auch erfolgreich koordiniert. Und auch von den 70 bilingual unterrichteten Schüler*innen, die ihre Koordinationsentscheidung strukturell begründeten, haben die 16 Schüler*innen, die ihre Begründung kulturell reflektiert haben, erfolgreich koordiniert. Die Unterschiede sind statistisch nicht signifikant. Die bilingual unterrichteten Schüler*innen der Stichprobe reflektieren ihre Koordinationsentscheidung also nicht signifikant häufiger kulturell als die Vergleichsgruppen. Dass die Fallzahlen hier so gering sind, schränkt diese Erkenntnis einerseits ein, ist andererseits möglicherweise aber zugleich ein Hinweis darauf, dass gerade diese strukturelle Begründungslinie, die für jeden Geschichtsunterricht relevant ist und dass ein kulturell reflektierender Ansatz, der bilingualen Unterricht im Besonderen kennzeichnen sollte, wenig ausgeprägt sind; und das weder im regulären, noch im monolingualen, noch im bilingualen Geschichtsunterricht.

718 vgl. *Beetz:* Fremdverstehen. 2005, S. 34; *Clemen:* Bilingual. 2007, S. 723.

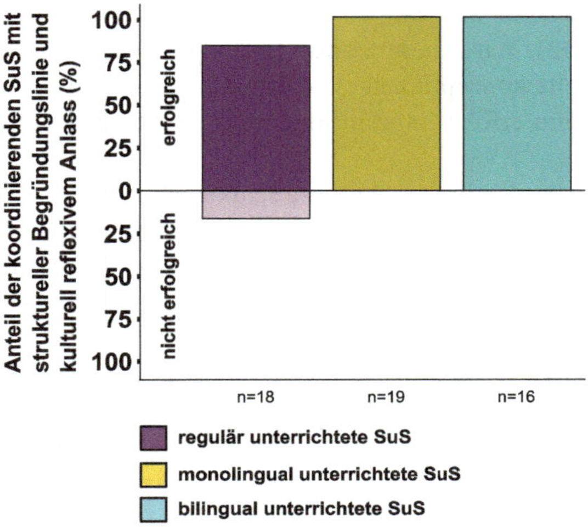

Abbildung 66: Koordination zwischen sprachlich-kulturell gebundenen Konzepten pro regulär, monolingual und bilingual unterrichteter Schüler*innen-Gruppe bei der Wahl eines kulturell reflexiven Anlasses für eine strukturelle Begründungslinie. Einen signifikanten Unterschied zwischen den Gruppen gibt es nicht (Erfolg bei regulär unterrichteten Schüler*innen: 83 %, monolingual und bilingual unterrichtete Schüler*innen 100 %). Die Stichprobenanzahl zeigt, dass über die Schüler*innen-Gruppen hinweg vergleichbar häufig kulturell reflektiert wurde.

6.3.3.4 Diskussion: Konzeptkoordination

Die bilingual unterrichteten Schüler*innen koordinieren weder häufiger erfolgreich als die beiden Vergleichsgruppen (vgl. Hypothesen 3.1), noch nutzen sie häufiger Begründungslinien, die nachweislich zu einer erfolgreichen Koordination führen (vgl. Hypothesen 3.2). Auch die Annahme, dass bilingual unterrichtete Schüler*innen ihre Erkenntnis(wege) häufiger kulturell reflektieren als deutschsprachig unterrichtete Schüler*innen (vgl. Hypothesen 3.3), konnte mithilfe der vorliegenden Daten nicht belegt werden.

Bestätigt werden konnten jedoch die konzeptionellen Annahmen aus der Literatur, die die Frage nach einer erfolgreichen Anbahnung von Koordination und Reflexion des eigenen Erkenntnisweges behandeln. Angenommen wird, dass Konzeptkoordination insbesondere dann erfolgt, wenn Perspektiven und Standpunktgebundenheit reflektiert werden.[719] Auf der Grundlage der hier ermittelten Daten kann die inhaltliche Annahme statistisch signifikant bestätigt werden: Eine Reflexion des eigenen Erkenntnisweges, die strukturell ausgerichtet ist und so entweder die einer Erzählung unterliegende Intention bzw. Erwartungshaltung des Rezipienten berücksichtigt bzw. von einer eigenen wie quel-

719 *Hasberg:* Geschichtsunterricht. 2004, S. 233.

leninhärenten Standortgebundenheit ausgeht, ermöglicht signifikant Koordinationserfolg (vgl. Abbildung 63). Wird diese Standortgebundenheit kulturell reflektiert – und das ist die zweite konzeptionelle Überlegung, die die hier ausgewerteten Daten stützen –, dann erfolgt interkulturelle Koordination nahezu immer (vgl. Abbildung 65).

Aber noch einmal: Dass bilingualer Unterricht diese strukturelle Art der Begründung oder auch die kulturelle Reflexion eher anlegt als deutschsprachiger,[720] konnte hier nicht nachgewiesen werden. Die Daten deuten insgesamt vielmehr darauf hin, dass keine der Unterrichtsformen diese Begründungen besonders nahelegt.

6.3.3.5 Fazit: Konzeptkoordination

Zum einen konnte im vorausgehenden Kapitel ermittelt werden, dass die strukturelle Begründungslinie zu erfolgreicher Koordination führt.[721] Dass diese Begründungslinie insbesondere dann gewählt wird, wenn Kultur als Anlass zur Reflexion genutzt wird, wurde ergänzend festgestellt.[722] Zum anderen zeigt der Schülergruppenvergleich deutlich, dass die bilingual unterrichteten Schüler*innen diesen kulturellen reflexiven Anlass wie auch die strukturelle Begründungslinie nicht häufiger anbringen als die deutschsprachig unterrichteten Schüler*innen. Sie koordinieren damit nicht erfolgreicher zwischen den sprachlich-kulturell gebundenen Konzepten (vgl. Hypothesen 3.1–3.3).[723]

Die vorliegenden Ergebnisse geben damit empirisch Antwort auf die Frage danach, ob »der Einsatz einer Fremdsprache im Geschichtsunterricht die [Koordination sprachlich-kultureller Konzeptunterschiede] günstig beeinflusst oder ob er ihr hinderlich im Wege steht«[724]. Das Ergebnis: Quantitativ ist kein Unterschied zwischen bilingual unterrichteten Schüler*innen und den Vergleichsgruppen in Bezug auf die Bereitschaft oder die Fähigkeit zu koordinieren feststellbar. Hiervon ausgehend kann also weder von einem günstigen Einfluss noch von einem Hindernis des Bilingualen gesprochen werden.

Das eruierte Kategoriensystem zu den im Datenmaterial vorhandenen Begründungslinien und die daran anschließende Analyse dazu, welche Art der Reflexion in Bezug auf eine erfolgreiche Koordination besonders fruchtbar ist, beantwortet jedoch die Frage danach, unter welchen Voraussetzungen (bilin-

720 *Herbert Christ:* Lernen in zwei Sprachen mit Blick auf zwei Kulturen. In: Praxis Fremdsprachenunterricht 8, 2006, H. 6, S. 16–19, hier S. 18; *Beetz:* Fremdverstehen. 2005, S. 34; *Clemen:* Bilingual. 2007, S. 723; *Barricelli:* Dialog. 2009, S. 209.

721 vgl. Abbildung 63.

722 vgl. Abbildung 65.

723 Vgl. Abbildung 62, Abbildung 64, Abbildung 66.

724 *Hasberg:* Geschichtsunterricht. 2004, S. 233.

gualer) Unterricht einen günstigen Einfluss auf das geschichtsdidaktische Ziel der Koordination sprachlich-kultureller Konzeptunterschiede haben kann. Dann nämlich, wenn den Schülerinnen und Schülern strukturelle Begründungen und kulturelle Reflexionsdimensionen nahegelegt werden. Dass dies – entgegen wiederholt geäußerten Erwartungen – im bilingualen Geschichtsunterricht bisher offenbar nicht systematischer eingeübt wird als im deutschsprachigen Geschichtsunterricht, zeigt die vorliegende Studie.

Die dargelegten Ergebnisse geben somit klare Hinweise für eine Gestaltung bilingualen Unterrichts, der in geschichtsdidaktischem Sinne erfolgreich sein kann: Das ihm zugeschriebene spezifische Potenzial, sprachlich-kulturelle Konzeptvielfalt zu fokussieren, ist offenbar (noch) stärker einzubetten in eine spezifische Art der Reflexion über die perspektivische Standpunktgebundenheit dieser Konzepte. Dann würde das historische Lernen hier – im Vergleich zum deutschsprachigen Geschichtsunterricht – besonders »günstig beeinflusst«. Nichts spricht derweil dagegen, das auch im regulären und monolingualen Geschichtsunterricht zu berücksichtigen.

6.3.4 Fazit: Konzeptwahrnehmung, -differenzierung, -koordination

Aus den Daten der vorliegenden Studie geht zusammenfassend hervor, dass sich Schüler*innen nach bilingualem Unterricht besser an vermittelte Konzepte erinnern. Im bilingualen Unterricht werden ihnen deutsche Konzepte nahegelegt. Diese scheinen ihnen nach bilingualem Unterricht nämlich besonders plausibel und sie konzeptionalisieren allein diese vermehrt selbst. Englische Konzepte sind den bilingual unterrichteten Schüler*innen nicht vertrauter oder plausibler als den Schüler*innen, die deutschsprachigen Unterricht hatten. Eine interkulturelle Konzeptdifferenzierung ist damit im Anschluss an den bilingualen Geschichtsunterricht, der dieser Studie vorausgegangen ist und der aufgrund der Stichprobengröße repräsentativ ist, nicht verstärkt ausgebildet. Deutschsprachig und bilingual unterrichtete Schüler*innen koordinieren in gleichem Maße erfolgreich zwischen sprachlich-kulturell gebundenen Konzepten.

Als prägnantes Fazit aus den vorausgegangenen umfangreichen Hypothesenprüfungen kann die Frage danach, ob bilingualer Unterricht im Vergleich zu deutschsprachigem Geschichtsunterricht ein besonderes geschichtsdidaktisches Potenzial bietet, also wie folgt beantwortet werden:

Bilingualer Geschichtsunterricht muss der »ersten konzeptuellen Welt« zunächst eine zweite gegenüberstellen, um so interkulturelle Konzeptkenntnis, -differenzierung und -koordination zu initiieren. Tut er das, scheinen die Chancen auf einen geschichtsdidaktischen Erkenntnisgewinn gut.

Um diese »zweite konzeptuelle Welt« zu vermitteln, bedarf es freilich erst ihrer Kenntnis. Was also eine – etwa englische – historische Darstellung ausmacht und von einer anderen – etwa deutschen – unterscheidet, ist zuallererst zu identifizieren, und zwar am besten für alle im bilingualen Curriculum vorgegebenen Lehrinhalte. Erst im Anschluss daran ist der Umgang mit interkultureller Perspektivität als spezifisch historische Kompetenz im bilingualen Geschichtsunterricht potenziell gewinnbringend.

6.4 Diskussion: Studienanlage und Datenauswertung

Im Folgenden werden die Ergebnisse der Fragebogenuntersuchung in Bezug auf die Studienanlage und die Datenauswertung methodisch kontextualisiert und reflektiert. Vor dem Hintergrund testtheoretischer Grundsätze und auf der Grundlage verbindlicher Erhebungs- und Auswertungsverfahren quantitativer und statistischer Studien wird die vorliegende Untersuchung geprüft. Es wird danach gefragt, wie die oben präsentierten Ergebnisse durch die Stichprobe und das Studiendesign selbst beeinflusst worden sein könnten, und es wird aufgezeigt, inwiefern die vor der Untersuchung formulierten gerichteten Hypothesen auf die Studie anwendbar waren. Auch auf potenzielle weitere und außerhalb des eigentlichen Studieninteresses liegende Faktoren, die die statistisch festgestellten Unterschiede und Gemeinsamkeiten zwischen den Schüler*innen-Gruppen erklären könnten, wird der Vollständigkeit halber eingegangen. Sie können als schulexterne und -interne Faktoren erfasst werden.

6.4.1 Stichprobe

An eine quantitative Studie, wie sie hier durchgeführt wurde, werden verschiedene Anforderungen gestellt. Die Stichprobe sollte z. B. repräsentativ für die Grundgesamtheit stehen können. Das ist gegeben (vgl. Kap. 5.3.1). Aufgrund der sehr umfassenden Stichprobe (insgesamt 787 Schüler*innen) ist die Verzerrung der Ergebnisse durch Störfaktoren (s. u.) eher unwahrscheinlich.

Die Stichprobe gliederte sich auf in die drei Gruppen bilingual, monolingual und regulär unterrichteter Schüler*innen. Durch die Berücksichtigung der regulär unterrichteten Schüler*innen in der Studie konnte überprüft werden, ob ein *selection bias* vorliegt und wo er sich niederschlägt.

Methodisch ist aufgrund der außerordentlichen Stichprobengröße auch festzuhalten, dass bei den nicht-signifikanten Ergebnissen der vorliegenden Arbeit keine relevanten Effekte übersehen worden sind und davon ausgegangen werden kann, dass die Nullhypothese sich tatsächlich bewährt oder dass die

Effekte so gering sind, dass daraus keine Handlungen abgeleitet werden sollten (Teststärke stets > 0,8; Cohens d stets > 0,2).[725]

Allerdings fußen die inhaltlichen Analysen und die qualitativ inhaltsanalytisch gewonnenen Daten zur Konzeptkoordination auf teils geringeren Stichprobenzahlen. Sie wurden je angegeben, so dass sowohl die Aussagekraft der Daten als auch weitere Forschungsdesiderata zu erkennen sind.

6.4.2 Studiendesign

Eine Meta-Analyse der gemessenen Effekte über die drei Aufgaben des Fragebogens hinweg zeigt, dass bei Aufgabe 1 hohe, bei Aufgaben 2 und 3 insgesamt niedrigere Effekte erzielt wurden. Das entspricht den methodischen Annahmen. Grundsätzlich gilt nämlich für die beiden Möglichkeiten, mit *Concept Maps* zu arbeiten (selbst erstellen; studieren und bewerten), dass höhere Effekte festgestellt werden, wenn Lernende aufgefordert werden, die *Concept Maps* selbst zu erstellen (d = 0,81), als wenn sie vorgefertigte studieren (d = 0,37).[726] Außerdem ist in Rechnung zu stellen, dass in dem in der vorliegenden Arbeit entwickelten Modell zur Perspektivität (vgl. Kap. 2.2.2.3) die Koordination auf der Differenzierung und diese wiederum auf der Wahrnehmung von Perspektiven aufbaut. Auch aus sachlichen Gründen ist daher *a priori* nicht damit zu rechnen, dass die Effekte von Aufgabe 1 über Aufgabe 2 zu Aufgabe 3 zunehmen könnten.

6.4.3 Hypothesen

Zudem sollte hypothesengeleitet gearbeitet werden und zwar in der Form, dass die Hypothesen auf der Grundlage der konzeptionellen Überlegungen und empirischen Erkenntnisse aus der einschlägigen Literatur formuliert werden. Die Hypothesen müssen also vor der eigenen Untersuchung festgelegt werden. Entsprechend wurde in der vorliegenden Studie verfahren, so dass das wissenschaftliche Vorgehen den qualitativen Ansprüchen hypothesenprüfender Untersuchungen entspricht.[727]

725 *Cohen:* Power. 1988, S. 40; Vgl. Kap. 6.1.

726 *Hattie:* Lernen. 2014, S. 201.

727 Hier folgt die Arbeit den klaren Worten von Jürgen Bortz und Nicola Döring, die methodisch überzeugend darlegen, dass gerichtete Hypothesen vor der Untersuchung auf der Grundlage der Informationen zu formulieren sind, die die Richtung des Unterschieds bzw. des Zusammenhangs plausibel erscheinen lassen. Die Praxis, die Hypothesen erst auf der Grundlage der eruierten Studienergebnisse zu formulieren, ist für sie »schlicht und einfach wissenschaftliche Scharlatanerie«. *Bortz:* Forschungsmethoden. 2006, S. 498.

Als Hypothesenart konnten gerichtete Hypothesen gewählt werden. Das bot sich zum einen aufgrund der vielen konzeptionellen Vorstellungen und empirischen Erkenntnisse zu den Leistungen bilingual unterrichteter Schüler*innen im Vergleich zu denen deutschsprachig unterrichteter an. Zum anderen entspricht diese gerichtete Art der Fragestellung dem Erkenntnisinteresse der vorliegenden Studie. Die Richtung zeigt an, ob angenommen wird, dass bilingual unterrichtete Schüler*innen etwas besser (oder schlechter) können als deutschsprachig unterrichtete Schüler*innen. Eine ungerichtete Hypothese könnte dagegen nur darauf abzielen, zu untersuchen, ob es einen Unterschied zwischen diesen beiden Variablen gibt, und würde ihn nicht näher bestimmen. Die gerichteten Hypothesen wurden also vor der Auswertung formuliert, indem die in der einschlägigen Literatur zum bilingualen (Geschichts-)Unterricht getroffenen Annahmen zugrunde gelegt wurden. Bei einer Arbeit, die in dieser Weise verfährt, werden also nicht – wie in anderen Studien[728] – selbst ermittelte signifikante Ergebnisse als Ausgangspunkt für die Hypothesenformulierungen genutzt, sondern die Literatur wird zur Grundlage gemacht.

6.4.4 Interpretationsentscheidungen

Viele der in der vorliegenden Arbeit ermittelten Ergebnisse decken sich mit den konzeptionellen Erwartungen aus der Literatur[729] und mit denen anderer Studien.[730] Andere sind durchaus überraschend.[731] Die theoretische Kontextualisierung und Diskussion der Studienergebnisse erfolgte vor dem Hintergrund dieser einschlägigen Literatur bereits oben im Anschluss an die Hypothesenprüfungen selbst (vgl. Kap. 6.3.1–6.3.4). An dieser Stelle soll deshalb nicht mehr Inhaltliches thematisiert, sondern lediglich Methodisches fokussiert werden. Dazu zählt es jedoch auch, die Vorgehensweise bei der Dateninterpretation in Rückbindung an die Literatur transparent zu machen. Das gilt insbesondere für die Ergebnisse, die überraschende Einsichten gaben, und natürlich für die Fälle, in denen die Datengrundlage hier z. B. aufgrund einer nur kleinen Stichprobe gering war und die deshalb durch weitere empirische Studien abgesichert werden

728 Ausschließlich signifikante Ergebnisse werden in Studien dann angegeben, wenn die Hypothesen erst nachträglich formuliert werden. Dann spricht man vom sog. »HARKing«; Ebd.

729 So z. B. die Beobachtungen zur Konzeptinterferenz (Hypothesen 2.1–2.3) in: *Niemeier:* Bilingualismus. 2010, S. 44.

730 Zur Verarbeitungstiefe (Hypothesen 1.4.1–1.4.4) z. B. *Lamsfuß-Schenk:* Fremdverstehen. 2008; Zur *threshold hypothesis* (Hypothesen 1.4.7–1.4.8) z. B. *Vockrodt-Scholz:* Interdependenz. 2007.

731 Zur Kenntnis des kulturell Fremden etwa (Hypothesen 1.1.1–1.1.3. Empirisch dazu z. B. *Clemen:* Bilingual. 2007; Konzeptionell: *Barricelli:* Dialog. 2009, S. 209.

sollten. Die Arbeit präsentiert in diesen Fällen die verschiedenen, aus der einschlägigen Literatur nahegelegten Interpretationsmöglichkeiten. Sie legt nicht nur eine Interpretationsentscheidung fest. Exemplarisch kann dieses interpretatorische Paradigma hier noch einmal an der Untersuchung der historischen Fachbegriffskenntnis der drei getesteten Schüler*innen-Gruppen gezeigt werden (Kap. 6.3.1.3). Irritierend wirkt insbesondere, dass bilingual unterrichtete Schüler*innen in signifikantem Maße angeben, weniger englische Fachbegriffe zu kennen als regulär unterrichtete. Daraus können drei sehr unterschiedliche Schlüsse gezogen werden. Erstens: Die Selbstauskunft spiegelt ein tatsächlich vorliegendes Kenntnisdefizit wider. Bilingualer Unterricht würde dem Anspruch der Ausbildung eines Fachwortschatzes in zwei Sprachen dann nicht gerecht. Zweitens: Die bilingual unterrichteten Schüler*innen prüfen in einem stärkeren Maße als die deutschsprachig unterrichteten, ob sie die Begriffe kennen, und kommen anschließend zu einem selbstkritischeren Urteil. Möglicherweise definieren die befragten bilingual unterrichteten Schüler*innen das Wort »Kennen« insgesamt strikter. Das spräche für ein besonders reflektiertes Verhalten der bilingual unterrichteten Schüler*innen, das sich hier im Umgang mit Sprache zeigen könnte. Bestimmte Ziele, die an den bilingualen Unterricht herangetragen werden, würden so erfüllt. Drittens ist in methodischer Hinsicht festzuhalten, dass es schwierig ist, allein historischen Fachwortschatz zu prüfen. Zwar orientiert sich die vorliegende Arbeit konsequent an Rainer Willenbergs Fachbegriffsdefinition[732], aber wie Susanne Staschen-Dielmann schon überzeugend argumentiert hat,[733] ist es gerade für das Fach Geschichte schwierig, zwischen Alltags- und Fachbegriffen trennscharf zu unterscheiden. Diese methodische Schwierigkeit könnte sich auch in der vorliegenden Studie und damit in den hier ermittelten Ergebnissen niedergeschlagen haben.[734] Durch die Präsentation dieser drei möglichen Schlussfolgerungen, die unterschiedliche Überzeugungen aus der Literatur aufgreifen und methodische Aspekte der Erhebung und des Forschungsfeldes reflektieren, stellt die Arbeit verschiedene mögliche Interpretationen vor, reflektiert das eigene Fragebogendesign kritisch und eröffnet so den Raum für auf diesen unterschiedlichen Annahmen fußende weitere Studien.

732 *Willenberg:* Wortschatz. 2017, S. 132f.
733 *Staschen-Dielmann:* Narrative. 2012, S. 146–148, 180.
734 Dieser (eher sprachliche) Aspekt sollte also für den Geschichtsunterricht noch vertiefend untersucht werden.

6.4.5 Störfaktoren

Neben den aus der Literatur zum bilingualen Unterricht herangezogenen Begründungen für die festgestellten Unterschiede zwischen der Konzeptwahrnehmung, -differenzierung und -koordination bilingual und deutschsprachig unterrichteter Schüler*innen können weitere Faktoren einen Einfluss auf die Studienergebnisse gehabt haben.

> »Die in den Human- und Sozialwissenschaften untersuchten abhängigen Variablen sind typischerweise multikausal beeinflusst. [...] Mit dem Begriff Störvariable [werden] alle Einflüsse auf die abhängige Variable [bezeichnet], die [bei denen es sich] um ›vergessene‹ Einflussfaktoren handel[t], [und die also] eigentlich als unabhängige Variablen in die Hypothese aufzunehmen wären. Je mehr Einflussfaktoren man als unabhängige Variablen in einem Design berücksichtigt, desto vollständiger können Merkmalsunterschiede in der abhängigen Variablen aufgeklärt werden. Würde man von dem Idealfall ausgehen, dass wirklich alle relevanten Einflussfaktoren bekannt sind [...], wäre die Variabilität der abhängigen Variablen bis auf einen messfehlerbedingten Rest zu erklären. Diese Zielsetzung ist jedoch wegen der großen intra- und interindividuellen Variabilität der Untersuchungsobjekte nie zu erreichen.«[735]

Dennoch: Einige außerhalb der eigentlichen Studienausrichtung gelegene, aber dennoch plausible Aspekte zur Erklärung der Ergebnisse sollen hier kurz in Hinblick auf ihre Relevanz als potenzielle Störfaktoren erörtert werden. Schul- und unterrichtsexterne Einflussfaktoren könnten z. B. das Geschlecht oder die individuelle Motivation der Schüler*innen sein. Eine separate und stichprobenhafte Prüfung zu Beginn der Auswertungen zeigte jedoch, dass keine Zusammenhänge zwischen diesen Aspekten und den Inhalten, auf die die Hypothesen zielten, auszumachen waren. Das bestätigte den von Helfried Moosbrugger testtheoretisch formulierten Ansatz, allein konzeptionell begründete Einflussfaktoren in die statistische Auswertung aufzunehmen.[736] Die demographischen Variablen berücksichtigte die vorliegende Studie aus diesem Grund lediglich durch eine normalverteilte Stichprobenziehung (vgl. Kap. 5.3.1) und in

735 *Bortz:* Forschungsmethoden. 2006, S. 13.

736 »Am Anfang oder am Ende des Fragebogens können demographische Angaben erhoben werden. Sie sind auf notwendige Auskünfte zu beschränken [...]; üblich ist die Erfassung von Alter, Geschlecht, Schulbildung und Beruf. Diese Variablen sollten aber nur dann erfasst werden, wenn sie relevant für die untersuchte Fragestellung sein können.« *Helfried Moosbrugger/Kelava, Augustin* (Hrsg.): Testtheorie und Fragebogenkonstruktion. Berlin 2012, S. 69. Aus diesem Grund sind die vor der Erhebung aufgestellten Überlegungen zu möglichen für die Fragestellung relevanten Variablen so zentral und aus diesem Grund werden die demographischen Angaben, die in keinen theoretischen Zusammenhang mit dem *selection bias* gebracht werden können, der in der Literatur für die Bewertung der Testergebnisse bilingual unterrichteter Schüler*innen immer wieder als potenzieller Einflussfaktor benannt wird, nur im Rahmen der Normalverteilung der Stichprobe berücksichtigt.

Bezug auf die Datenauswertung unter dem Aspekt des *selection bias*. Ob weitere unterrichts- und schulexterne Einzelaspekte auf die hier untersuchten Forschungsfragen *per se* Einfluss nehmen, kann künftig in weiteren pädagogisch ausgerichteten Arbeiten untersucht werden. Eine erste Orientierung bieten in diesem Feld bereits andere Studien.[737]

Neben den Aspekten, die sich auf die Schüler*innen selbst konzentrieren, könnten die Ergebnisse auch in Bezug auf solche reflektiert werden, die die Schulen fokussieren. Wie in der Stichprobenbeschreibung dargelegt, wurde die Untersuchung an Gymnasien, Integrierten Gesamtschulen und Kooperativen Gesamtschulen durchgeführt. Dabei wurde von einer Vergleichbarkeit der Schüler*innen-Leistungen ausgegangen. Ein Schulformvergleich war nicht Ziel der vorliegenden Arbeit, könnte sie aber künftig ergänzen. Der Frage danach, ob die Schulen eher im städtischen oder eher im ländlichen Gebiet gelegen waren, ging die Studie indessen nach.[738] Ein Abgleich mit den Schulstandorten aller vergleichbaren allgemeinbildenden Schulen in Niedersachsen zeigte, dass ein ähnliches Verhältnis wie in der Grundgesamtheit vorlag; und zwar sowohl in Bezug auf die gesamte Stichprobe[739] als auch hinsichtlich der Verteilung der regulär, monolingual und bilingual unterrichteten Klassen.[740] Dieser Aspekt kann also in den vorliegenden Daten keine Wirkung erzielt haben.

Auch schul- und unterrichtsinterne Aspekte könnten Gründe für die oben beschriebenen Unterschiede und Gemeinsamkeiten zwischen den Schüler*innen-Ergebnissen sein. Denkbar ist hier etwa, dass die Einstellungen und Überzeugungen der unterrichtenden Lehrkräfte,[741] dass bestimmte Methoden und Materialien[742] oder dass typische Instruktionsformen[743] zu bestimmten Er-

737 Zur Motivation z. B. *Dominik Rumlich:* Students' General English Proficiency Prior to CLIL. Empirical Evidence for Substantial Differences between Prospective CLIL and Non-CLIL Students in Germany. In: *Stephan Breidbach/Britta Viebrock* (Hrsg.): Content and Language Integrated Learning (CLIL) in Europe. Research Perspectives on Policy and Practice. Bern 2013, S. 181–201.

738 Neun Schulen lagen im ländlichen, zehn im städtischen Raum.

739 *Landesamt für Statistik Niedersachsen* (Hg.): Schulstandorte nach Schulgliederung. Hannover 2020. Online unter URL: <https://www.nls.niedersachsen.de/Schulkarten/Schulen_in_Niedersachsen_2019.html> (Zugriff am 24.03.2023).

740 Den Abgleich mit den Schulen, die entweder bilingualen und monolingualen oder lediglich regulären Geschichtsunterricht anbieten, ermöglicht das vergleichende Heranziehen der hier nachlesbaren Daten: *Niedersächsisches Landesinstitut für schulische Qualitätsentwicklung* (Hg.): Schulen. Gymnasien und Gesamtschulen mit bilingualem Sachfachunterricht. Online unter URL: <https://www.nibis.de/schulen_635> (Zugriff am 24.03.2023).

741 Z. B. *Deutsch:* Mehrsprachigkeit. 2016.

742 Z. B. *Kollenrott:* Sichtweisen. 2008.

743 Zu einem vermehrten Frontalunterricht im bilingualen *Setting* etwa: *Michael Müller/Gregor Falk:* Bilingualer Geographieunterricht – Überlegungen zum sprachlichen, fachlichen und interkulturell-kommunikativen Kompetenzerwerb. In: Zeitschrift für Geographiedidaktik 14, 2014, H. 2, S. 115–130, hier S. 117f. Zu Gruppenarbeiten als einer fachlich besonders

gebnissen führen. Die vorliegende Studie trifft hierzu explizit keine Aussagen.[744] Sie stellt lediglich fest, ob und wo es Unterschiede zwischen den regulär, monolingual und bilingual unterrichteten Schüler*innen gibt. Sie hat also etwa ermittelt, dass das deutsche Imperialismuskonzept nach bilingualem Unterricht besonders stark ausgebildet ist. Weiteren Studien bleibt es herauszufinden, weil die bilinguale Lehrkraft besonders motiviert war, ob das so ist, weil sie besonderes Material eingesetzt oder weil sie z. B. besonders frontal unterrichtet hat. Untersuchungen dazu, ob solche Aspekte für die hier erhobenen Daten Wirksamkeit entfalten, können die Forschung zum bilingualen Geschichtsunterricht künftig ergänzen.

6.4.6 Themenwahl

Das Thema »Imperialismus« wurde aufgrund dreier Überlegungen zur inhaltlichen Grundlage der vorliegenden Untersuchung gemacht. (1) Modelle zu einer bilingualen Didaktik, (2) einschlägige Analysen zu typischen kulturellen Deutungsmustern und (3) erhebungspraktische Überlegungen begründeten die Themenwahl.

(1) Als historisch geteiltes Ereignis Deutschlands und Großbritanniens bot sich das Thema vor dem Hintergrund konzeptioneller Modelle zum bilingualen Unterricht an. So betonen z. B. Wolfgang Hallet und Manfred Wildhage, dass die Auswahl von Inhalten, die in der eigen- und zielsprachlichen Kultur relevant sind und die darüber hinaus verschiedene Perspektiven auf diese Inhalte ermöglichen, besonders wichtig sei, um das spezifische Potenzial, das bilingualer Unterricht bieten könne, auszuschöpfen.[745] Legt man diese »bilinguale Didaktik« zugrunde, stellt der Imperialismus ein bilinguales Unterrichtsthema *par excellence* dar. Es ist also davon auszugehen, dass Effekte, die ein konzeptionell so ausgerichteter Unterricht hervorrufen kann, hier sichtbar werden müssen.

(2) Vergleichbare, ähnlich geeignete Themen wären – wie schon Wildhage hervorhebt – z. B. die Industrialisierung und der Erste Weltkrieg.[746] Dass eine Schulbuchanalyse zu diesen Themen ähnliche oder gleiche Deutungsmuster aufzeigen würde wie die hier ermittelten, legen empirische Studien nahe, die

gewinnbringenden Interaktionsform im bilingualen Unterricht: *Bonnet:* Bedeutungsaushandlung. 2004.

744 *Bortz:* Forschungsmethoden. 2006, S. 13.

745 *Wolfgang Hallet:* The Bilingual Triangle. Überlegungen zu einer Didaktik des bilingualen Sachfachunterrichts. In: Praxis des Neusprachlichen Unterrichts 45, 1998, H. 2, S. 115–125, hier S. 119; *Manfred Wildhage/Edgar Otten* (Hrsg.): Praxis des bilingualen Unterrichts. Berlin 2003, S. 84.

746 *Wildhage:* Praxis. 2003, S. 84–86.

vergleichbare Schlüsse aus der Analyse anderer Textformen zu eben diesen beiden Themen ziehen konnten.[747] Vergleichbare Ergebnisse sind daher auch in künftigen Studien zu erwarten. Dass die Analyse von (Schulbuch-)texten zu gänzlich anderen Themen weitere unterschiedliche Deutungsmuster aufdecken könnte, ist natürlich möglich. Denkbar wäre etwa eine vergleichende Analyse von »Krisen« im Längsschnitt. In dieser Hinsicht bieten sich also mehrere vielversprechende Anknüpfungspunkte.

(3) Schließlich musste die vorliegende Arbeit, die eine vergleichbare Analysegrundlage für Deutungsmuster aus deutschen und englischen Kontexten schaffen wollte, ein Thema wählen, das in formal vergleichbarer Weise im deutschen und im englischen Schulbuch behandelt wird – also etwa in vergleichbaren Jahrgangsstufen. Würde man Inhalte grundverschiedener Jahrgangsstufen miteinander vergleichen oder gar ein Thema auswählen, dass nur in einem Kulturbereich Gegenstand ist, könnte durchaus mit anderen Ergebnissen zu rechnen sein.

747 Zur Industrialisierung z. B. *Susanne Grindel/Simone Lässig:* Unternehmer und Staat in Europäischen Schulbüchern. Deutschland, England und Schweden im Vergleich. Braunschweig 2007. Zum Ersten Weltkrieg, der als deutsch-englische Konfliktgeschichte verstanden werden kann vgl. *André Keil:* Der Erste Weltkrieg in der britischen Erinnerungskultur. In: *Monika Fenn/Christiane Kuller* (Hrsg.): Auf dem Weg zu einer transnationalen Erinnerungskultur? Schwalbach 2016, S. 97–117.

7 Fazit und Ausblick: Bilingualer Geschichtsunterricht und interkulturelle Perspektivität

Die Arbeit stellte die Frage danach, ob bilingualer Geschichtsunterricht interkulturelle Perspektivität besonders fördert. Auf der Grundlage der Schüler*-innen-Antworten nach dem erfolgten Unterricht gibt sie zusammenfassend folgende Antwort: In seiner heutigen Form vermittelt der bilinguale Geschichtsunterricht allein im deutschen Schulbuchkontext vorherrschende Konzepte; spezifisch englische werden nicht verstärkt angelegt. Ein besonders profunder Umgang bilingual unterrichteter Schüler*innen mit interkultureller Perspektivität lässt sich nicht nachweisen.

Andererseits konnte gezeigt werden, dass es durchaus einen Zusammenhang zwischen dem englischen Spracheinsatz und der Konzeptbildung der Schüler*-innen gibt. Bilingual unterrichtete Schüler*innen erinnern sich tatsächlich intensiver an bestimmte kulturelle Konzepte als rein deutschsprachig unterrichtete. Selektionseffekte scheinen dafür nicht ursächlich zu sein.

Überraschenderweise führt die Verwendung der englischen Sprache jedoch nicht (wie allgemein erwartet) zu einer profunderen Ausbildung auch der im Englischen spezifischen Konzepte, sondern zu einer vertieften Verarbeitung der deutschen Sinnbildungen.

Einerseits zeigt sich also, dass der bilinguale Geschichtsunterricht durchaus Einfluss auf die Konzeptbildung nimmt. Grundsätzlich wäre daher das Versprechen eines besonders reflektierten Umgangs mit interkultureller Kontroversität einlösbar. Andererseits aber zeigt sich auch, dass sich allein durch den Gebrauch der englischen Sprache keineswegs (neben den deutschen) auch schon den englischsprachigen Rahmen prägende Konzepte vermitteln und damit Kontroversität anbahnen ließe.

Zur Einlösung bedarf es daher künftig neben der Vermittlung deutscher auch der englischer Konzepte. Kurz gesagt: Allein auf den Spracheinsatz zu vertrauen genügt hier nicht.

Einem ersten kulturellen Konzept muss also ein zweites zur Seite oder gegenübergestellt werden. Um das im Unterricht leisten zu können, muss bekannt sein, was eine – etwa englische – historische Darstellung ausmacht und von einer anderen – etwa deutschen – unterscheidet. Diese Unterschiede zu identifizieren muss der erste Schritt zur Förderung interkultureller Perspektivität sein. Erst im Anschluss daran kann der historisch fundierte Umgang mit interkultureller Perspektivität im bilingualen Geschichtsunterricht tatsächlich gewinnbringend ausgebildet werden. Dass ein solcher Unterricht dann wiederum Dichotomien und Stereotypisierungen, die eine solche sprachlich-kulturelle Perspektivierung mit sich bringen kann, vermeiden sollte, ist zum einen selbstverständlich, zum anderen bei diesem den bilingualen Geschichtsunterricht im Spezifischen kennzeichnenden Zugriff stets neu bewusst zu machen.

Fragen nach dem Materialeinsatz (deutsche/bilinguale/englische Schulbücher) oder der Herkunft der Lehrkräfte (Deutschland/England) im bilingualen wie im deutschsprachigen Unterricht wurden in dieser Arbeit ausgeklammert. Gleichwohl zeigen die Ergebnisse, dass diese auf das Unterrichtsgeschehen selbst zielenden Fragen künftig zu stellen sein werden. Es wird nötig sein zu untersuchen, warum bilingual unterrichtete Schüler*innen nicht in verstärktem Maße solche Konzepte kennen, die die englische Geschichtserzählung kennzeichnen. Wie kommt es also unterrichtsmethodisch zu den hier festgestellten Ergebnissen?

Ohne Rückschlüsse auf den Materialeinsatz im heutigen bilingualen Geschichtsunterricht ziehen zu wollen, kann neben der empirischen und in geschichtsdidaktischer Hinsicht ernüchternden Erkenntnis der Fragebogenstudie auf der Grundlage der in dieser Arbeit ebenfalls vorgelegten Schulbuchanalyse auch gezeigt werden, wie mehrere kulturelle Konzepte erschlossen werden können. Damit zeigt die Arbeit einen Weg auf, der auch im bilingualen Unterricht zu dem Ziel interkultureller Perspektivität führen kann.

Am Beispiel des Imperialismus zeigte die vorliegende Arbeit, dass sich kulturelle historische Darstellungen in Bezug auf ihre verflochtenen Sinnbildungsmuster mithilfe von *Concept Maps* aus Texten eruieren und für die Arbeit mit Schüler*innen nutzbar machen lassen. Eine vergleichbare Erschließung von weiteren relevanten Themen – am besten für alle im (bilingualen) Curriculum vorgegebenen Inhalte – könnte es Lehrkräften ermöglichen, ihren bilingualen Geschichtsunterricht konsequent am Prinzip interkultureller Perspektivität auszurichten. Der Konstruktcharakter jeder einzelnen Erzählung, für den Zugriff gezogene Grenzen von Konzepten und Überschneidungen in andere Konzeptbereiche hinein werden so ganz offensichtlich und einer künstlichen essenzialisierenden Dichotomisierung kann damit bereits methodisch vorgebeugt werden. Ein Übertrag des methodischen Vorgehens zur Ermittlung kultureller Referenzkonzepte ist dabei für einige Themen (wie z. B. die Industrialisierung oder den Ersten Weltkrieg) möglich, für andere jedoch wegen einer nicht vergleichbaren Datengrundlage nicht. Problematisch ist nämlich bei dem Rückgriff auf englische Schulbücher erstens, dass die Verwendung nicht – wie in Deutschland –

staatlich geregelt ist. Ein kulturelles Referenzkonzept kann daher nicht immer durch ein vorgegebenes *Sample* begrenzt und definiert werden. Zweitens haben nicht alle in Deutschland relevanten Themen ein Pendant im englischen Schulbuch. Beide Einschränkungen sind auch bei der Eruierung der Referenzkonzepte anderer kultureller Kontexte (USA, Frankreich, Indien etc.) zu prüfen. Es gilt daher, weitere plausible Datengrundlagen zu erschließen.

Neben der *Concept Mapping*-Methode bieten sich weitere Verfahren für die Eruierung kultureller Deutungsmuster an.[748] Die Produkte solcher Analysen können entweder unmittelbar etwa in Form von Kategorien oder in Verbindung mit *Concept Maps* im bilingualen Unterricht eingesetzt werden.

Die Erstellung eines Portfolios, das interkulturelle Perspektiven auf verschiedene historische Themen für den Einsatz im Unterricht aufbereitet, stellt eine Möglichkeit dar, die Schulung interkultureller Kontroversität im bilingualen Unterricht zu etablieren und zu verankern. Lehrkräfte könnten ihren Geschichtsunterricht durch die Bereitstellung eines solchen Materialpakets konsequent an diesem Ziel ausrichten.

Andererseits birgt ein solch vorgefertigtes Materialpaket, das sich auf die Explikation kultureller Unterschiede konzentriert, ganz offensichtlich die Gefahr, aktuell zu beobachtende kulturelle Besonderheiten langfristig zu verfestigen und so als kulturelle Zuschreibungen zu perpetuieren. Langfristig ist es deshalb sinnvoller, die genannten Verfahren zur Erschließung kultureller Deutungsmuster als Methoden für die Arbeit der Schüler*innen im Unterricht zu etablieren. So kann bilingualer Geschichtsunterricht dynamischen Geschichtskulturen flexibel und angemessen begegnen. Bilingual unterrichtete Schüler*innen könnten so durch die Kombination der Verwendung einer zweiten Sprache mit dem analytischen, reflexiven Blick hierauf lernen, interkulturelle Perspektiven auf die Vergangenheit wahrzunehmen, zwischen ihnen zu differenzieren und zu koordinieren. Das zweifellos gegebene Potenzial bilingualen Geschichtsunterrichts, interkulturelle Kontroversität zu vermitteln, könnte so entfaltet werden.

748 Verfahren, die in der wissenschaftlichen Diskursanalyse zur Eruierung von Deutungsmustern gängig sind, wie etwa die Sequenzanalyse (*Reiner Keller:* Wissenssoziologische Diskursanalyse: Grundlegung eines Forschungsprogramms. Wiesbaden 2011, S. 234) oder – wie in Kap. 4.2.2.2.2 methodenverbindend gezeigt – eine qualitative Inhaltsanalyse bieten sich z. B. an (*Udo Kuckartz:* Qualitative Inhaltsanalyse. Methoden, Praxis, Computerunterstützung. Weinheim 2018, S. 97–160.) Zur Integration der Verfahren vgl: *Philipp McLean/ Corinna Link:* Concept Mapping als Analyse- und Visualisierungsmethode von Deutungsmustern. In: Forum Qualitative Sozialforschung/Forum: Qualitative Social Research 23, 2022, H. 1, Art. 1. Online unter URL: <https://doi.org/10.17169/fqs-23.1.3537> (Zugriff am 24. 03. 2023).

8 Abkürzungs- und Symbolverzeichnis

ADC	Academic Discourse Competencies Test
APT	Achievement and Proficiency Test
AQA	Assessment and Qualifications Alliance
b	Bilingual
bg	bilingual mit geringem englischen Spracheinsatz
bh	bilingual mit hohem englischen Spracheinsatz
BICS	Basic Interpersonal Communicative Skills
bm	bilingual mit mittlerem englischen Spracheinsatz
CALP	Cognitive Academic Language Proficiency
CCEA	Council for the Curriculum, Examinations and Assessment
CIE	Cambridge Assessment International Education
CLIL	Content and Language Integrated Learning
D	Deutsch
DaZ	Deutsch als Zweitsprache
DESI	Deutsch Englisch Schülerleistungen International
DEZIBEL	Deutsch-Englische Züge in Berlin
E	Englisch
Edexcel	Pearson Edexcel
GCSE	General Certificate of Secondary Education
HJ	Halbjahr
I	Interferenzraten
ICAAE	International Council for the Accreditation of Academic Evaluation
I_d	Interferenzrate im Deuten
I_e	Interferenzrate im Englischen
I_{ed}	Vergleich der Interferenzraten
IG	Interferenzgrad
IG_d	Interferenzgrad in den deutschen Konzepten
IG_e	Interferenzgrad in den englischen Konzepten
IGS	Integrierte Gesamtschule
KC	Kerncurriculum
KD	Konzeptdifferenzierung
KF	Kenntnis der historischen Fachbegriffe

KF_d	Kenntnis der deutschen Fachbegriffe
KF_e	Kenntnis der englischen Fachbegriffe
KF_{ed}	Kenntnis der englischen und deutschen historischen Fachbegriffe
KGS	Kooperative Gesamtschule
LuL	Lehrerinnen und Lehrer
m	Monolingual
n	Teilstichprobe
N	Stichprobe
NDSG	Niedersächsisches Datenschutzgesetz
OCR	Oxford, Cambridge and Royal Society of Arts Examinations
Ofqual	Office of Qualifications and Examinations Regulation
OHP	Overheadprojektor
p	probability factor
R	Geratene Propositionen
r	Regulär
R_d	Geratene Propositionen bei deutscher Erstbegegnung
R_e	Geratene Propositionen bei englischer Erstbegegnung
SJ	Schuljahr
SuS	Schülerinnen und Schüler
Ü	propositionale Übereinstimmungsraten von Schüler- und primären Referenzpropositionen
Üb	Übertragene Propositionen
$Üb_{DE}$	Übertragung der im Deutschen geratenen Propositionen ins Englische
$Üb_{ED}$	Übertragung der im Englischen geratenen Propositionen ins Deutsche
$Ü_d$	propositionale Übereinstimmungraten der Schülerkonzepte mit den deutschen Referenzkonzepten
$Ü_e$	propositionale Übereinstimmungraten der Schülerkonzepte mit den englischen Referenzkonzepten
$Ü_{ed}$	propositionale Übereinstimmungsraten der Schülerkonzepte mit den englischen und deutschen Referenzkonzepten
WJEC	Welsh Joint Education Committee
WPU	Wahlpflichtunterricht

9 Literaturverzeichnis

Admiraal, Wilfried/Westhoff, Gerard/de Bot, Kees: Evaluation of Bilingual Secondary Education in the Netherlands: Students' language proficiency. Educational Research and Evaluation 12, 2006, H. 1, S. 75–93.

Alavi, Bettina: Begriffsbildung im Geschichtsunterricht. In: *Uffelmann, Uwe/Seidenfuß, Manfred* (Hrsg.): Verstehen und Vermitteln. Idstein 2004, S. 39–61.

Alavi, Bettina: Geschichtsunterricht in der multiethnischen Gesellschaft. Eine fachdidaktische Studie zur Modifikation des Geschichtsunterrichts aufgrund migrationsbedingter Veränderungen. Frankfurt a. M. 1998.

Alderson, Charles: Assessing Reading. Cambridge 2000.

Alonso, Esmeralda/Grisaleña, Jesús/Campo, Alejandr: Plurilingual education in secondary schools: Analysis of results. In: International CLIL Research Journal 1, 2008, H. 1, S. 36–49.

Altmayer, Claus: Kultur als Hypertext. Zu Theorie und Praxis der Kulturwissenschaft im Fach Deutsch als Fremdsprache. München 2004.

Altmayer, Claus: ›Kulturelle Deutungsmuster‹ als Lerngegenstand. Zur kulturwissenschaftlichen Transformation der ›Landeskunde‹. In: Fremdsprachen lehren und lernen 35, 2006, H. 1, S. 44–59.

AQA (Hg.). Online unter URL: <http://www.aqa.org.uk/subjects/history/gcse-history-text books-print-and-digital> (Zugriff am 24.03.2023).

Assmann, Aleida: Die Last der Vergangenheit. In: Zeithistorische Forschungen 4, 2007, H. 3, S. 375–385.

Bachmann-Medick, Doris: Cultural Turns. Neuorientierungen in den Kulturwissenschaften. Hamburg 2020.

Badertscher, Hans/Bieri, Thomas: Wissenserwerb im Content and Language Integrated Learning. Bern 2009.

Ballstaedt, Steffen-Peter u. a.: Texte verstehen, Texte gestalten. München 1981.

Baring, Frank: Empathie und historisches Lernen: eine Untersuchung zur theoretischen Begründung und Ausformung in Schulgeschichtsbüchern. Frankfurt a. M. 2011.

Baring, Frank: Internationale geschichtsdidaktische Perspektiven. Multiperspektivität, Empathie und Perspektivenübernahme in den USA und Großbritannien. In: *Handro, Saskia/Schönemann, Bernd* (Hrsg.): Geschichtsdidaktische Lehrplanforschung. Methoden – Analysen – Perspektiven. Münster 2004, S. 187–214.

Barricelli, Michele/Schmieder, Ulrich: Über Nutzen und Nachteil des bilingualen Sachfachunterrichts. Fremdsprachen- und Geschichtsdidaktik im Dialog. In: *Caspari, Daniela* (Hg.): Bilingualer Unterricht macht Schule. Beiträge aus der Praxisforschung. Frankfurt a. M. 2009, S. 205–220.

Barricelli, Michele/Zwicker, Falk: Different words, possible worlds. Zum Problem des codeswitching im bilingualen Geschichtsunterricht. In: Zeitschrift für Geschichtsdidaktik 1, 2002, S. 14–24.

Barsch, Sebastian/Barte, Burkhard: »Es bereitet sie vor, an der richtigen Stelle zu staunen, wenn sie die Tageszeitung lesen«. Historisches Fachwissen aus Perspektive von Mediävist*innen. In: Zeitschrift für Geschichtsdidaktik 18, 2019, S. 78–96.

Baumgärtner, Ulrich/Hans-Jürgen Döschler/Klaus Fieberg (Hrsg.): Horizonte 3. Westermann. Braunschweig 2009. [Zit. als: Horizonte].

Bechhaus-Gerst, Marianne: »Nie liebte ein Mutter ihr Kind mehr, als wenn es krank ist«. Der Kolonialrevisionismus (1919–1943). In: *Dies./Zeller, Joachim* (Hrsg.): Deutschland postkolonial? Die Gegenwart der imperialen Vergangenheit. Berlin 2018, S. 101–122.

Beck, Bärbel/Klieme, Eckhard: Einleitung. In: *Ders./Dies.* (Hrsg.): Sprachliche Kompetenzen. Konzepte und Messung. DESI-Studie (Deutsch Englisch Schülerleistungen International). Weinheim 2008, S. 1–8.

Beetz, Petra/Blell, Gabriele/Klose, Dagmar: Den Anderen ein Stück näher: Fremdverstehen in bilingualen Lehr- und Lernkontexten Geschichte – Englisch. In: *Blell, Gabriele/Kupetz, Rita* (Hrsg.): Bilingualer Sachfachunterricht und Lehrerausbildung für den bilingualen Unterricht. Frankfurt 2005, S. 15–50.

Bergmann, Klaus (Hg.): Geschichtsdidaktik. Beiträge zu einer Theorie historischen Lernens. Schwalbach/Ts. 2008.

Bergmann, Klaus u. a. (Hrsg.): Handbuch der Geschichtsdidaktik. Düsseldorf 1985.

Bergmann, Klaus: Multiperspektivität. In: *Ders.* u. a. (Hrsg.): Handbuch der Geschichtsdidaktik. Seelze 1997, S. 301–303.

Bergmann, Klaus: Multiperspektivität. In: *Mayer, Ulrich/Pandel, Hans-Jürgen/Schneider, Gerhard* (Hrsg.): Handbuch Methoden im Geschichtsunterricht. Schwalbach/Ts. 2004, S. 65–77.

Bernhardt, Markus: Wer isst schon Menschenfleisch? – Pfui Teufel! In: Geschichte lernen, 2011, H. 139, S. 40–45.

Besand, Anja: EIN-deutig, ZWEI-deutig, DREI-deutig. Das Problem der Eindeutigkeit bei der ästhetischen Gestaltung von Lernmaterialien und -medien. In: *Duncker, Ludwig/Sander, Wolfgang* (Hrsg.): Perspektivenvielfalt im Unterricht. Stuttgart 2005. S. 189–200.

Bogner, Alexander/Littig, Beate/Menz, Wolfgang: Interviews mit Experten. Eine praxisorientierte Einführung. Wiesbaden 2014.

Bohrmann-Linde, Claudia: Auf dem Weg zu einer Fachdidaktik Bilingualer Chemieunterricht. In: *Diehr, Bärbel/Schmelter, Lars* (Hrsg.): Bilingualen Unterricht weiterdenken. Programme, Positionen, Perspektiven. Frankfurt a. M. 2012, S. 183–200.

Bonnet, Andreas: Kompetenz durch Bedeutungsaushandlung. Ein integratives Modell für Bildung und sachfachliches Lernen im bilingualen Unterricht. In: *Ders./Breidbach, Stephan* (Hrsg.): Konzepte des Lehrens und Wege des Lernens im bilingualen Sachfachunterricht. Frankfurt a. M. 2004, S. 114–126.

Bonnet, Andreas: Towards an Evidence Base for CLIL. How to Integrate Qualitative and Quantitative as well as Process, Product and Participant Perspectives in CLIL Research. In: International CLIL Research Journal 1, 2012, H. 4, S. 66–78.

Borries, Bodo von: Interkulturalität beim historisch-politischen Lernen. In: *Körber, Andreas* (Hg.): Interkulturelles Geschichtslernen. Geschichtsunterricht unter den Bedingungen von Einwanderung und Globalisierung. Münster 2001, S. 73–96.

Borries, Bodo von: Jugend und Geschichte. Ein europäischer Kulturvergleich aus deutscher Sicht. Wiesbaden 1999.

Bortz, Jürgen/Döring, Nicola: Forschungsmethoden und Evaluation für Human- und Sozialwissenschaftler. Heidelberg 2006.

Bortz, Jürgen/Schuster, Christof: Statistik für Human- und Sozialwissenschaftler. Berlin 2010.

Bredella, Lothar: Fremdverstehen und interkulturelles Verstehen. In: *Hallet, Wolfgang* (Hg.): Handbuch Fremdsprachendidaktik. Seelze 2013, S. 120–125.

Bredella, Lothar: Intercultural Understanding – A Threatening or a Liberating Experience. In: *Legutke, Michael* (Hg.): American Studies in the Language Classroom: Intercultural Learning and Taskbased Approaches. Fuldatal/Gießen 1986, S. 5–15.

Bredella, Lothar: Interkulturelles Lernen. In: *Surkamp, Carola* (Hg.): Metzler Lexikon Fremdsprachendidaktik. Ansätze – Methoden – Grundbegriffe. Stuttgart 2017, S. 149–152.

Bredella, Lothar (Hg.): Wie ist Fremdverstehen lehr- und lernbar? Vorträge aus dem Graduiertenkolleg »Didaktik des Fremdverstehens«. Tübingen 2000.

Bredenbröker, Winfried: Förderung der fremdsprachlichen Kompetenz durch bilingualen Unterricht. Empirische Untersuchungen. Frankfurt a. M. 2000.

Breidbach, Stephan: Bilinguales Lehren und Lernen. Was hat das Denken mit Sprechen und Sprache zu tun? In: Praxis Fremdsprachenunterricht 3, 2006, H. 6, S. 10–15.

Breidbach, Stephan: Geschichte und Entstehung des Bilingualen Unterrichts in Deutschland. Bilingualer Unterricht und Gesellschaftspolitik. In: *Hallet, Wolfgang/Königs, Frank* (Hrsg.): Handbuch Bilingualer Unterricht. Content and Language Integrated Learning. Seelze 2013, S. 11–17.

Brückner, Dieter/Focke, Harald (Hrsg.): Das waren Zeiten 4. C.C.Buchner. Bamberg 2010. [Zit. als: Das waren Zeiten].

Bülow, Bernhard von: Deutschlands Platz an der Sonne. In: *Penzler, Johannes* (Hg.): Fürst Bülows Reden nebst urkundlichen Beiträgen zu seiner Politik. Bd. I 1897–1903. Berlin 1907, S. 6–8.

Burke, Peter: Was ist Kulturgeschichte? Frankfurt 2005.

Burmeister, Petra: Die Immersionsmethode. In: *Hallet, Wolfgang/Königs, Frank/Martinez, Hélène* (Hrsg.): Handbuch Methoden im Fremdsprachenunterricht. Hannover 2020, S. 58–60.

Byram, Michael: Teaching and Assessing Intercultural Communicative Competence. Clevedon 1997.

Cañas, Alberto u. a.: CMAPTools. A Knowledge Modelling and Sharing Environment. In: *Cañas, Alberto/Novak, Joseph/González, Fermín* (Hrsg.): Concept maps. Theory, Methodology, Technology. Proceedings of the First International Conference on Concept Mapping. Navarra 2004, S. 125–133. Online unter URL: <http://cmc.ihmc.us/-cmc2004Proceedings/cmc2004%20-%20Vol%201.pdf> (Zugriff am 24.03.2023).

Cantrell, John (Hg.): Cambridge Complete 20th Century History for Cambridge IGCSE. Oxford University Press. Oxford 2013. [Zit. als: Cambridge IGCSE].

Carstensen, Kai-Uwe u.a. (Hrsg.): Computerlinguistik und Sprachtechnologie: Eine Einführung. Heidelberg 2010.

Christ, Herbert: Lernen in zwei Sprachen mit Blick auf zwei Kulturen. In: Praxis Fremdsprachenunterricht 8, 2006, H. 6, S. 16–19.

Christ, Herbert: Zweimal hinschauen. Geschichte bilingual lernen. In: *Bredella, Lothar* (Hg.): Wie ist Fremdverstehen lehr- und lernbar? Vorträge aus dem Graduiertenkolleg »Didaktik des Fremdverstehens«. Tübingen 2000, S. 43–83.

CIE (Hg.): Online unter URL: <http://www.cie.org.uk/programmes-and-qualifications/cambridge-igcse-history-0470/support-material/> (Zugriff am 24.03.2023).

Clemen, Franziska/Sauer, Michael: Förderung von Perspektivendifferenzierung und Perspektivenübernahme? Bilingualer Geschichtsunterricht und historisches Lernen – eine empirische Studie. In: Geschichte in Wissenschaft und Unterricht 58, 2007, H. 12, S. 708–723.

Cohen, Jacob: Statistical Power Analysis for the Behavioral Sciences. New York 1988.

Collins, Allan/Loftus, Elizabeth: A Spreading Activation Theory of Semantic Processing. In: Psychological Review 82, 1975, H. 6, S. 407–428.

Cornelißen, Christoph: Was heißt Erinnerungskultur? Begriff – Methoden – Perspektiven. In: Geschichte in Wissenschaft und Unterricht 54, 2003, H. 10, S. 548–563.

Cornelißen, Joachim u.a. (Hrsg.): Mosaik. Der Geschichte auf der Spur E3. Oldenbourg. München 2010. [Zit. als: Mosaik].

Coyle, Do/Hood, Philip/Marsh, David: CLIL. Content and Language Integrated Learning. Cambridge 2010.

Culpin, Christopher (Hg.): OCR SHP GCSE. Britain in Peace and War 1900–1918. Hodder Education. London 2016. [Zit. als: OCR SHP GCSE].

Cummins, James: Linguistic Interdependence and the Educational Development of Bilingual Children. In: Review of Educational Research 49, 1979, H. 2, S. 222–251.

Cummins, James: The Cognitive Development of Children in Immersion Programs. In: Canadian Modern Language Review 34, 1978, H. 5, S. 855–883.

Cummins, James: The Influence of Bilingualism on Cognitive Growth: A Synthesis of Research Findings and Explanatory Hypotheses. Working Papers on Bilingualism 9, 1976, S. 2–44.

Daley, Barbara: Learning and professional practice: A study of four professions. In: Adult Education Quarterly 52, 2001, H. 1, S. 39–54.

Daley, Barbara: Using Concept Maps in Qualitative Research. In: *Cañas, Alberto/Novak, Jospeh/González, Fermín* (Hrsg.): Concept Maps. Theory, methodology, technology. Proceedings of the First International Conference on Concept Mapping. Navarra 2004, S. 191–197.

Dallinger, Sara (Hg.): Die Wirksamkeit bilingualen Sachfachunterrichts. Selektionseffekte, Leistungsentwicklung und die Rolle der Sprachen im deutsch-englischen Geschichtsunterricht. Ludwigsburg 2015.

Dallinger, Sara: The Effect of Content and Language Integrated Learning on Students' English and History Competences. Killing Two Birds With One Stone?. In: *Dies.* (Hg.): Die Wirksamkeit bilingualen Sachfachunterrichts. Selektionseffekte, Leistungsentwicklung und die Rolle der Sprachen im deutsch-englischen Geschichtsunterricht. Ludwigsburg 2015, S. 123–144.

Dallinger, Sara/Jonkmann, Kathrin: Lernausgangslagen von Schülerinnen und Schülern zu Beginn des bilingualen Geschichtsunterrichts. In: *Fäcke, Christiane/Rost-Roth, Marianne/Thaler, Engelbert* (Hrsg.): Sprachenausbildung – Sprachen bilden aus – Bildung aus Sprachen. Dokumentation zum 25. Kongress für Fremdsprachendidaktik der Deutschen Gesellschaft für Fremdsprachenforschung (DGFF) Augsburg. Baltmannsweiler 2014, S. 173–183.

Dalton-Puffer, Christiane: Discourse in Content and Language Integrated Learning (CLIL) Classrooms. Amsterdam 2007.

Dalton-Puffer, Christiane: Diskursfunktionen und generische Ansätze. In: *Hallet, Wolfgang/Königs, Frank* (Hrsg.): Handbuch Bilingualer Unterricht. Content and Language Integrated Learning. Seelze 2013, S. 138–145.

Daniel, Angelika: Lernerwortschatz und Wortschatzlernen im bilingualen Unterricht. Frankfurt a. M. u. a. 2001.

Daniel, Ute: Kompendium Kulturgeschichte. Theorien, Praxis, Schlüsselwörter. Frankfurt 2006.

Demantowsky, Marko: What is Public History. In: *Ders.* (Hg.): Public History and School. International Perspectives. München 2019, S. 3–37.

Department for Education (Hg.): History GCSE subject content. 2014. Online unter URL: <https://assets.publishing.service.gov.uk/government/uploads/system/uploads/attach-ment_data/file/310549/history_GCSE_formatted.pdf> (Zugriff am 24. 03. 2023).

Deutsch, Bettina: Mehrsprachigkeit durch bilingualen Unterricht? Analysen und Sichtweisen aus europäischer Bildungspolitik, Fremdsprachendidaktik und Unterrichtspraxis. Frankfurt a. M. 2016.

Diaz-Bone, Rainer: Gibt es eine qualitative Netzwerkanalyse? In: Forum Qualitative Sozialforschung/Forum: Qualitative Social Research 8, 2008, H. 1, Art. 28. Online unter URL: <https://doi.org/10.17169/fqs-8.1.224> (Zugriff am 24. 03. 2023).

Diehr, Bärbel: What's in a name? Terminologische, typologische und programmatische Überlegungen zum Verhältnis von Sprachen im Bilingualen Unterricht. In: *Dies./Schmelter, Lars* (Hrsg.): Bilingualen Unterricht weiterdenken. Programme, Positionen, Perspektiven. Frankfurt a. M. 2012, S. 17–36.

Diehr, Bärbel: Doppelte Fachliteralität im bilingualen Unterricht. Theoretische Modelle für Forschung und Praxis. In: *Dies./Preisfeld, Angelika/Schmelter, Lars* (Hrsg.): Bilingualen Unterricht weiterentwickeln und erforschen. Frankfurt a. M. 2016, S. 57–84.

Diehr, Bärbel/Schmelter, Lars: Methoden zur Förderung fachbezogener Sprachkompetenzen im bilingualen Unterricht. In: *Hallet, Wolfgang/Königs, Frank/Martinez, Hélène* (Hrsg.): Handbuch Methoden im Fremdsprachenunterricht. Hannover 2020, S. 56–58.

Digitales Wörterbuch der deutschen Sprache (Hg.): Wettlauf. Online unter URL: <https://www.dwds.de/r?q=Wettlauf&corpus=public&date-start=1880&date-end=1930-&genre=Belletristik&>genre=Wissenschaft&genre=Gebrauchsliteratur&genre=Zeitung&format=full&sort=date_asc&limit=100> (Zugriff am 24. 03. 2023).

Dorsch, Friedrich/Wirtz, Markus/Strohmer, Janina (Hrsg.): Dorsch – Lexikon der Psychologie. Bern 2013.

Drüding, Markus/Schlutow, Martin: Vergleich(en) im Geschichtsunterricht. Frankfurt a. M. 2019.

Dudenredaktion (Hg.): Politik. Online unter URL: <https://www.duden.de-/rechtschreibung/Politik> (Zugriff am 24.03.2023).

Duncker, Ludwig/Sander, Wolfgang/Surkamp, Carola (Hrsg.): Perspektivenvielfalt im Unterricht. Stuttgart 2005.

Düring, Martin: Netzwerkanalyse in den Geschichtswissenschaften. Historische Netzwerkanalyse als Methode für die Erforschung von historischen Prozessen. In: *Schützeichel, Rainer* (Hg.): Prozesse: Formen, Dynamiken, Erklärungen. Wiesbaden 2015.

Edelstein, Wolfgang/Keller, Monika/Wahlen, Karl: Entwicklung sozialkognitiver Prozesse. Eine theoretische und empirische Rekonstruktion. In: *Geulen, Dieter* (Hg.): Perspektivenübernahme und soziales Handeln. Texte zur sozial-kognitiven Entwicklung. Frankfurt a. M. 2005.

Eggert, Sabina u. a.: Herausforderung Interdisziplinäres Unterrichten in der Lehrerbildung – das Göttinger Zertifikatsmodell. In: Journal für LehrerInnenbildung, 2018, H. 3, S. 51–55.

Eurydice (Hg.): Content and Language Integrated Learning (CLIL) at School in Europe. 2006. Online unter URL: <https://www.indire.it/lucabas/lkmw_file/eurydice-/CLIL_EN.pdf> (Zugriff am 24.03.2023).

Fehling, Sylvia: Language Awareness und bilingualer Unterricht. Eine komparative Studie. Frankfurt a. M. 2008.

Fehling, Sylvia: Lernprozesse und kognitive Entwicklung im bilingualen Unterricht. Bericht aus einer zweijährigen Longitudinalstudie. In: *Caspari, Daniela* (Hg.): Bilingualer Unterricht macht Schule. Beiträge aus der Praxisforschung. Frankfurt a. M. 2009, S. 51–63.

Fernández-Corte, Theresa/Garcia-Madruga Juan: Constructing Historical Knowledge at High School: The Case of the Industrial Revolution. In: *Voss, James/Carretero, Mario* (Hrsg.): Learning and Reasoning in History. International Review of History Education. London 1998, S. 331–343.

Ferribly, David (Hg.): AQA GCSE History. Understanding the Modern World. Hodder Education. London 2016. [Zit. als: AQA GCSE History].

Flick, Uwe: Qualitative Sozialforschung. Eine Einführung. Hamburg 2012.

Flick, Uwe: Konstruktivismus. In: *Ders./von Kardorff, Ernst/Steinke, Ines* (Hrsg.): Qualitative Forschung. Ein Handbuch. Reinbek 2015, S. 150–164.

Florida Institute for Human and Machine Cognition (IHMC) (Hg.): CMap. Online unter URL: <https://cmap.ihmc.us/> (Zugriff am 24.03.2023).

Freitag-Hild, Britta: Teaching Culture – Intercultural Competence, Transcultural Learning, Global Education. In: *Surkamp, Carola/Viebrock, Britta* (Hrsg.): Teaching English as a Foreign Language. An Introduction. Stuttgart 2018, S. 159–175.

Fries, Verena: Begriffsbildung und Begriffslernen. In: *Hallet, Wolfgang/Königs, Frank* (Hrsg.): Handbuch Bilingualer Unterricht. Content and Language Integrated Learning. Seelze 2013, S. 145–152.

Fürstenau, Bärbel: Concept Maps im Lehr-Lern-Kontext. In: DIE Zeitschrift für Erwachsenenbildung 1, 2011, S. 46–48. Online unter URL: <http://www.die-bonn.-de/id/9142> (Zugriff am 24.03.2023).

Gallagher, Fiona/Colohan, Gerry: T(w)o and fro: using the L1 as a language teaching tool in the CLIL classroom. In: The Language Learning Journal 45, 2017, H. 4, S. 485–498.

Geiss, Peter: Bilingualer Geschichtsunterricht. Ein Modell für das historische Lernen im global village. In: *Diehr, Bärbel/Schmelter, Lars* (Hrsg.): Bilingualen Unterricht weiterdenken. Programme, Positionen, Perspektiven. Frankfurt a. M. 2012, S. 55–71.

Geiss, Peter: Vom Nutzen und Nachteil des bilingualen Geschichtsunterrichts für das historische Lernen. In: Zeitschrift für Geschichtsdidaktik 8, 2009, S. 25–38.

Georg-August-Universität Göttingen (Hg.): Schlözer-Programm-Lehrerbildung. Online unter URL: <https://www.uni-goettingen.de/de/document/download/95cb0206c23ff-53ec212663807f8e4ec.pdf/Konzeptpapier%20Zertifikat%20Bilinguales%20Unterrichten%20final.pdf> (Zugriff am 24.03.2023).

Gibson, Robert: Intercultural Business Communication. Berlin 2000.

Gogolin, Ingrid: Bilingualität und die Bildungssprache der Schule. In: *Mecheril, Paul/Quehl, Thomas* (Hrsg.): Die Macht der Sprachen. Englische Perspektiven auf die mehrsprachige Schule. Münster 2006, S. 79–85.

Gov.UK (Hg.): The national curriculum. Online unter URL: <https://www.gov.uk/-national-curriculum/overview> (Zugriff am 24.03.2023).

Grammes, Tilman: Kontroversität. In: *Sander, Wolfgang* (Hg.): Handbuch Politische Bildung. Schwalbach/Ts. 2014, S. 266–274.

Grewe, Bernd-Stefan: Das schwierige Erbe des Kolonialismus. Probleme und Potenziale für den Geschichtsunterricht. In: *Bechhaus-Gerst, Marianne/Zeller, Joachim* (Hrsg.): Deutschland postkolonial? Die Gegenwart der imperialen Vergangenheit. Berlin 2018, S. 473–502.

Grindel, Susanne: Colonial and Postcolonial Contexts of History Textbooks. In: *Carretero, Mario/Berger, Stefan/Grever, Maria* (Hrsg.): Palgrave Handbook of Research in Historical Culture and Education. London 2017, S. 259–274.

Grindel, Susanne: Kolonialismus im Schulbuch als Übersetzungsproblem. Deutsche, französische und englische Geschichtslehrwerke im Vergleich. In: Geschichte und Gesellschaft 38, 2012, H. 2, S. 272–303.

Grindel, Susanne: The End of Empire. Colonial Heritage and the Politics of Memory in Britain. In: Journal of Educational Media, Memory and Society 5, 2013, H. 1, S. 33–49.

Grindel, Susanne/Lässig, Simone: Unternehmer und Staat in Europäischen Schulbüchern. Deutschland, England und Schweden im Vergleich. Braunschweig 2007.

Groth, Daniel: Kolonialismus und Dekolonisation in nationalen Geschichtskulturen und Erinnerungspolitiken in Europa. In: *Sauer, Michael* u. a. (Hrsg.): Geschichte im interdisziplinaren Diskurs. Grenzziehungen – Grenzüberschreitungen – Grenzverschiebungen. Göttingen 2016, S. 277–286.

Gruner, Carola: Entwicklung historischer Begriffs- und Strukturierungskompetenz im bilingualen Geschichtsunterricht. In: *Schönemann, Bernd/Handro, Saskia* (Hrsg.): Geschichte und Sprache. Berlin 2010, S. 93–112.

Gruner, Carola: Kompetenzorientiertes Lernen im bi-lingualen Geschichtsunterricht. In: Zeitschrift für Geschichtsdidaktik 8, 2009, S. 40–51.

Grütter, Heinrich Theodor: Aspekte der Geschichtskultur. In: *Bergmann, Klaus* u. a. (Hrsg.): Handbuch der Geschichtsdidaktik. Seelze-Velber 1997, S. 601–611.

Haberfellner, Christina: Concept Maps als Methode zur Erfassung des Wissenschaftsverständnisses im Sachunterricht? In: Gesellschaft für Didaktik des Sachunterrichts-Journal 7, 2017, S. 79–92. Online unter URL: <http://www.gdsu.de/gdsu-/wp-content/uploads/2017/10/6_Haberfellner.pdf> (Zugriff am 24.03.2023).

Hackenberg, Wolfgang/Lochin-Wagner, Kerstin: Historische (Fach-)Begriffe: Visualisieren, vernetzen, versprachlichen. In: Geschichte lernen 168, 2015, S. 12–15.

Halbach, Ana/Ditze, Stephan-Alexander (Hrsg.): Bilingualer Sachfachunterricht CLIL im Kontext von Sprache, Kultur und Multiliteralität. Frankfurt a. M. 2009.

Hall, Stuart: Representation. Cultural Representations and Signifying Practices. London 1997.

Hallet, Wolfgang: Bilingualer Unterricht. In: *Surkamp, Carola* (Hg.): Metzler Lexikon Fremdsprachendidaktik. Stuttgart 2010, S. 23–26.

Hallet, Wolfgang: Bilingualer Unterricht. In: *Surkamp, Carola* (Hg.): Metzler Lexikon Fremdsprachendidaktik. Ansätze – Methoden – Grundbegriffe. Stuttgart 2017, S. 29–32.

Hallet, Wolfgang: Diskursfähigkeit. In: *Surkamp, Carola* (Hg.): Metzler Lexikon Fremdsprachendidaktik. Ansätze – Methoden – Grundbegriffe. Stuttgart 2017, S. 48.

Hallet, Wolfgang: Kulturdidaktik. In: *Surkamp, Carola* (Hg.): Metzler Lexikon Fremdsprachendidaktik. Ansätze – Methoden – Grundbegriffe. Stuttgart 2017, S. 180–184.

Hallet, Wolfgang: Kulturelles Lernen im Fremdsprachenunterricht. In: *König, Lotta/ Schädlich, Birgit/Surkamp, Carola* (Hrsg): unterricht_kultur_theorie: Kulturelles Lernen im Fremdsprachenunterricht gemeinsam anders denken. Berlin 2022, S. 41–56.

Hallet, Wolfgang: The Bilingual Triangle. Überlegungen zu einer Didaktik des bilingualen Sachfachunterrichts. In: Praxis des Neusprachlichen Unterrichts 45, 1998, H. 2, S. 115–125.

Hallet, Wolfgang: Zwischen Bildungsstandards und Mehrsprachigkeit. Kompetenzerwerb im Bilingualen Unterricht. In: *Bosenius, Petra* (Hg.): Der bilinguale Unterricht Englisch aus der Sicht der Fachdidaktiken. Trier 2007, S. 17–35.

Hallet, Wolfgang/Königs, Frank (Hrsg.): Handbuch Bilingualer Unterricht. Content and Language Integrated Learning. Seelze 2013.

Hamann, Christoph/Krehan, Thomas: Wortschatzarbeit im Geschichtsunterricht. In: *Senatsverwaltung für Bildung, Jugend und Wissenschaft* (Hg.): Sprachsensibler Fachunterricht. Handreichung zur Wortschatzarbeit in den Jahrgangsstufen 5–10 unter besonderer Berücksichtigung der Fachsprache. Berlin 2013, S. 171–203.

Hansard Corpus (Hg.). Online unter URL: <https://www.english-corpora.org/hansard/> (Zugriff am 24.03.2023).

Harm, Volker: Einführung in die Lexikologie. Darmstadt 2015.

Harsch, Claudia/Schröder, Konrad: Textkonstruktion. C-Test. In: *Klieme, Eckhard/Beck, Bärbel* (Hrsg.): Sprachliche Kompetenzen. Konzepte und Messung. DESI-Studie (Deutsch-Englisch-Schülerleistungen-International). Weinheim 2008, S. 212–227.

Hartmann, Ulrike: Perspektivenübernahme als Kompetenz historischen Verstehens. Göttingen 2008.

Hasberg, Wolfgang: Bilingualer Geschichtsunterricht und historisches Lernen. Möglichkeiten und Grenzen. In: Internationale Schulbuchforschung 26, 2004, H. 2, S. 119–139.

Hasberg, Wolfgang: Historisches lernen – bilingual? Vorgaben für den englischsprachigen Geschichtsunterricht kritisch gelesen. In: *Bosenius, Petra* (Hg.): Der bilinguale Unterricht Englisch aus der Sicht der Fachdidaktiken. Trier 2007, S. 37–63.

Hasberg, Wolfgang: Historisches Lernen im bilingualen Geschichtsunterricht (?). In: *Bonnet, Andreas/Breidbach, Stephan* (Hrsg.): Didaktiken im Dialog. Konzepte des Lehrens und Wege des Lernens im bilingualen Sachfachunterricht. Frankfurt a. M. 2004, S. 221–236.

Hasberg, Wolfgang: Sprache(n) und Geschichte. Grundlegende Annotationen zum historischen Lernen in bilingualer Form. In: Zeitschrift für Geschichtsdidaktik 1, 2002, S. 52–72.

Hattie, John: Lernen sichtbar machen. Überarbeitete deutschsprachige Ausgabe von Visible Learning. Schorndorf 2014.

Haugwitz, Marion/Sandmann Angela: Kooperatives Concept Mapping in Biologie. Effekte auf den Wissenserwerb und die Behaltensleistung. In: Zeitschrift für Didaktik der Naturwissenschaften 15, 2009, S. 89–107. Online unter URL: <https://archiv.ipn.uni-kiel.de/zfdn/pdf/15_Haugwitz.pdf> (Zugriff am 24.03.2023).

Haydn, Terry u. a.: Learning to Teach History in the Secondary School. London 1997.

Heine, Lena: Problem Solving in a Foreign Language. Berlin 2010.

Helbig, Beate: Das bilinguale Sachfach Geschichte. Eine empirische Studie zur Arbeit mit französischsprachigen (Quellen-)Texten. Tübingen 2001.

Herz, Andreas/Peters, Luisa/Truschkat, Inga: How to do qualitative strukturale Analyse? Die qualitative Interpretation von Netzwerkkarten und erzählgenerierenden Interviews. In: Forum Qualitative Sozialforschung/Forum: Qualitative Social Research 16, 2015, H. 1, Art. 9. Online unter URL: <https://doi.org/10.17169/fqs-16.1.2092> (Zugriff am 24.03.2023).

Hollstein, Betina: Qualitative Netzwerkdaten. In: *Baur, Nina/Blasius, Jörg* (Hrsg.): Handbuch Methoden der empirischen Sozialforschung. Wiesbaden 2019.

Holmberg, Per: The Development of Academic Vocabulary in Swedish. In: *Sylvén, Liss Kerstin* (Hg.): Investigating Content and Language Integrated Learning. Insights from Swedish High Schools. Bristol 2019, S. 173–186.

Horowitz, Mardi Jon: States of Mind. Configurational Analysis of Individual Psychology. New York 1987.

Hu, Adelheid: Schulischer Fremdsprachenunterricht und migrationsbedingte Mehrsprachigkeit. Tübingen 2003.

Hucke, Lorenz: Handlungsregulation und Wissenserwerb in traditionellen und computergestützten Experimenten des physikalischen Praktikums. Berlin 2000.

Hucke, Lorenz/Fischer, Hans E.: Wissenserwerb und Handlungsregulation im physikalischen Praktikum. In: *Fischler, Helmut/Peuckert, Jochen* (Hrsg.): Concept mapping in fachdidaktischen Forschungsprojekten der Physik und Chemie. Berlin 2000, S. 57–90.

Huhn, Jochen: Geschichte in der außerschulischen Öffentlichkeit. In: *Bergmann, Klaus* u. a. (Hrsg.): Handbuch der Geschichtsdidaktik. Düsseldorf 1995, S. 717–722.

Iuli, Richard/Helldén, Gustav: Using Concept Maps as a Research Tool in Science Education Research. In: *Cañas, Alberto/Novak, Joseph/González, Fermín* (Hrsg.): Concept maps. Theory, Methodology, Technology. Proceedings of the First International Conference on Concept Mapping. Navarra 2004, S. 367–374. Online unter URL: <http://cmc.ihmc.-us/cmc2004Proceedings/cmc2004%20-%20Vol%201.pdf> (Zugriff am 24.03.2023).

Kahlert, Joachim: Das Schulbuch – Ein Stiefkind der Erziehungswissenschaft? In: *Fuchs, Eckhard/Kahlert, Joachim* (Hrsg.): Schulbuch konkret. Kontext – Produktion – Unterricht. Bad Heilbronn 2010, S. 41–56.

Kampen, Wilhelm van/Kirchhoff, Hans Georg (Hrsg.): Geschichte in der Öffentlichkeit. Stuttgart 1979.

Keil, André: Der Erste Weltkrieg in der britischen Erinnerungskultur. In: *Fenn, Monika/ Kuller, Christiane* (Hrsg.): Auf dem Weg zu einer transnationalen Erinnerungskultur? Schwalbach 2016, S. 97–117.

Keller, Reiner: Diskursforschung: Eine Einführung für SozialwissenschaftlerInnen. Wiesbaden 2011.

Keller, Reiner: Wissenssoziologische Diskursanalyse: Grundlegung eines Forschungsprogramms. Wiesbaden 2011.

Kollenrott, Anne Ingrid: Sichtweisen auf deutsch-englisch bilingualen Geschichtsunterricht. Eine empirische Studie mit Fokus auf interkulturelles Lernen. Frankfurt a. M. 2008.

Kollenrott, Anne Ingrid: Zur Frage der Perspektivik beim interkulturellen Lernen im bilingualen Geschichtsunterricht. In: *Blell, Gabriele/Kupetz, Rita* (Hrsg.): Bilingualer Sachfachunterricht und Lehrerausbildung für den bilingualen Unterricht. Frankfurt 2005, S. 51–64.

Köller, Olaf/Leucht, Michael/Pant, Hans: Effekte bilingualen Unterrichts auf die Englischleistungen in der Sekundarstufe I. *Unterrichtswissenschaft* 4, 2012, H. 4, S. 334–350.

König, Lotta/Schädlich, Birgit/Surkamp, Carola: unterricht_kultur_theorie: Kulturelles Lernen im Fremdsprachenunterricht gemeinsam anders denken: Zur Einführung in den Sammelband. In: *Dies.* (Hrsg.): unterricht_kultur_theorie: Kulturelles Lernen im Fremdsprachenunterricht gemeinsam anders denken. Berlin 2022, S. 3–20.

Körber, Andreas: Fremdverstehen und Perspektivität im Geschichtsunterricht. Hamburg 2012. Online unter URL: <https://www.pedocs.de/volltexte/2012/-5849/pdf/-Koerber_2012_Fremdverstehen_und_Perspektivitaet_D_A.pdf> (Zugriff am 24.03.2023).

Kramsch, Claire: From Communicative Competence to Symbolic Competence. In: The Modern Language Journal 90, 2010, H. 2, S. 249–252.

Kuckartz, Udo: Qualitative Inhaltsanalyse. Methoden, Praxis, Computerunterstützung. Weinheim 2018.

Kuckartz, Udo: Qualitative Inhaltsanalyse: Am Beispiel einer Studie zu Klimabewusstsein und individuellem Verhalten. In: *Akremi, Leila* u. a. (Hrsg.): Handbuch interpretativ forschen. Weinheim 2018, S. 506–534.

Kuhn, Bärbel: Bilingualer Geschichtsunterricht. In: *Mayer, Ulrich* (Hg.): Wörterbuch Geschichtsdidaktik. Schwalbach/Ts. 2014, S. 36.

Kultusministerkonferenz (Hg.): Bildungsstandards für die fortgeführte Fremdsprache (Englisch/Französisch) für die Allgemeine Hochschulreife. 2012. Online unter URL: <https://www.kmk.org/fileadmin/veroeffentlichungen_beschluesse/2012/2012_10_18-Bildungsstandards-Fortgef-FS-Abi.pdf> (Zugriff am 24.03.2023).

Kultusministerkonferenz (Hg.): Konzepte für den bilingualen Unterricht – Erfahrungsbericht und Vorschläge zur Weiterentwicklung. 2013. Online unter URL: <https://www.-kmk.org/fileadmin/Dateien/veroeffentlichungen_beschluesse/2013/201_10_17-konzepte-bilingualer-Unterricht.pdf> (Zugriff am 24.03.2023).

Kultusministerkonferenz (Hg.): Kerncurriculum für das Gymnasium Schuljahrgänge 5–10. Geschichte. Hannover 2015.

Lamsfuß-Schenk, Stefanie: Fremdverstehen im bilingualen Geschichtsunterricht. Eine Fallstudie. Frankfurt a. M. 2008.

Lamsfuß-Schenk, Stefanie: Fremdverstehen im bilingualen Geschichtsunterricht. Eine Fallstudie. Band 2. Frankfurt a. M. 2008.

Landesamt für Statistik Niedersachsen (Hg.): Schulstandorte nach Schulgliederung. Hannover 2020. Online unter URL: <https://www.nls.niedersachsen.de/Schulkarten/-Schulen_in_Niedersachsen_2019.html> (Zugriff am 24.03.2023).

Lange, Kristina: Wie ist es in den Schuhen eines anderen zu gehen? Perspektivenübernahme und Fremdverstehen im Geschichtsunterricht – Ein lernpsychologischer Ansatz. In: Zeitschrift für Geschichtsdidaktik 10, 2011, S. 92–104.

Langer-Plän, Martina/Beilner, Helmut: Zum Problem historischer Begriffsbildung. In: *Günther-Arndt, Hilke/Sauer, Michael* (Hrsg.): Geschichtsdidaktik empirisch. Untersuchungen zum historischen Denken und Lernen. Berlin 2006, S. 215–250.

Lee, Peter: Understanding History. In: *Seixas, Peter* (Hg.): Theorizing Historical Consciousness. Toronto 2004, S. 129–164.

Lendzian, Hans-Jürgen (Hg.): Zeiten und Menschen 2. Schöningh. Paderborn 2008. [Zit. als: Zeiten und Menschen].

Leonard, Angela (Hg.): Edexcel GCSE (9–1) History Warfare through time, c. 1250–present. Pearson Education Limited. London 2016. [Zit. als: Edexcel GCSE (9–1)].

Leonard, Angela (Hg.): Edexcel GCSE. History B. Schools History Project. Warfare and the Impact of War. Pearson Education Limited. Harlow 2014. [Zit. als: Edexcel GCSE. History B].

Limongelli, Carla u.a.: A Framework for Comparing Concept Maps. In: *Institute for Electrical and Electronics Engineering (IEEE)* (Hg.): 16th International Conference on Information Technology Based Higher Education and Training. Bebek 2017, S. 1–6. Online unter URL: <https://ieeexplore.ieee.org/stamp/stamp.jsp?tp=&arnumber=8067818> (Zugriff am 24.03.2023).

Link, Corinna: Begriffe vergleichen – ein geschichtsdidaktisch geeigneter Ansatz für bilingualen Unterricht? In: geschichte für heute 12, 2019, H. 3, S. 39–50.

Link, Corinna: »Der deutsche« und »der englische« Blick auf »Imperialismus/Imperialism«: Concept Mapping als Methode zur Erfassung kultureller Geschichtsbilder im bilingualen Unterricht. In: *Pflüger, Christine* (Hg.): Die Komplexität des kompetenzorientierten Geschichtsunterrichts. Göttingen 2019, S. 191–205.

Link, Corinna: Ein ›Kronjuwel‹ – Drei Geschichten? Wie bilingualer Geschichtsunterricht zur Vermittlung eines aktuellen Kulturbegriffs beitragen kann. In: Geschichte lernen, 2020, H. 197, S. 18–23.

Link, Corinna: Interkulturelle Perspektivität als Spezifikum historischer Bildung. In: Geschichte lernen, 2020, H. 197, S. 2–7.

Link, Corinna: »The Battle of Hastings« – zwischen Plünderern und Deserteuren. In: Geschichte lernen, 2021, H. 200, S. 8–13.

Link, Corinna: Vom »Platz an der Sonne« zum »place in the sun«. Übersetzung und Sprachmittlung im bilingualen und sprachsensiblen Geschichtsunterricht. In: Geschichte lernen, 2020, H. 197, S. 38–43.

Marshall, Bayron/Chen, Hsinchun/Madhusudan, Therani: Matching Knowledge Elements in Concept Maps Using a Similarity Flooding Algorithm. In: Decision Support Systems 42, 2006, H. 3, S. 1290–1306.

Maset, Michael: Bilingualer Geschichtsunterricht. Didaktik und Praxis. Stuttgart 2015.

Maset, Michael: Bilingualer Geschichtsunterricht. In: Geschichte in Wissenschaft und Unterricht 69, 2018, H. 7/8, S. 457–471.

Mayring, Philipp: Einführung in die qualitative Sozialforschung. Eine Anleitung zu qualitativem Denken. Weinheim 2016.

McLean, Philipp/Link, Corinna: Concept Mapping als Analyse- und Visualisierungsmethode von Deutungsmustern. In: Forum Qualitative Sozialforschung/Forum: Qualitative Social Research 23, 2022, H. 1, Art. 1. Online unter URL: <https://doi.org/10.17169/fqs-23.1.3537> (Zugriff am 24.03.2023).

Meyer-Hamme, Johannes: Historische Identitäten in einer kulturell heterogenen Gesellschaft. In: *Barricelli, Michele/Lücke, Martin* (Hrsg.): Handbuch Praxis des Geschichtsunterrichts. Schwalbach/Ts. 2012, S. 89–97.

Messerschmidt, Astrid: Postkoloniale Selbstbilder in der postnationalsozialistischen Gesellschaft. In: Frauen Kunst Wissenschaft. Zeitschrift für Geschlechterforschung und visuelle Kunst 59, 2016, S. 24–37.

Möller, Jens u. a.: Varianten und Effekte bilingualen Lernens in der Schule. In: Zeitschrift für Erziehungswissenschaften 21, 2018, S. 4–28.

Moosbrugger, Helfried/Kelava, Augustin (Hrsg.): Testtheorie und Fragebogenkonstruktion. Berlin 2012.

Müller, Lars: Diskurse und Praktiken der Schulbuchproduktion in der Bundesrepublik Deutschland und England am Beispiel von Afrikawissen. Göttingen 2021.

Müller, Michael/Falk, Gregor: Bilingualer Geographieunterricht – Überlegungen zum sprachlichen, fachlichen und interkulturell-kommunikativen Kompetenzerwerb. In: Zeitschrift für Geographiedidaktik 14, 2014, H. 2, S. 115–130.

Müller-Schneck, Elke: Bilingualer Geschichtsunterricht. Theorie, Praxis, Perspektiven. Frankfurt a. M. 2012.

Müller-Schneck, Elke: Chancen und Probleme eines bilingualen deutsch-englischen Geschichtsunterrichts an Gymnasien in Nordrhein-Westfalen. In: Geschichte, Politik und ihre Didaktik 28, 2000, H. 1/2, S. 41–46.

Niedersächsisches Landesinstitut für schulische Qualitätsentwicklung (Hg.): Zusatzqualifikationen an den Studienseminaren für das Lehramt an Gymnasien. 2020. Online unter URL: <https://www.mk.niedersachsen.de/download/79520/Zusatzquali-fikationen_an_den_Studienseminaren_fuer_das_Lehramt_an_Gymnasien.pdf> (Zugriff am 24.03.2023).

Niedersächsisches Landesinstitut für schulische Qualitätsentwicklung (Hg.): Bilingualer Unterricht. Online unter URL: <https://www.nibis.de/bilingualer-unterricht_617> (Zugriff am 24.03.2023).

Niedersächsisches Landesinstitut für schulische Qualitätsentwicklung (Hg.): Schulen. Gymnasien und Gesamtschulen mit bilingualem Sachfachunterricht. Online unter URL: <https://www.nibis.de/schulen_635> (Zugriff am 24.03.2023).

Niedersächsisches Landesinstitut für schulische Qualitätsentwicklung (Hg.). Online unter URL: <https://vedab.de/veran_suche.php?such=digitale_angebote%20%20medienbera-tung_online%20%20digitales_angebot%20%20digitales_sommerangebot&veranstalter=&sachgebiet=&schulform=> (Zugriff am 24.03.2023).

Niemeier, Susanne: Bilingualismus und »bilinguale« Bildungsgänge aus kognitiv-linguistischer Sicht. In: *Bach, Gerhard/Niemeier, Susanne* (Hrsg.): Bilingualer Unterricht. Grundlagen, Methoden, Praxis, Perspektiven. Frankfurt a. M. 2010, S. 27–50.

Nold, Günter u. a.: Klassen mit bilingualem Sachfachunterricht: Englisch als Arbeitssprache. In: *Klieme, Eckhard* (Hg.): Unterricht und Kompetenzerwerb in Deutsch und Englisch. Ergebnisse der DESI-Studie. Weinheim 2008, S. 451–457.

Novak, Joseph: Concept Mapping: A Useful Tool for Science Education. In: Journal of Research in Science Teaching 27, 1990, H. 10, S. 937–949.

Novak, Joseph/Gowin, Bob: Learning how to learn. Cambridge 1984.

Novak, Joseph/Can˜as, Alberto: The Theory Underlying Concept Maps and How to Construct und Use Them. Technical Report IHMC CmapTools 2006-01 Rev 01-2008. Pensacola 2008. Online unter URL: <http://cmap.ihmc.us/docs/pdf/TheoryUnderlying-ConceptMaps.pdf> (Zugriff am 24. 03. 2023).

Nünning, Ansgar: Kultur. In: *Surkamp, Carola* (Hg.): Metzler Lexikon Fremdsprachendidaktik. Ansätze – Methoden – Grundbegriffe. Stuttgart 2017, S. 179–180.

OCR (Hg.): Online unter URL: <http://www.ocr.org.uk/qualifications/gcse-history-b-schools-history-project-j411-from-2016/> (Zugriff am 24. 03. 2023).

Ogden, Charles/Richards, Ivor: The Meaning of Meaning. A Study of the Influence of Language upon Thought and of the Science of Symbolism. New York 1923.

Olsson, Eva/Sylvén, Liss Kerstin: English Productive Proficiency. In: *Sylvén, Liss Kerstin* (Hg.): Investigating Content and Language Integrated Learning. Insights from Swedish High Schools. Bristol 2019, S. 117–135.

Pandel, Hans-Jürgen: Geschichtskultur. In: *Barricelli, Michele/Lücke, Martin* (Hrsg.): Handbuch Praxis des Geschichtsunterrichts. Schwalbach/Ts. 2012, S. 147–159.

Pelz, Corinna/Schmitt, Annette/Meis, Markus: Knowledge Mapping als Methode zur Auswertung und Ergebnispräsentation von Fokusgruppen in der Markt- und Evaluationsforschung. In: Forum Qualitative Sozialforschung/Forum: Qualitative Social Research 5, 2004, H. 2, Art. 35. Online unter URL: <https://doi.org/10.17169/fqs-5.2.601> (Zugriff am 24. 03. 2023).

Pflüger, Christine: Historische und historiographische Konzepte im bilingualen Geschichtsunterricht. Entwurf eines Modells der mentalen Repräsentation. In: *Losfeld, Christophe/Leitzke-Ungerer, Eva* (Hrsg.): Hundert Jahre danach … La Grande Guerre: Konzepte und Vorschläge für den Französischunterricht und den bilingualen Geschichtsunterricht. Stuttgart 2016, S. 233–252.

Rautenhaus, Heike: Prolegomena zu einer Didaktik des bilingualen Sachfachunterrichts. Beispiel: Geschichte. In: *Bach, Gerhard/Niemeier, Susanne* (Hrsg.): Bilingualer Unterricht. Grundlagen, Methoden, Praxis, Perspektiven. Frankfurt a. M. 2010, S. 115–126.

Regenhardt, Hans-Otto (Hg.): Forum Geschichte 9/10. Cornelsen. Berlin 2010. [Zit. als: Forum Geschichte].

Rehbein, Jochen: Diskurs und Verstehen. Zur Rolle der Muttersprache bei der Textverarbeitung in der Zweitsprache. In: *Apeltauer, Ernst* (Hg.): Gesteuerter Zweitspracherwerb. München 1987, S. 113–172.

Reimann, Daniel: Methoden des interkulturellen Fremdsprachenlernens. In: *Hallet, Wolfgang/Königs, Frank/Martinez, Hélène* (Hrsg.): Handbuch Methoden im Fremdsprachenunterricht. Hannover 2020, S. 37–41.

Riekenberg, Michael: Der Vergleich. In: *Ulrich Mayer/Hans-Jürgen Pandel/Gerhard Schneider* (Hrsg.): Handbuch Methoden im Geschichtsunterricht. Schwalbach/Ts. 2004, S. 269–285.

Rohlfes, Joachim: Beobachtungen zur Begriffsbildung in der Geschichtswissenschaft. In: *Jäckel, Eberhard/Weymar, Ernst* (Hrsg.): Die Funktion der Geschichte in unserer Zeit. Stuttgart 1975, S. 59–73.

Rohlfes, Joachim: Geschichte und ihre Didaktik. Göttingen 2005.

Ruiz-Primo, Maria/Shavelson Richard: Problems and Issues in the Use of Concept Maps in Science Assessment. In: Journal of Research in Science Teaching 33, 1996, H. 6, S. 569–600.

Rumlich, Dominik: Englischnoten und globale englische Sprachkompetenz in bilingualen Zweigen. In: Zeitschrift für Erziehungswissenschaften 21, 2018, S. 29–48.

Rumlich, Dominik: Prospective CLIL and non-CLIL Students' Interest in English (classes): A Quasi-Experimental Study on German Sixth-Graders. In: *Breeze, Ruth* u. a. (Hrsg.): Integration of Theory and Practice in CLIL. Amsterdam 2014, S. 75–95.

Rumlich, Dominik: Students' General English Proficiency Prior to CLIL. Empirical Evidence for Substantial Differences between Prospective CLIL and Non-CLIL Students in Germany. In: *Breidbach, Stephan/Viebrock, Britta* (Hrsg.): Content and Language Integrated Learning (CLIL) in Europe. Research Perspectives on Policy and Practice. Bern 2013, S. 181–201.

Rüsen, Jörn: Geschichtskultur (Stichworte zur Geschichtsdidaktik). In: Geschichte in Wissenschaft und Unterricht 46, 1995, H. 9, S. 513–521.

Rüsen, Jörn: Was ist Geschichtskultur? Überlegungen zu einer neuen Art, über Geschichte nachzudenken. In: *Füßmann, Klaus/Grütter, Theodor/Rüsen, Jörn* (Hrsg.): Historische Faszination. Geschichtskultur heute. Köln/Weimar/Wien 1994, S. 3–26.

Sander, Wolfgang: Politik entdecken – Freiheit leben. Didaktische Grundlagen politischer Bildung. Schwalbach/Ts. 2013.

Sauer, Michael: Begriffslernen und Begriffsarbeit im Geschichtsunterricht. Frankfurt a. M. 2019.

Sauer, Michael (Hg.): Geschichte und Geschehen 3/4 Klett. Stuttgart 2016. [Zit. als: Geschichte und Geschehen].

Sauer, Michael: Geschichte unterrichten. Eine Einführung in die Didaktik und Methodik. Seelze 2021.

Sauer, Michael: Geschichtsdidaktische Forschung. In: *Haas, Stefan* (Hg.): Handbuch Methoden der Geschichtswissenschaft. Wiesbaden 2022, S. 1–18.

Sauer, Michael: Historische Perspektivenübernahme. In: Geschichte lernen, 2011, H. 139, S. 12–17.

Schlutow, Martin: Geschichte bilingual unterrichten. Didaktische Grundlagen und methodische Zugänge. Schwalbach/Ts. 2016.

Schmelter, Lars: Zwei Sprachen, ein Verfahren? Diagnostik und Leistungsbewertung im bilingualen Unterricht. In: *Diehr, Bärbel/Preisfeld, Angelika/Schmelter, Lars* (Hrsg.): Bilingualen Unterricht weiterentwickeln und erforschen. Frankfurt a. M. 2016, S. 125–147.

Schneider, Eva: Von hybriden Schülerinnen und Schülern in Dritten Räumen. Rekonstruktion kultureller Bildungsprozesse im bilingualen Unterricht. Wiesbaden 2018.

Scholl, Tobias/Schmelter, Lars: Zur Integration von sprachlichem und konzeptuellem Lernen im bilingualen Unterricht. Potenziale inszenierter Sprachmittlung um deutsch-französischen Geschichtsunterricht. In: Fremdsprachen lehren und lernen 50, 2021, S. 15–30.

Schönemann, Bernd: Geschichtsdidaktik, Geschichtskultur und Geschichtswissenschaft. In: *Günther-Arndt, Hilke* (Hg.): Geschichtsdidaktik. Praxishandbuch für die Sekundarstufe 1 und 2. Berlin 2003, S. 11–22.

Schönemann, Bernd: Geschichtsdidaktik und Geschichtskultur. In: *Mütter, Bernd/Schönemann, Bernd/Uffelmann, Uwe* (Hrsg.): Geschichtskultur. Theorie – Empirie – Pragmatik. Weinheim 2000, S. 26–58.

Schörken, Rolf: Geschichte in der Alltagswelt. Stuttgart 1981.

Schuster, Peter: Von der Theorie zur Praxis – Wege zur unterrichtspraktischen Umsetzung des Ansatzes von Kohlberg. In: *Edelstein, Wolfgang/Oser, Fritz/Schuster, Peter* (Hrsg.): Moralische Erziehung in der Schule. Entwicklungspsychologie und pädagogische Praxis. Weinheim 2001, S. 177–212.

Sedlacek, Jiri: Einführung in die Graphentheorie. Leipzig 1968.

Sefrin, Alexandra: Der bilinguale Unterricht. Herausforderung und Chance für den Geschichtsunterricht. Erfahrungen und Überlegungen aus der Praxis. In: Zeitschrift für Geschichtsdidaktik 8, 2002, S. 73–86.

Selman, Robert: Sozial-kognitives Verständnis. Ein Weg zu pädagogischer und klinischer Praxis. In: *Geulen, Dieter* (Hg.): Perspektivenübernahme und soziales Handeln. Frankfurt 1982, S. 223–256.

Sobotta, Kurt: Graphen, Mengen und Schaltalgebra. Heidelberg 1995.

Staschen-Dielmann, Susanne: Narrative Kompetenz im bilingualen Geschichtsunterricht. Didaktische Ansätze zur Förderung der schriftlichen Diskursfähigkeit. Frankfurt a. M. 2012.

Stegbauer, Christian/Häußling, Roger (Hrsg.): Handbuch Netzwerkforschung. Wiesbaden 2010.

Stracke, Iris: Einsatz computerbasierter concept maps zur Wissensdiagnose in der Chemie. Empirische Untersuchungen am Beispiel des chemischen Gleichgewichts. Münster 2004.

Stuchtey, Benedikt: Kolonialismus und Imperialismus von 1450–1950. In: Europäische Geschichte Online, 2010, S. 1–23.

Stupperich, Martin: Europäischer Geschichtsunterricht. Doppelte Buchvorstellung in Frankfurt am Main und Marseille. In: Geschichte für heute 11, 2018, H. 4, S. 70–72.

Sturgiss, Elizabeth u. a.: Using Concept Maps to Compare Obesity Knowledge between Policy Makers and Primary Care Researchers in Canada. In: BMC Research Notes 12, 2019, H. 1, Art. 23. Online unter URL: <https://doi.org/10.1186/s13104-018-4042-x> (Zugriff am 24.03.2023).

Surkamp, Carola: »It's not our opinion, it's the opinion of our roles« – Fremdverstehen Revisited or: Where Foreign Language Education and Narratology can Meet. In: *Erll, Astrid/Somme, Roy* (Hrsg.): Narrative in Culture. Berlin 2019, S. 129–147.

Surkamp, Carola: Perspektive und Perspektivenwechsel. In: *Dies.* (Hg.): Metzler Lexikon Fremdsprachendidaktik. Ansätze – Methoden – Grundbegriffe. Stuttgart 2017, S. 274–275.

Sylvén, Liss Kerstin (Hg.): Investigating Content and Language Integrated Learning. Insights from Swedish High Schools. Bristol 2019.

Sylvén, Liss Kerstin/Ohlander, Sölve: English Receptive Vocabulary. In: *Sylvén, Liss Kerstin* (Hg.): Investigating Content and Language Integrated Learning. Insights from Swedish High Schools. Bristol 2019, S. 101–116.

Tolman, Edward: Cognitive Maps in Rats and Men. In: Psychological Review 55, 1948, H. 4, S. 189–208.

Trappmann, Mark/Hummell, Hans/Sodeur, Wolfgang: Strukturanalyse sozialer Netzwerke: Konzepte, Modelle, Methoden. Wiesbaden 2011.

Vockrodt-Scholz, Viola/Zydatiß, Wolfgang: Zur Interdependenz von Englisch- und Sachfachkompetenzen im bilingualen Unterricht. Ein empirischer Beitrag zur »Schwellen-Hypothese«. In: Zeitschrift für Fremdsprachenforschung 18, 2007, H. 2, S. 209–236.

Volkmann, Laurenz: Fachdidaktik Englisch. Kultur und Sprache. Tübingen 2010.

Volkmann, Laurenz: History is bunk? Von der Gefahr des Verschwindens historischer Dimensionen im kompetenzorientierten Englischunterricht. In: *Sauer, Michael* u. a. (Hrsg.): Geschichte im interdisziplinaren Diskurs. Grenzziehungen – Grenzüberschreitungen – Grenzverschiebungen. Göttingen 2016, S. 85–102.

Vollmer, Helmut: Bilingualer Sachfachunterricht als Inhalts- und Sprachlernen. In: *Bach, Gerhard/Niemeier, Susanne* (Hrsg.): Bilingualer Unterricht. Grundlagen, Methoden, Praxis, Perspektiven. Frankfurt a. M. 2010, S. 47–70.

Vollmer, Helmut: Förderung des Spracherwerbs im bilingualen Sachfachunterricht. In: *Bach, Gerhard/Niemeier, Susanne* (Hrsg.): Bilingualer Unterricht. Grundlagen, Methoden, Praxis, Perspektiven. Frankfurt a. M. 2010, S. 131–150.

Wannagat, Ulrich: Bilingualer Geschichtsunterricht im internationalen Fokus. Eine Vergleichsstudie zur Unterrichtspraxis in Deutschland und Hongkong. Frankfurt a. M. 2010.

Wannagat, Ulrich: Sprachlernprozesse im bilingualen Geschichtsunterricht. In: *Breidbach, Stephan/Viebrock, Britta* (Hrsg.): Content and Language Integrated Learning (CLIL) in Europe. Research Perspectives on Policy and Practice. Bern 2013, S. 203–218.

Wansing, Heinrich/Semmling, Caroline: Logik. In: *Breitenstein, Peggy/Rohbeck, Johannes* (Hrsg.): Philosophie: Geschichte – Disziplinen – Kompetenzen. Stuttgart 2011, S. 213–231.

Wildhage, Manfred/Otten, Edgar (Hrsg.): Praxis des bilingualen Unterrichts. Berlin 2003.

Wilkes, Aaron (Hg.): Oxford AQA GCSE History. Germany 1890–1945. Democracy and Dictatorship. Oxford University Press. Oxford 2016. [Zit. als: Oxford AQA].

Willenberg, Heiner: Wortschatz. In: *Klieme, Eckhard/Beck, Bärbel* (Hrsg.): Sprachliche Kompetenzen. Konzepte und Messung. DESI-Studie (Deutsch Englisch Schülerleistungen International). Weinheim 2017, S. 130–139.

Wittenbrock, Rolf: Bilingualer Geschichtsunterricht. In: *Bergmann, Klaus* u. a. (Hrsg.): Handbuch der Geschichtsdidaktik. Seelze 1997, S. 563–566.

WJEC Eduqas (Hg.): Online unter URL: <http://www.eduqas.co.uk/-qualifications/history/> (Zugriff am 24. 03. 2023).

Wolff, Dieter: Fremdsprachenlernen als Konstruktion. Grundlagen für eine konstruktivistische Fremdsprachendidaktik. Frankfurt a. M. 2002.

Zydatiß, Wolfgang: Deutsch-Englische Züge in Berlin (DEZIBEL). Eine Evaluation des bilingualen Sachfachunterrichts an Gymnasien. Kontext, Kompetenzen, Konsequenzen. Frankfurt a. M. 2007.